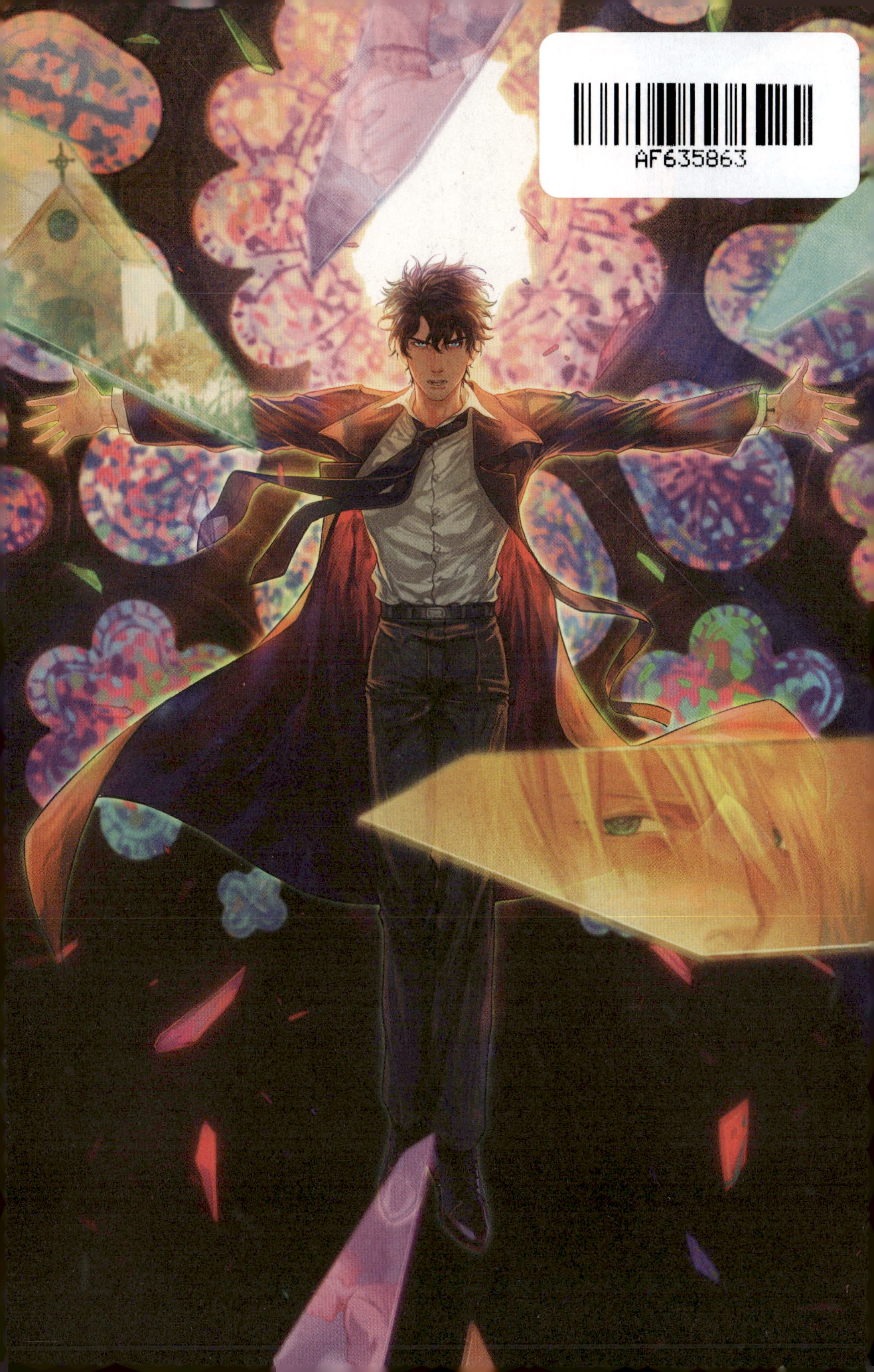

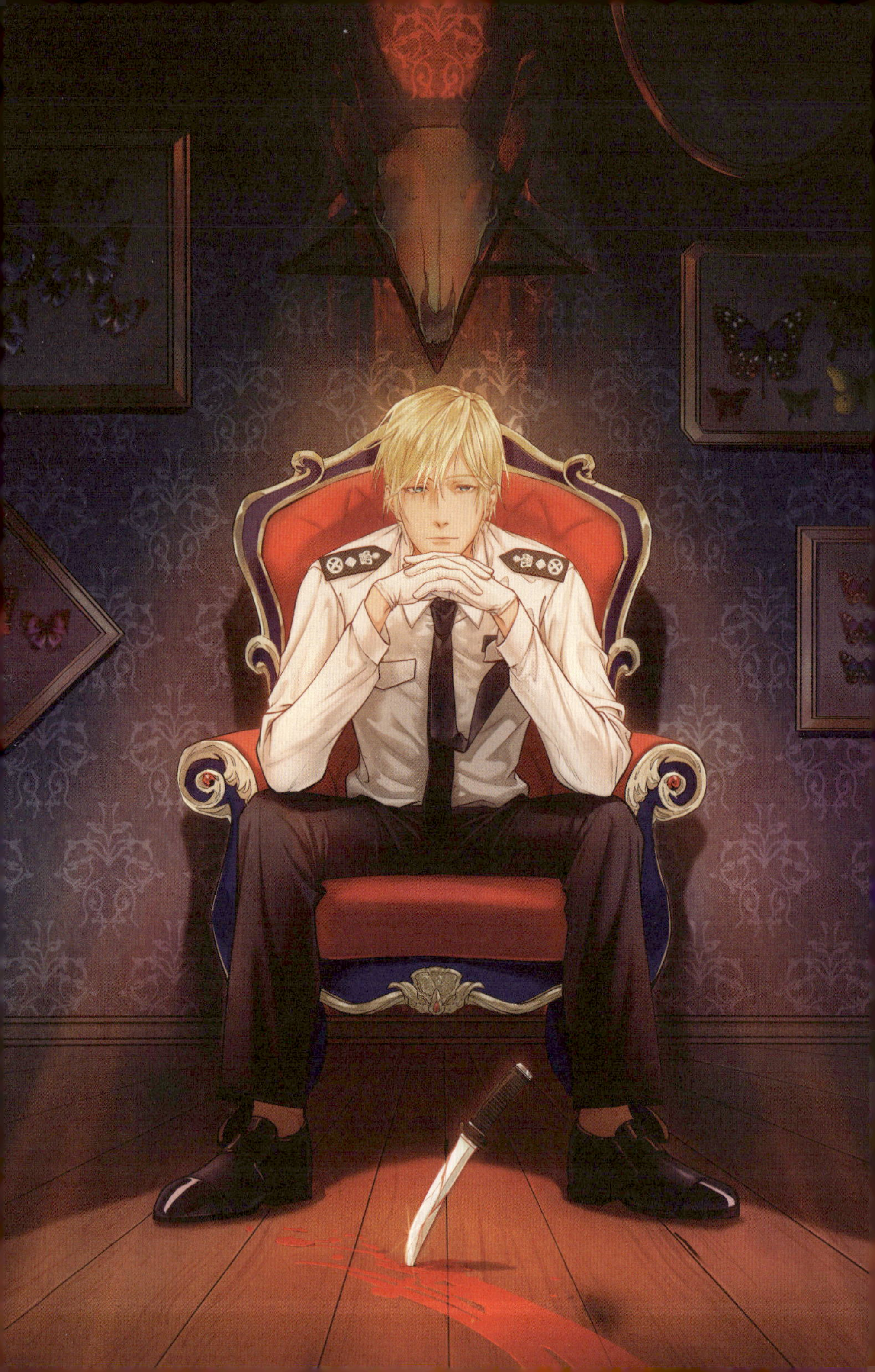

# SANCTIFY

1

GODSSTATION

Zeichnungen: Zhixin Peng | Text: Fox^^

TOKYOPOP

No Love Will Ever Save You.
No Kisses Are Too Deep.

– Ordo Rosarius Equilibrio –
»Hell Is Where The Heart Is – The Gospel Of Tomas«

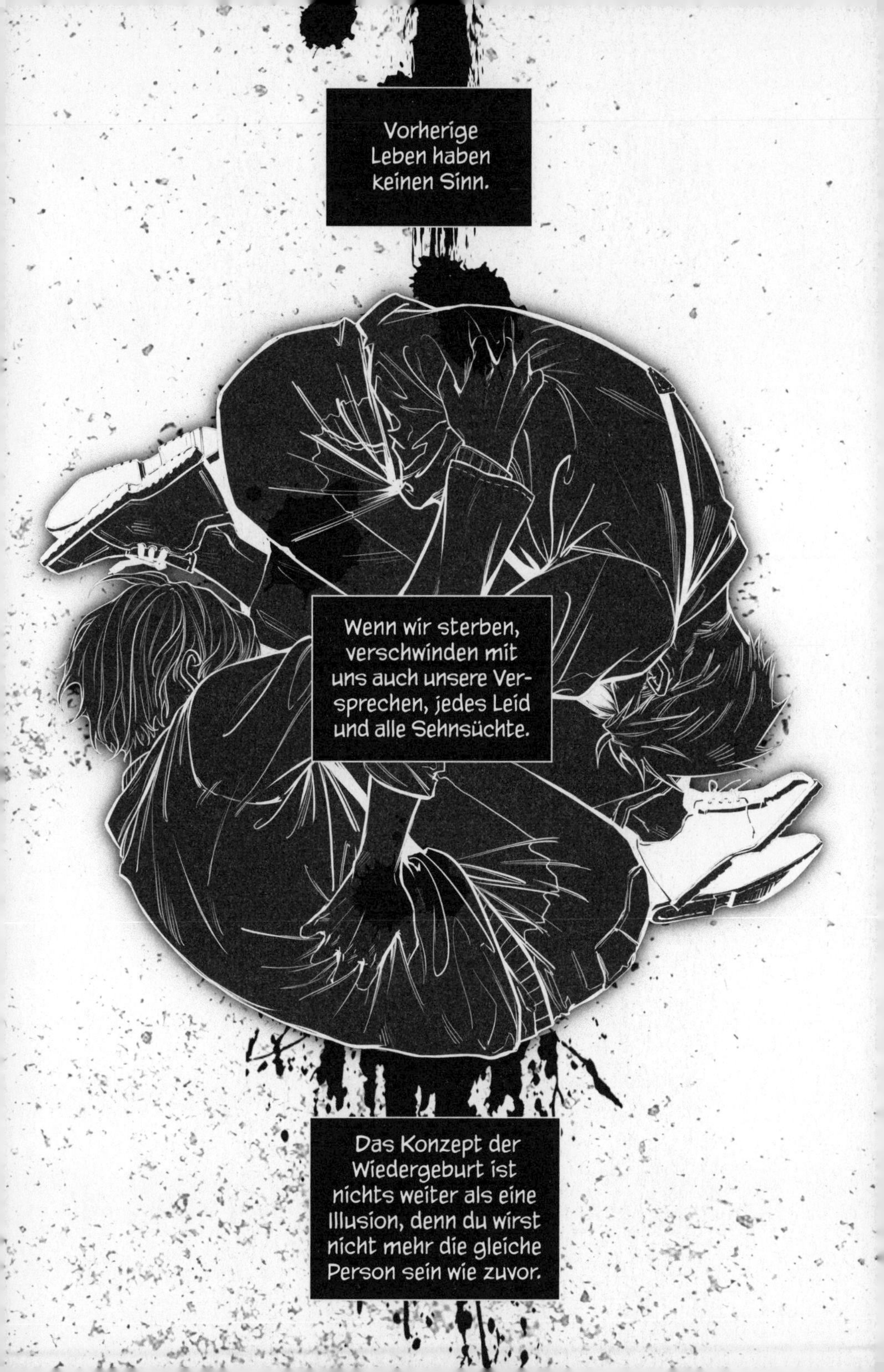
Vorherige Leben haben keinen Sinn.
Wenn wir sterben, verschwinden mit uns auch unsere Versprechen, jedes Leid und alle Sehnsüchte.
Das Konzept der Wiedergeburt ist nichts weiter als eine Illusion, denn du wirst nicht mehr die gleiche Person sein wie zuvor.

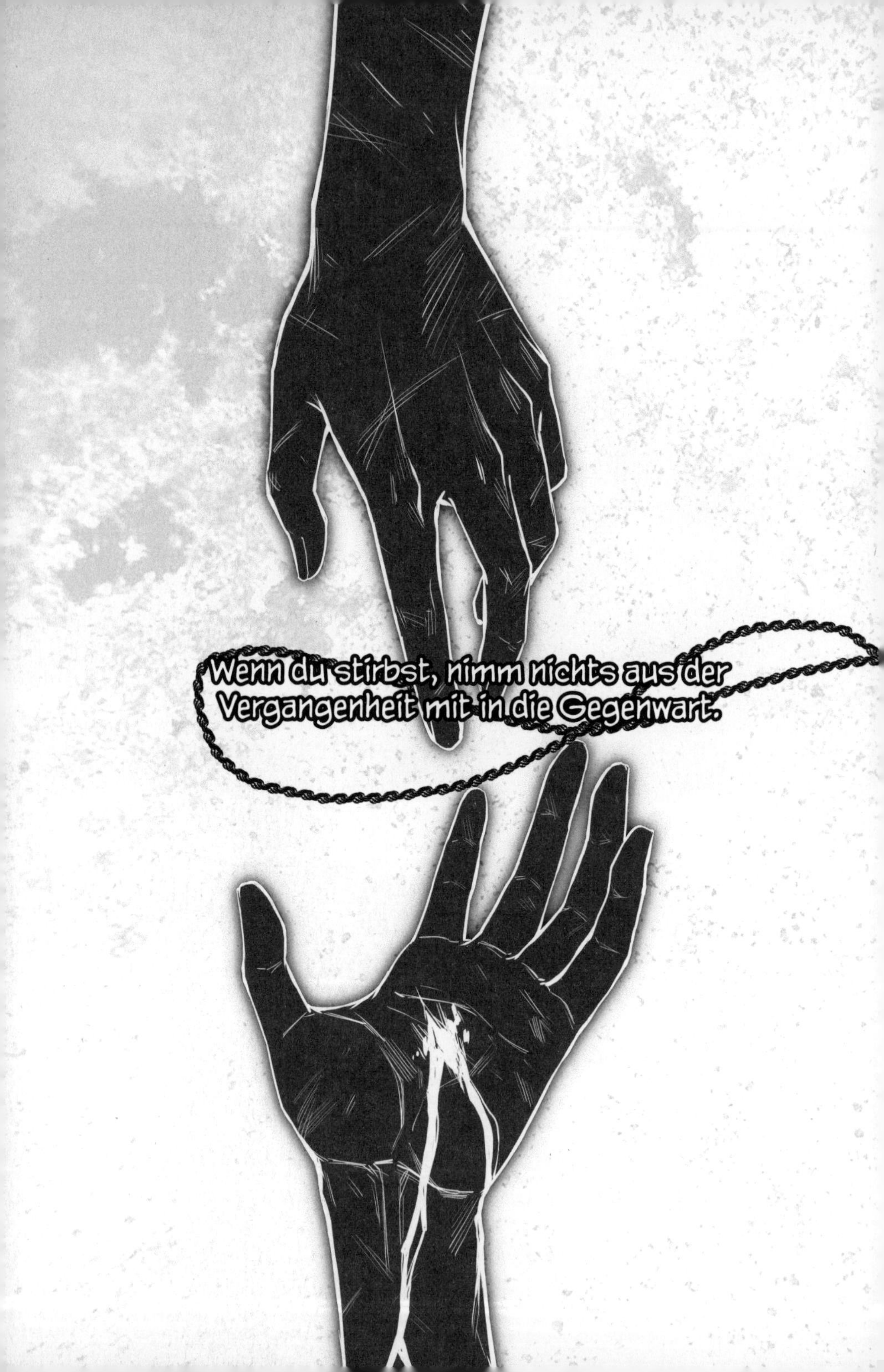
Wenn du stirbst, nimm nichts aus der
Vergangenheit mit in die Gegenwart.

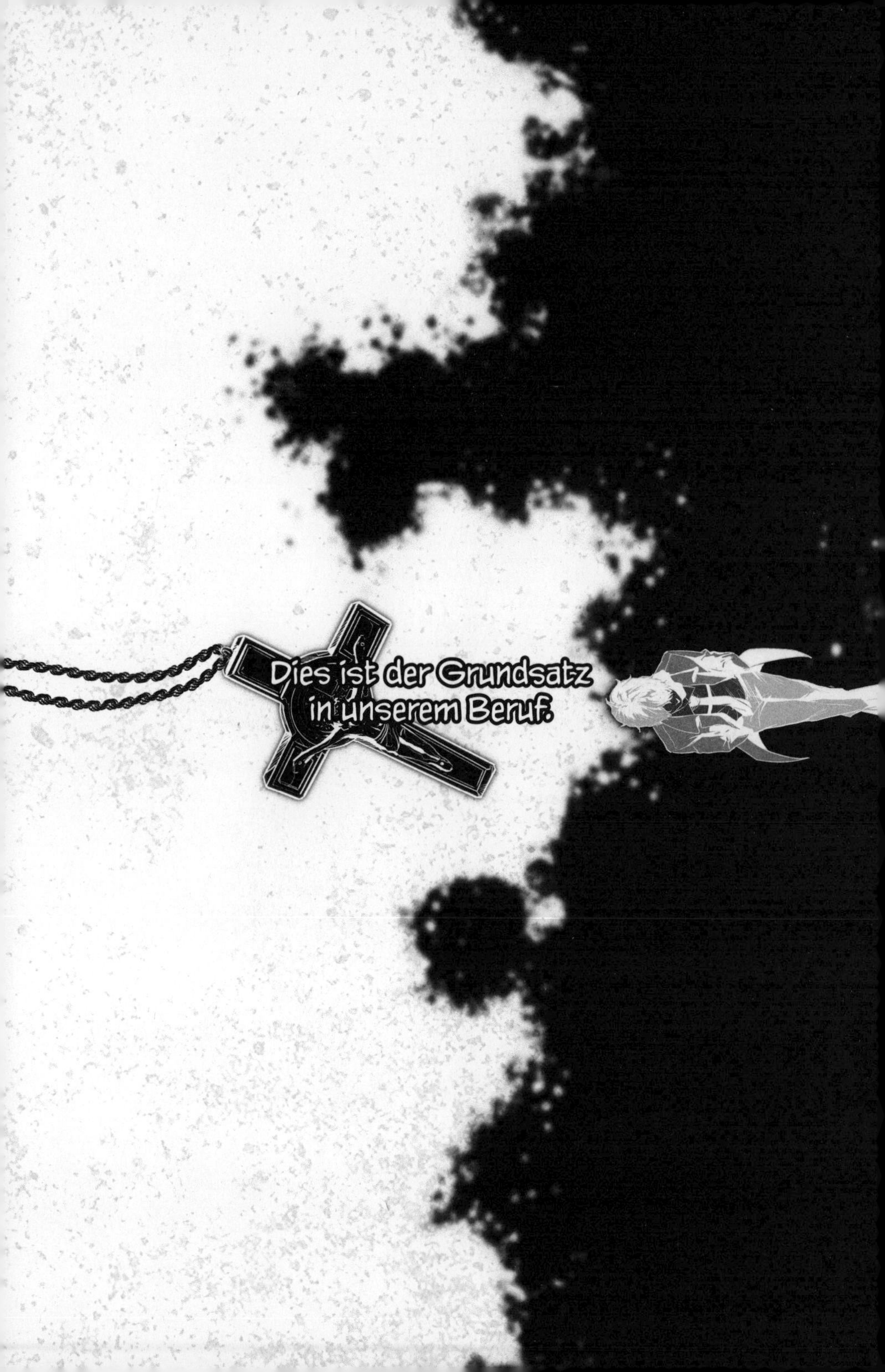
Dies ist der Grundsatz
in unserem Beruf.

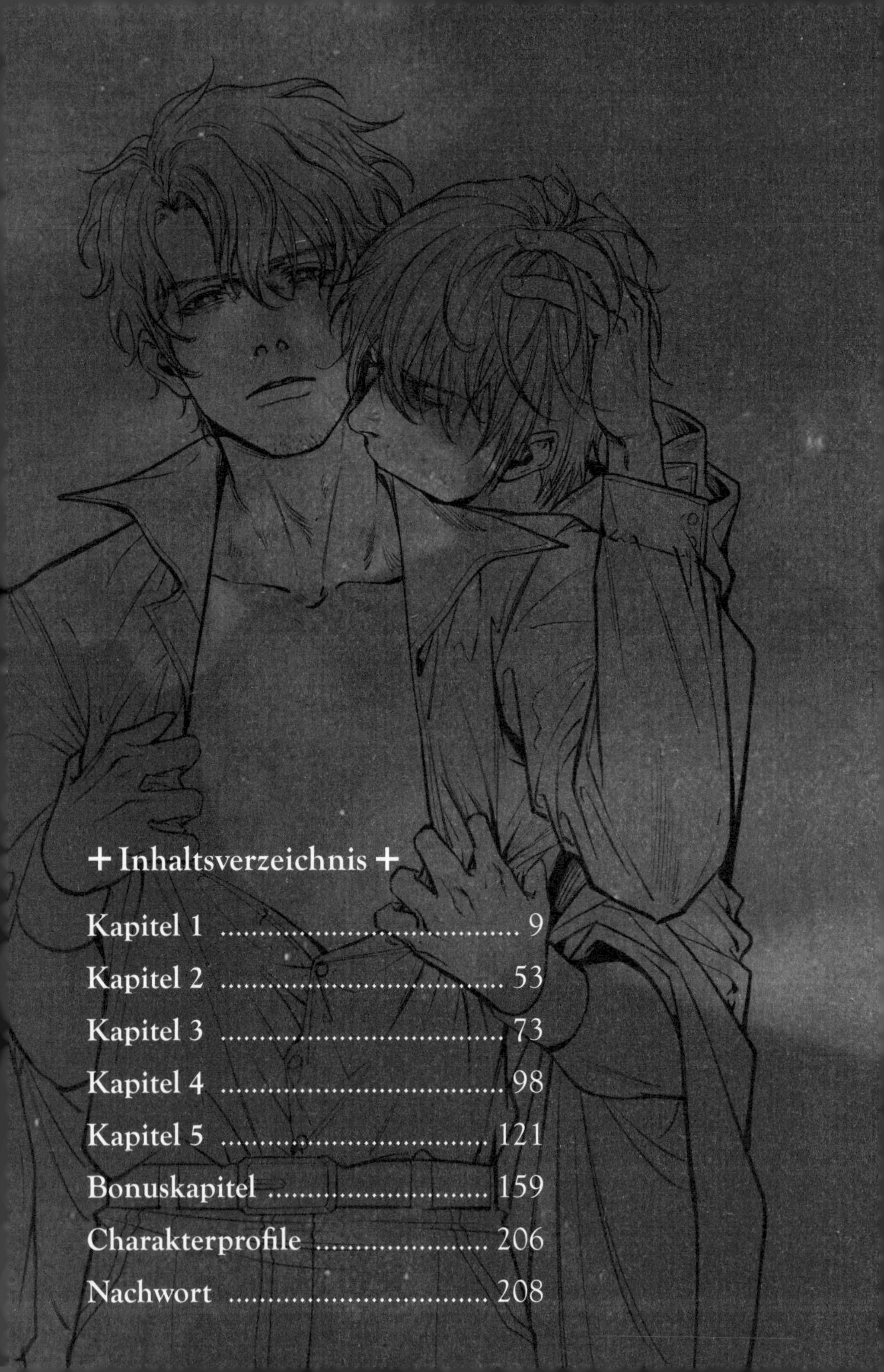

## + Inhaltsverzeichnis +

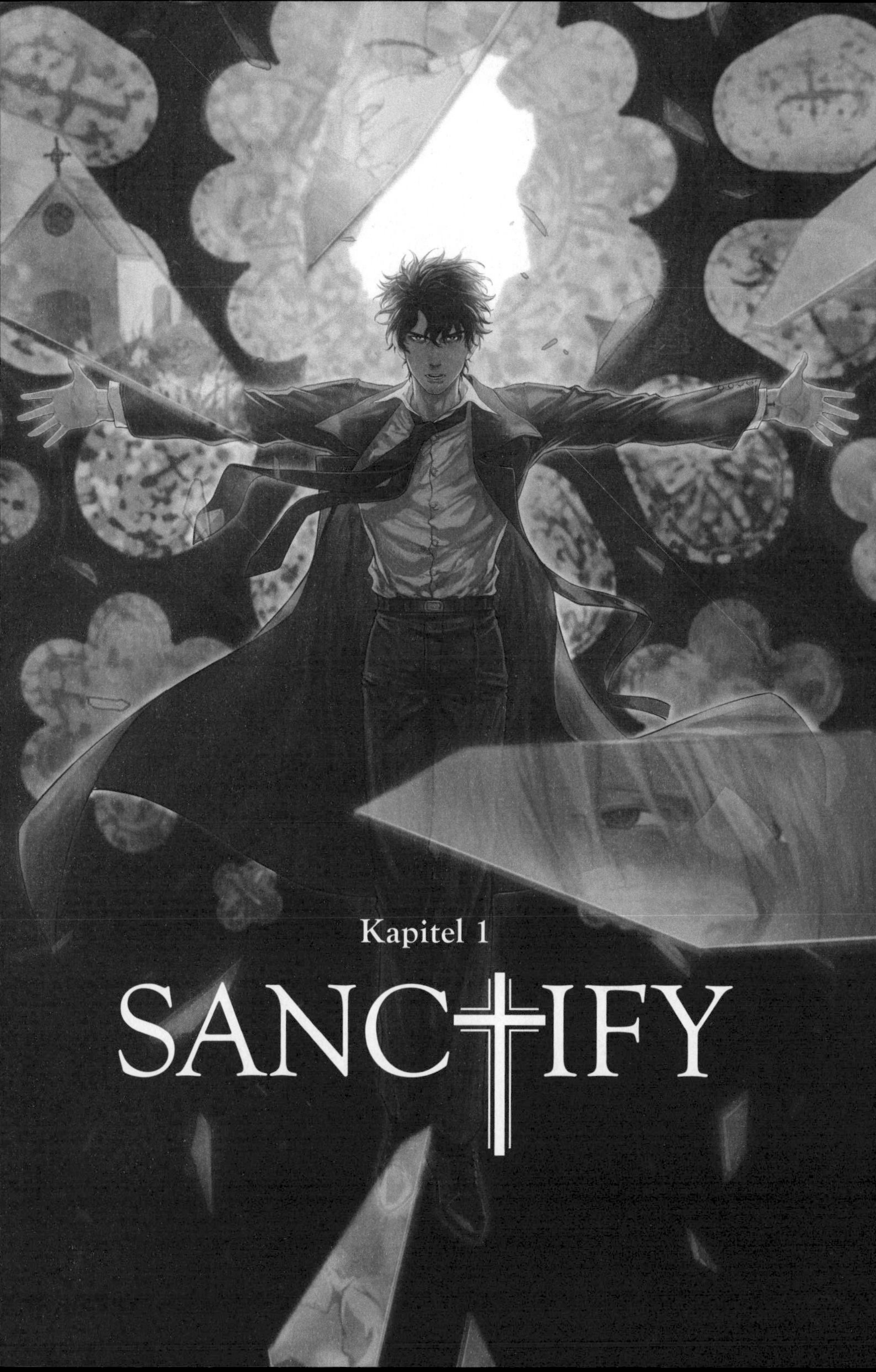
Kapitel 1
SANCTIFY

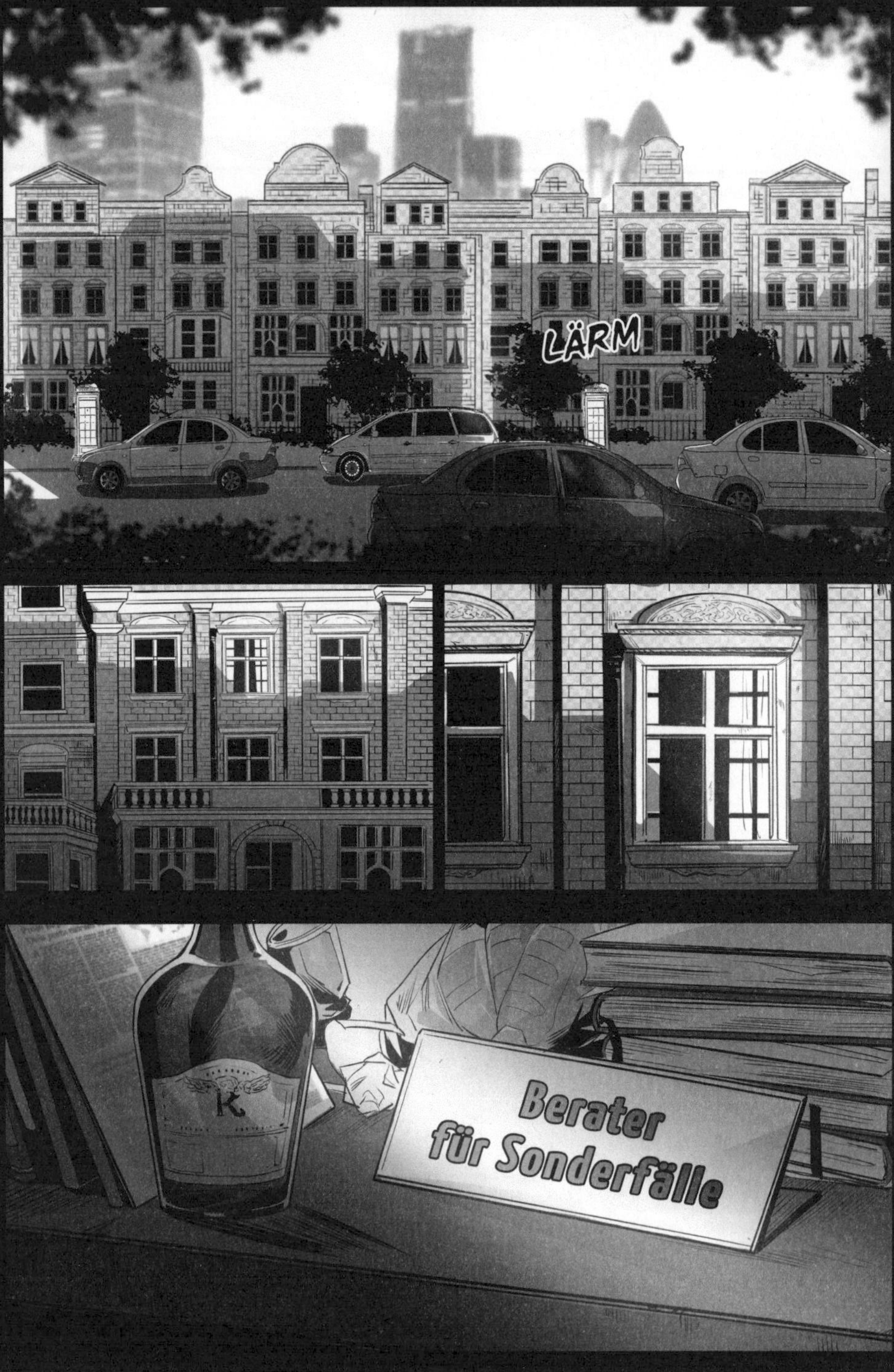
LÄRM
Berater
für Sonderfälle

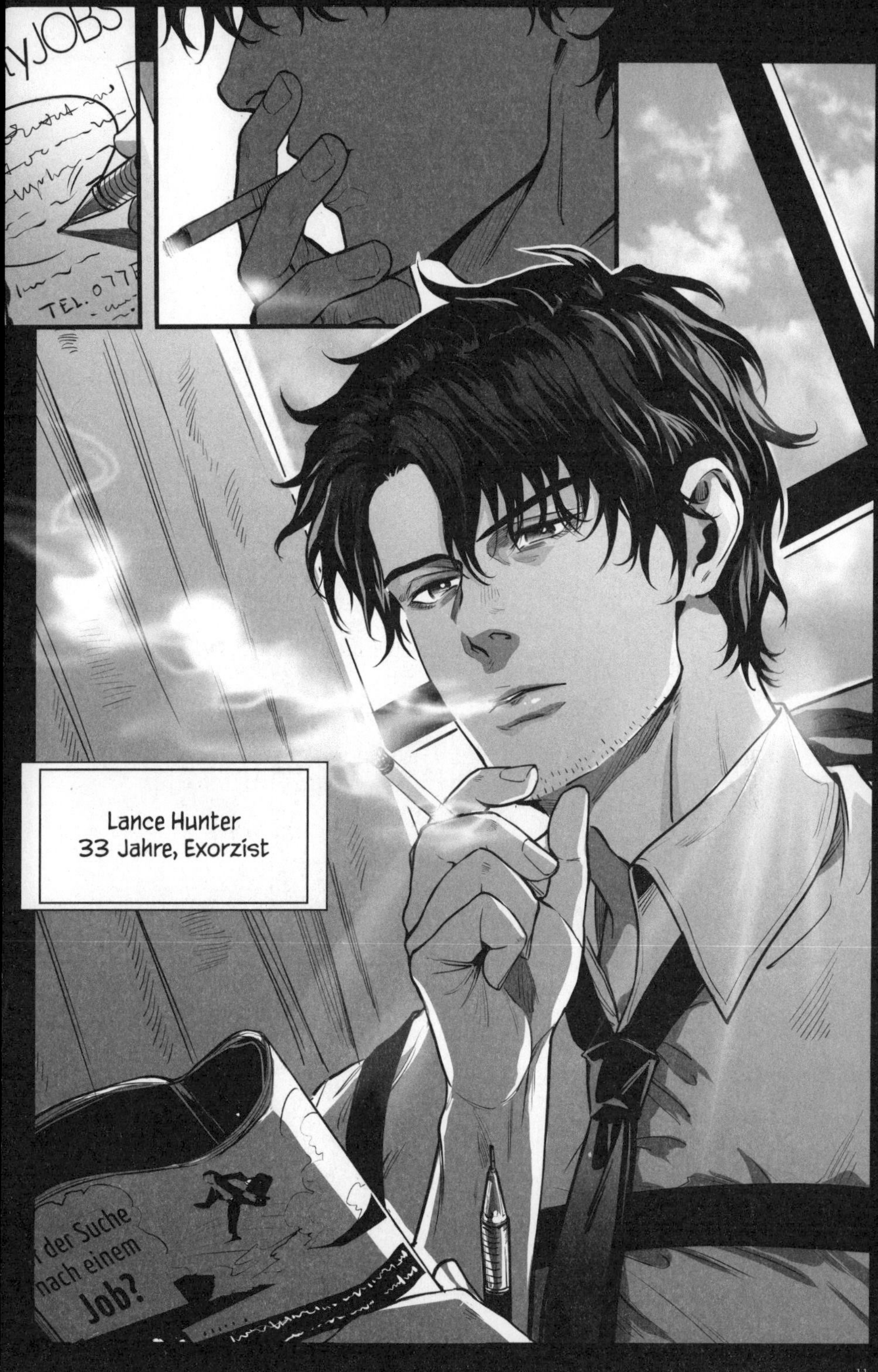
Lance Hunter
33 Jahre, Exorzist
der Suche
nach einem
Job?

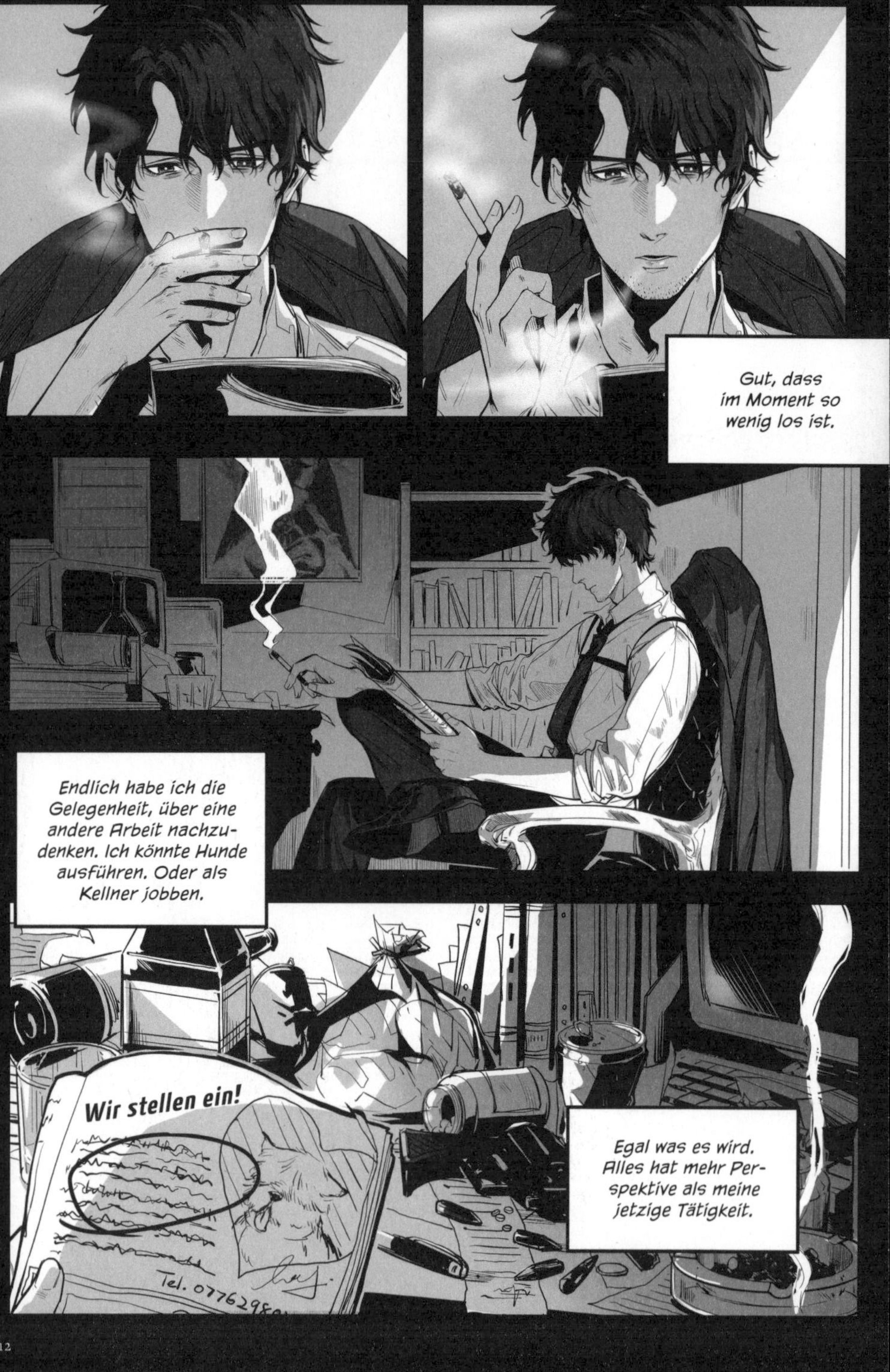
Gut, dass im Moment so wenig los ist.
Endlich habe ich die Gelegenheit, über eine andere Arbeit nachzudenken. Ich könnte Hunde ausführen. Oder als Kellner jobben.
Wir stellen ein!
Tel. 07762980
Egal was es wird. Alles hat mehr Perspektive als meine jetzige Tätigkeit.

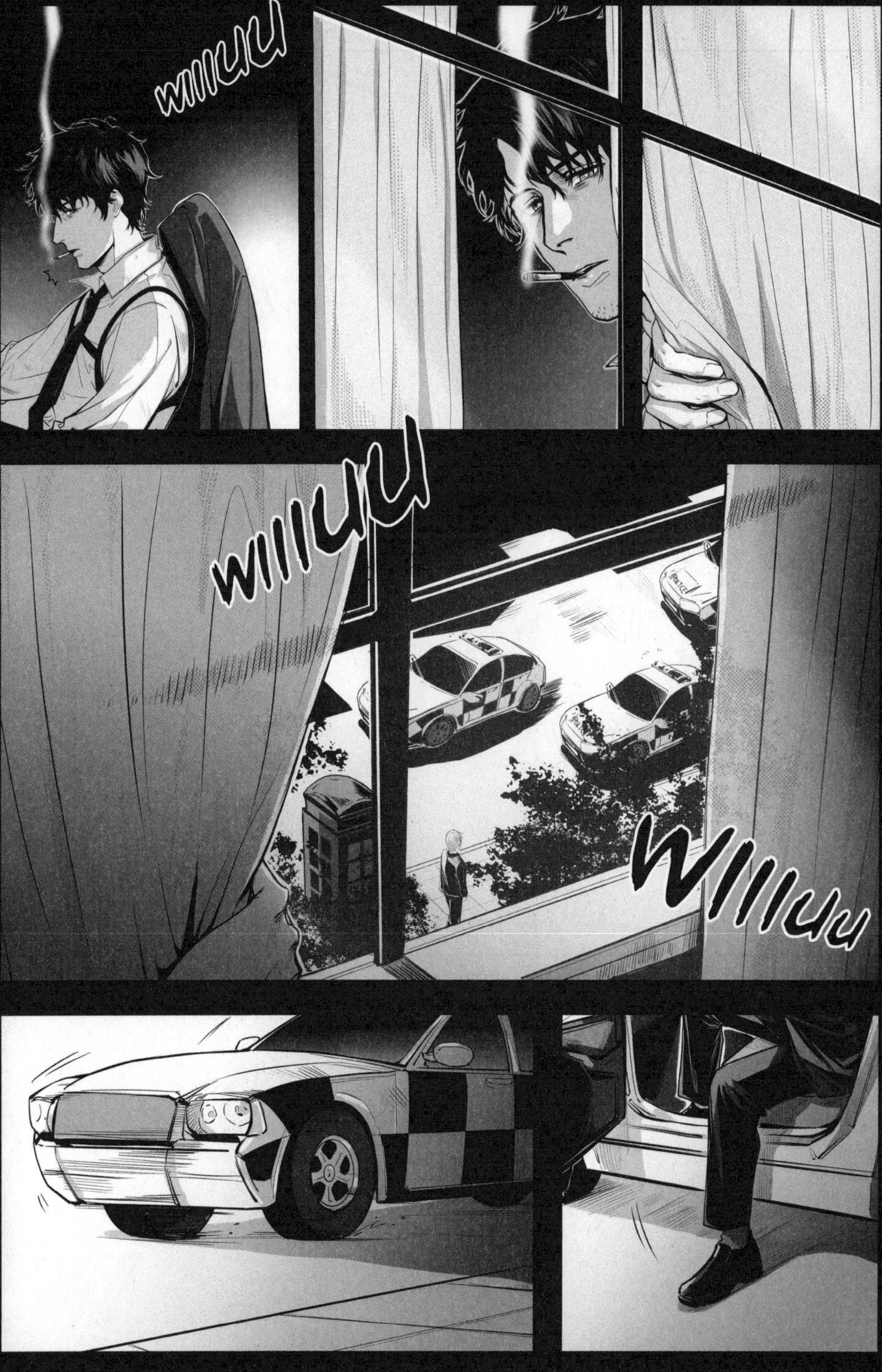
WIIUU
WIIUU
WIIIuu

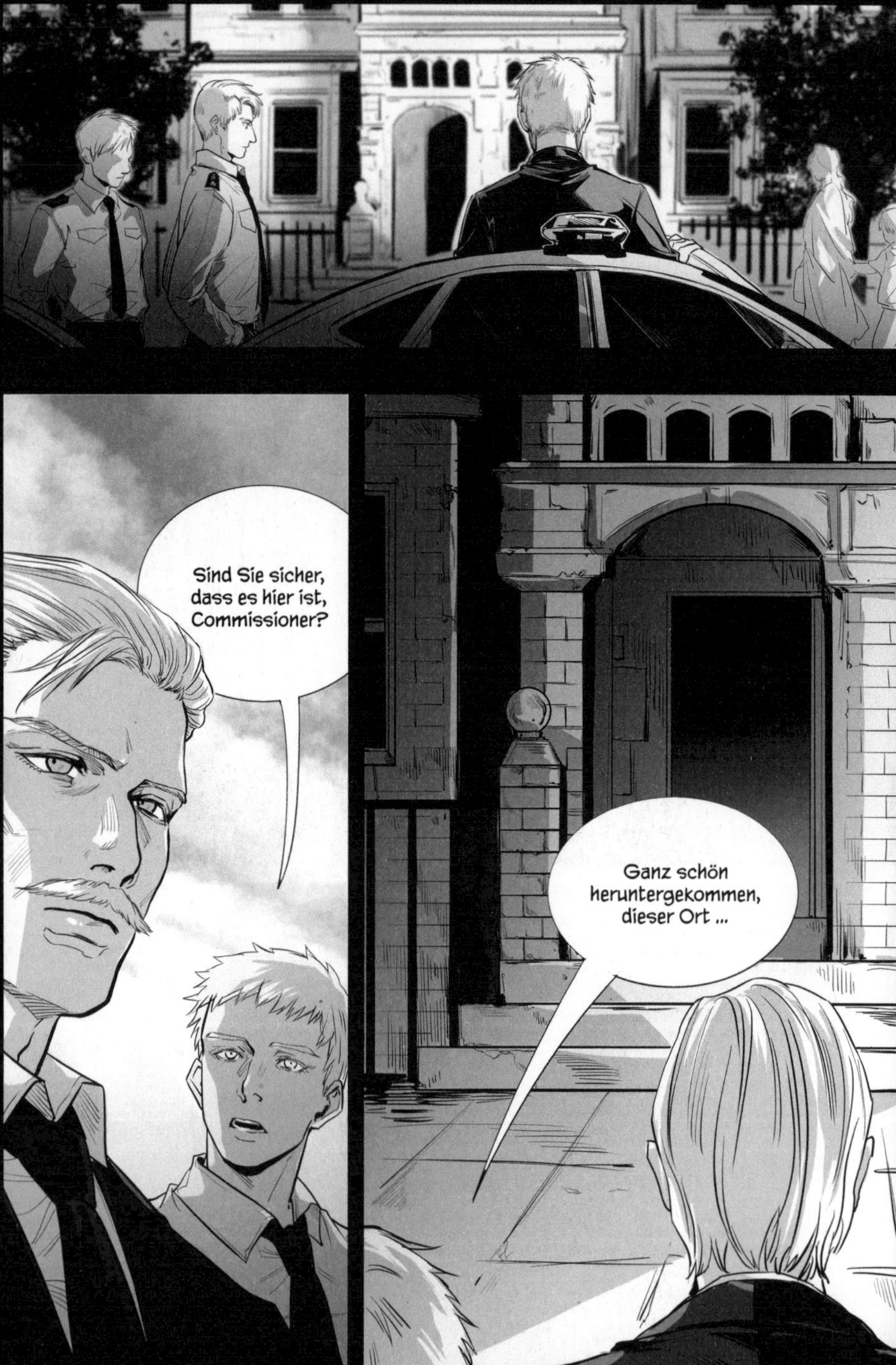
Sind Sie sicher, dass es hier ist, Commissioner?
Ganz schön heruntergekommen, dieser Ort ...

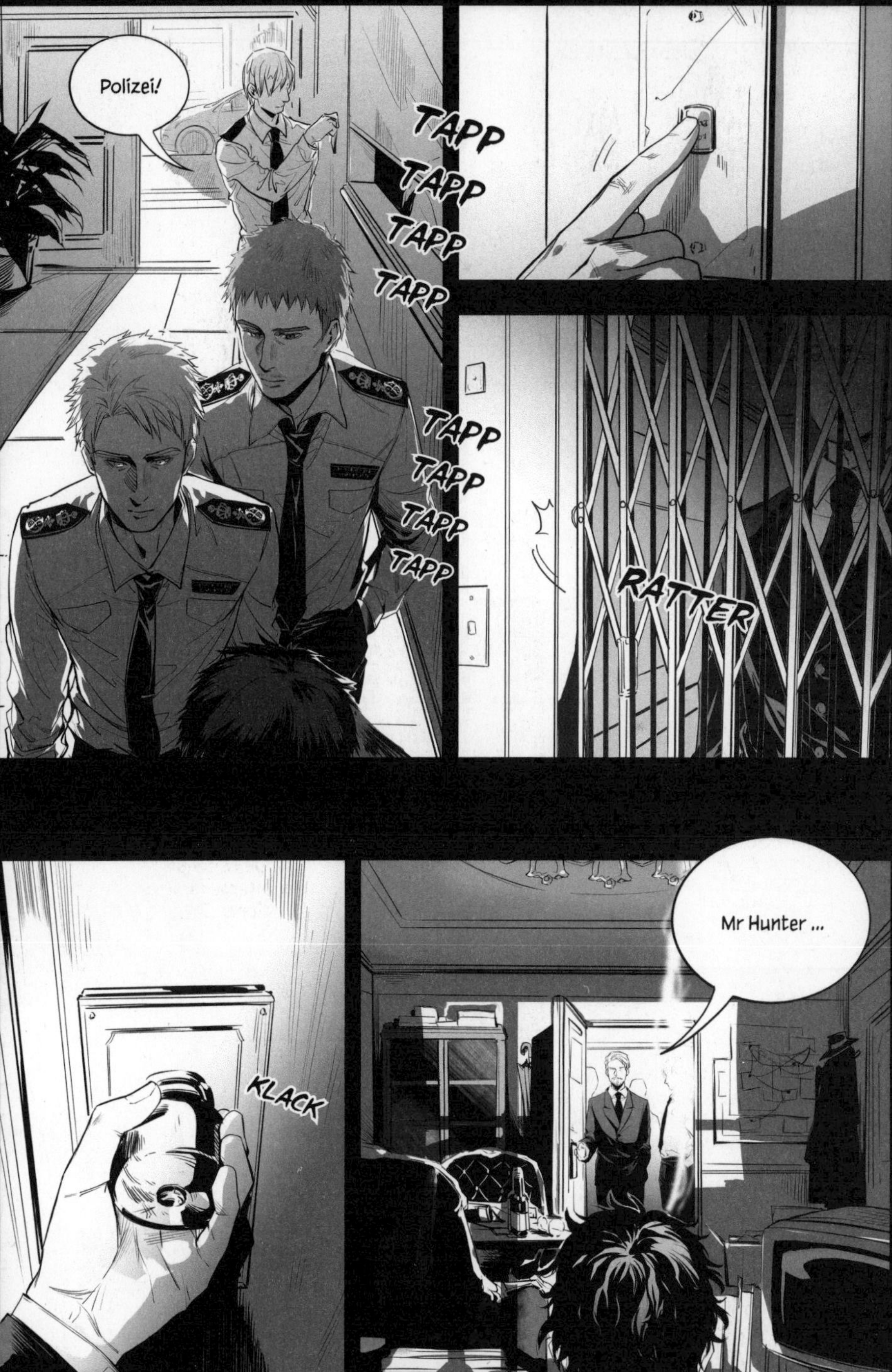

Polizei!
TAPP
TAPP
TAPP
TAPP
TAPP
TAPP
TAPP
TAPP
RATTER
KLACK
Mr Hunter ...

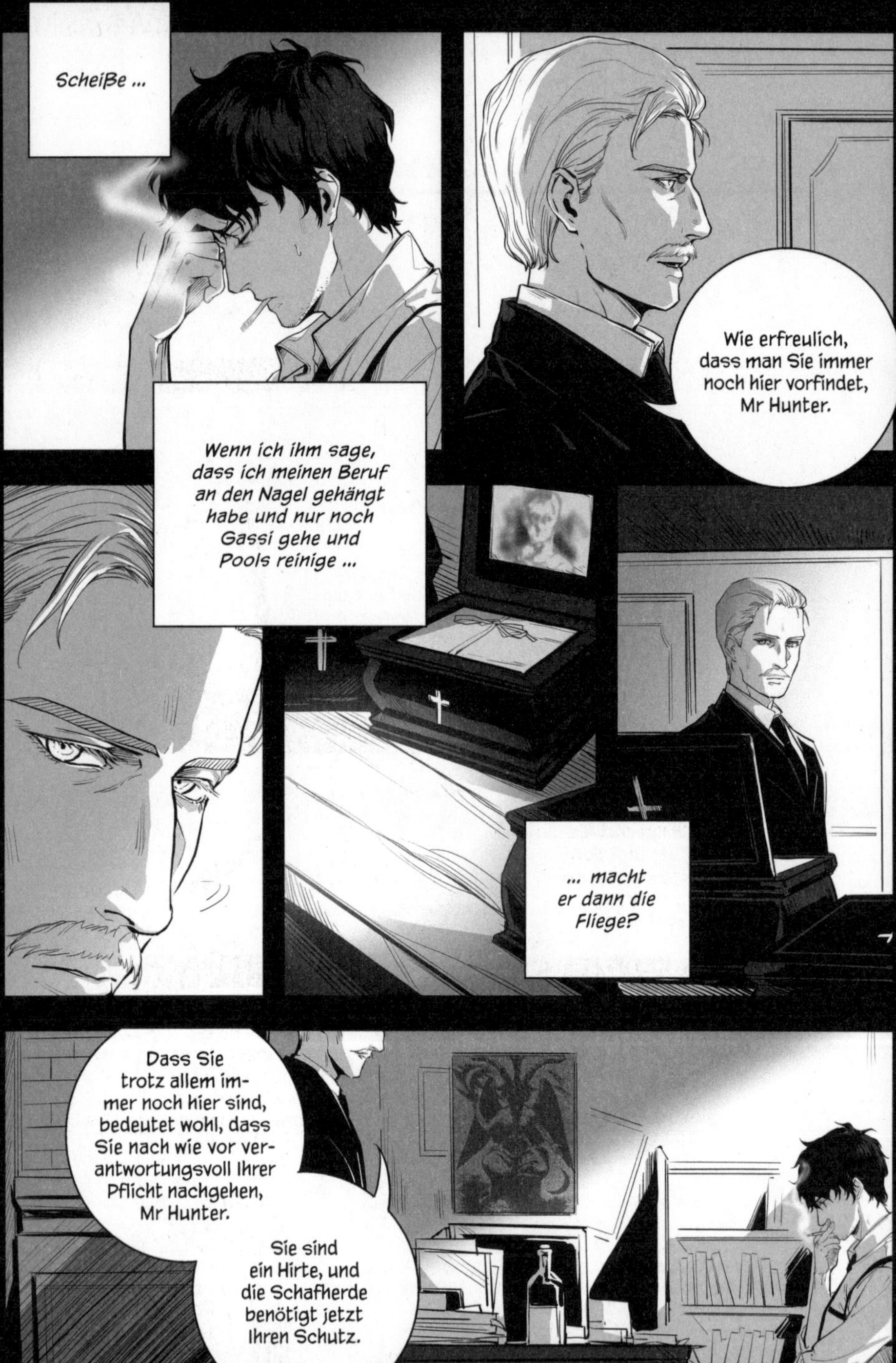
Scheiße ...
Wie erfreulich, dass man Sie immer noch hier vorfindet, Mr Hunter.
Wenn ich ihm sage, dass ich meinen Beruf an den Nagel gehängt habe und nur noch Gassi gehe und Pools reinige ...
... macht er dann die Fliege?
Dass Sie trotz allem immer noch hier sind, bedeutet wohl, dass Sie nach wie vor verantwortungsvoll Ihrer Pflicht nachgehen, Mr Hunter.
Sie sind ein Hirte, und die Schafherde benötigt jetzt Ihren Schutz.

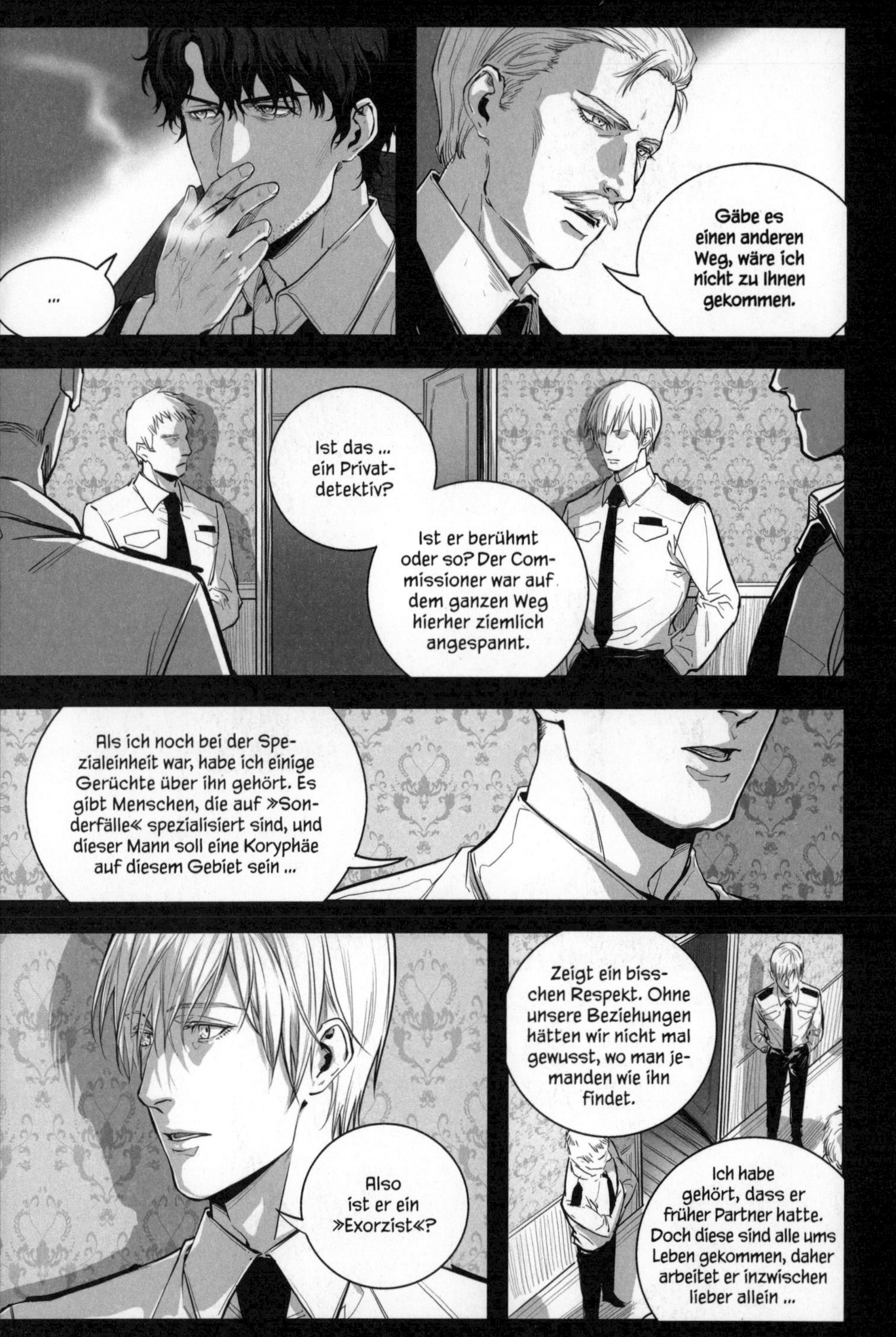
...
Gäbe es einen anderen Weg, wäre ich nicht zu Ihnen gekommen.
Ist das ... ein Privatdetektiv?
Ist er berühmt oder so? Der Commissioner war auf dem ganzen Weg hierher ziemlich angespannt.
Als ich noch bei der Spezialeinheit war, habe ich einige Gerüchte über ihn gehört. Es gibt Menschen, die auf »Sonderfälle« spezialisiert sind, und dieser Mann soll eine Koryphäe auf diesem Gebiet sein ...
Also ist er ein »Exorzist«?
Zeigt ein bisschen Respekt. Ohne unsere Beziehungen hätten wir nicht mal gewusst, wo man jemanden wie ihn findet.
Ich habe gehört, dass er früher Partner hatte. Doch diese sind alle ums Leben gekommen, daher arbeitet er inzwischen lieber allein ...

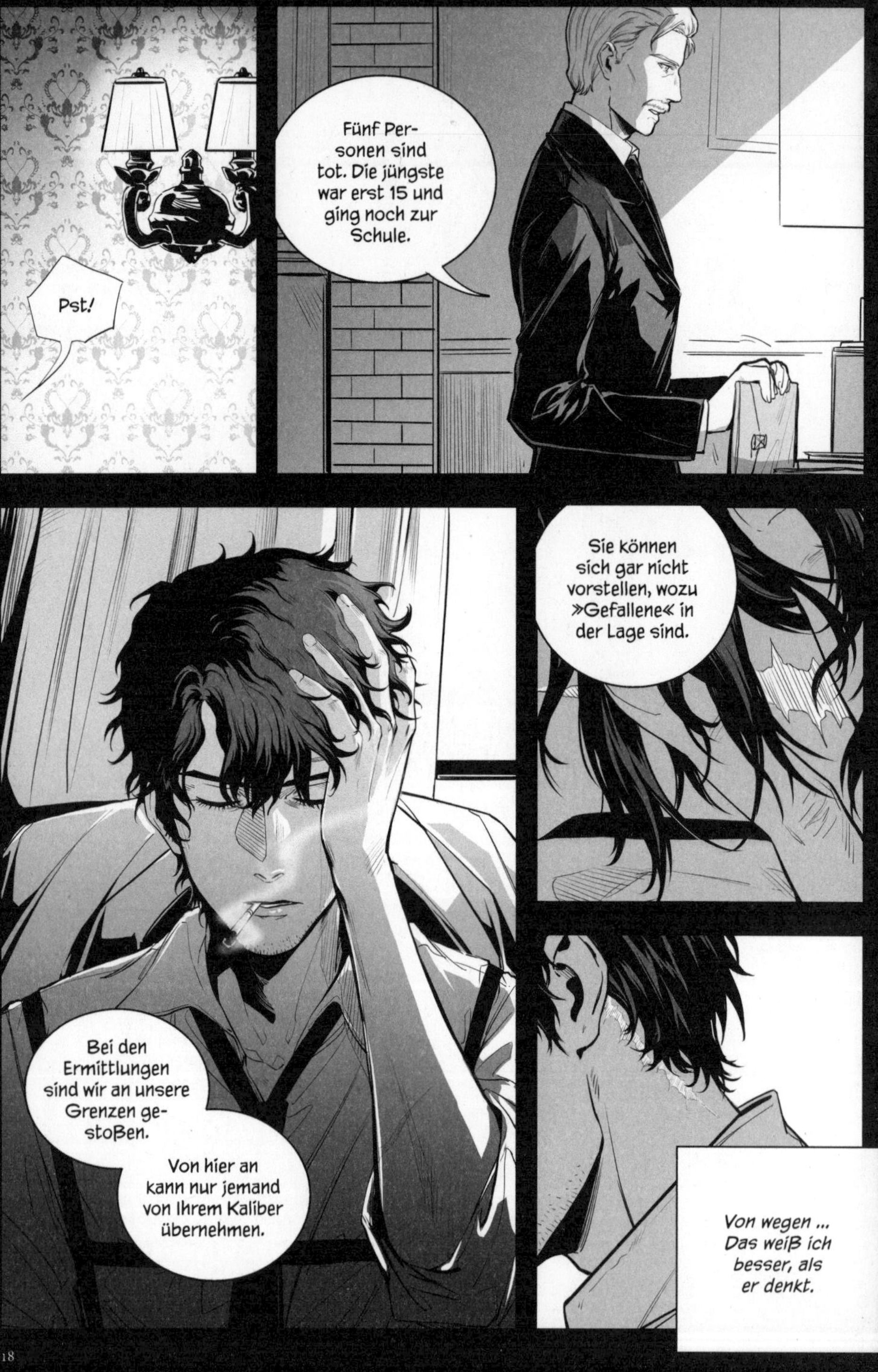
Pst!
Fünf Personen sind tot. Die jüngste war erst 15 und ging noch zur Schule.
Bei den Ermittlungen sind wir an unsere Grenzen gestoßen.
Von hier an kann nur jemand von Ihrem Kaliber übernehmen.
Sie können sich gar nicht vorstellen, wozu »Gefallene« in der Lage sind.
Von wegen ... Das weiß ich besser, als er denkt.

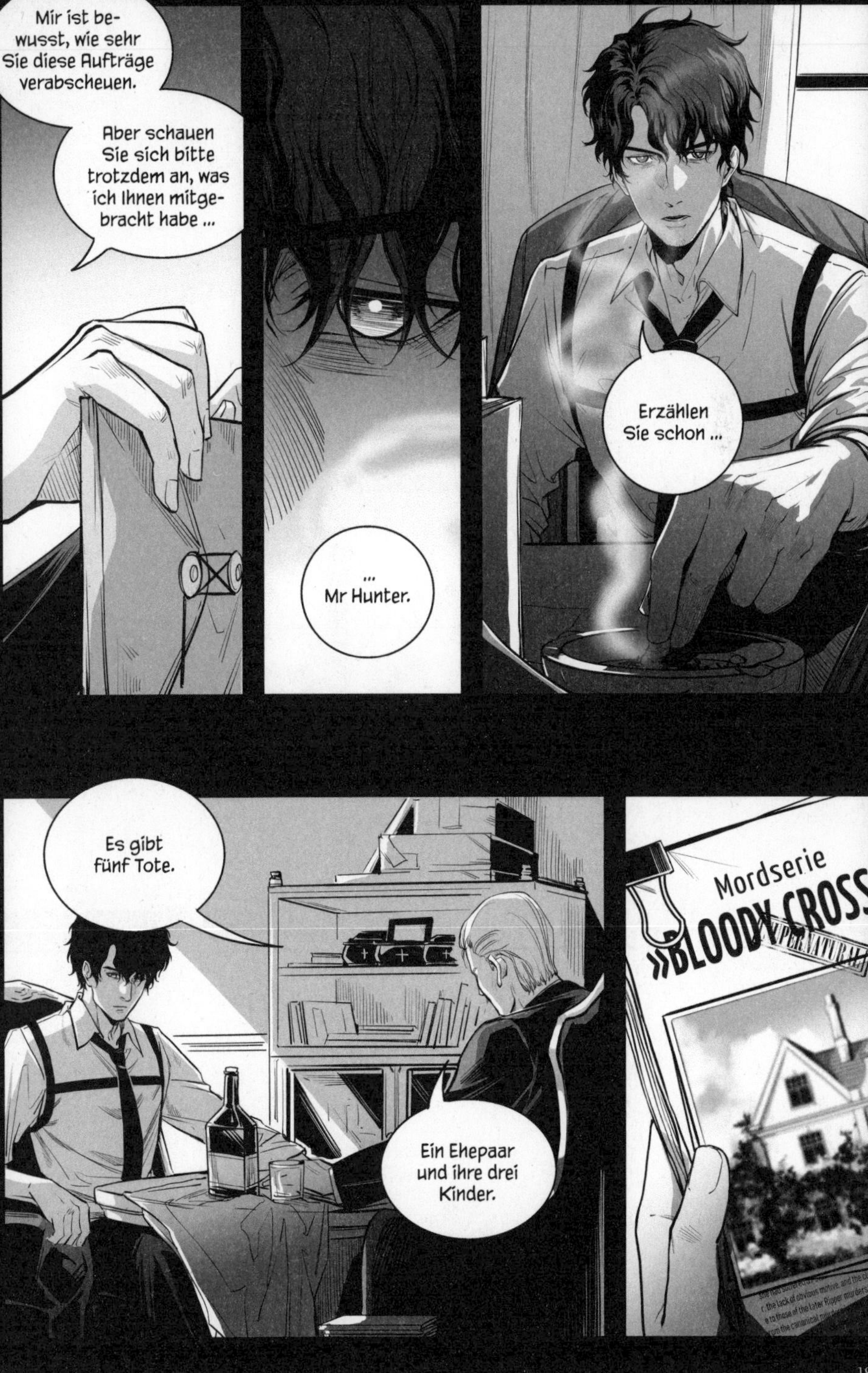
Mir ist bewusst, wie sehr Sie diese Aufträge verabscheuen.
Aber schauen Sie sich bitte trotzdem an, was ich Ihnen mitgebracht habe …
… Mr Hunter.
Erzählen Sie schon …
Es gibt fünf Tote.
Ein Ehepaar und ihre drei Kinder.
Mordserie
»BLOODY CROSS

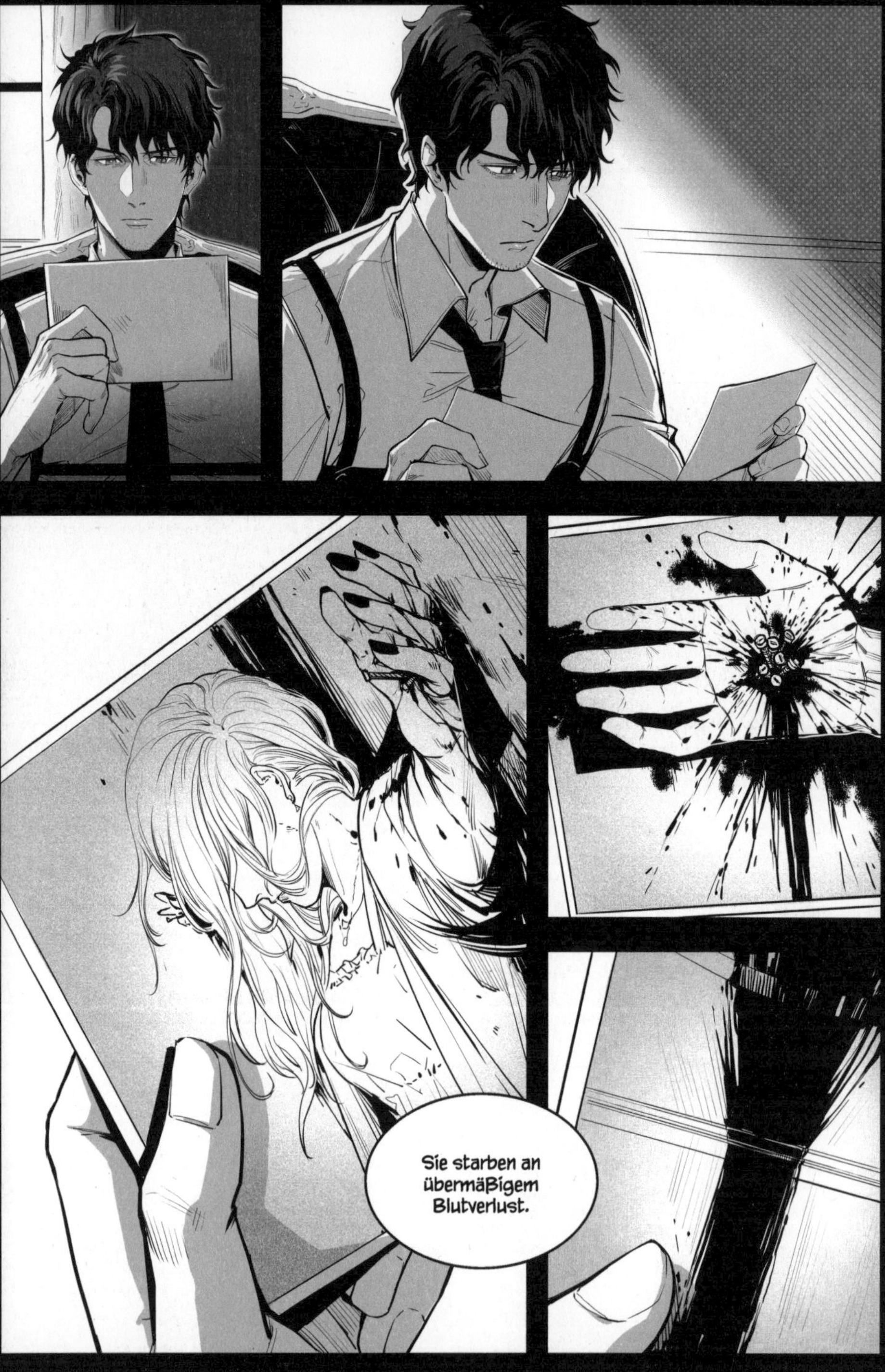
Sie starben an übermäßigem Blutverlust.

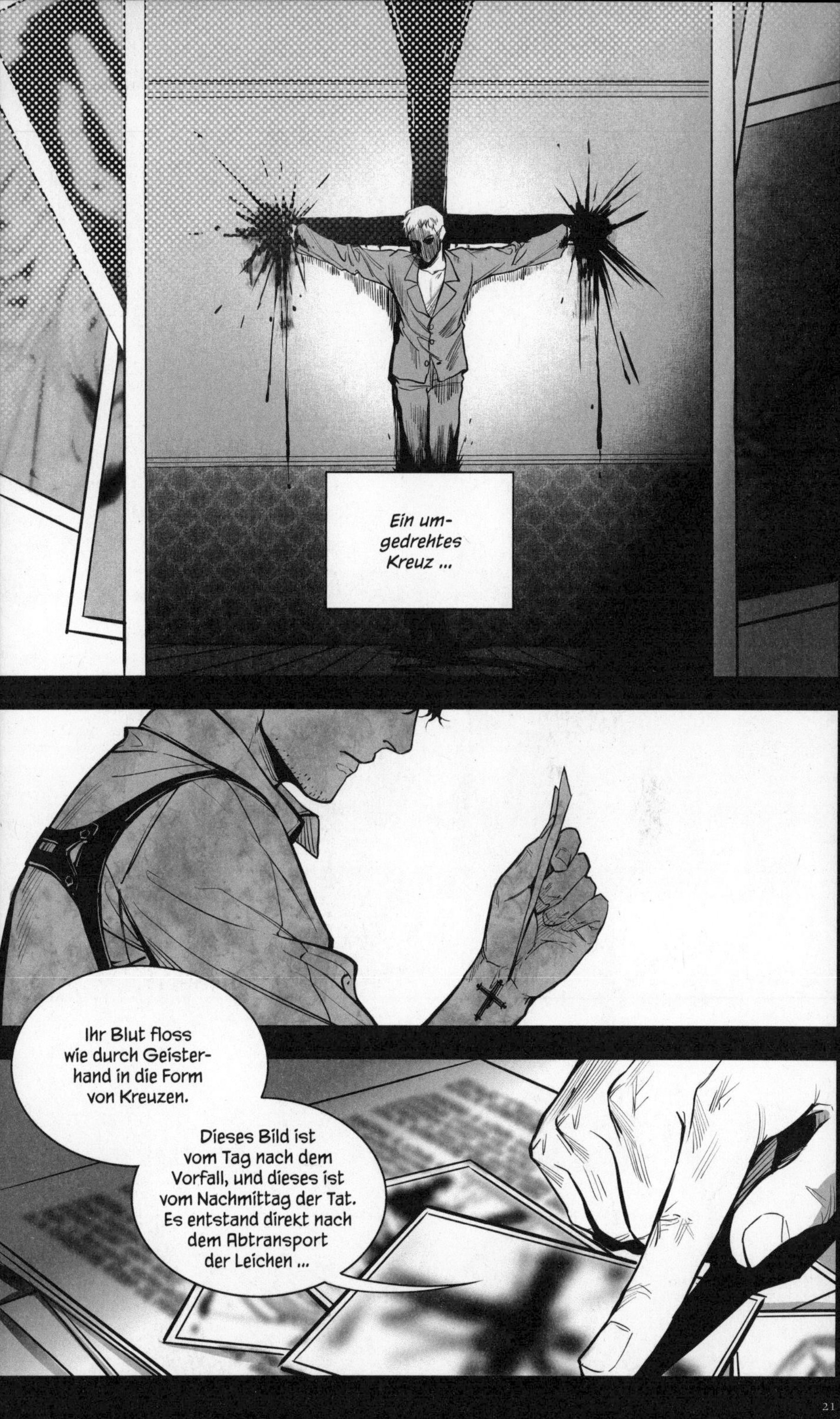
Ein umgedrehtes Kreuz ...
Ihr Blut floss wie durch Geisterhand in die Form von Kreuzen.
Dieses Bild ist vom Tag nach dem Vorfall, und dieses ist vom Nachmittag der Tat. Es entstand direkt nach dem Abtransport der Leichen ...

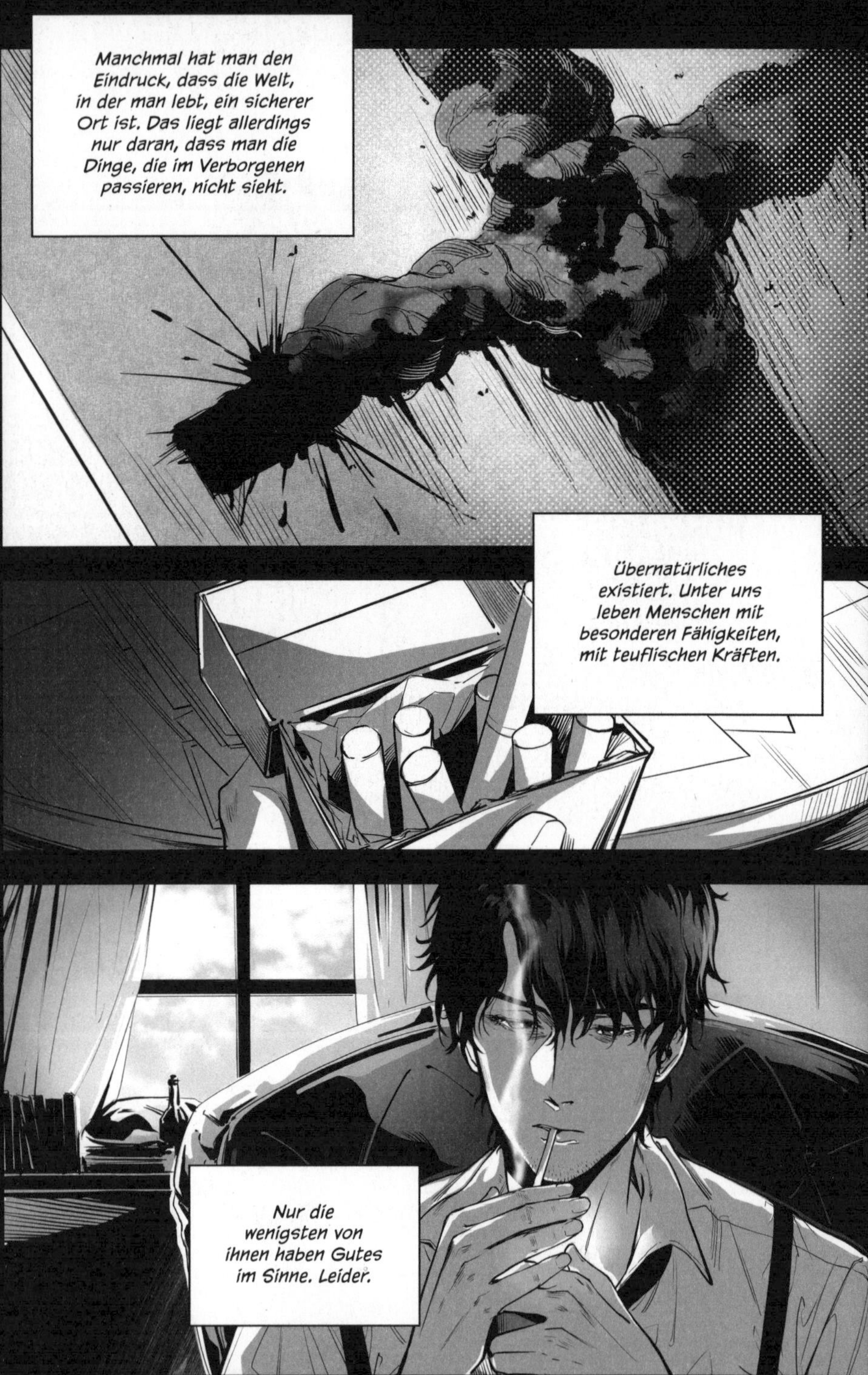
Manchmal hat man den Eindruck, dass die Welt, in der man lebt, ein sicherer Ort ist. Das liegt allerdings nur daran, dass man die Dinge, die im Verborgenen passieren, nicht sieht.
Übernatürliches existiert. Unter uns leben Menschen mit besonderen Fähigkeiten, mit teuflischen Kräften.
Nur die wenigsten von ihnen haben Gutes im Sinne. Leider.

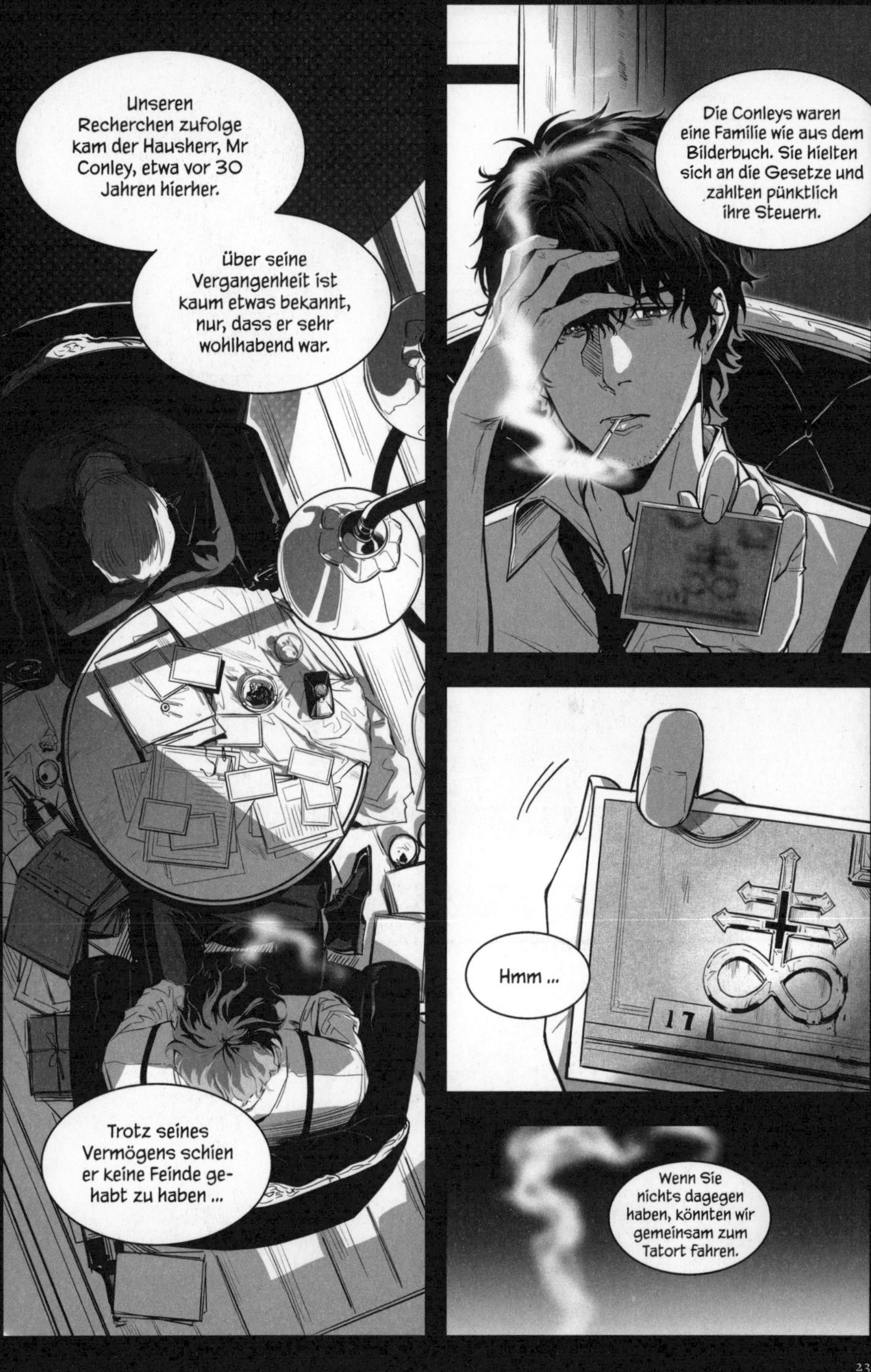
Unseren Recherchen zufolge kam der Hausherr, Mr Conley, etwa vor 30 Jahren hierher.
über seine Vergangenheit ist kaum etwas bekannt, nur, dass er sehr wohlhabend war.
Die Conleys waren eine Familie wie aus dem Bilderbuch. Sie hielten sich an die Gesetze und zahlten pünktlich ihre Steuern.
Trotz seines Vermögens schien er keine Feinde ge-habt zu haben ...
Hmm ...
17
Wenn Sie nichts dagegen haben, könnten wir gemeinsam zum Tatort fahren.

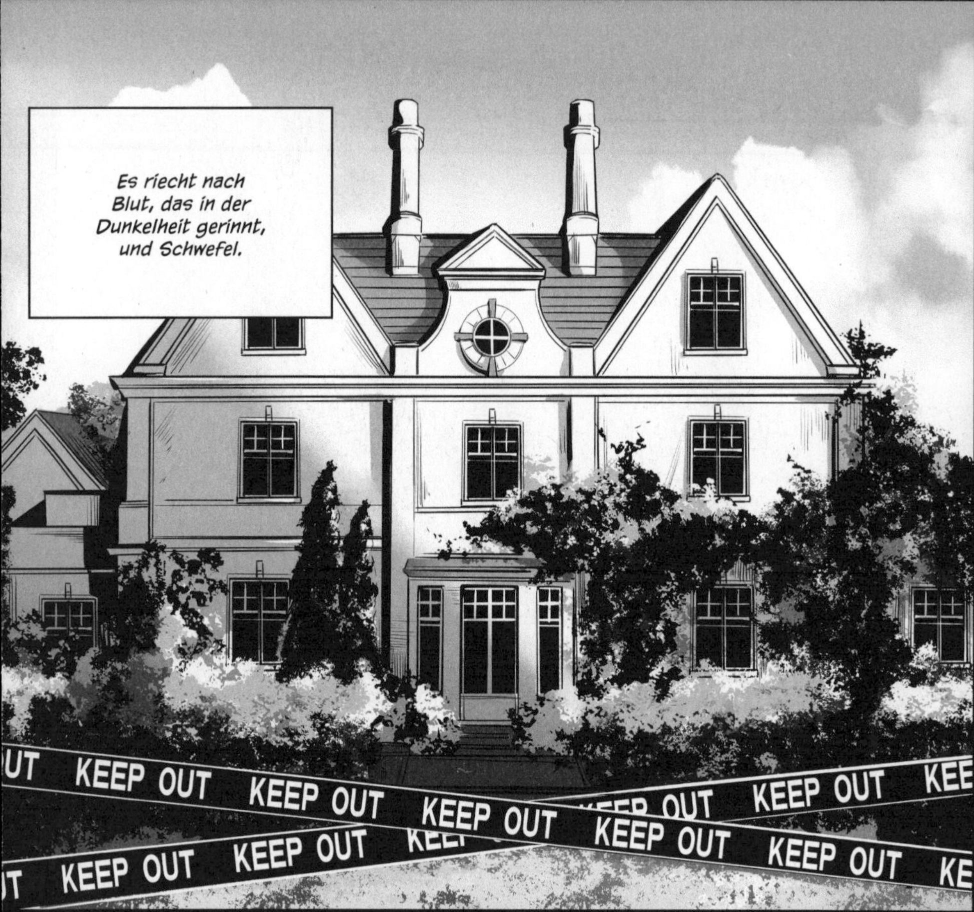
Es riecht nach Blut, das in der Dunkelheit gerinnt, und Schwefel.
KEEP OUT KEEP OUT KEEP OUT KEEP OUT KEEP OUT
KEEP OUT KEEP OUT KEEP OUT KEEP OUT

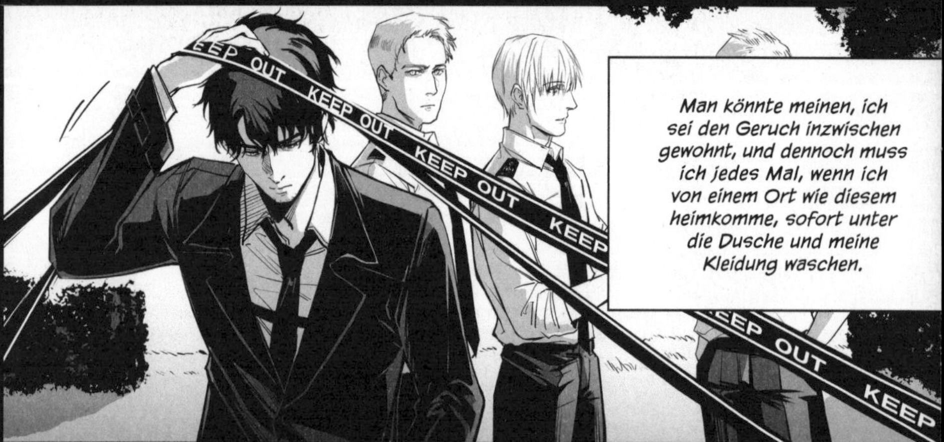
KEEP OUT KEEP OUT
Man könnte meinen, ich sei den Geruch inzwischen gewohnt, und dennoch muss ich jedes Mal, wenn ich von einem Ort wie diesem heimkomme, sofort unter die Dusche und meine Kleidung waschen.
OUT KEEP

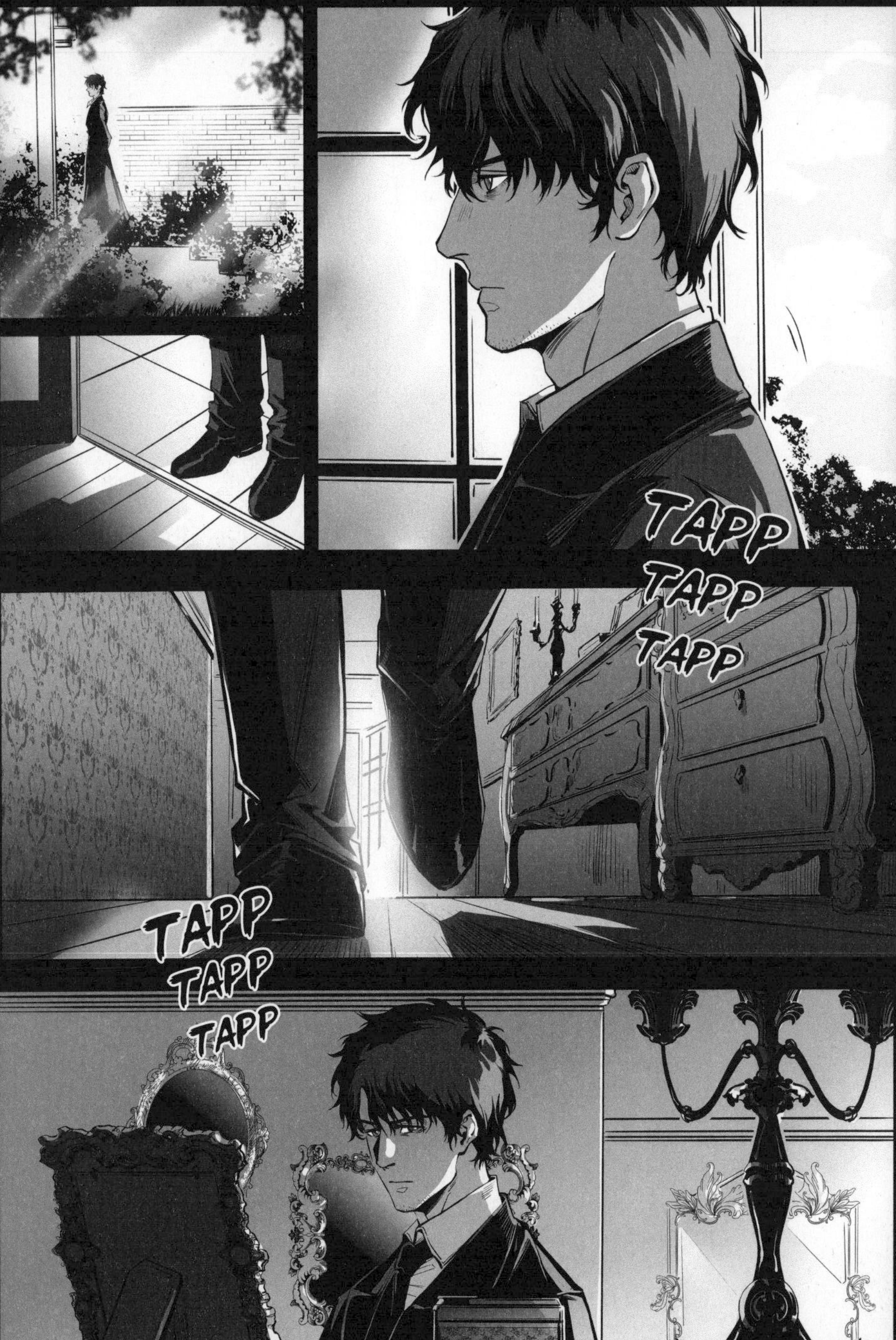
TAPP
TAPP
TAPP
TAPP
TAPP
TAPP

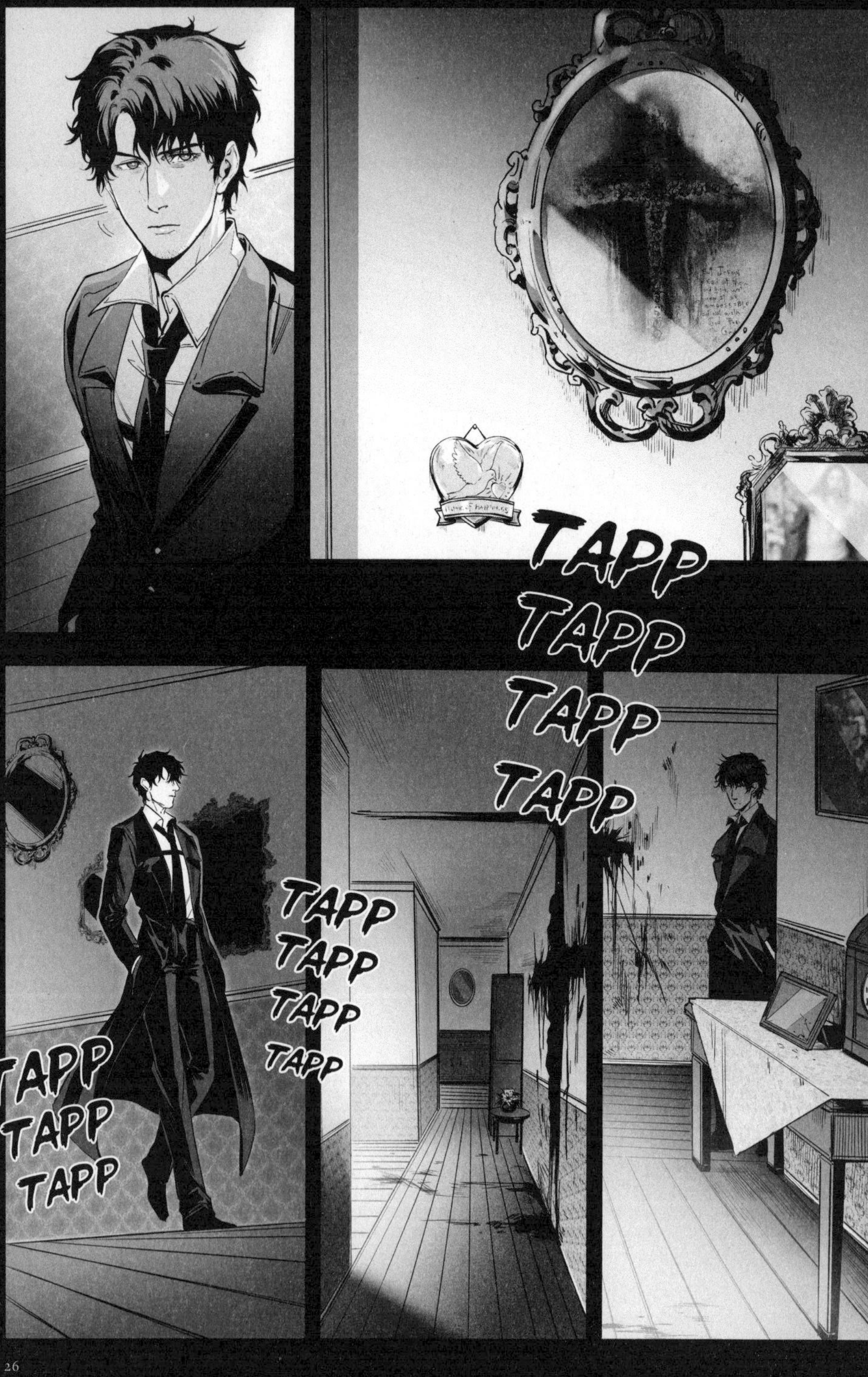
TAPP
TAPP
TAPP
TAPP
TAPP
TAPP
TAPP
TAPP
TAPP
TAPP
TAPP

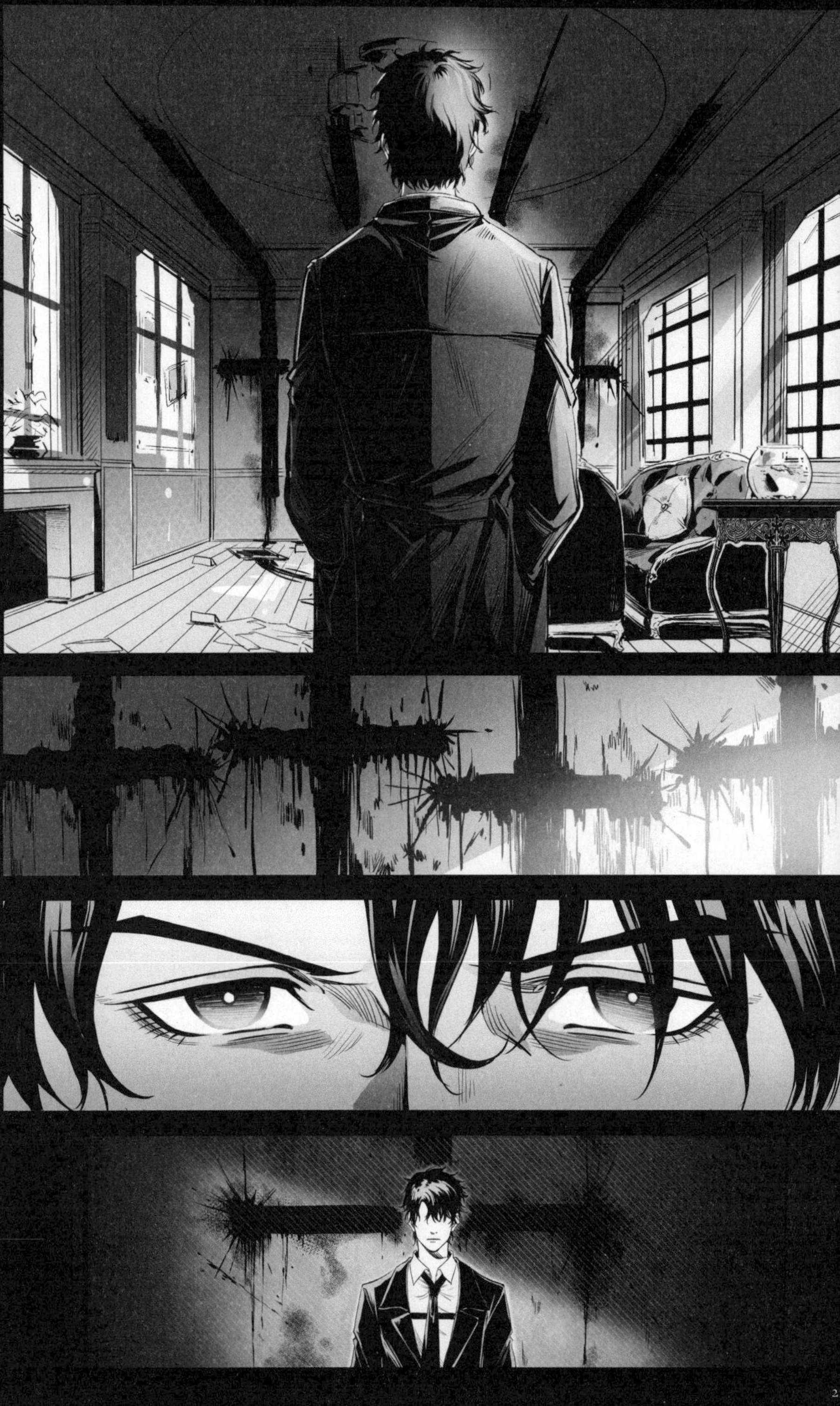

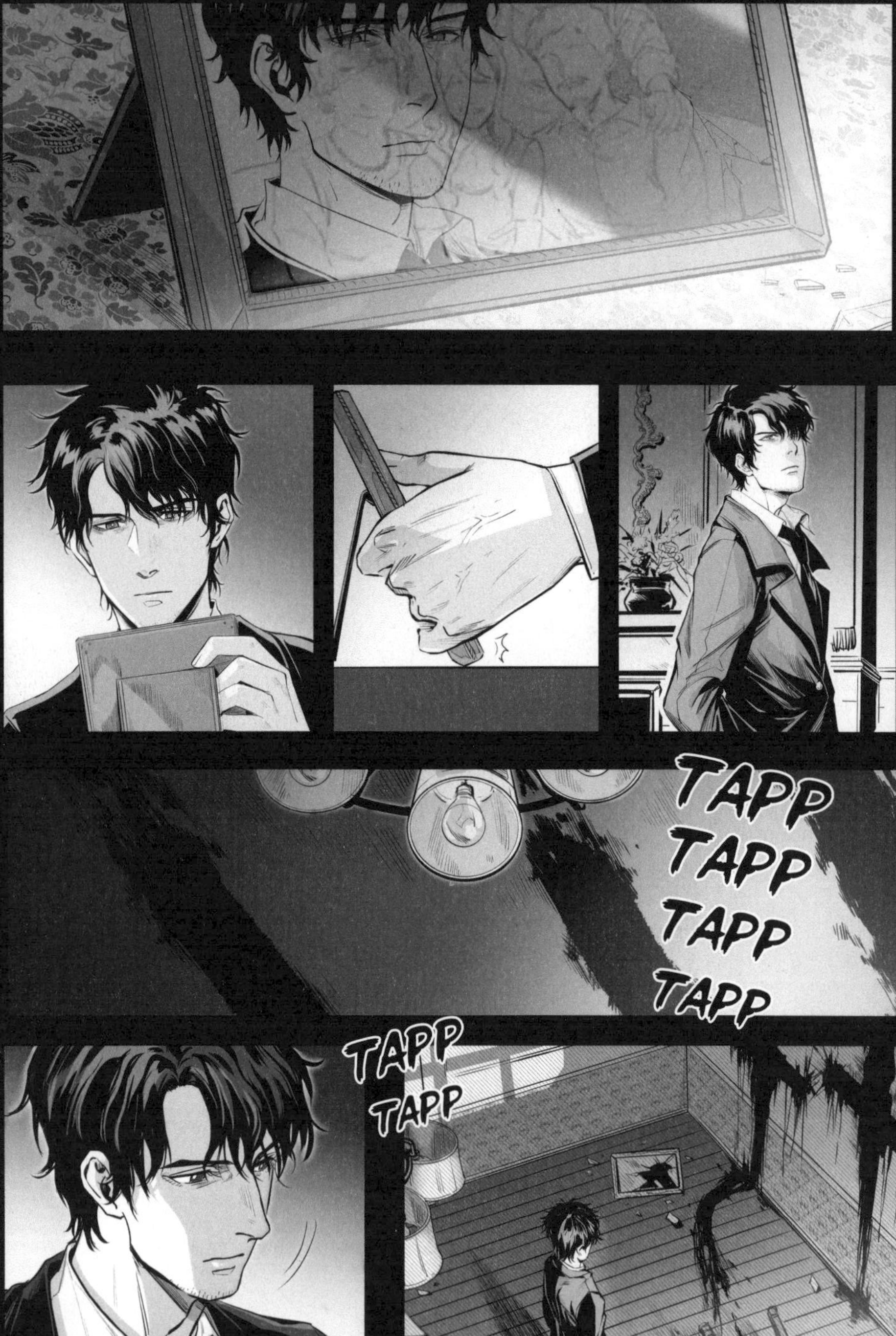
TAPP
TAPP
TAPP
TAPP
TAPP
TAPP

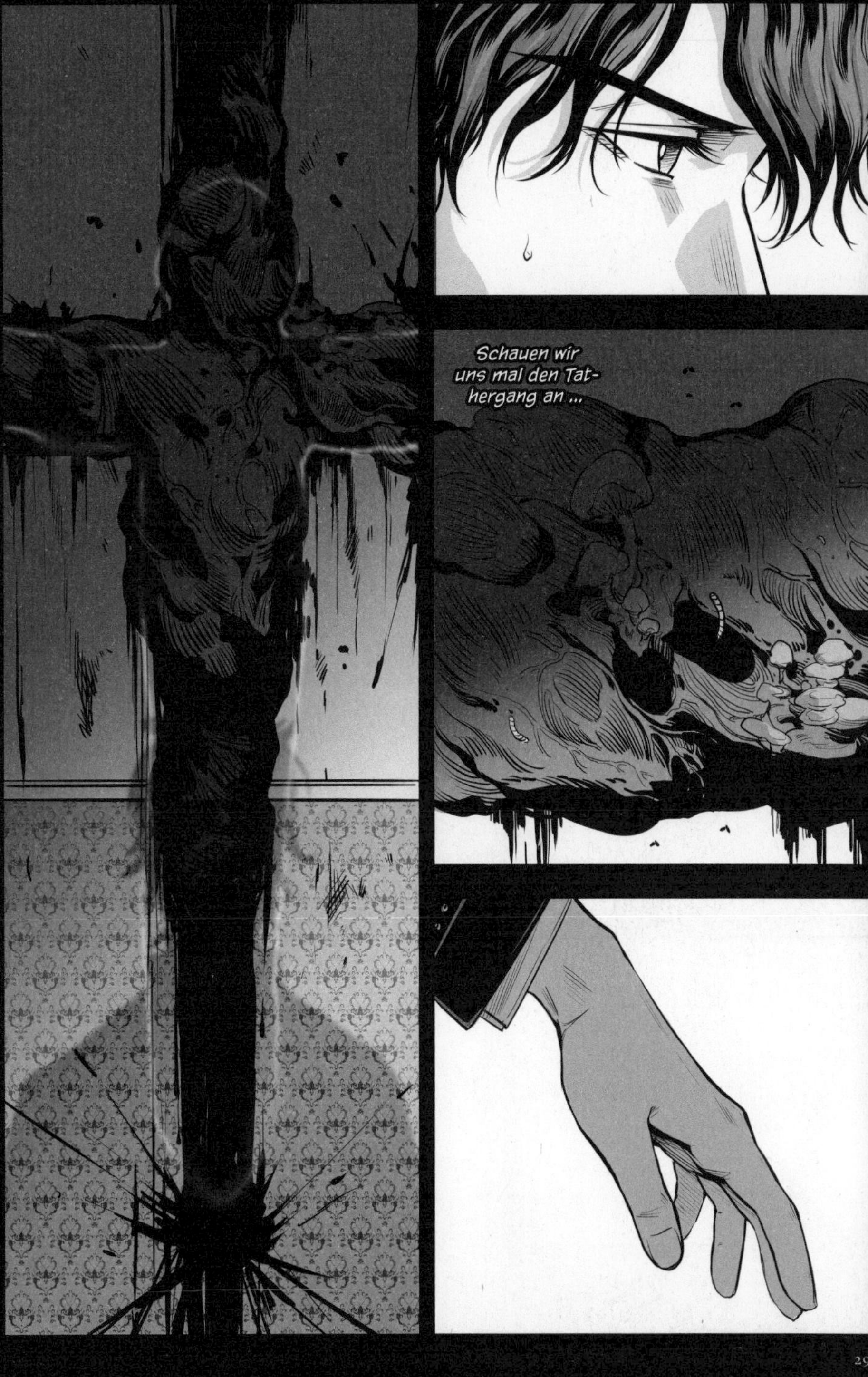
Schauen wir uns mal den Tat-hergang an ...

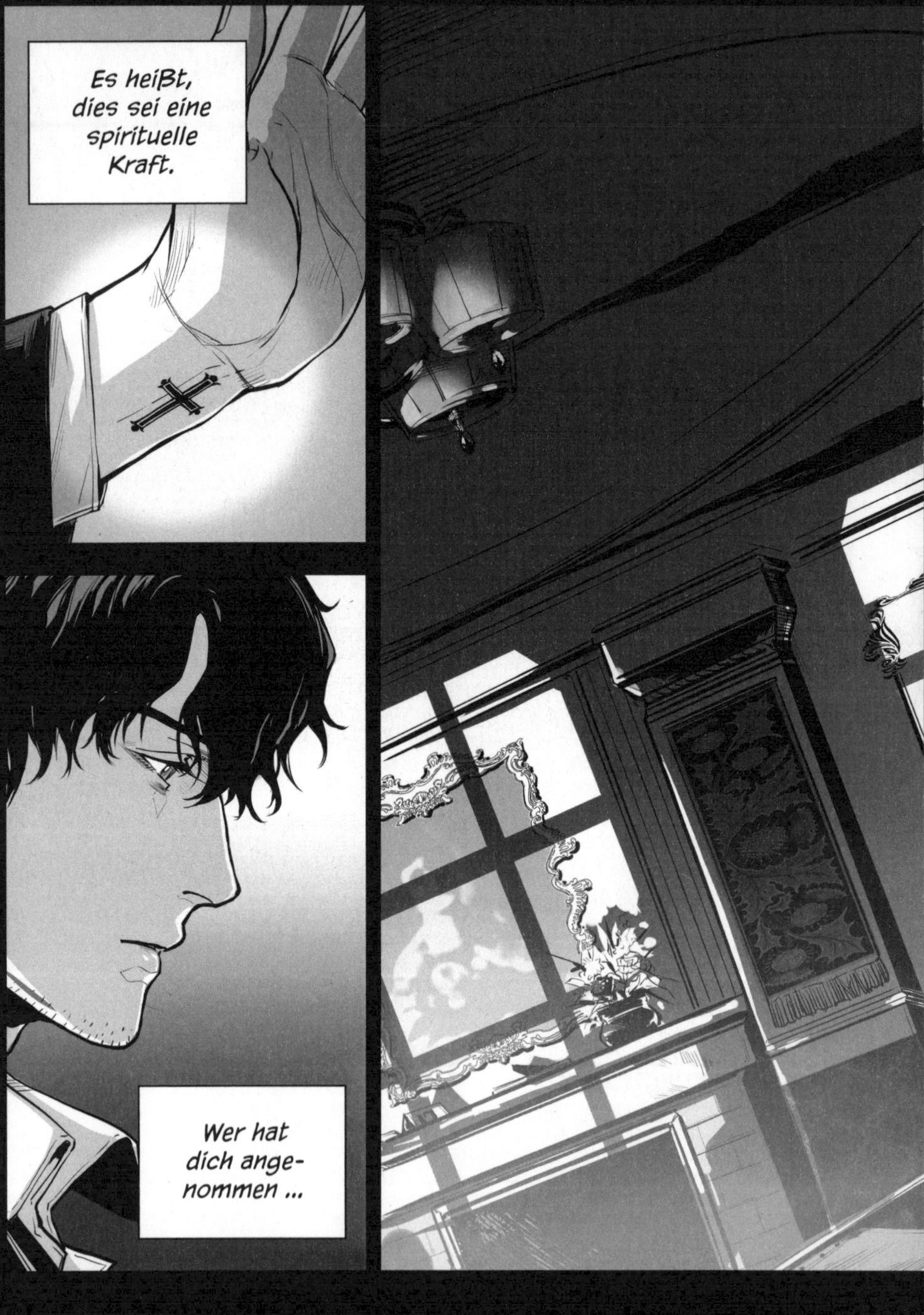
Es heißt, dies sei eine spirituelle Kraft.
Wer hat dich angenommen ...

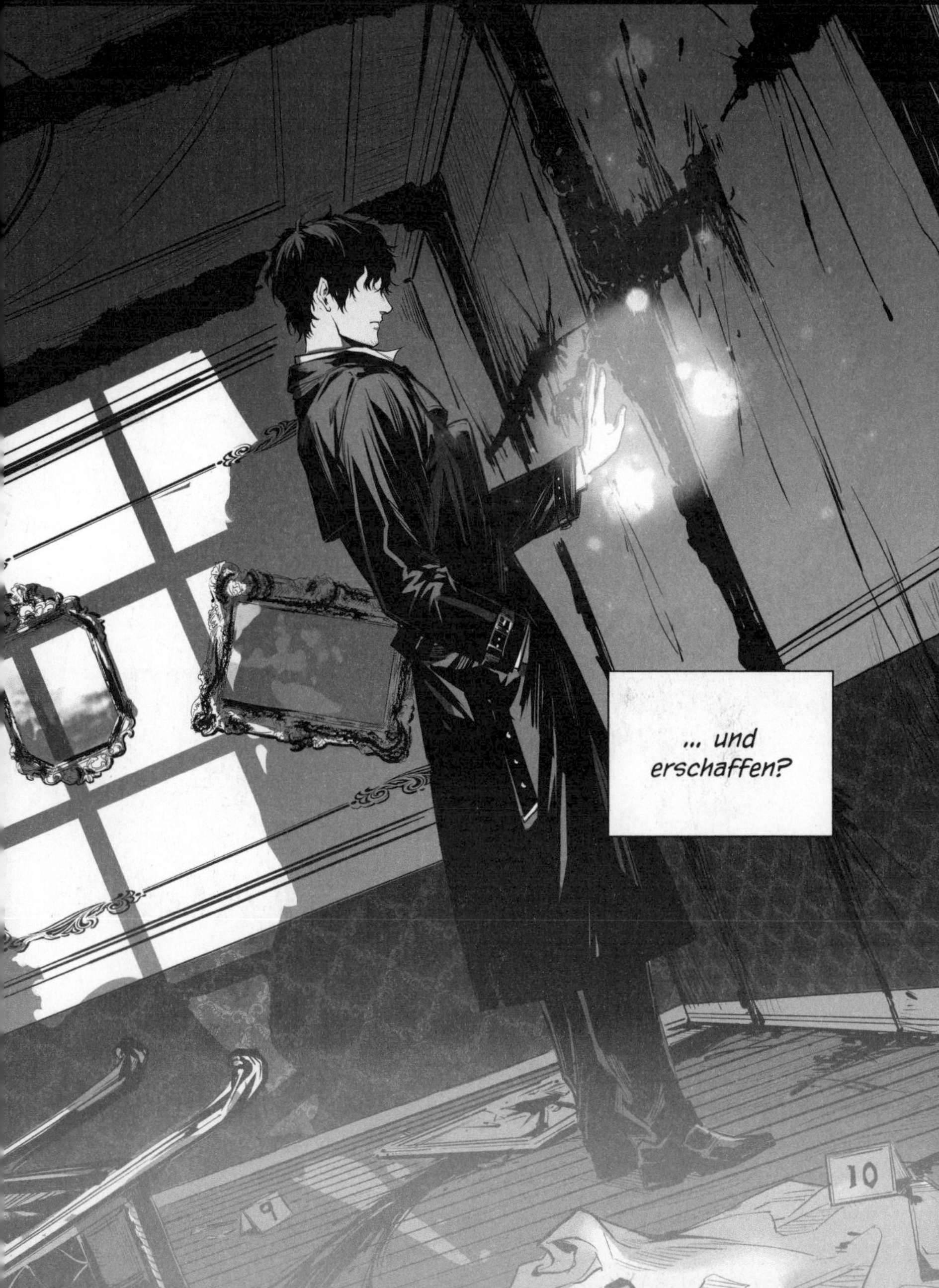
... und
erschaffen?
10
9

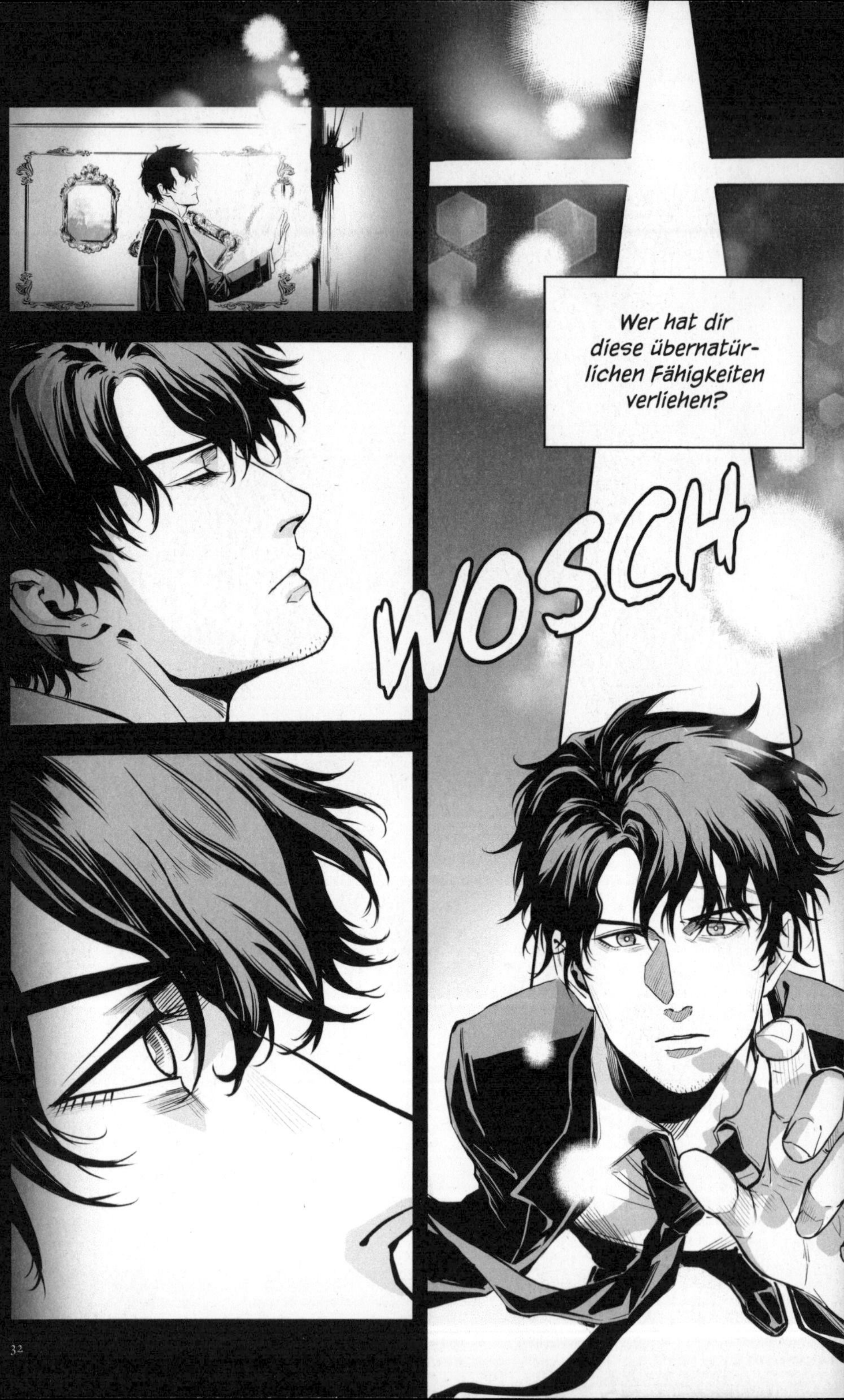
Wer hat dir diese übernatürlichen Fähigkeiten verliehen?
WOSCH

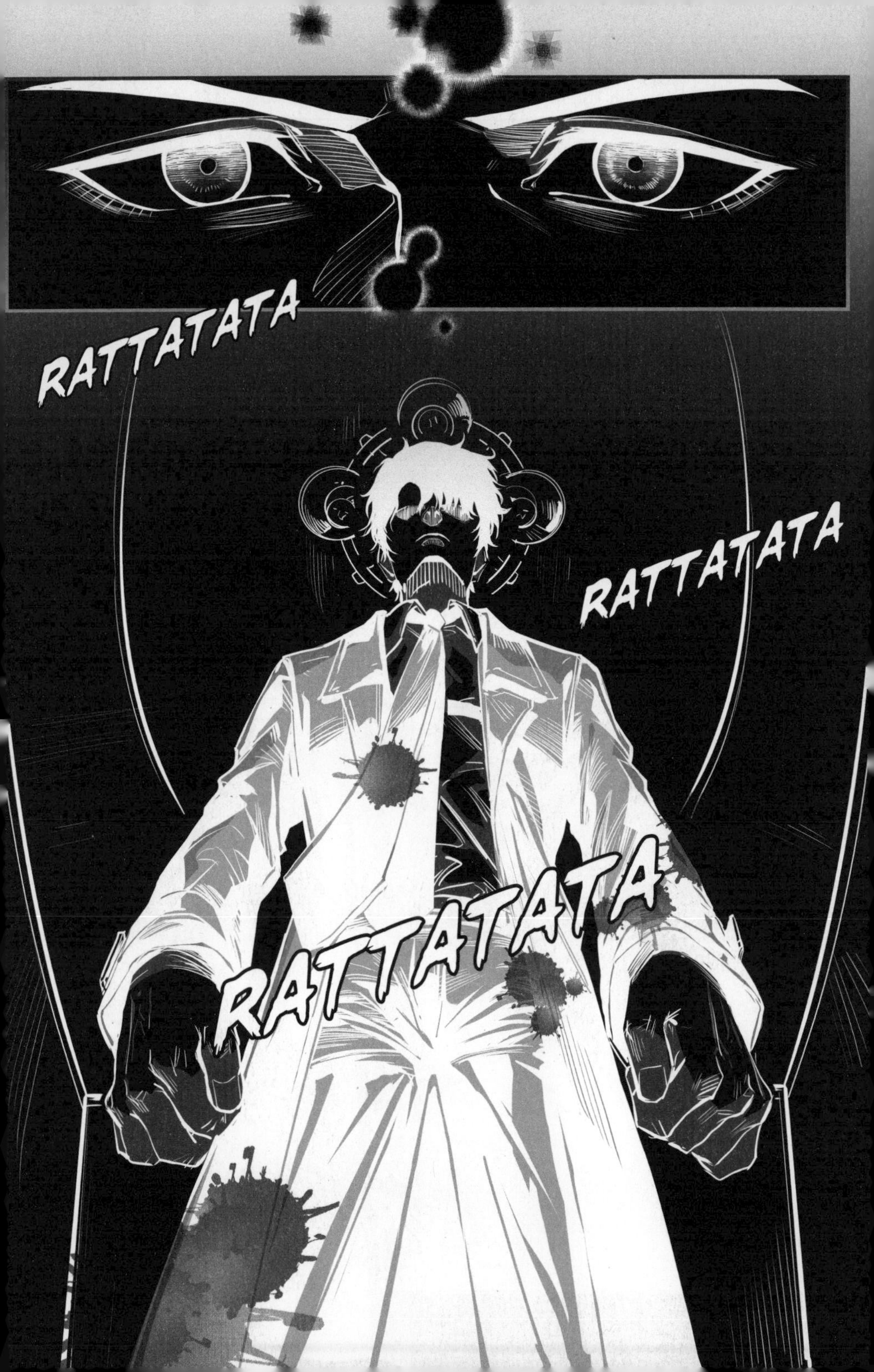
RATTATATA
RATTATATA
RATTATATA

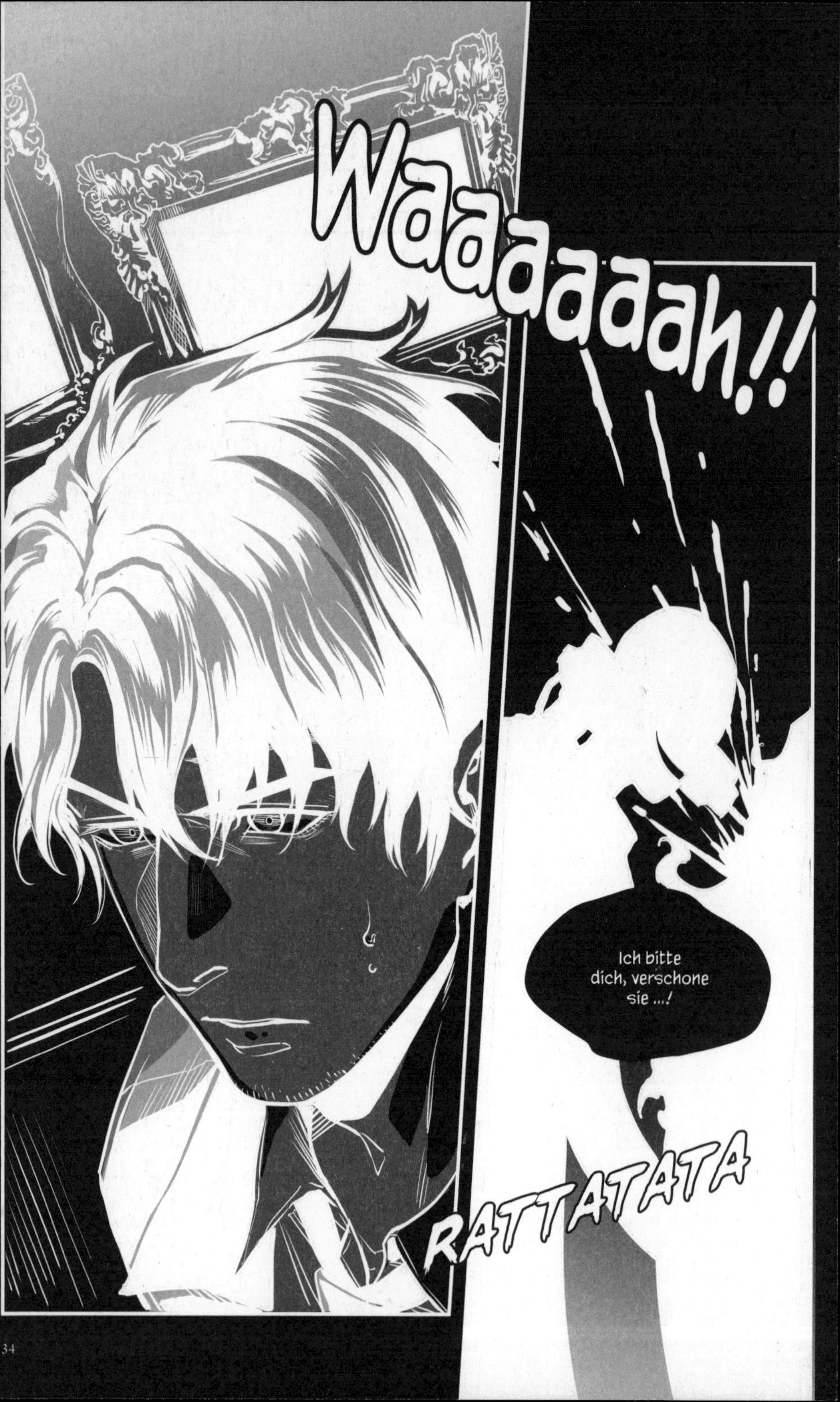
Waaaaaaah!!
Ich bitte dich, verschone sie ...!
RATTATATA

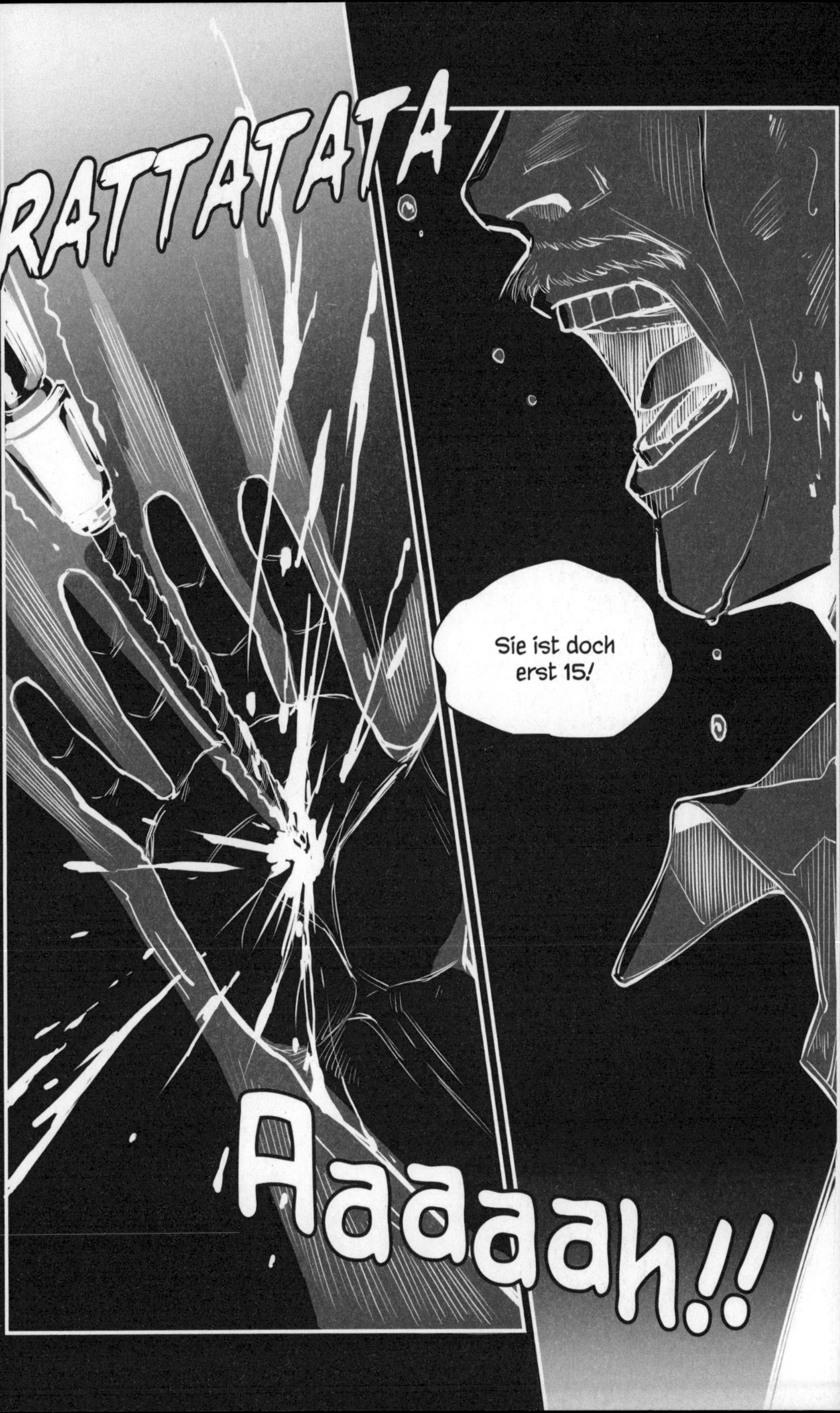
RATTATATA
Sie ist doch erst 15!
Aaaaaah!!

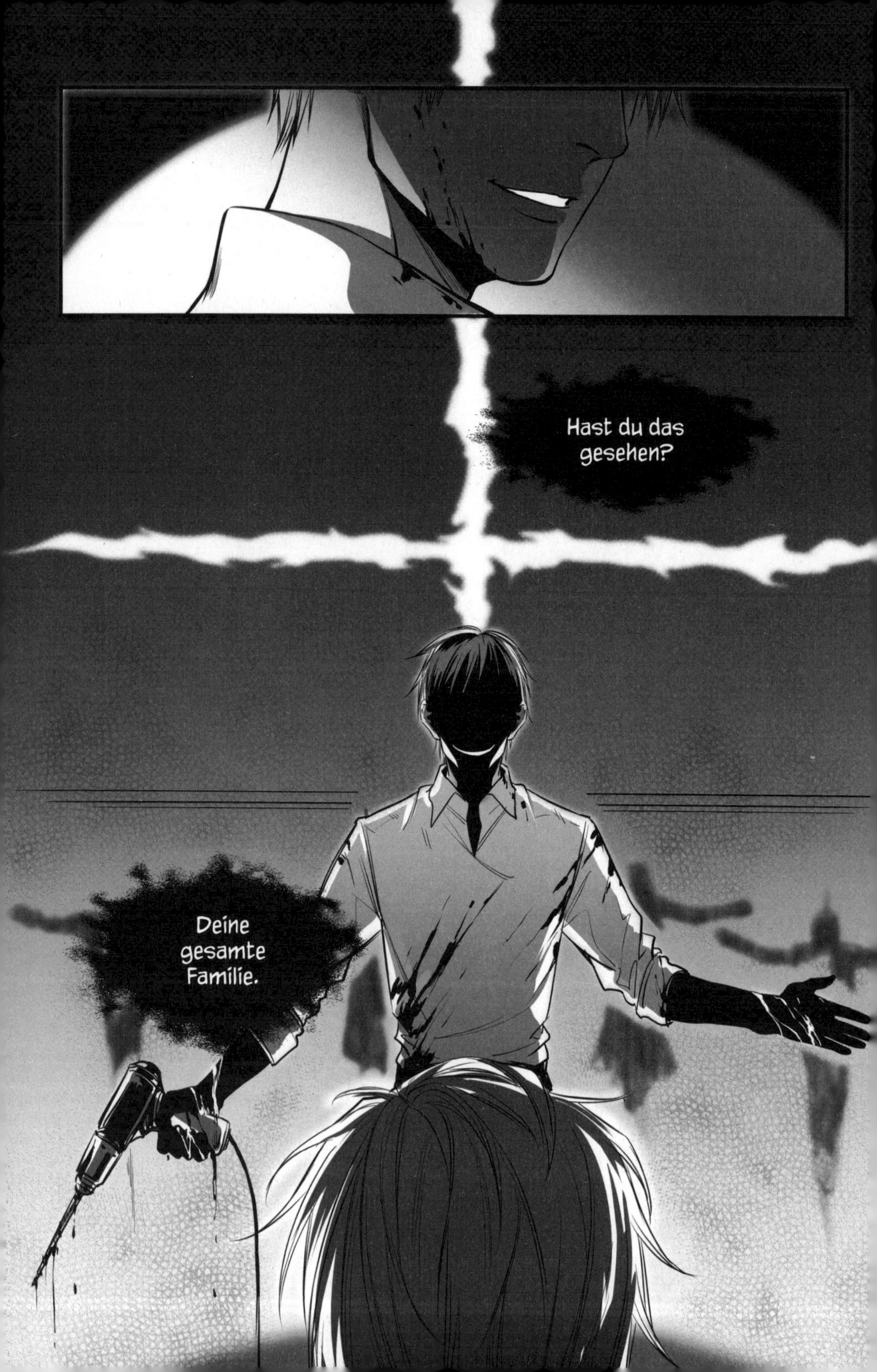
Hast du das
gesehen?
Deine
gesamte
Familie.

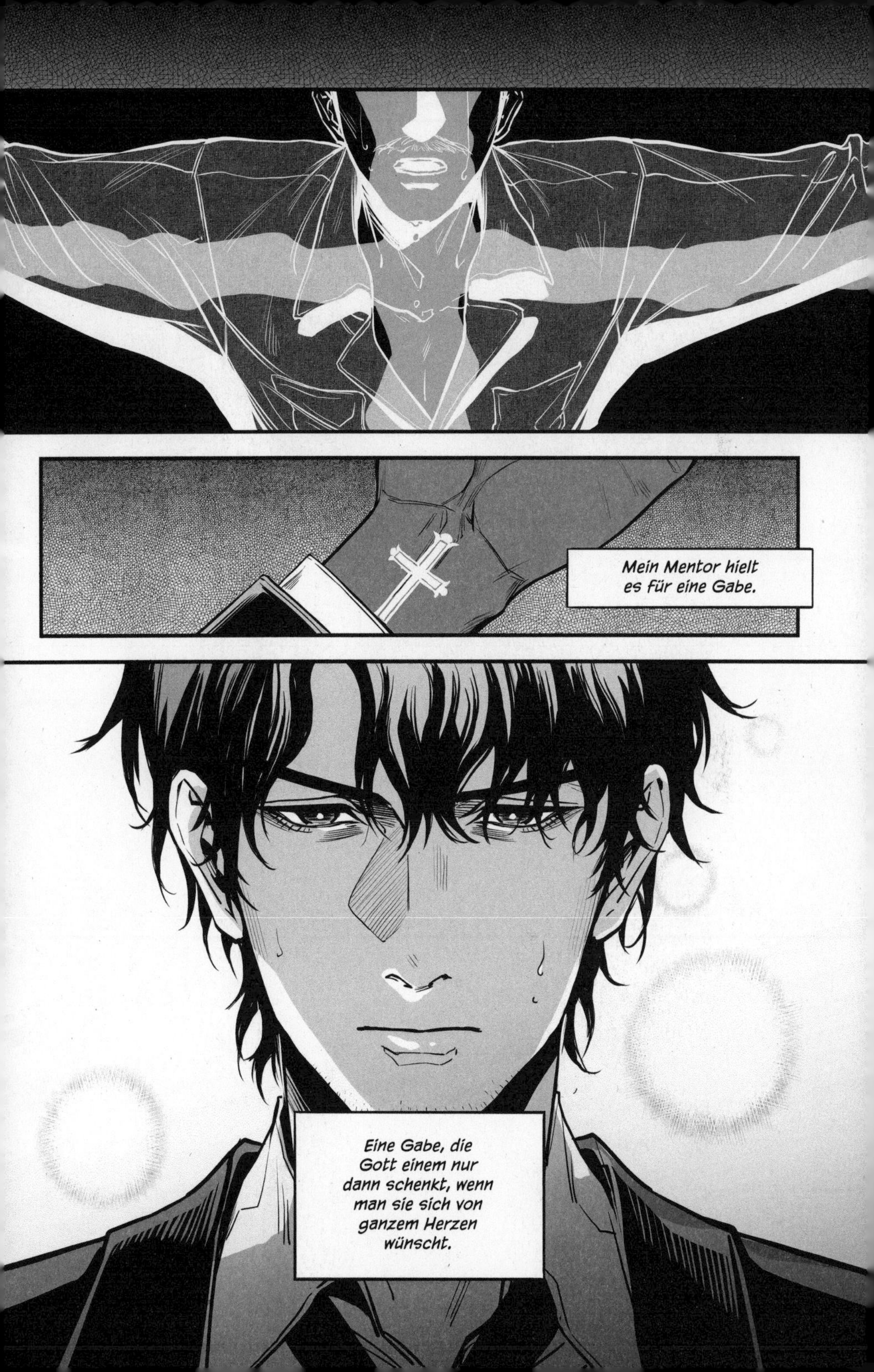
Mein Mentor hielt es für eine Gabe.
Eine Gabe, die Gott einem nur dann schenkt, wenn man sie sich von ganzem Herzen wünscht.

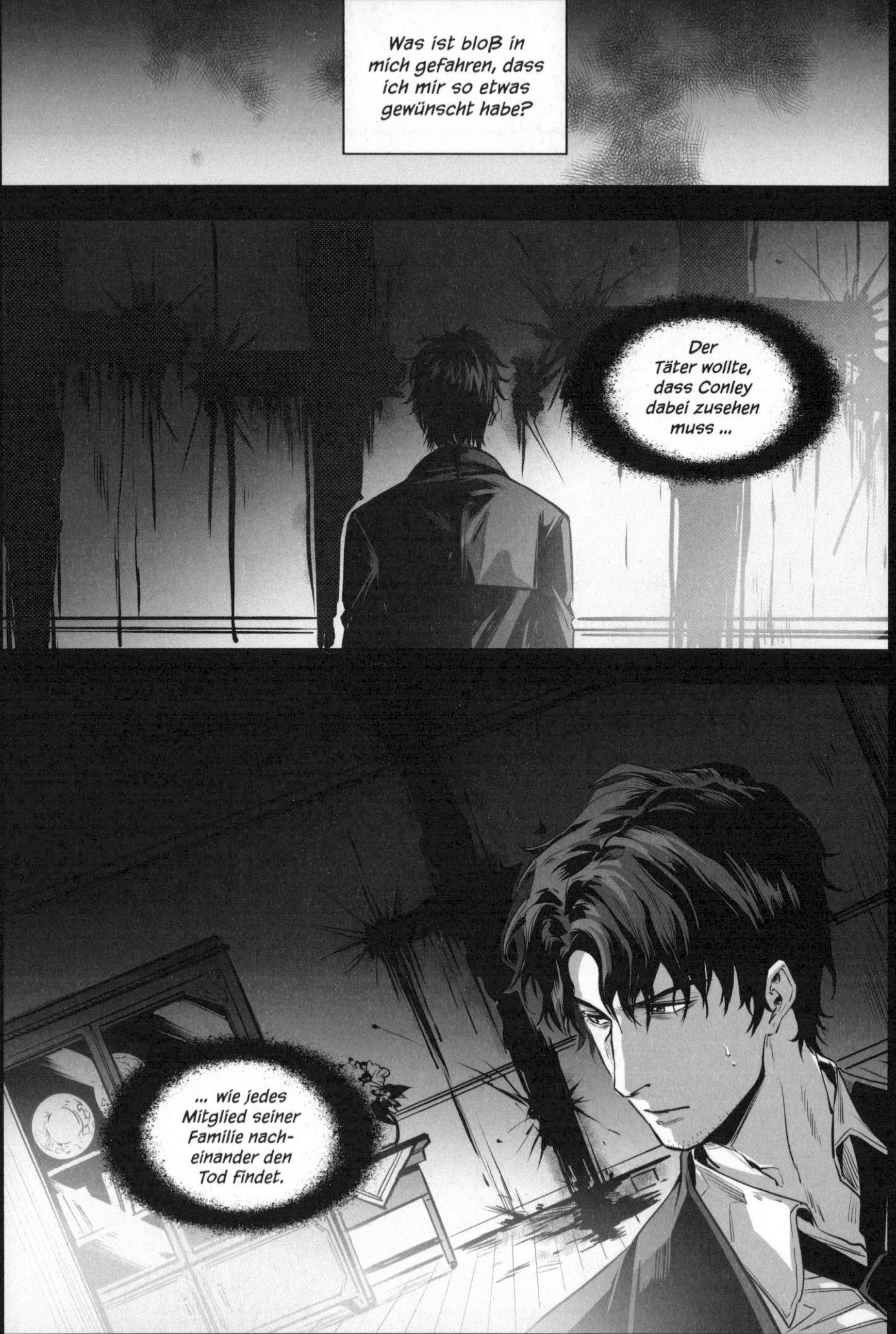

Was ist bloß in mich gefahren, dass ich mir so etwas gewünscht habe?
Der Täter wollte, dass Conley dabei zusehen muss ...
... wie jedes Mitglied seiner Familie nach-einander den Tod findet.

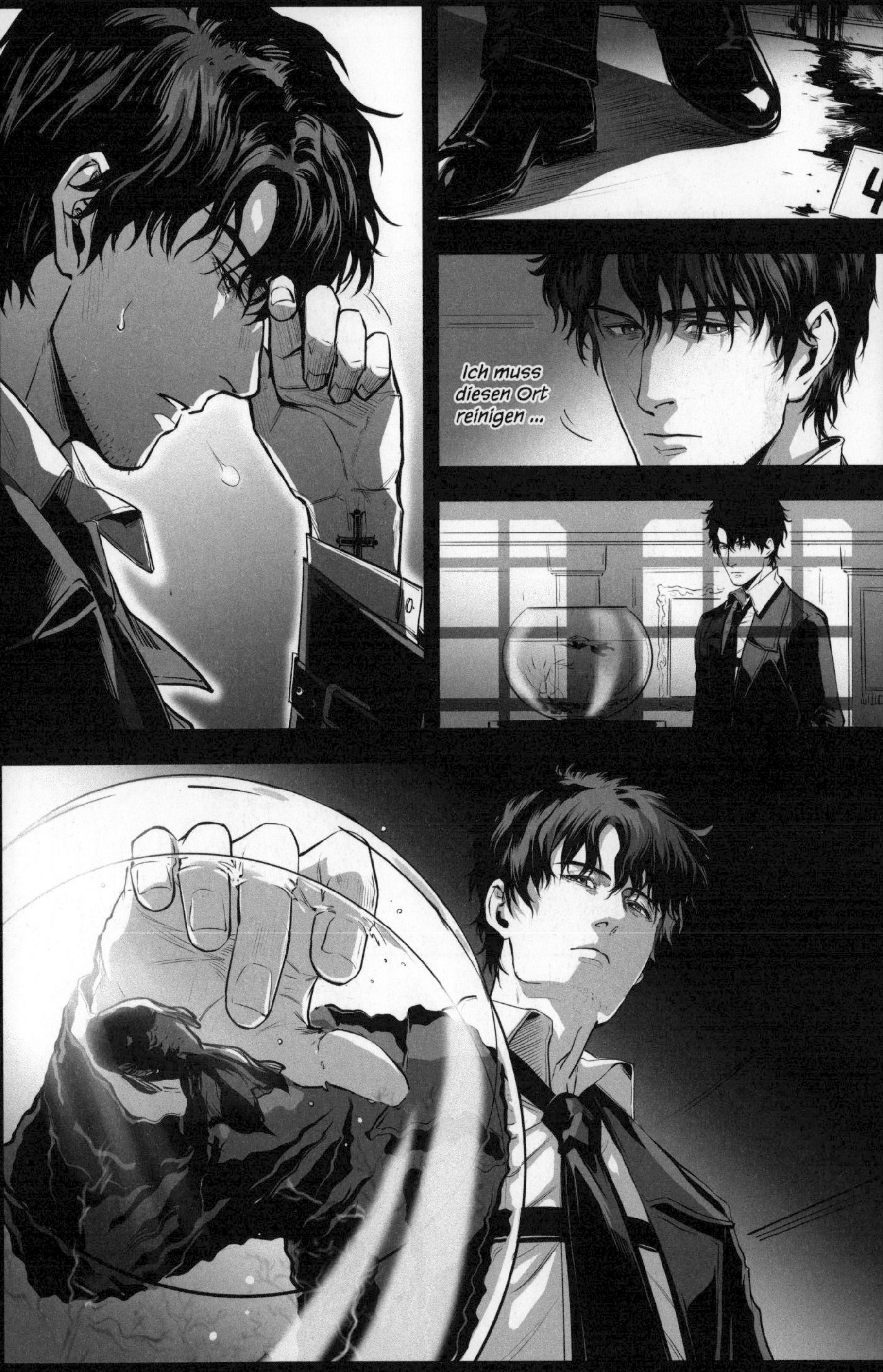
Ich muss
diesen Ort
reinigen ...

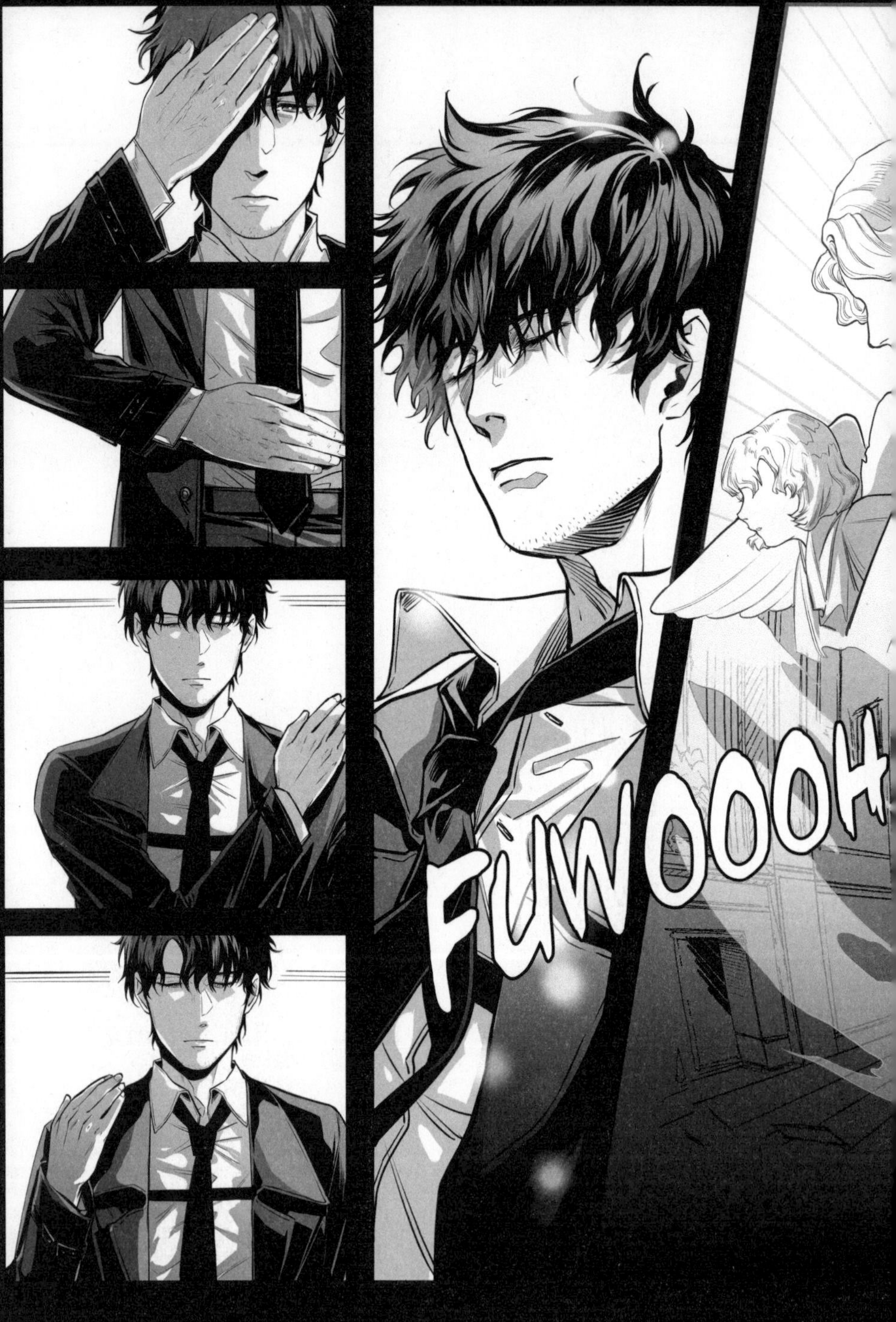
FUWOOOH

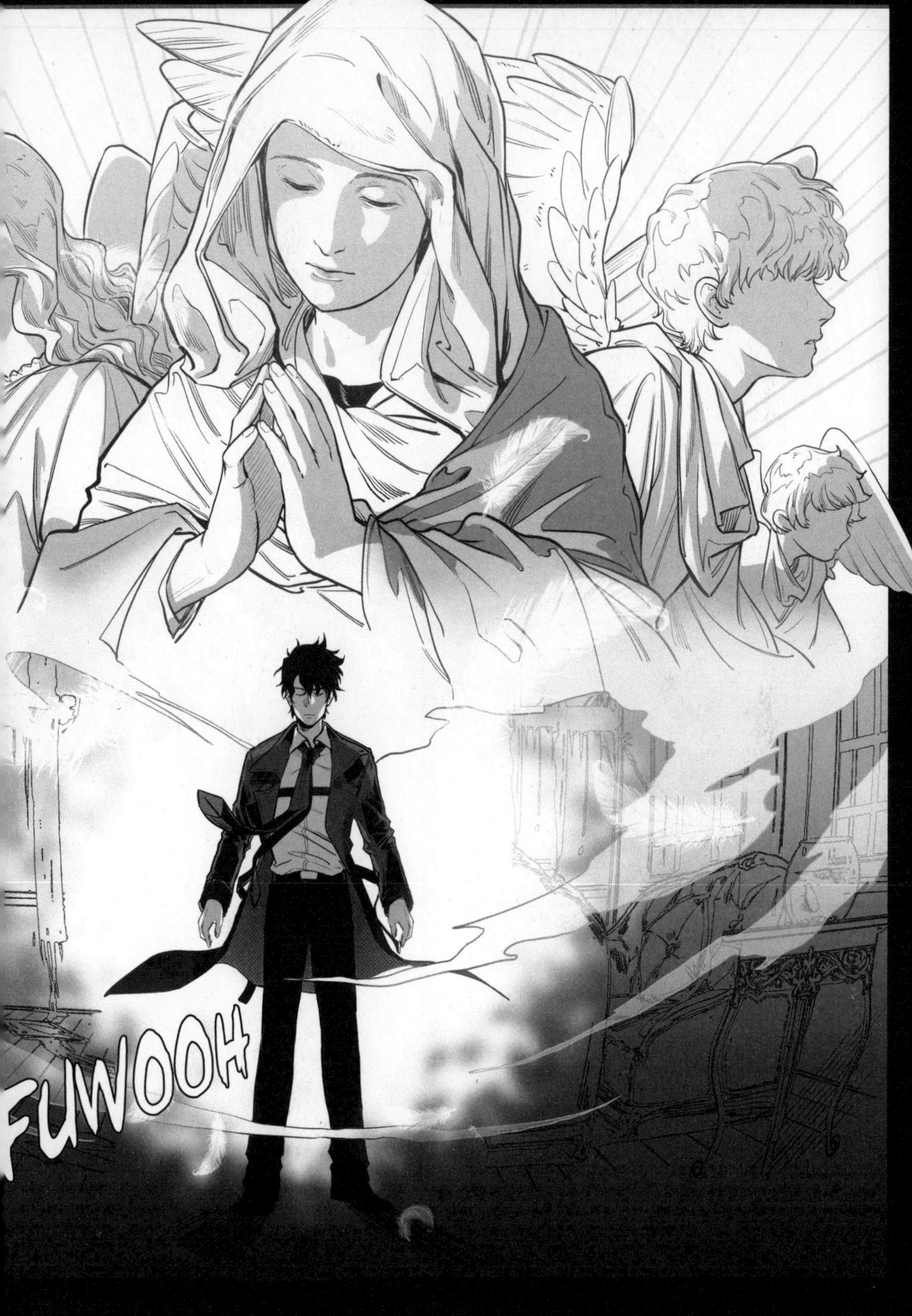
FUWOOH

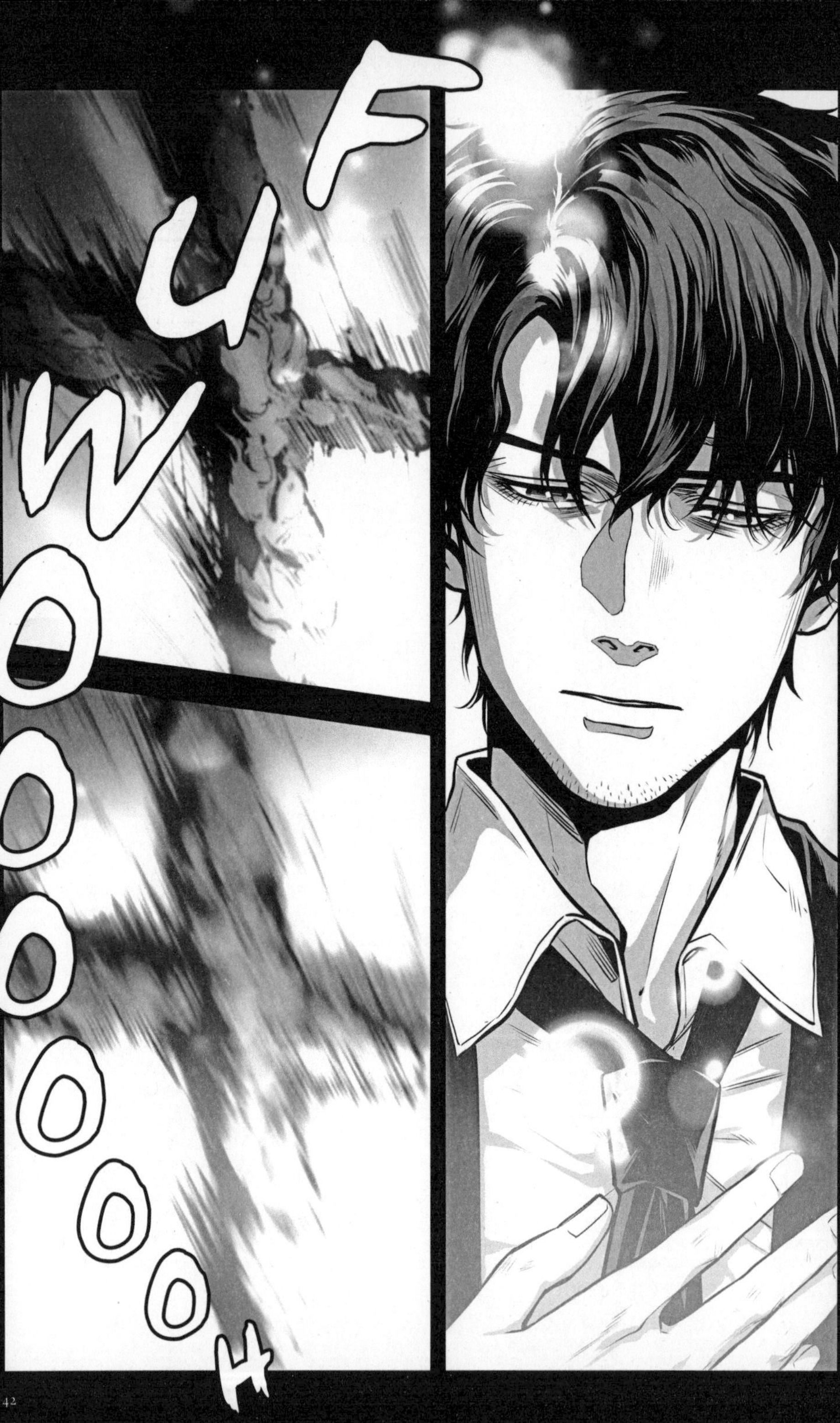
FUWOOOOOOH

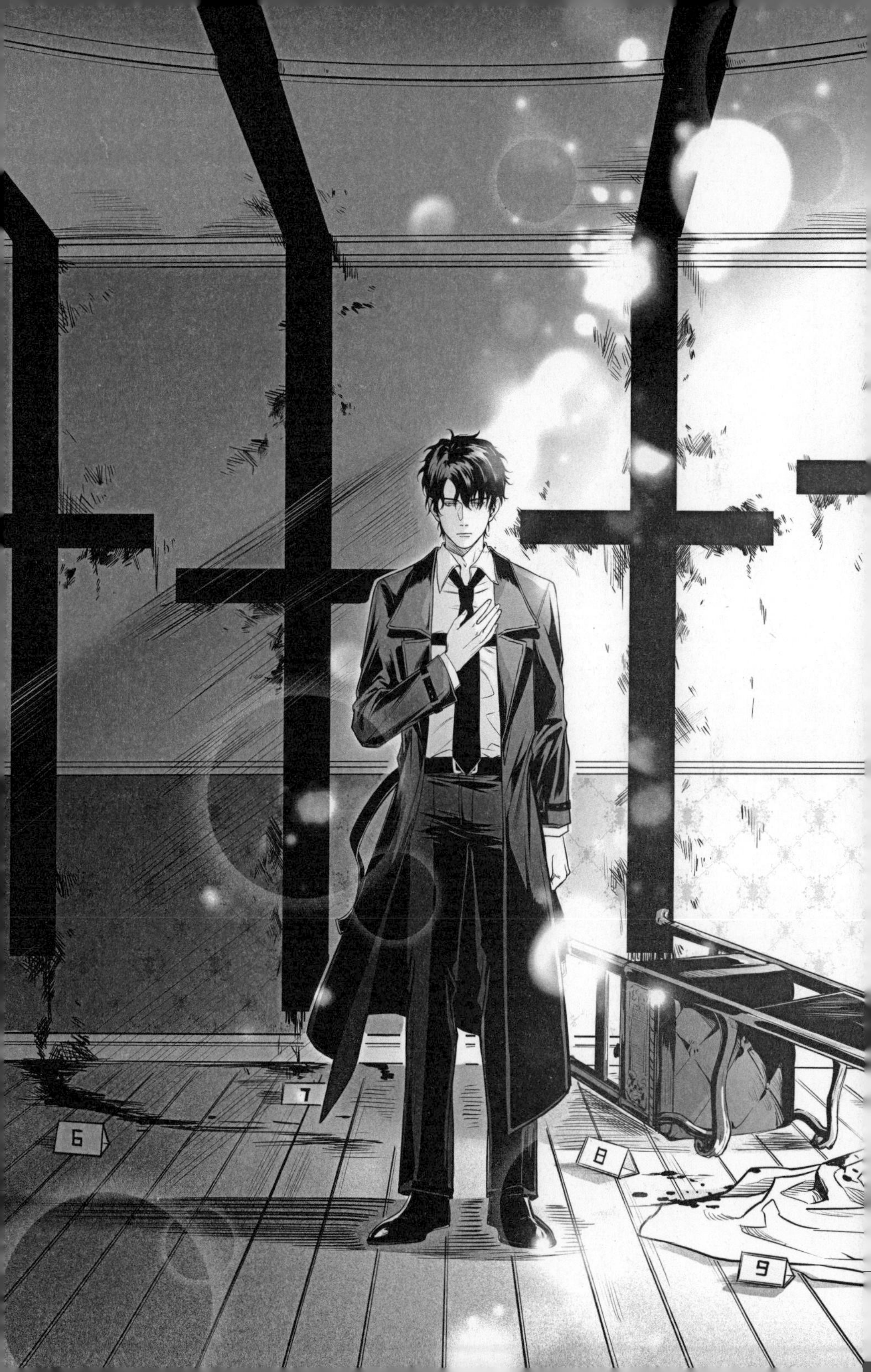
6
7
8
9

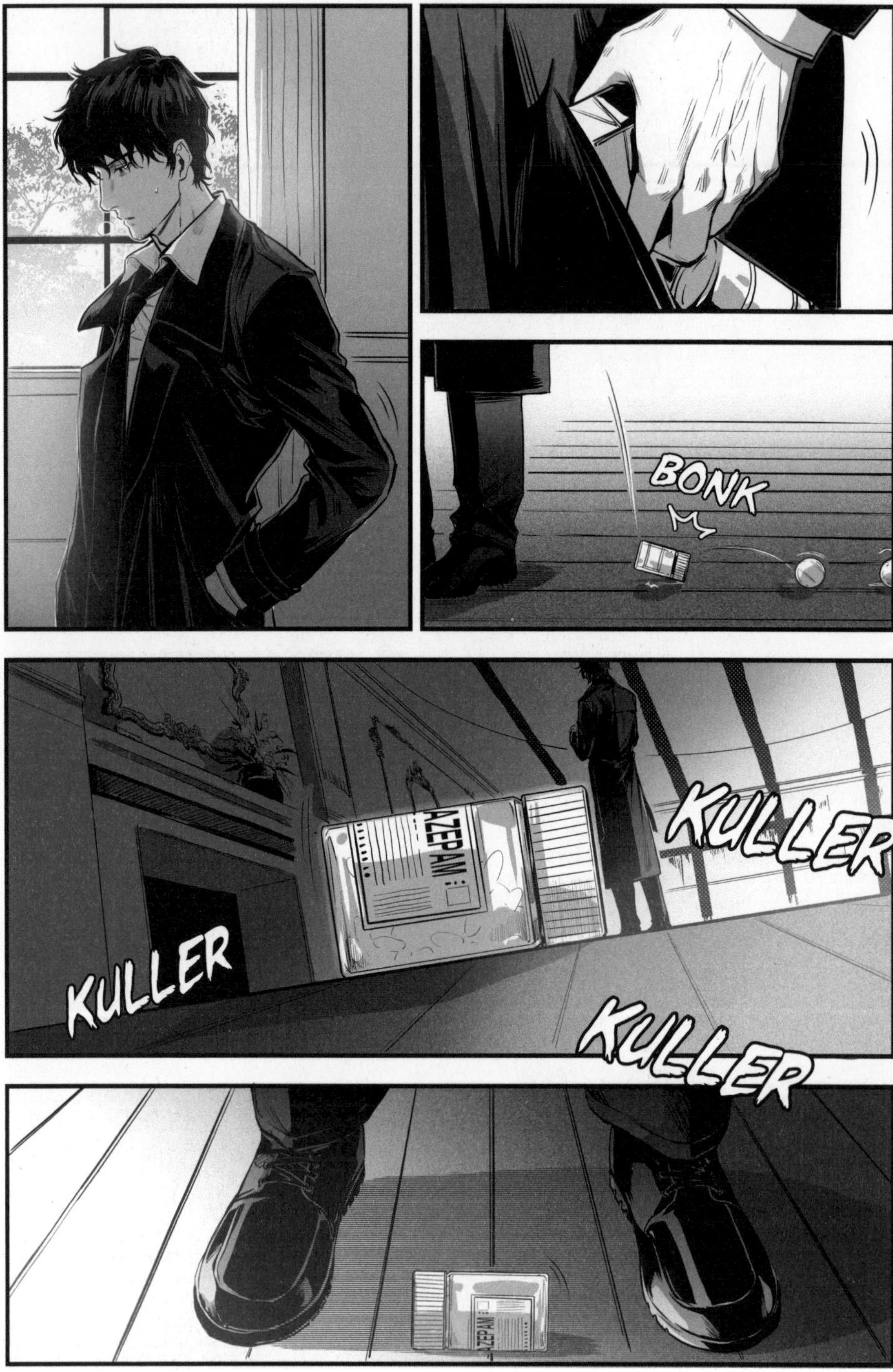
BONK
AZEPAM
KULLER
KULLER
KULLER
AZEPAM

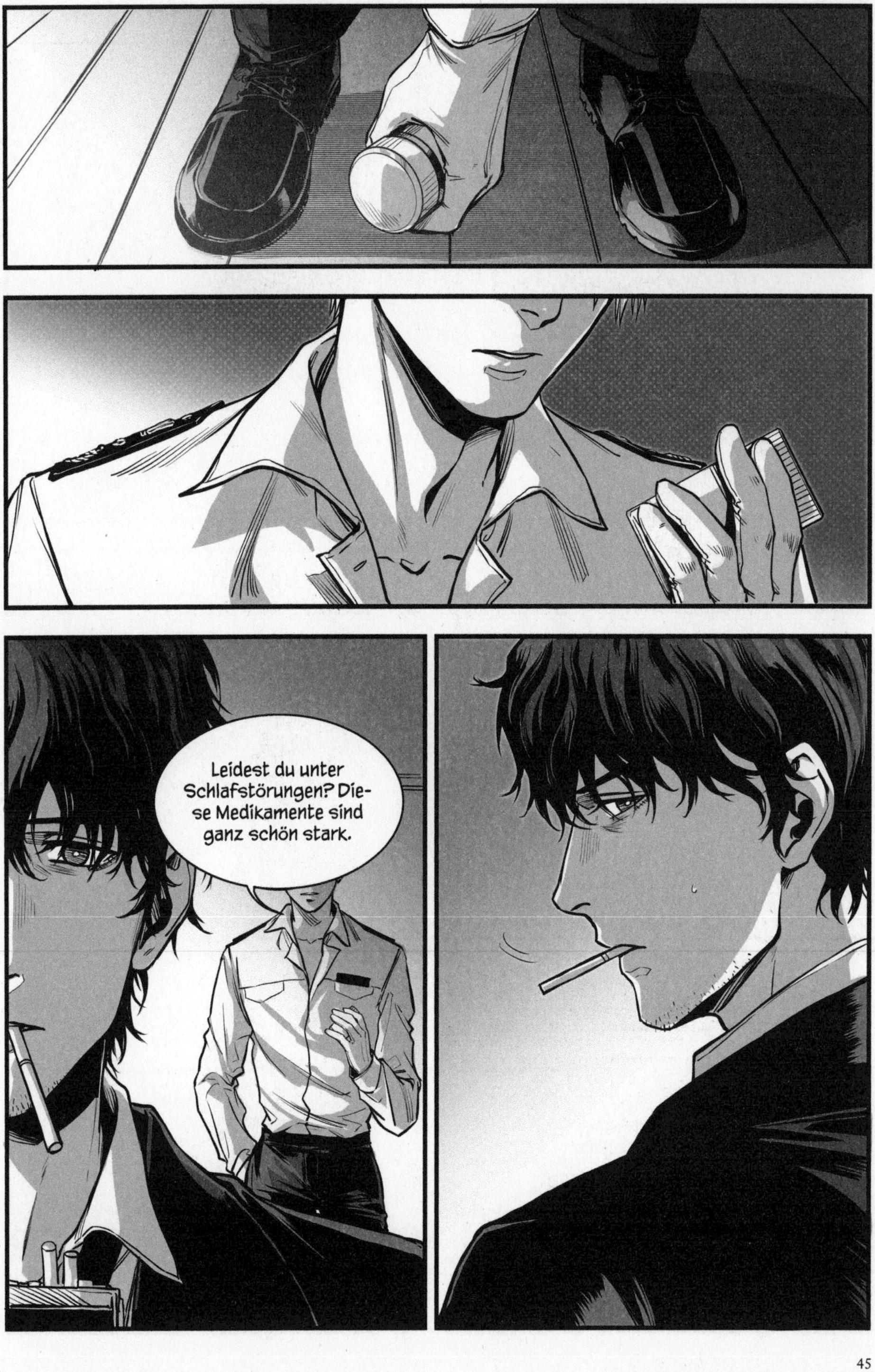
Leidest du unter Schlafstörungen? Diese Medikamente sind ganz schön stark.

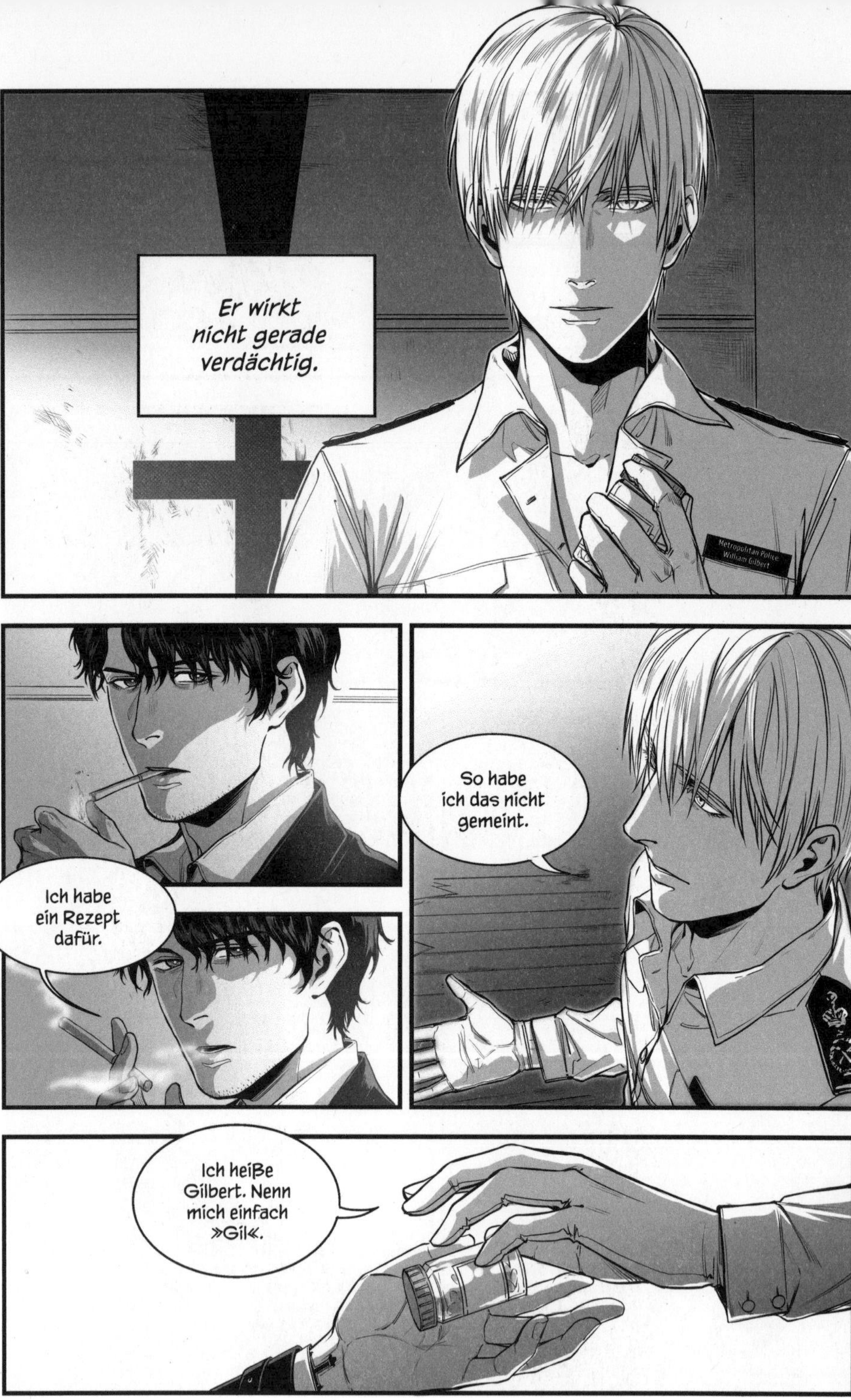
Er wirkt nicht gerade verdächtig.
Metropolitan Police
William Gilbert
Ich habe ein Rezept dafür.
So habe ich das nicht gemeint.
Ich heiße Gilbert. Nenn mich einfach »Gil«.

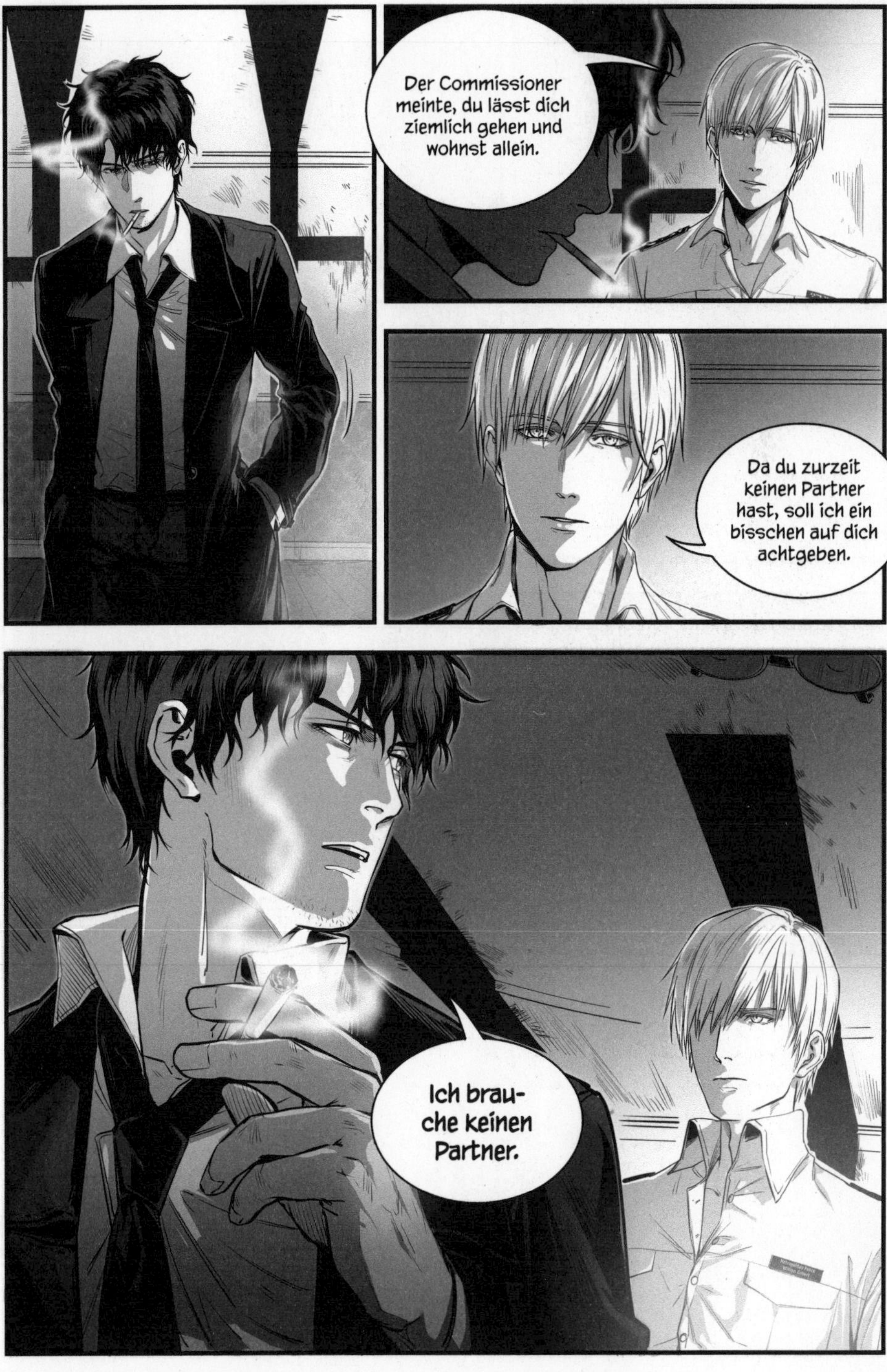
Der Commissioner meinte, du lässt dich ziemlich gehen und wohnst allein.
Da du zurzeit keinen Partner hast, soll ich ein bisschen auf dich achtgeben.
Ich brau-che keinen Partner.

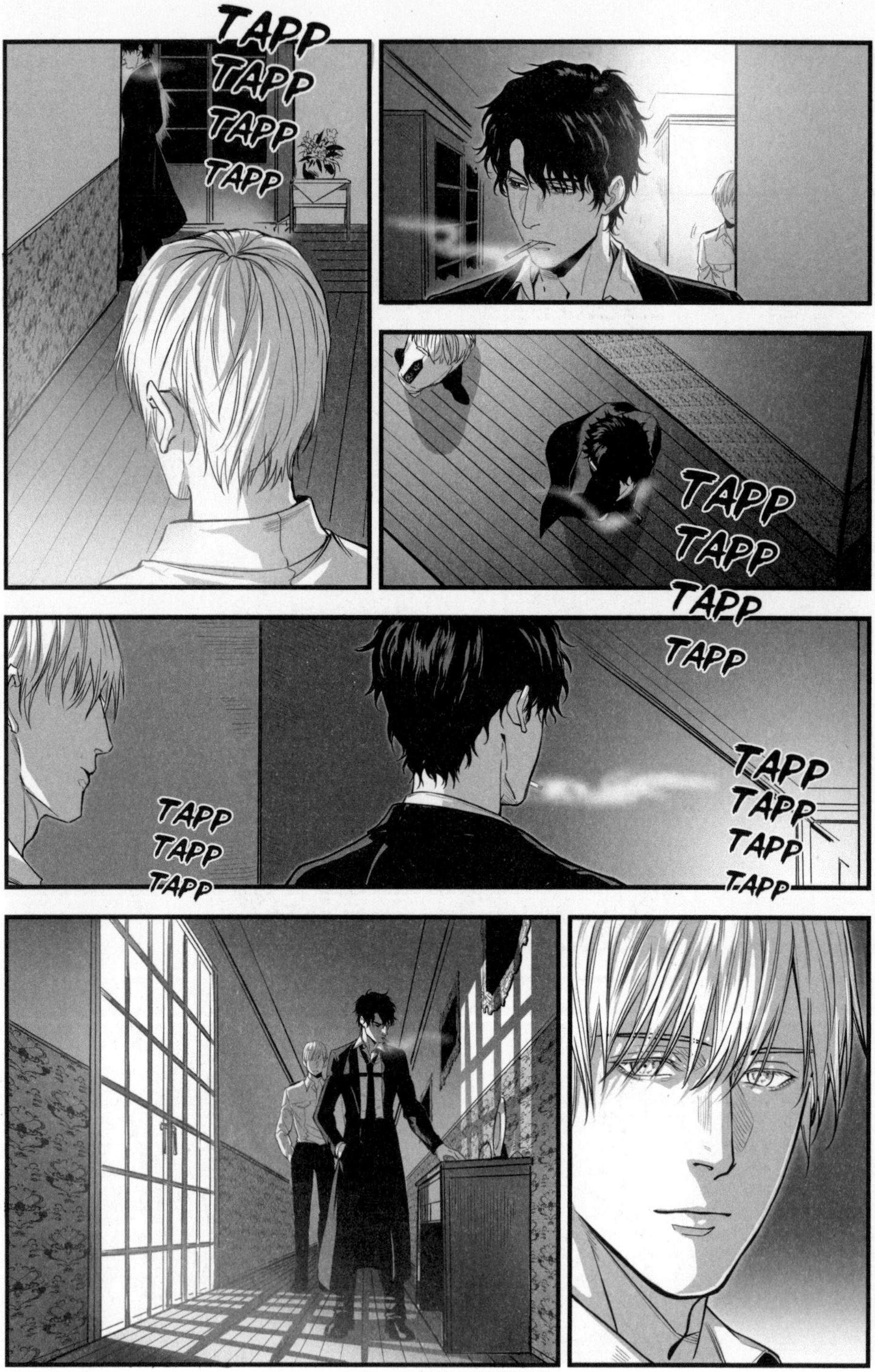
TAPP
TAPP
TAPP
TAPP
TAPP
TAPP
TAPP
TAPP
TAPP
TAPP
TAPP
TAPP
TAPP
TAPP
TAPP

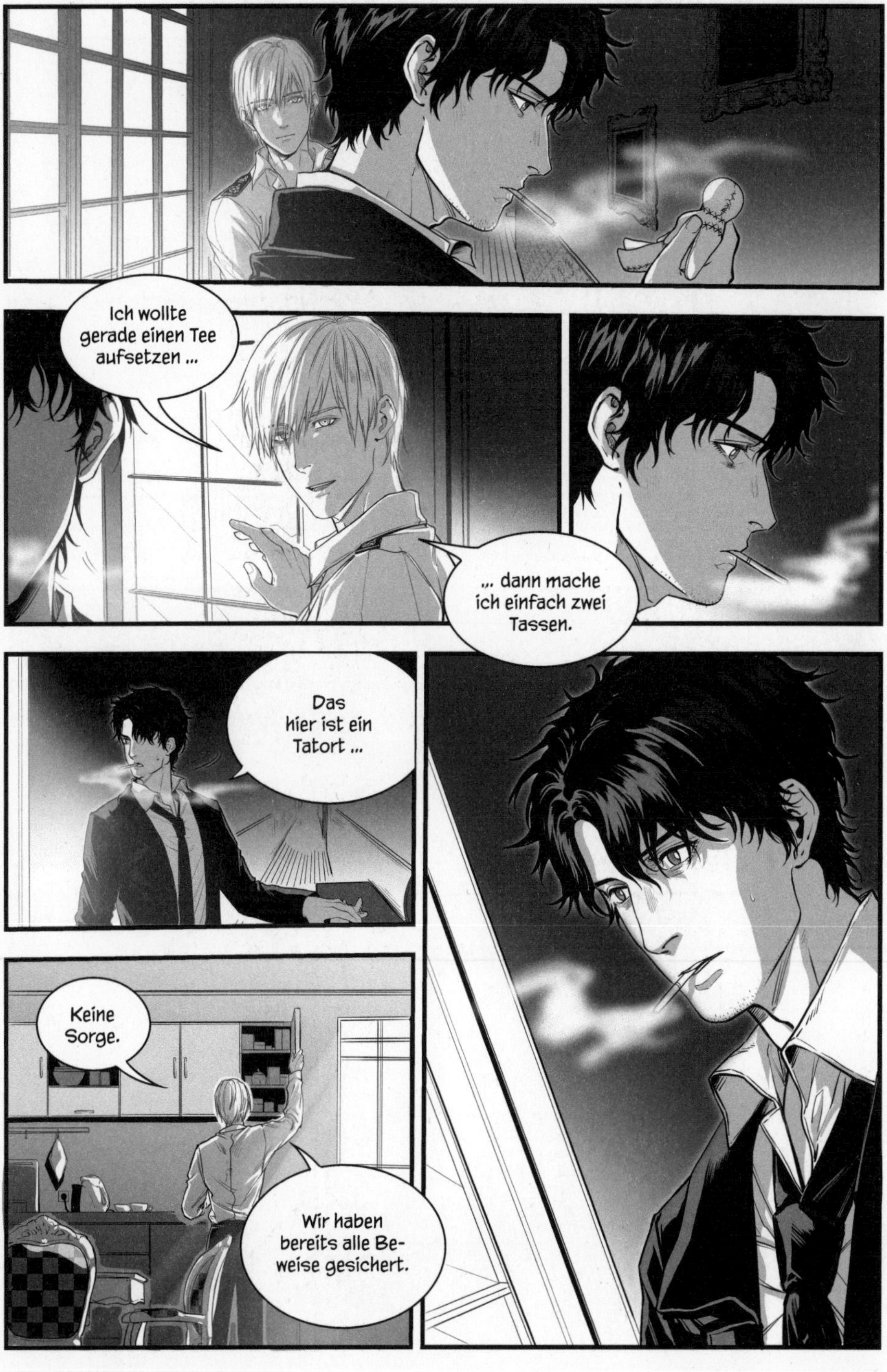
Ich wollte gerade einen Tee aufsetzen ...
... dann mache ich einfach zwei Tassen.
Das hier ist ein Tatort ...
Keine Sorge.
Wir haben bereits alle Beweise gesichert.

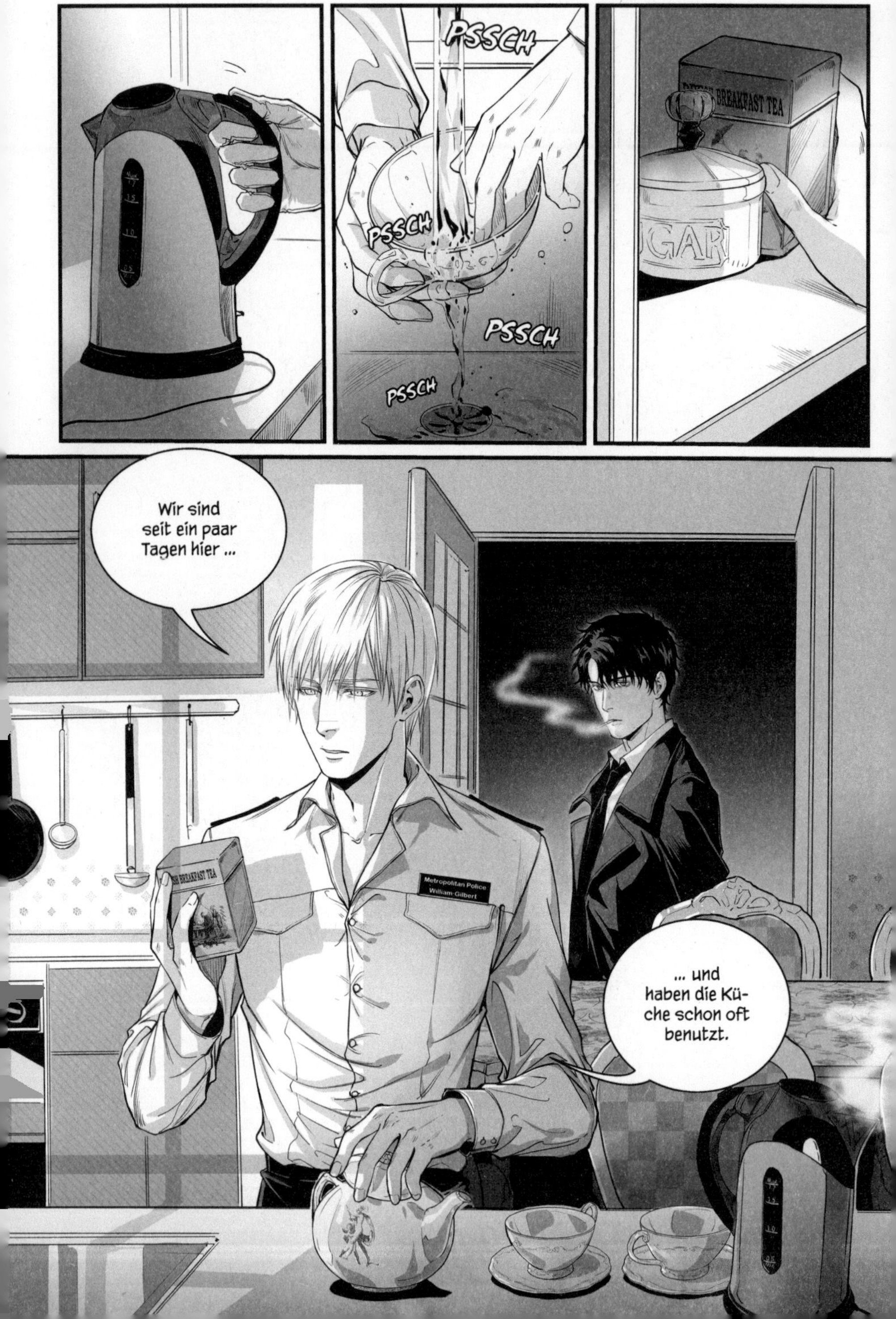
PSSCH
PSSCH
PSSCH
PSSCH
BREAKFAST TEA
Wir sind seit ein paar Tagen hier ...
Metropolitan Police
William Gilbert
... und haben die Küche schon oft benutzt.

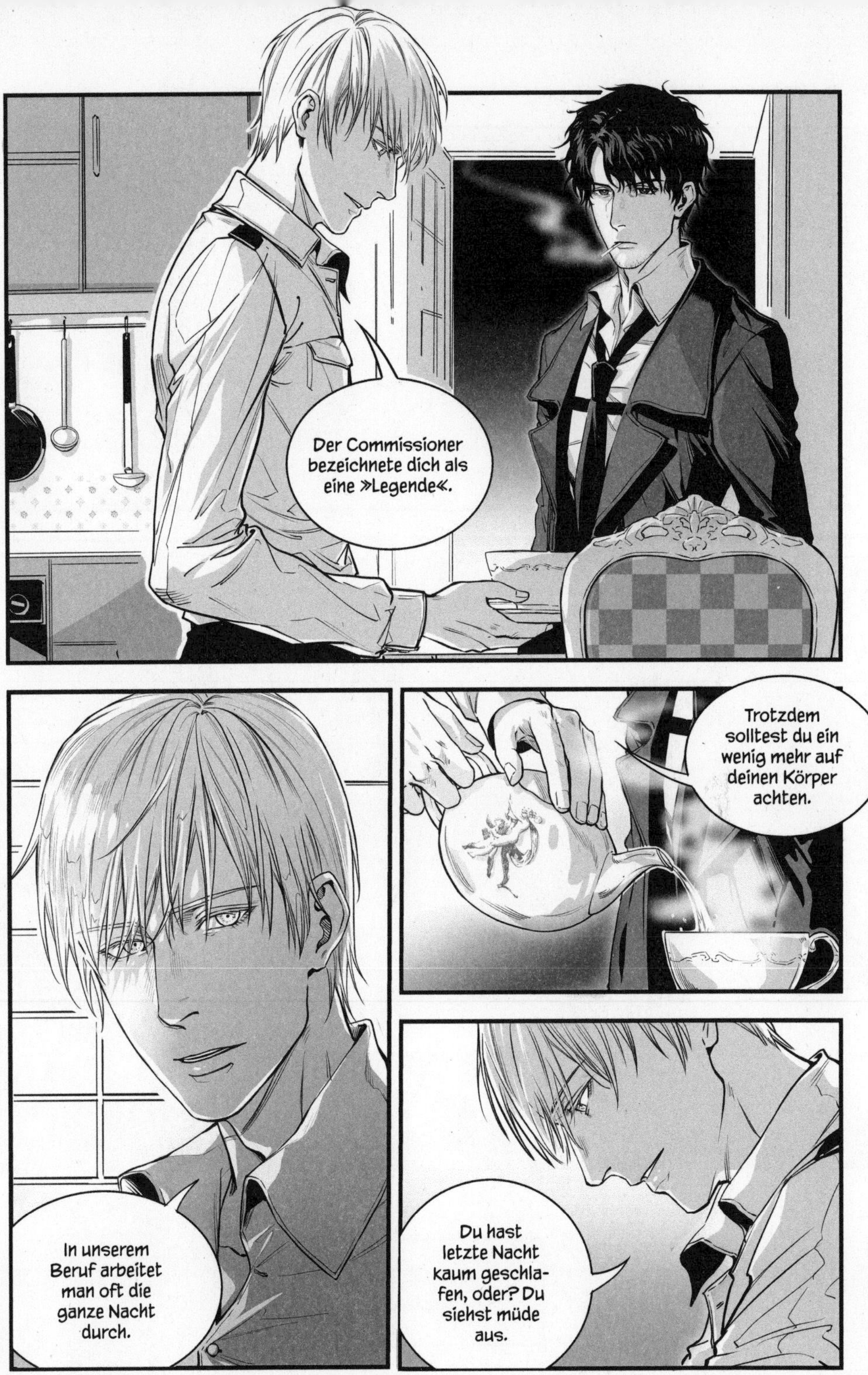
Der Commissioner bezeichnete dich als eine »Legende«.
Trotzdem solltest du ein wenig mehr auf deinen Körper achten.
In unserem Beruf arbeitet man oft die ganze Nacht durch.
Du hast letzte Nacht kaum geschla-fen, oder? Du siehst müde aus.

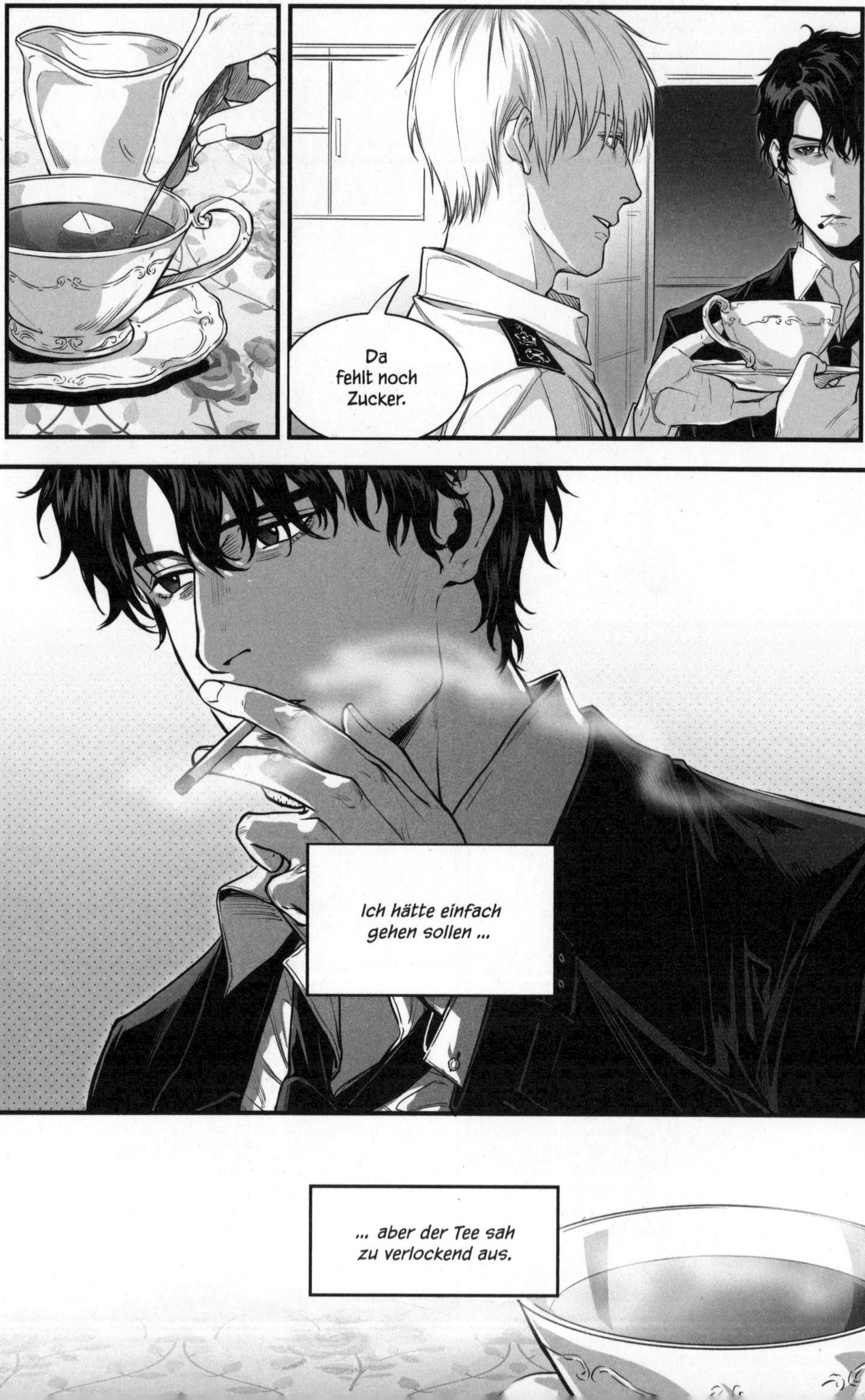
Da fehlt noch Zucker.
Ich hätte einfach gehen sollen ...
... aber der Tee sah zu verlockend aus.

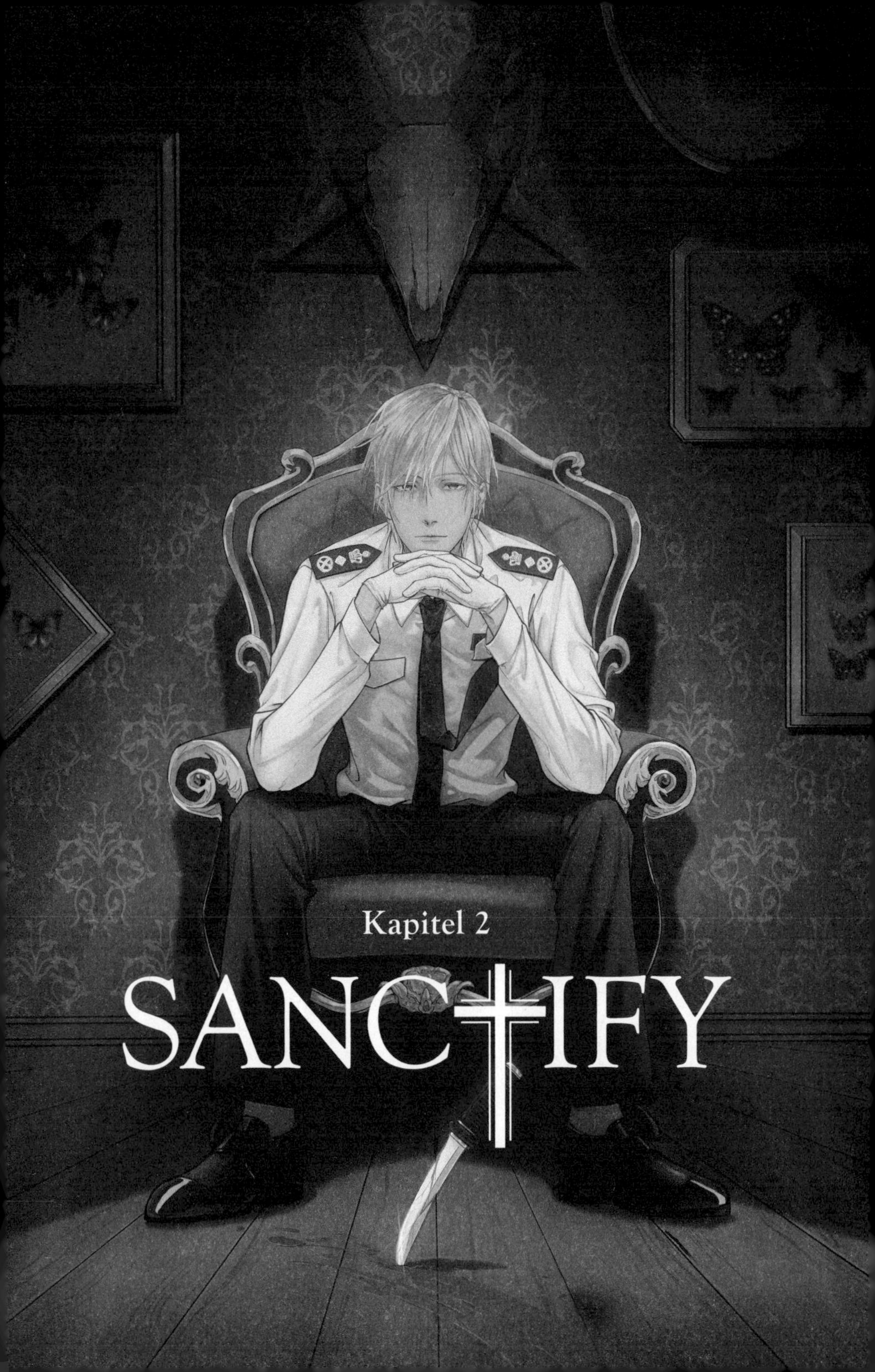
Kapitel 2
SANCTIFY

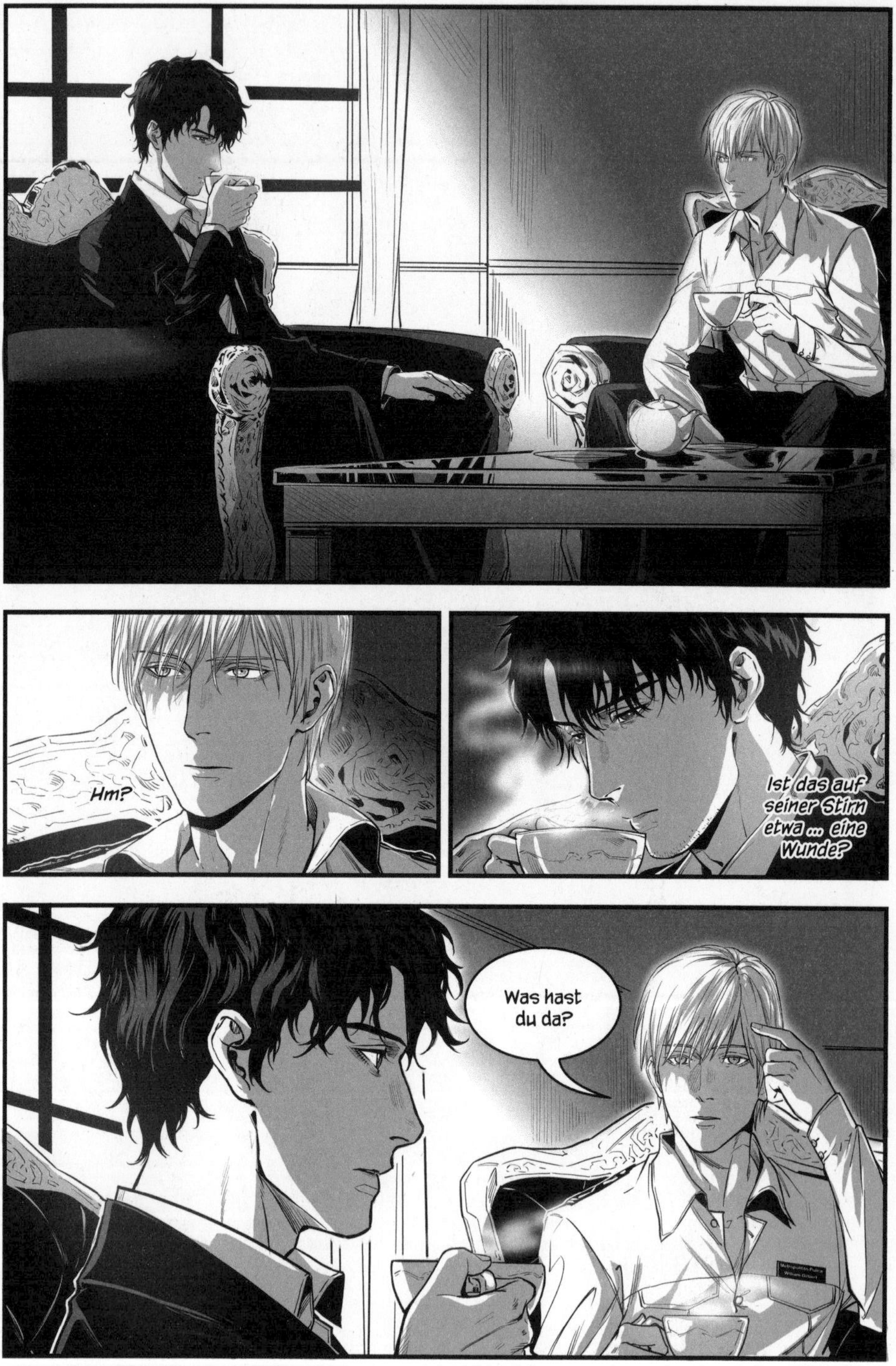
Hm?
Ist das auf seiner Stirn etwa ... eine Wunde?
Was hast du da?

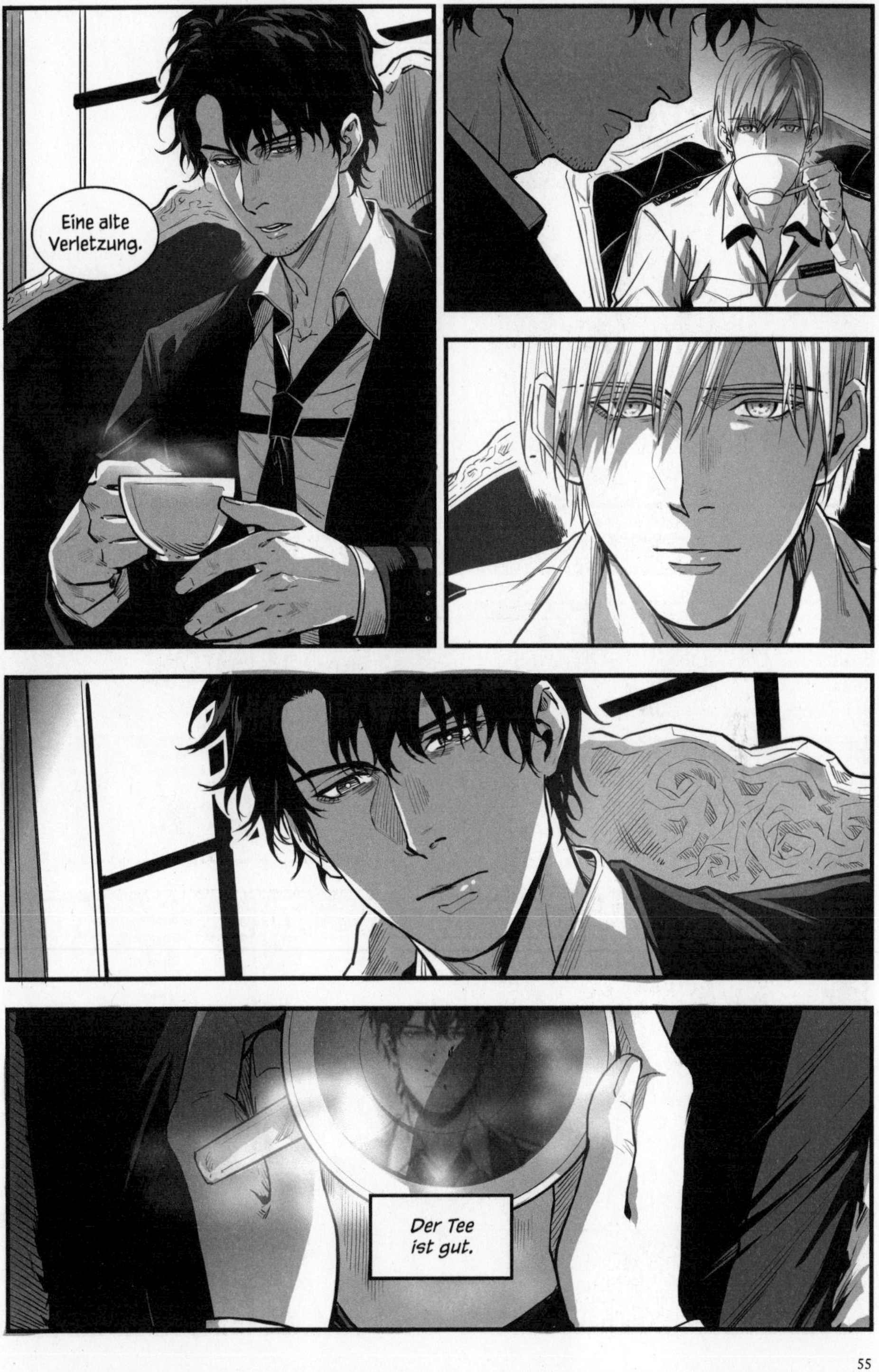
Eine alte Verletzung.
Der Tee ist gut.

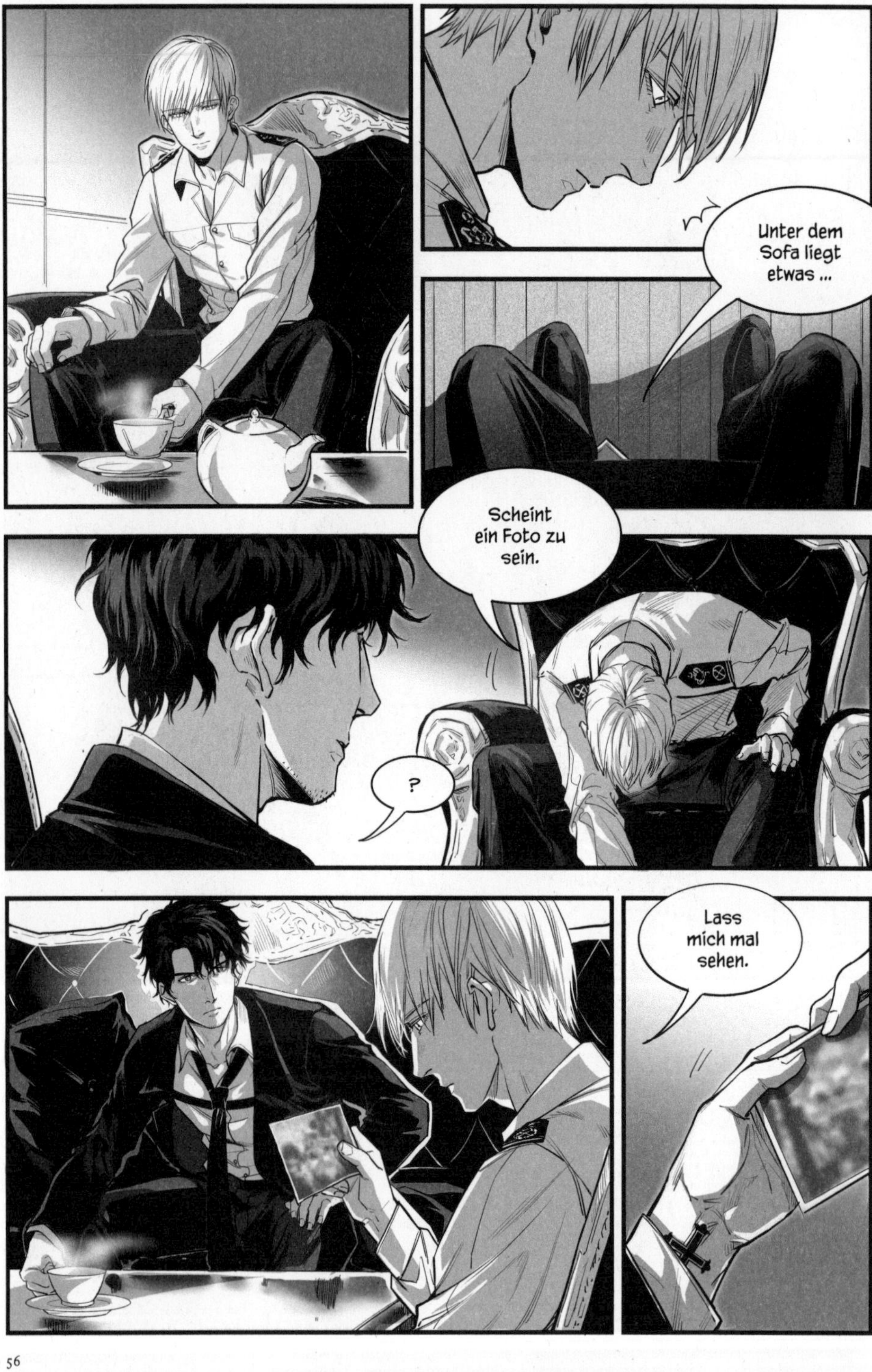
Unter dem Sofa liegt etwas ...
Scheint ein Foto zu sein.
?
Lass mich mal sehen.

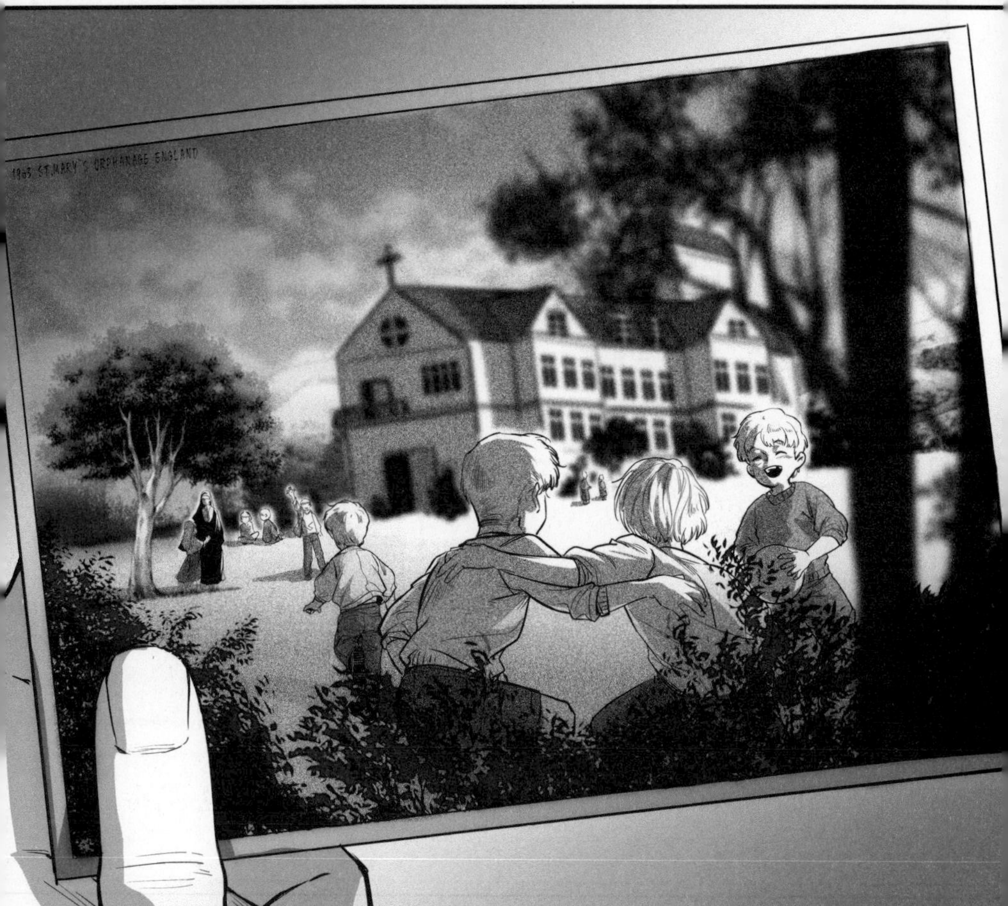
1963 ST.MARY'S ORPHANAGE ENGLAND

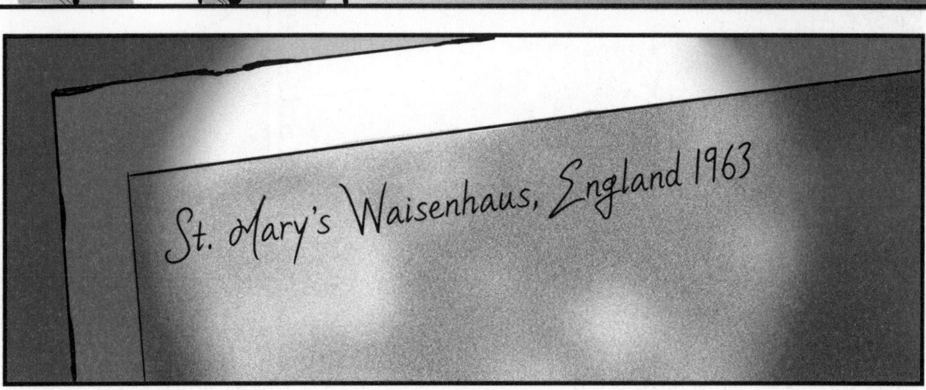
St. Mary's Waisenhaus, England 1963

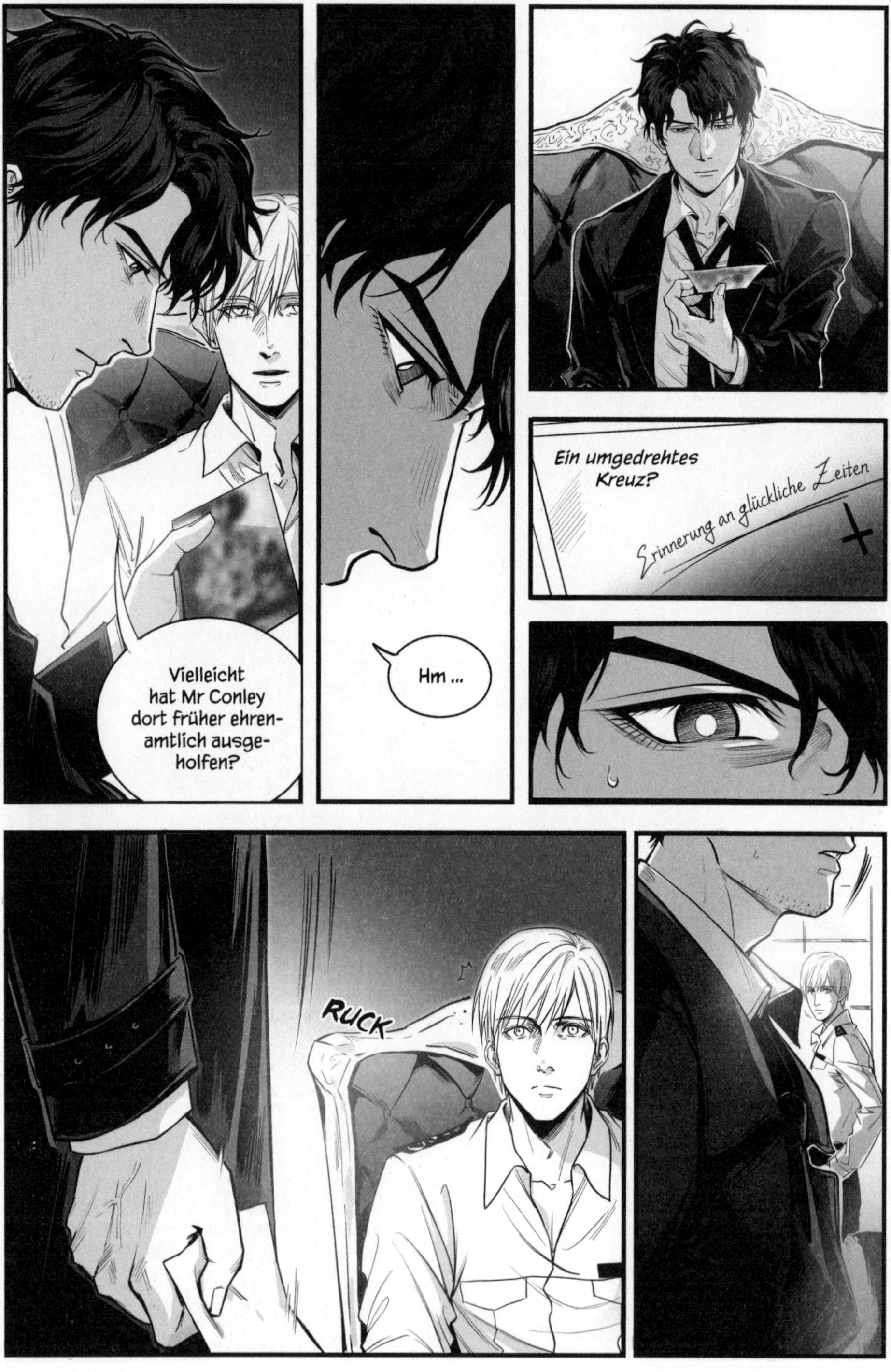
Vielleicht hat Mr Conley dort früher ehrenamtlich ausgeholfen?
Hm ...
Ein umgedrehtes Kreuz?
Erinnerung an glückliche Zeiten
RUCK

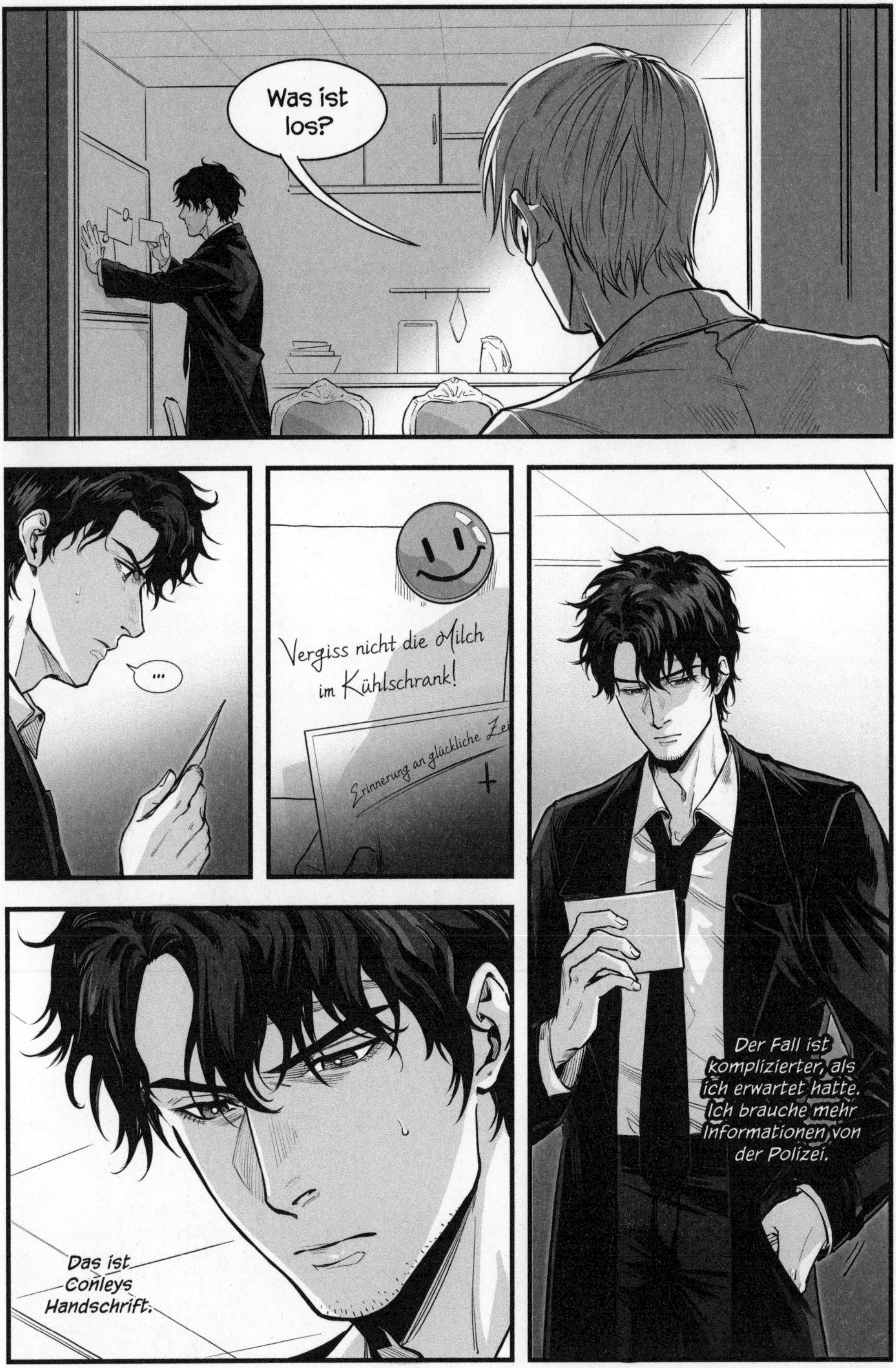
Was ist los?
...
Vergiss nicht die Milch im Kühlschrank!
Erinnerung an glückliche Ze
Der Fall ist komplizierter, als ich erwartet hatte. Ich brauche mehr Informationen von der Polizei.
Das ist Conleys Handschrift.

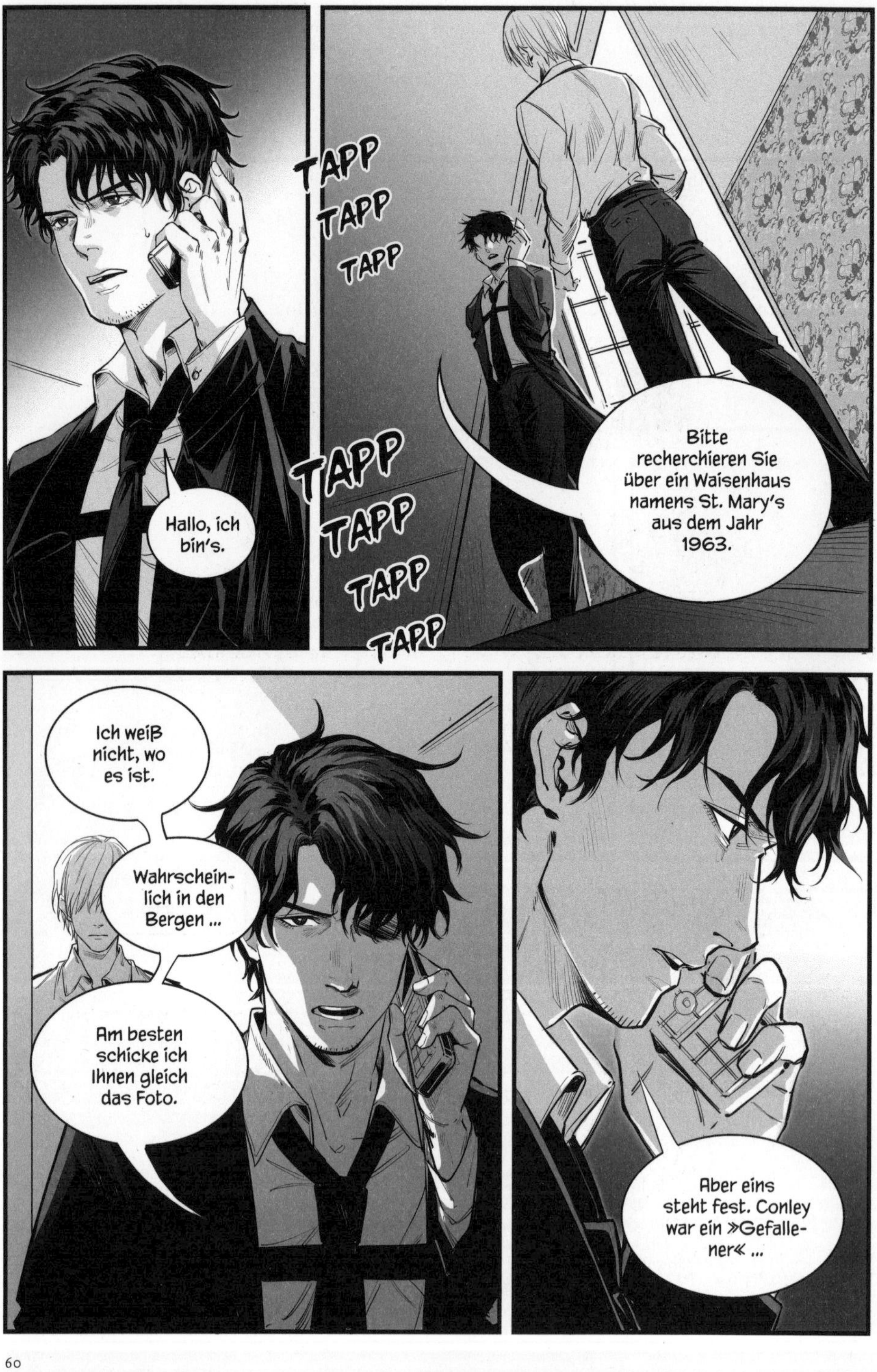
Hallo, ich bin's.
TAPP TAPP TAPP
TAPP TAPP TAPP TAPP
Bitte recherchieren Sie über ein Waisenhaus namens St. Mary's aus dem Jahr 1963.
Ich weiß nicht, wo es ist.
Wahrschein-lich in den Bergen ...
Am besten schicke ich Ihnen gleich das Foto.
Aber eins steht fest. Conley war ein »Gefallener« ...

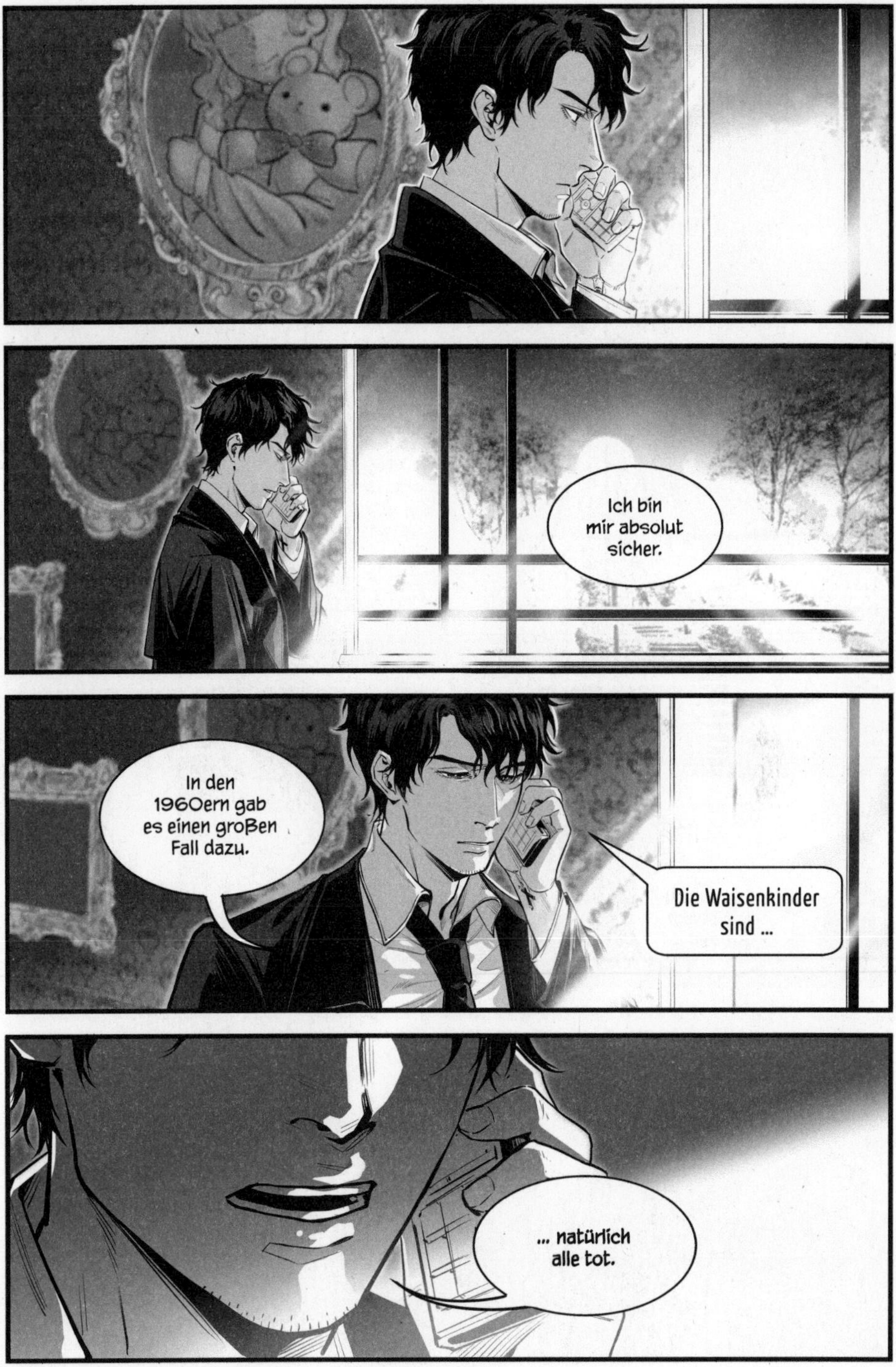
Ich bin mir absolut sicher.
Die Waisenkinder sind ...
In den 1960ern gab es einen großen Fall dazu.
... natürlich alle tot.

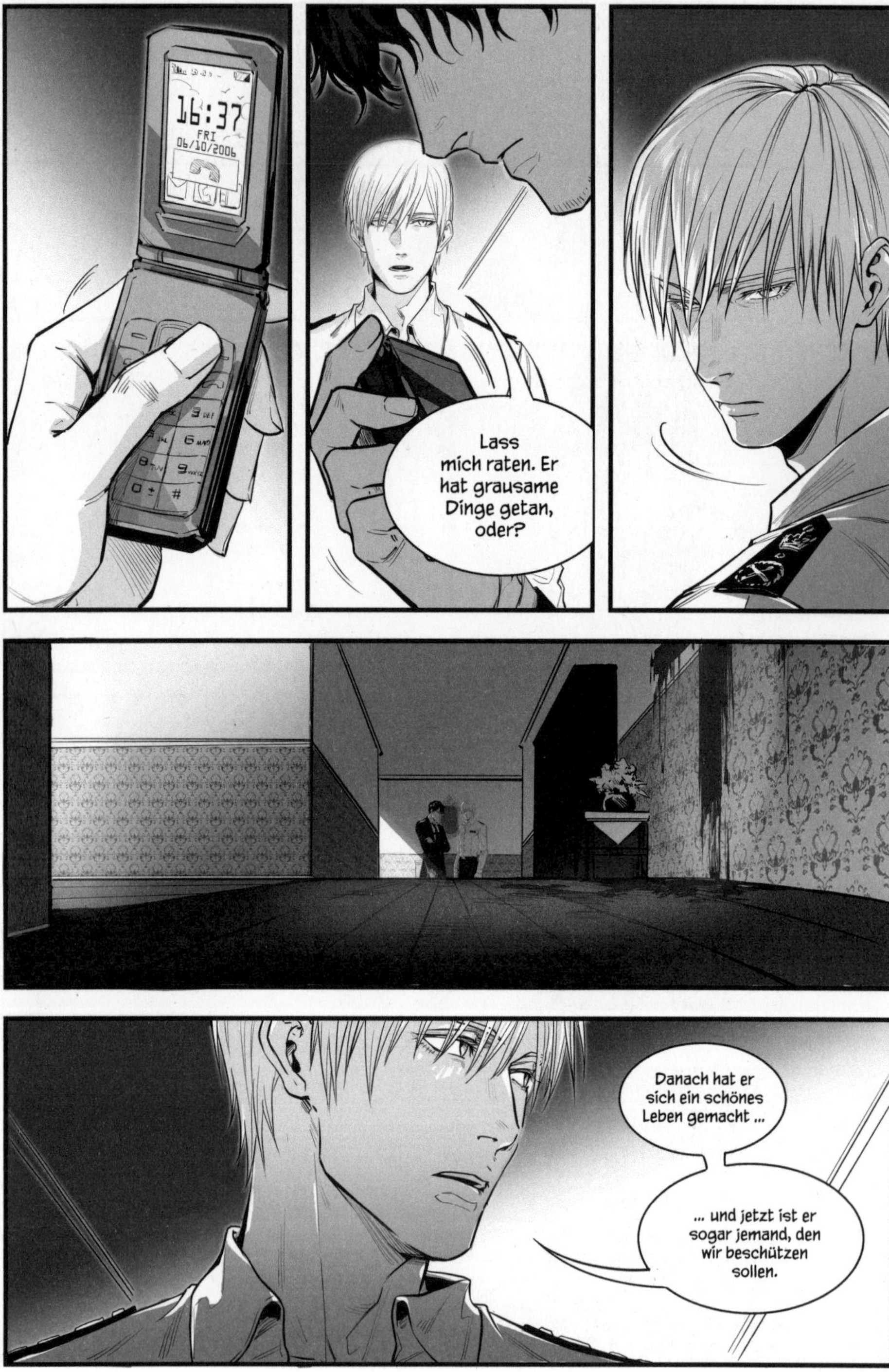
16:37
FRI
06/10/2006
Lass mich raten. Er hat grausame Dinge getan, oder?
Danach hat er sich ein schönes Leben gemacht ...
... und jetzt ist er sogar jemand, den wir beschützen sollen.

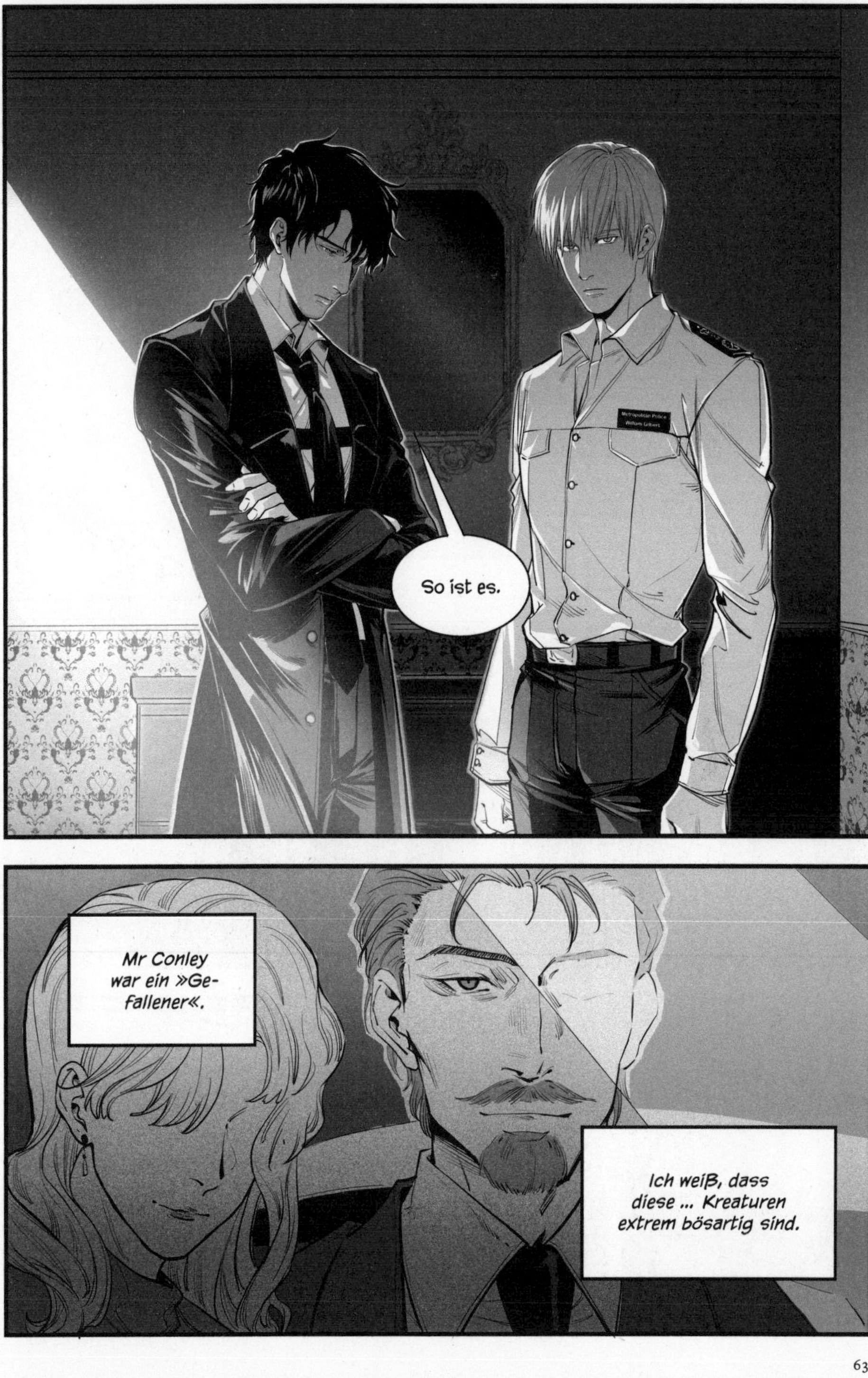
So ist es.
Mr Conley war ein »Gefallener«.
Ich weiß, dass diese ... Kreaturen extrem bösartig sind.

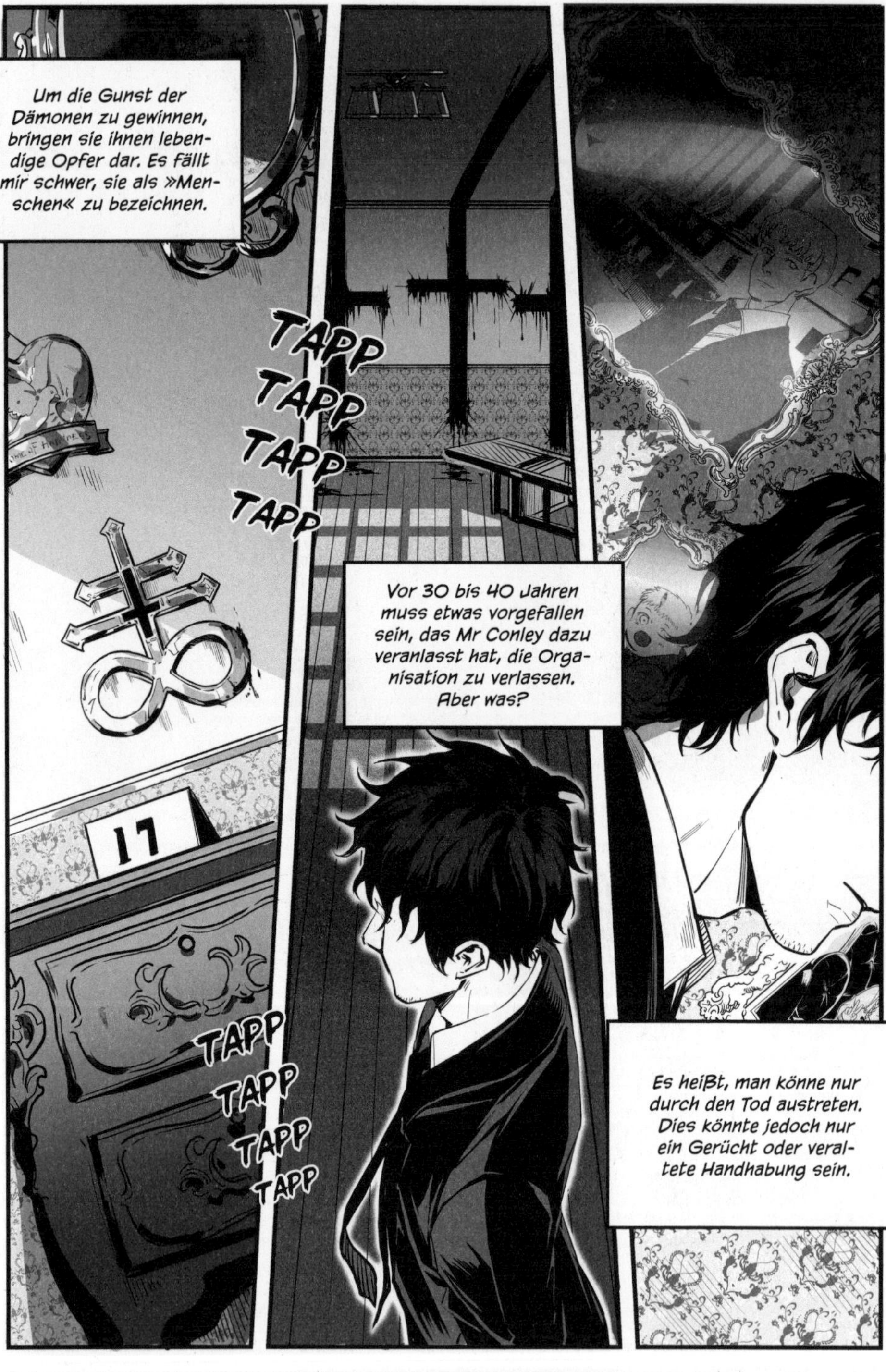
Um die Gunst der Dämonen zu gewinnen, bringen sie ihnen lebendige Opfer dar. Es fällt mir schwer, sie als »Menschen« zu bezeichnen.
TAPP TAPP TAPP TAPP
17
TAPP TAPP TAPP TAPP
Vor 30 bis 40 Jahren muss etwas vorgefallen sein, das Mr Conley dazu veranlasst hat, die Organisation zu verlassen. Aber was?
Es heißt, man könne nur durch den Tod austreten. Dies könnte jedoch nur ein Gerücht oder veraltete Handhabung sein.

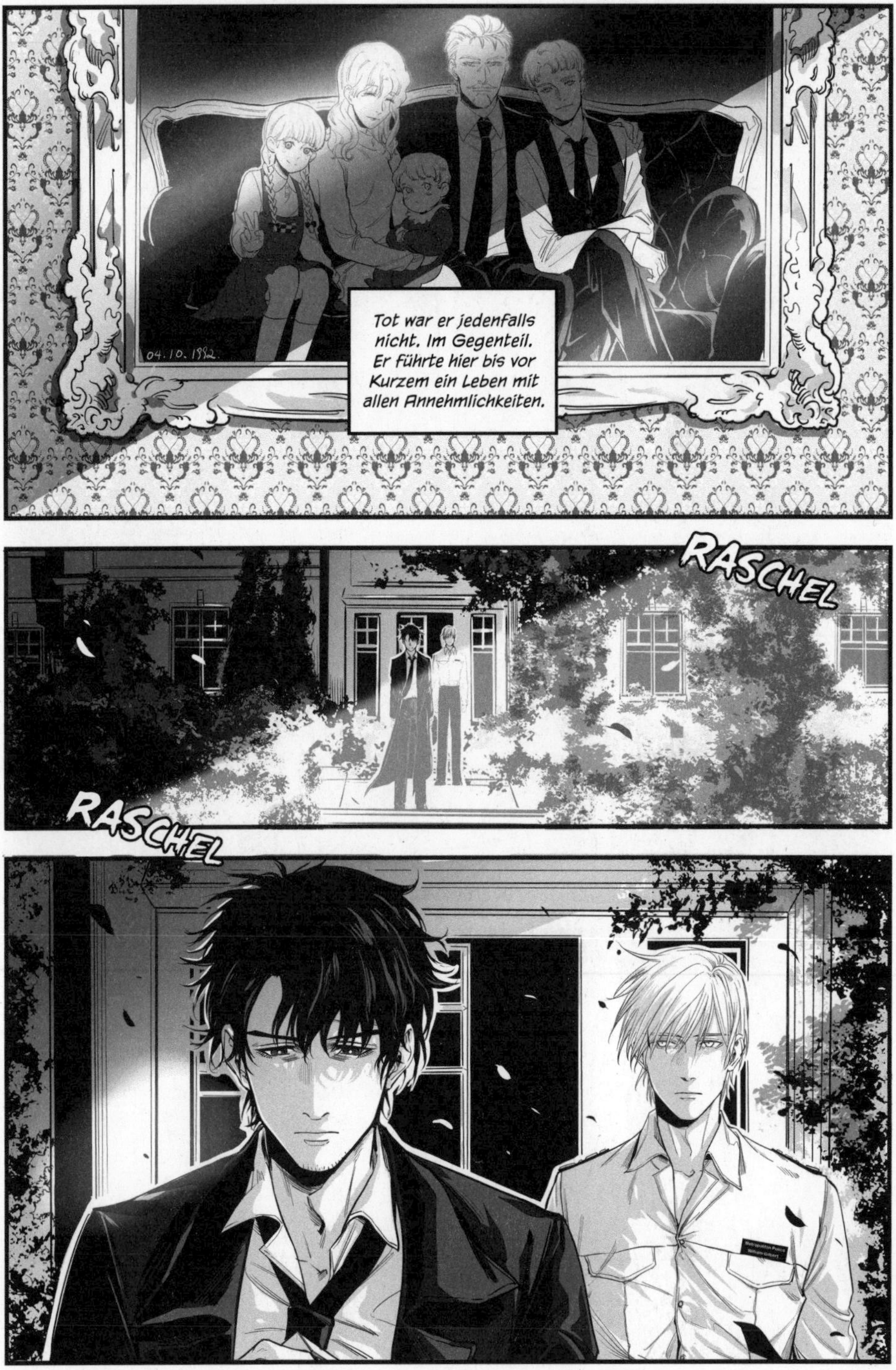
04.10.1982
Tot war er jedenfalls nicht. Im Gegenteil. Er führte hier bis vor Kurzem ein Leben mit allen Annehmlichkeiten.
RASCHEL
RASCHEL

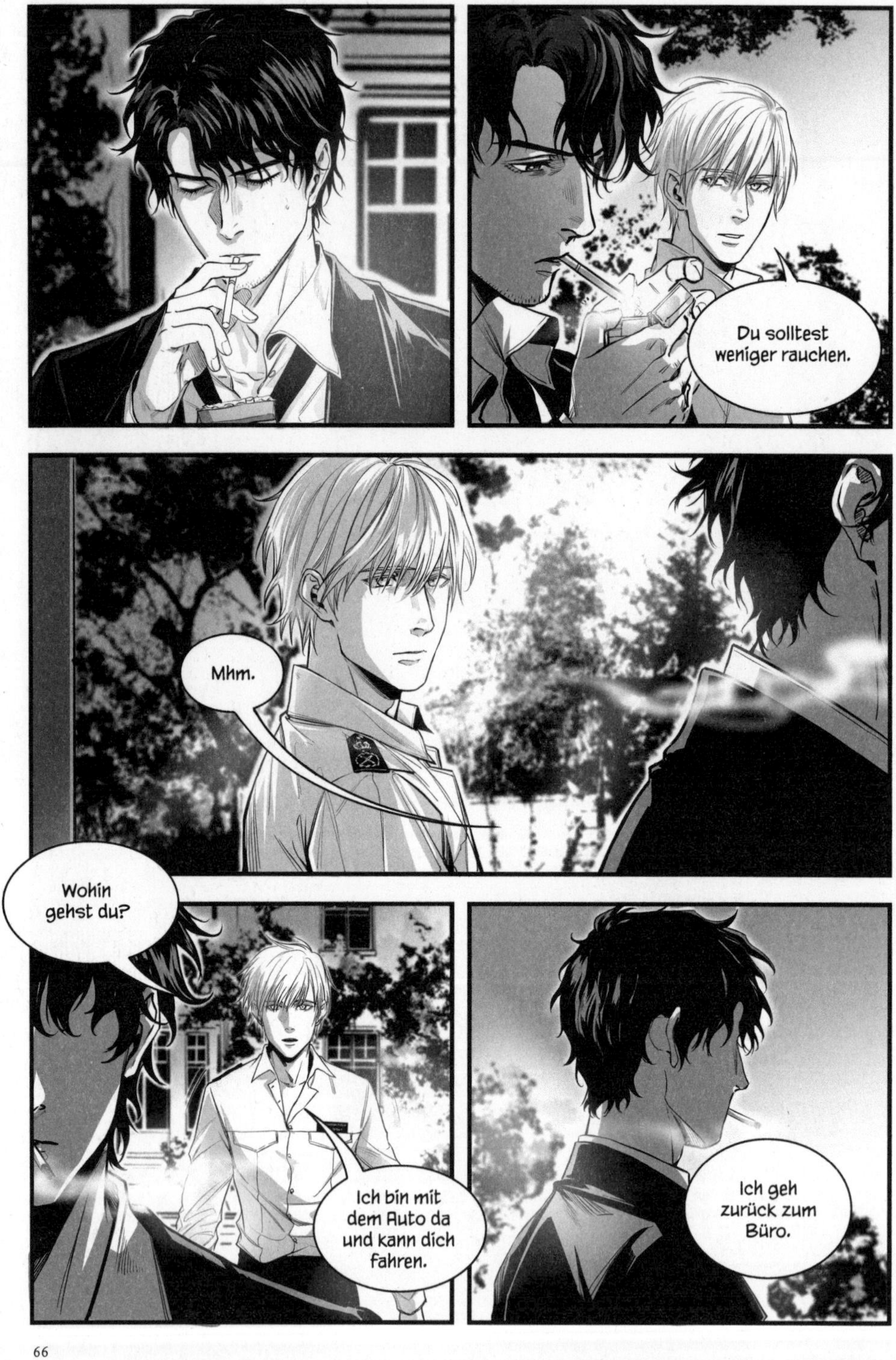
Du solltest weniger rauchen.
Mhm.
Wohin gehst du?
Ich bin mit dem Auto da und kann dich fahren.
Ich geh zurück zum Büro.

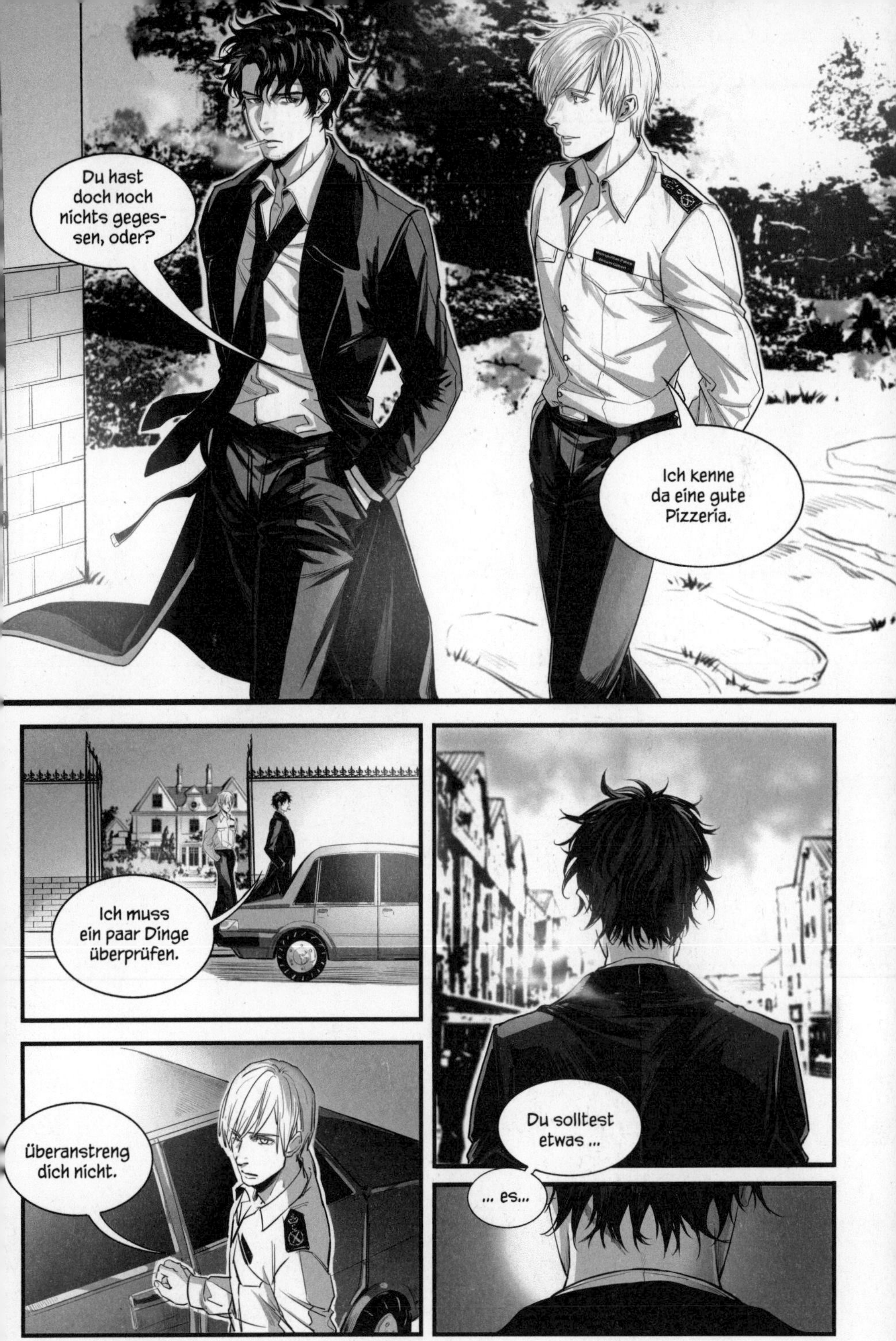

Du hast doch noch nichts gegessen, oder?
Ich kenne da eine gute Pizzeria.
Ich muss ein paar Dinge überprüfen.
Überanstreng dich nicht.
Du solltest etwas ...
... es...

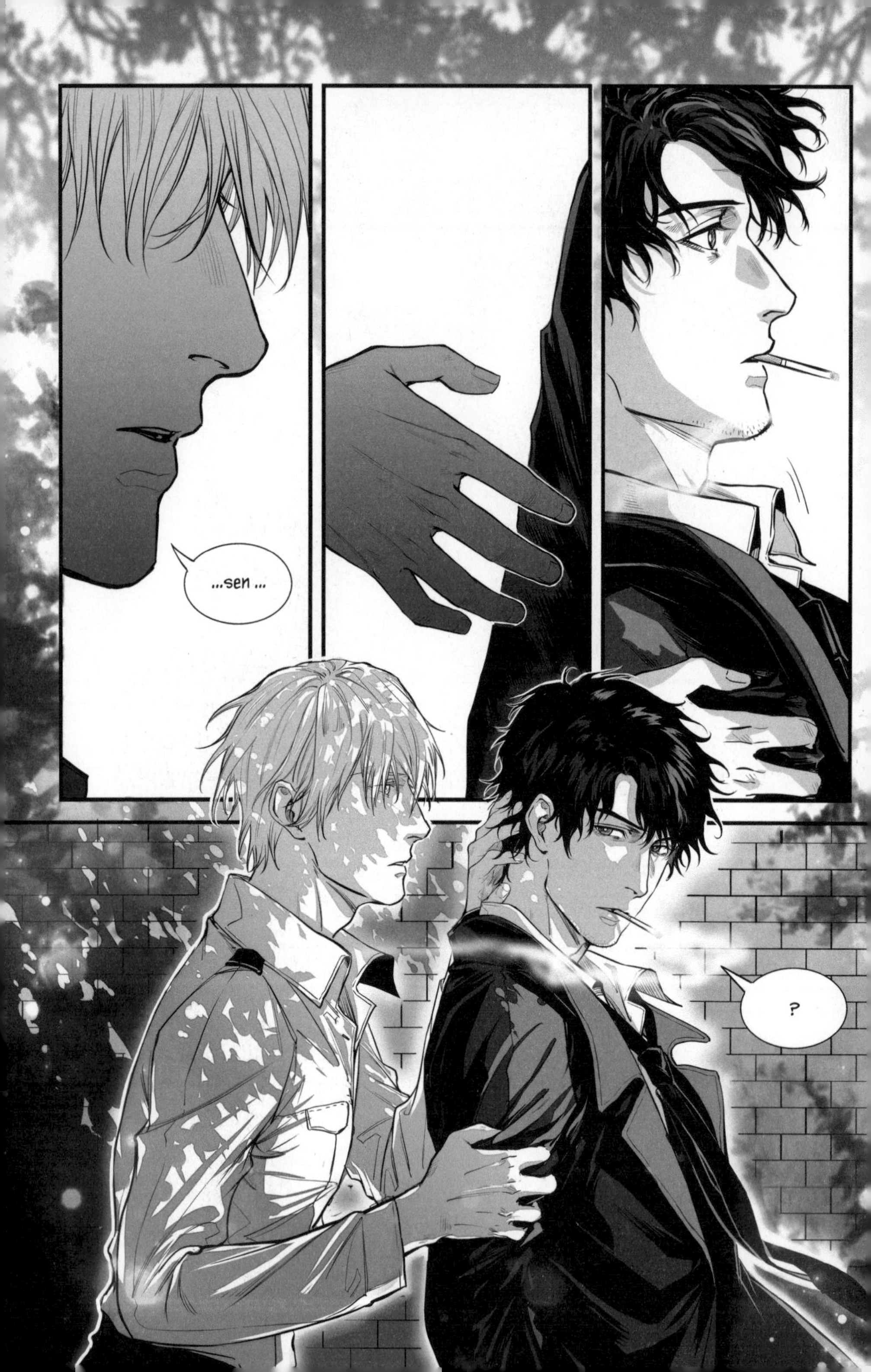
...sen ...
?

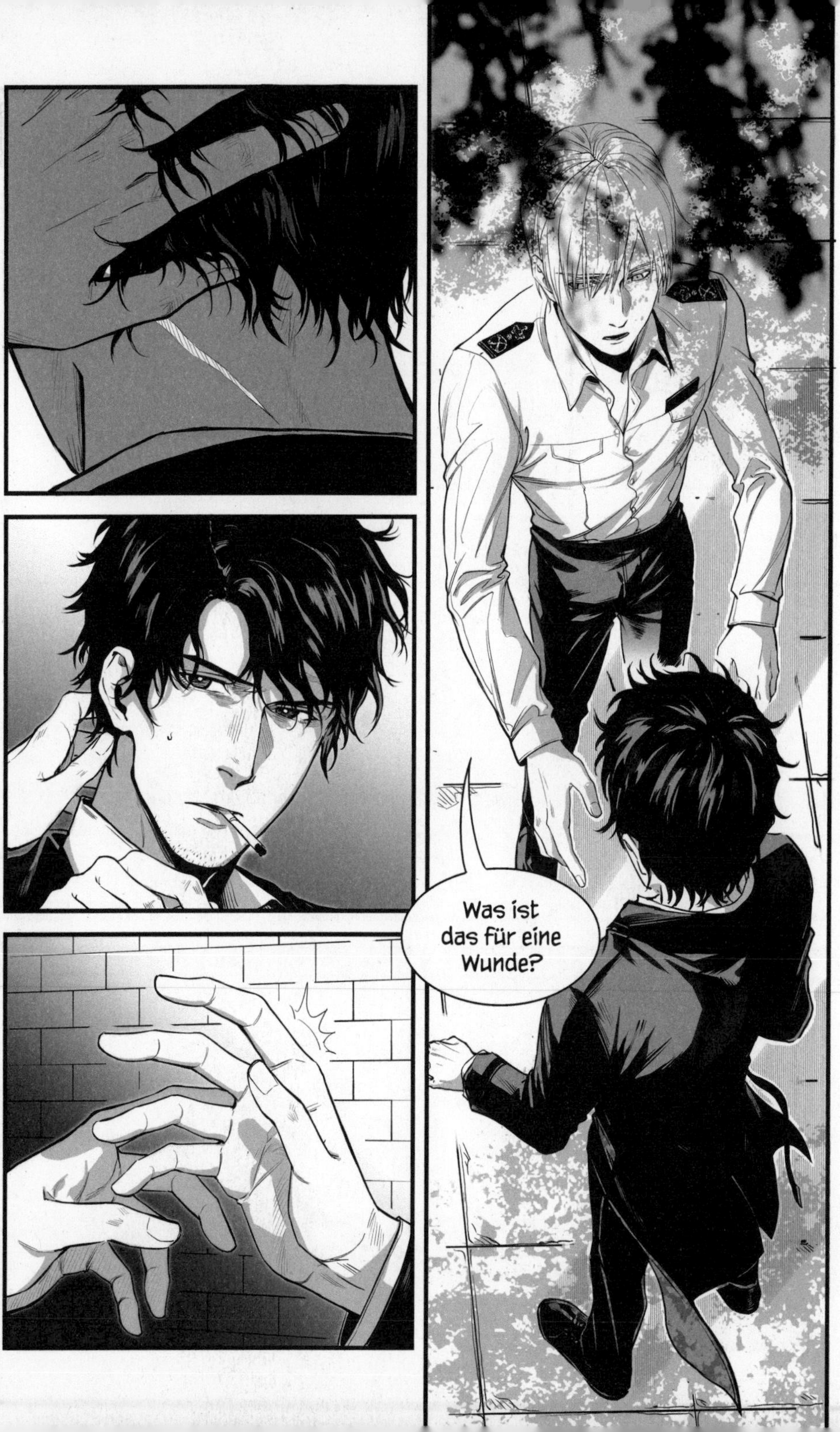
Was ist
das für eine
Wunde?

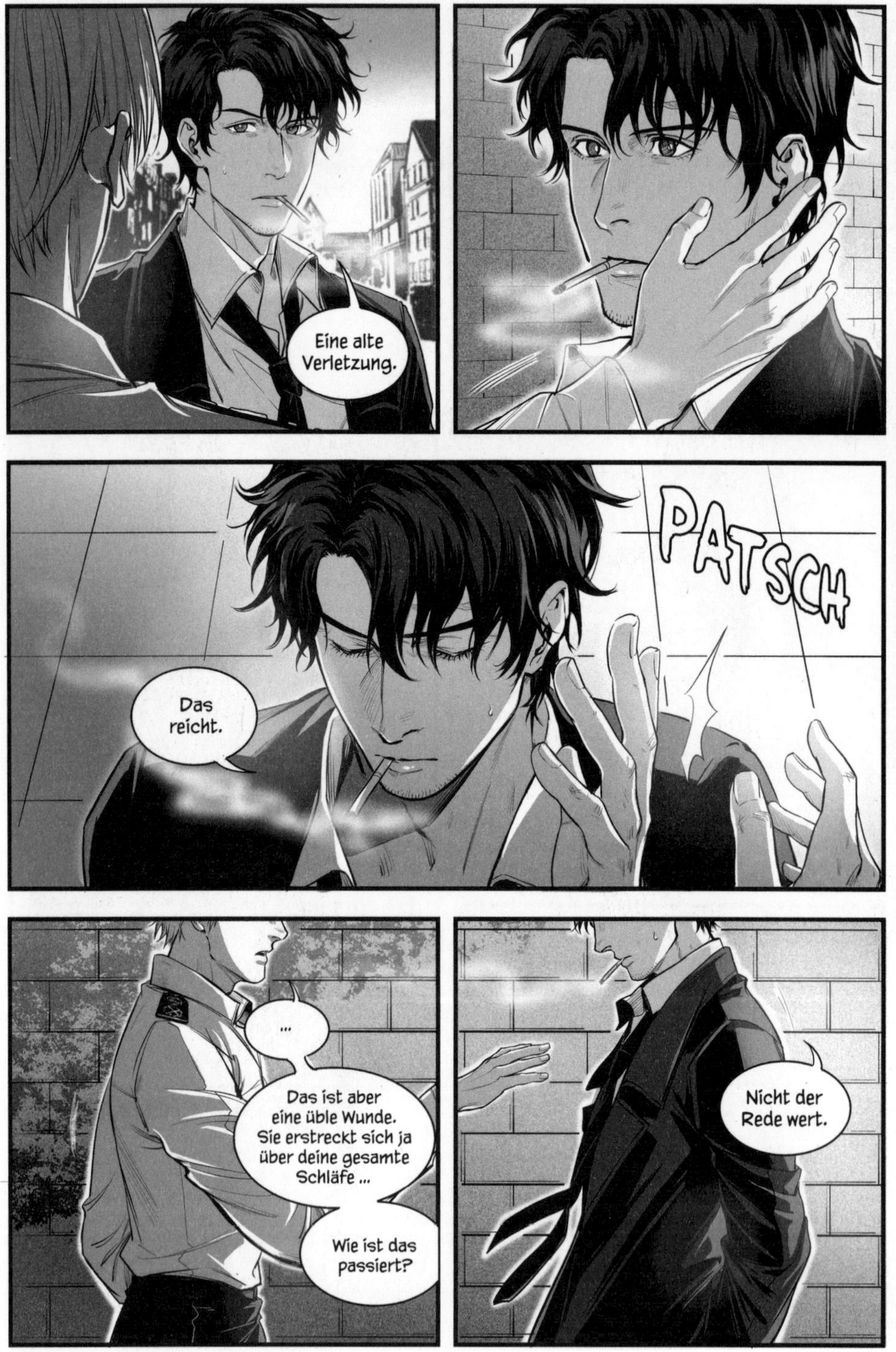
Eine alte Verletzung.
PATSCH
Das reicht.
...
Das ist aber eine üble Wunde. Sie erstreckt sich ja über deine gesamte Schläfe ...
Wie ist das passiert?
Nicht der Rede wert.

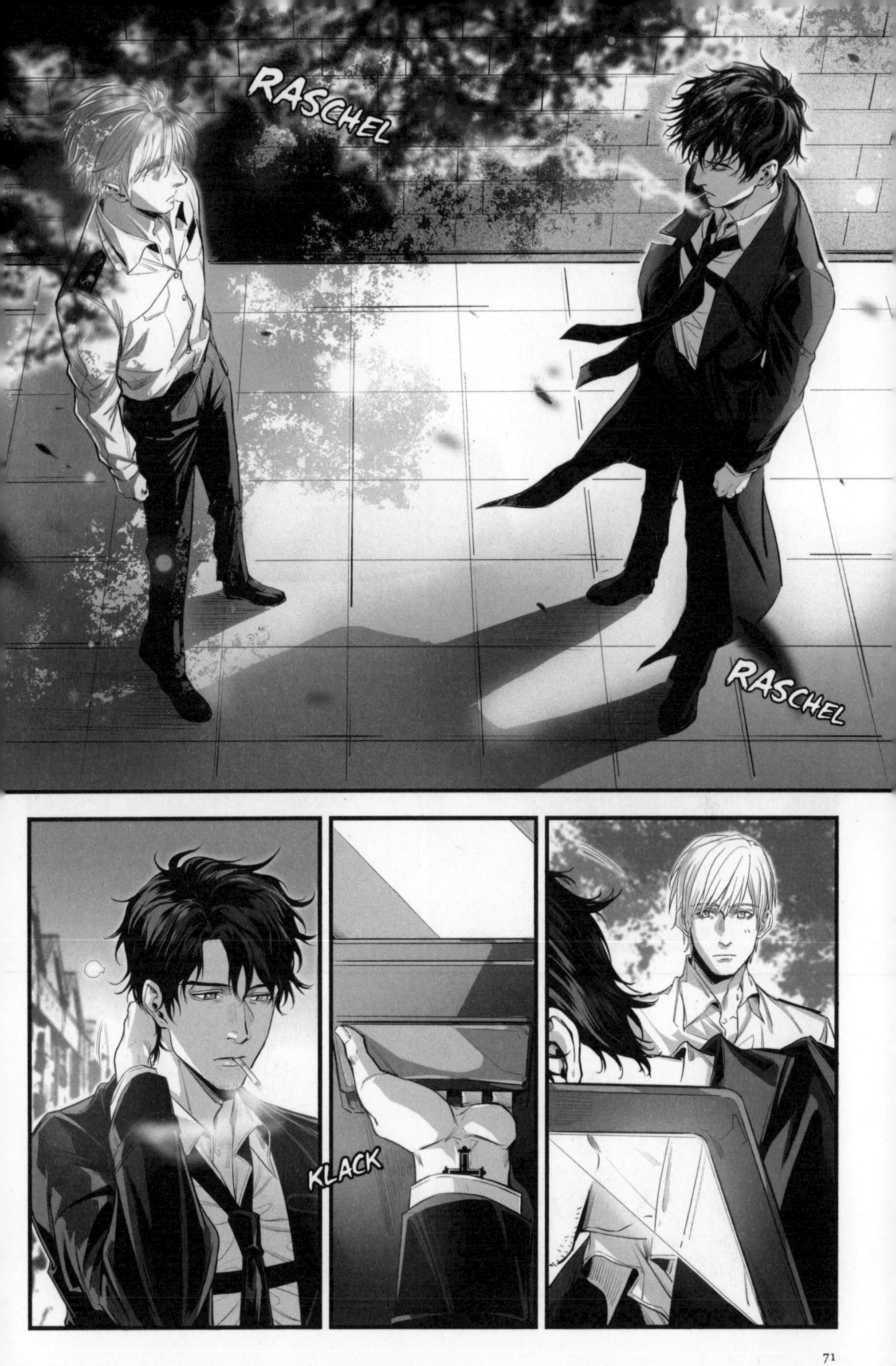
RASCHEL
RASCHEL
KLACK

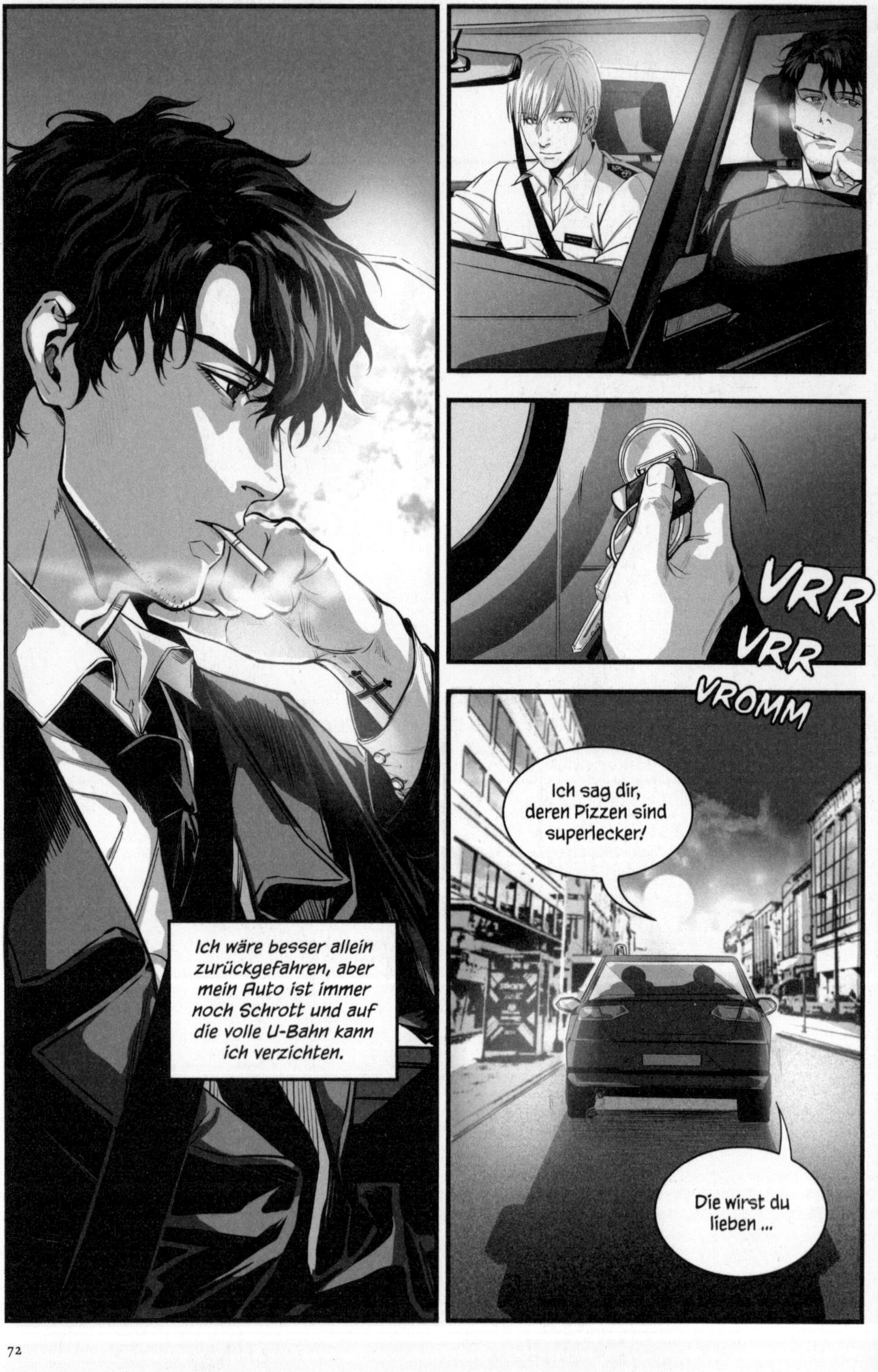
Ich wäre besser allein zurückgefahren, aber mein Auto ist immer noch Schrott und auf die volle U-Bahn kann ich verzichten.
VRR
VRR
VROMM
Ich sag dir, deren Pizzen sind superlecker!
Die wirst du lieben ...

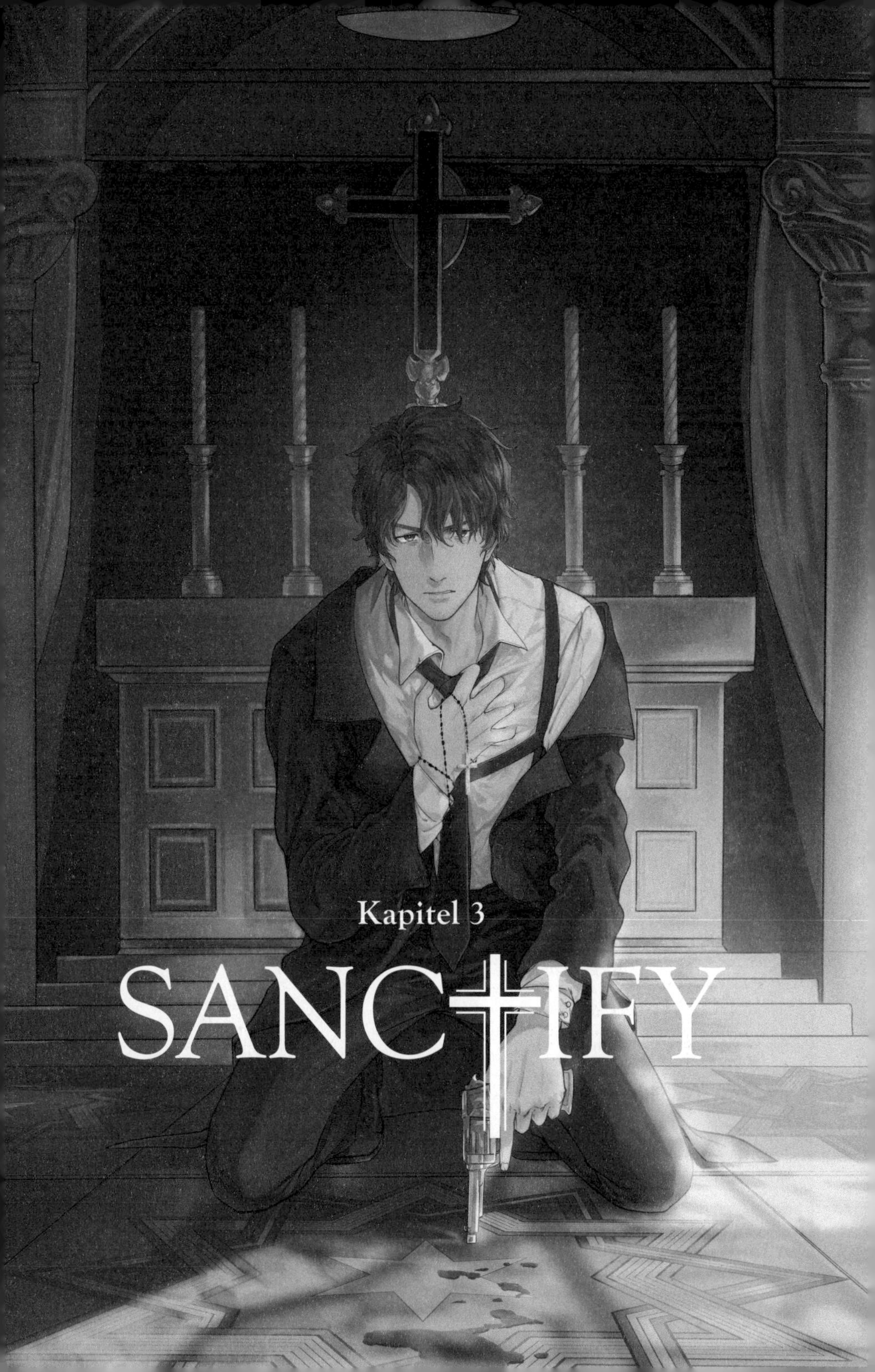
Kapitel 3
SANCTIFY

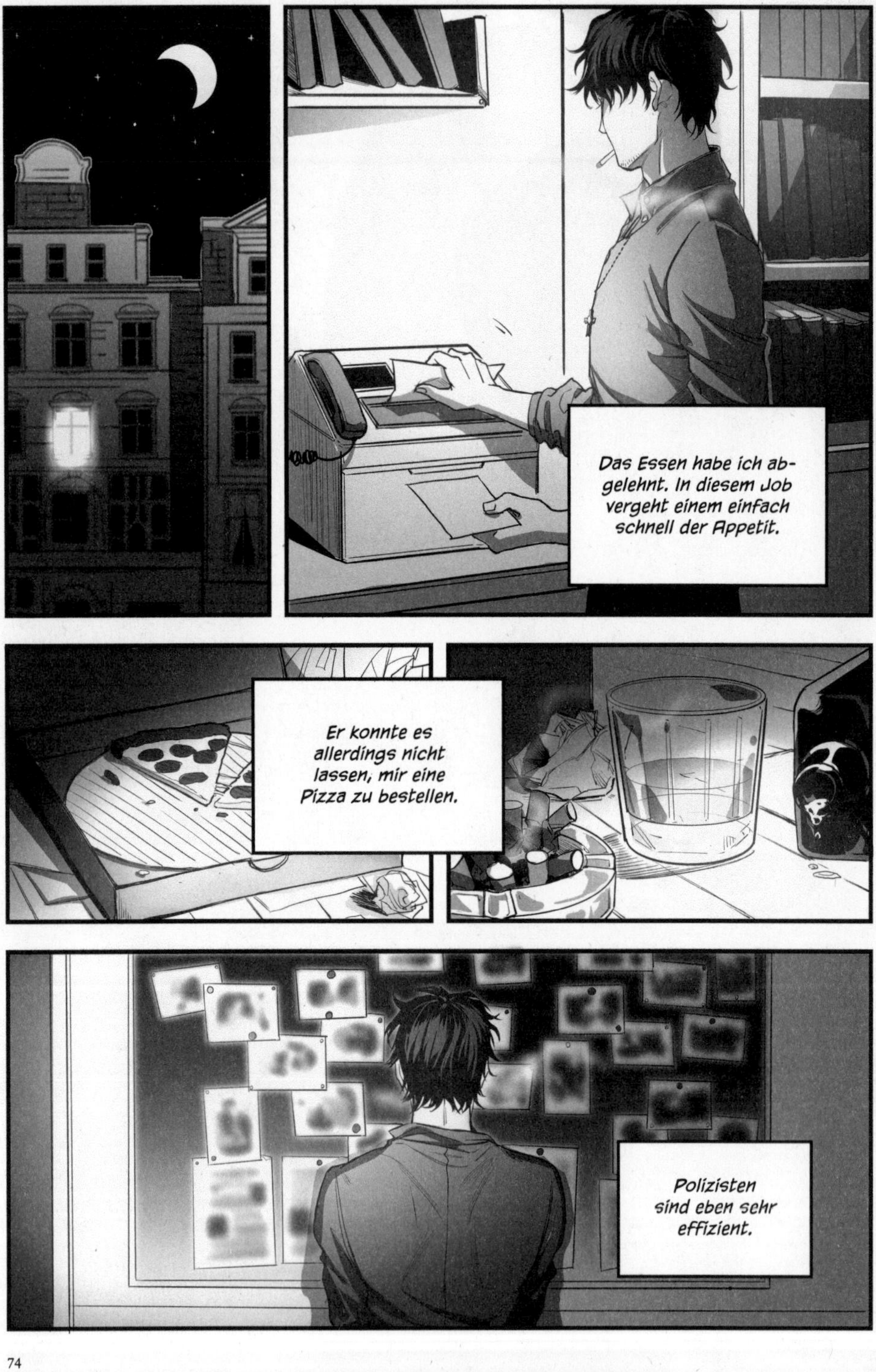
Das Essen habe ich abgelehnt. In diesem Job vergeht einem einfach schnell der Appetit.
Er konnte es allerdings nicht lassen, mir eine Pizza zu bestellen.
Polizisten sind eben sehr effizient.

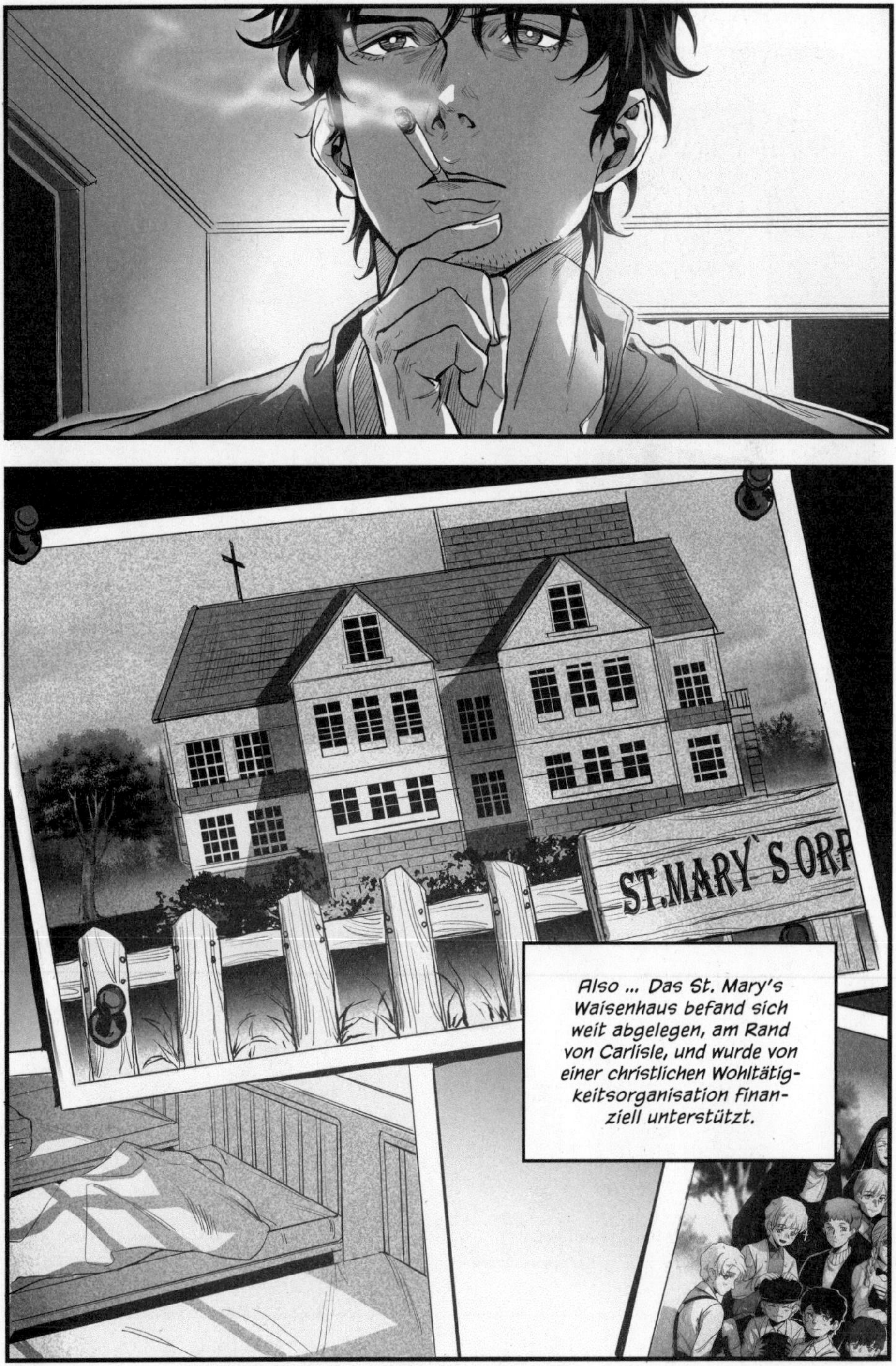
ST.MARY`S ORP
Also ... Das St. Mary's Waisenhaus befand sich weit abgelegen, am Rand von Carlisle, und wurde von einer christlichen Wohltätig-keitsorganisation finanziell unterstützt.

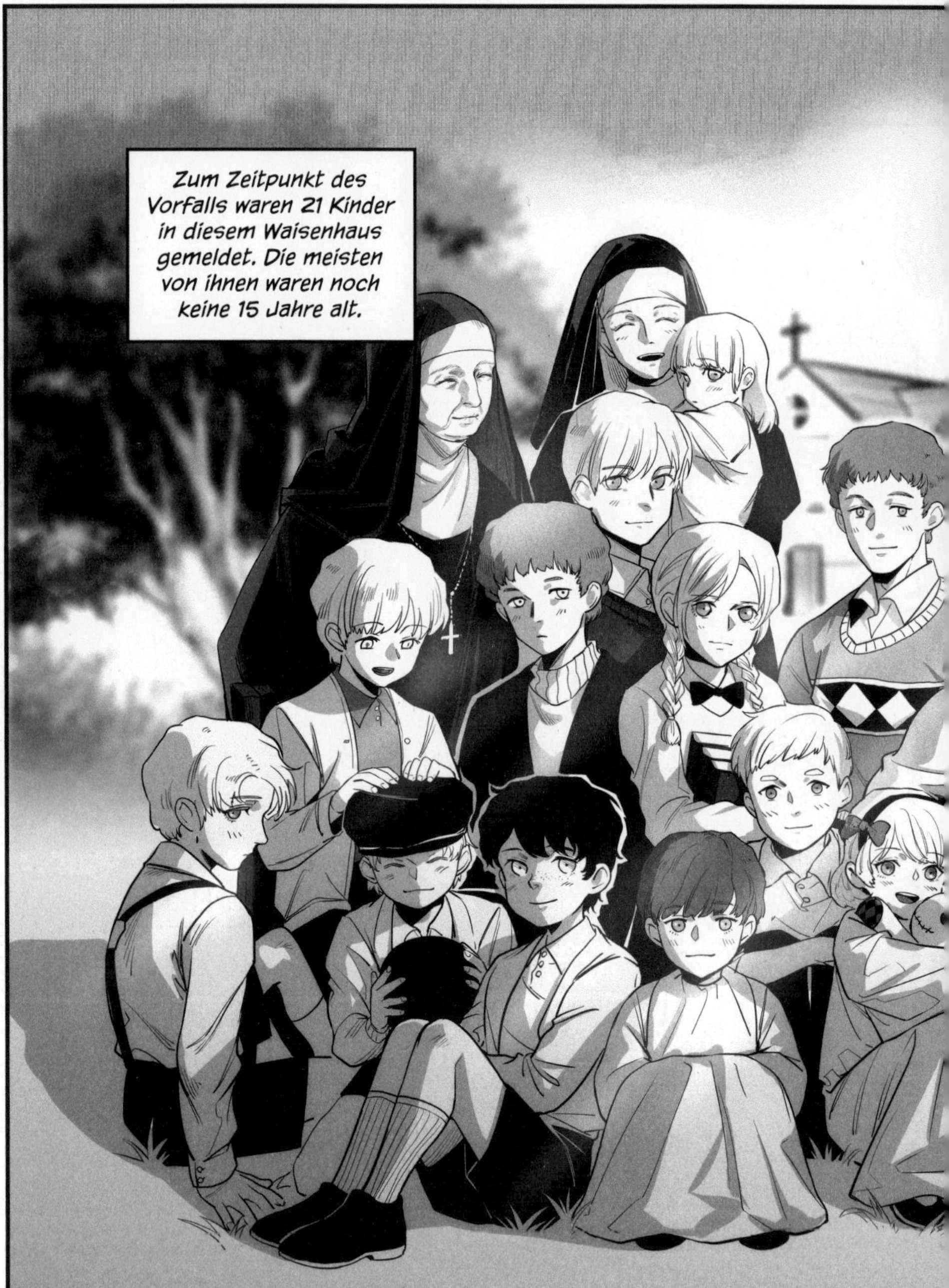
Zum Zeitpunkt des Vorfalls waren 21 Kinder in diesem Waisenhaus gemeldet. Die meisten von ihnen waren noch keine 15 Jahre alt.

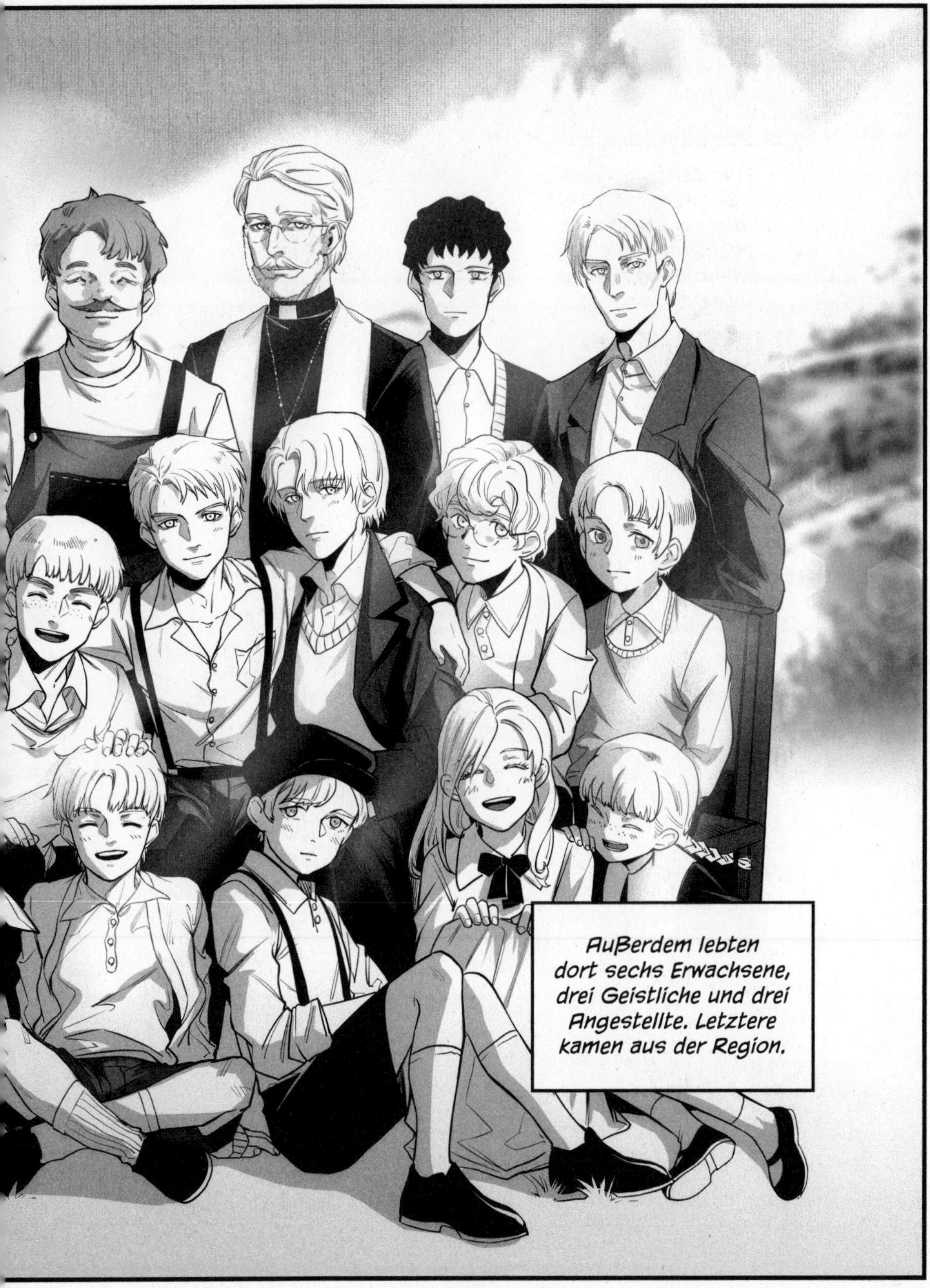
Außerdem lebten
dort sechs Erwachsene,
drei Geistliche und drei
Angestellte. Letztere
kamen aus der Region.

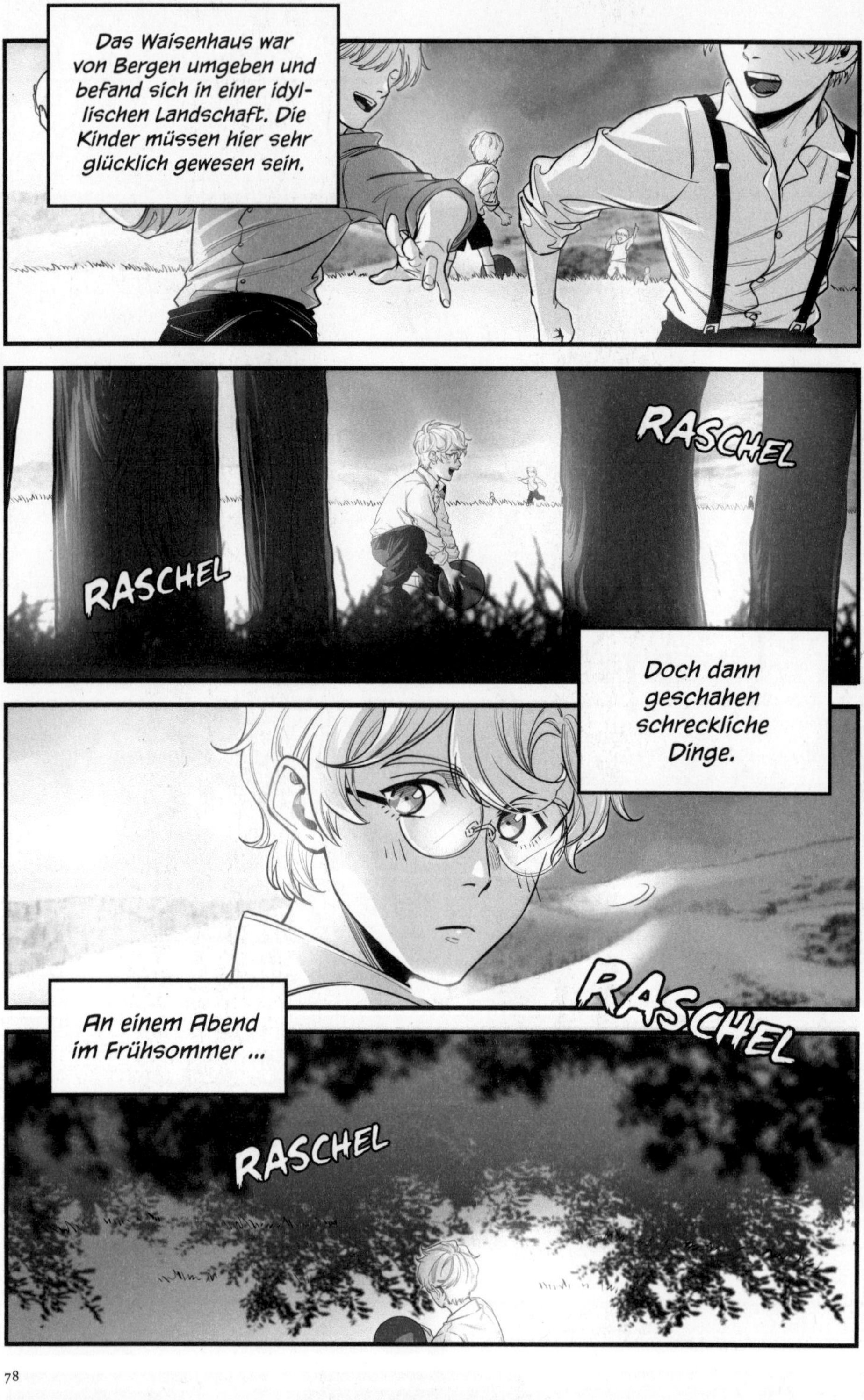
Das Waisenhaus war von Bergen umgeben und befand sich in einer idyllischen Landschaft. Die Kinder müssen hier sehr glücklich gewesen sein.
RASCHEL
RASCHEL
Doch dann geschahen schreckliche Dinge.
RASCHEL
An einem Abend im Frühsommer ...
RASCHEL

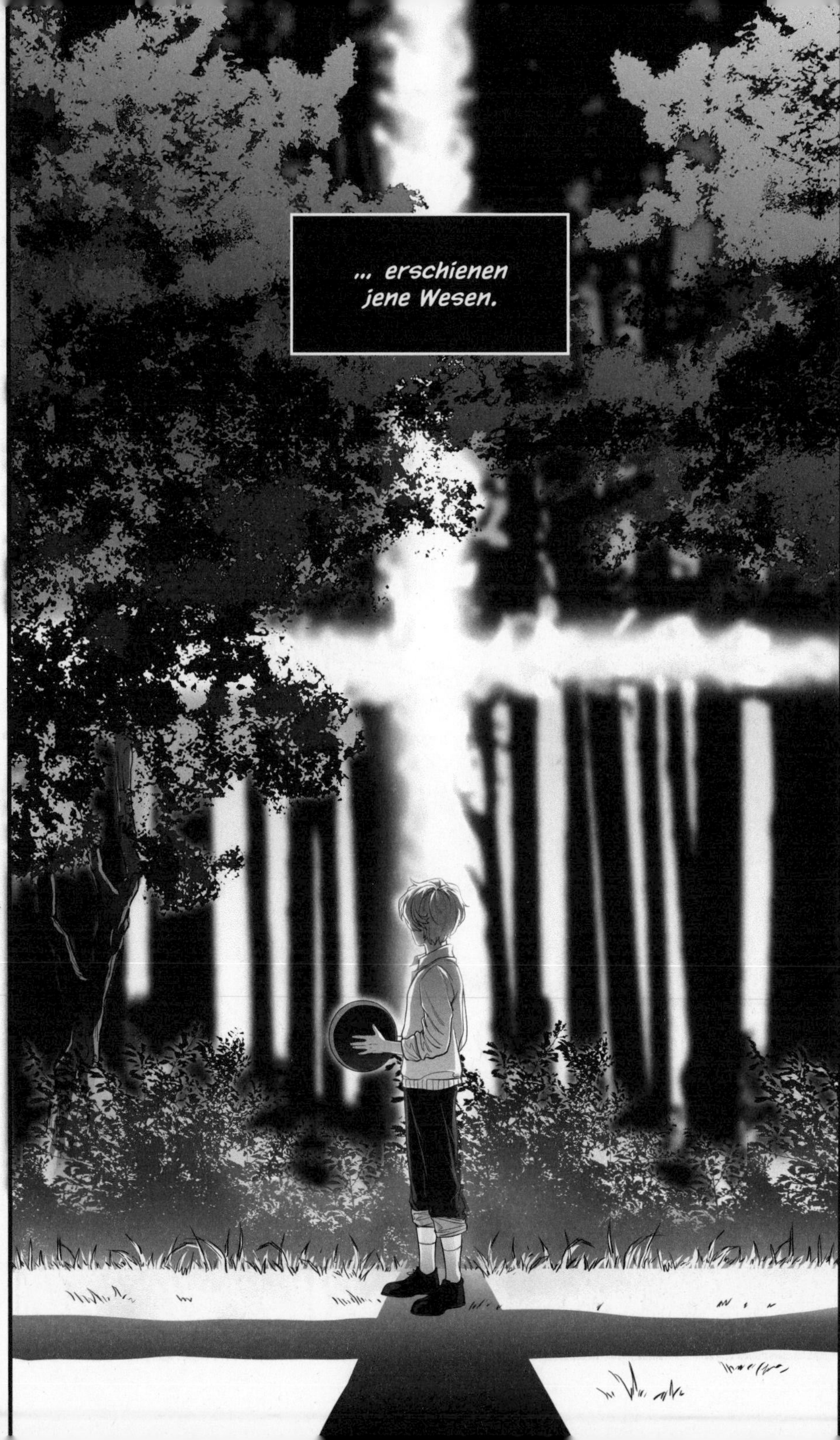
... erschienen
jene Wesen.

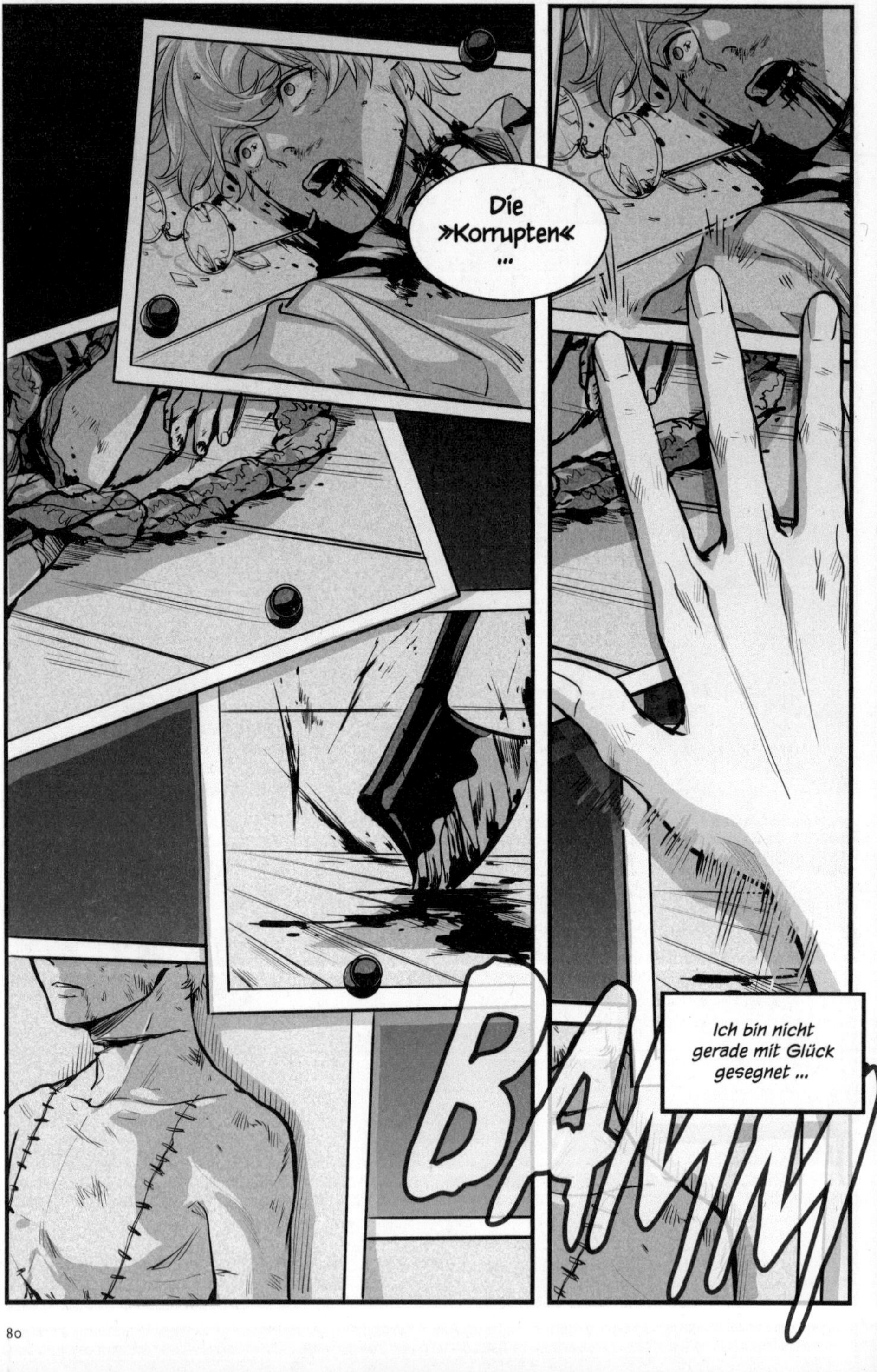
Die »Korrupten« ...
Ich bin nicht gerade mit Glück gesegnet ...
BAMM

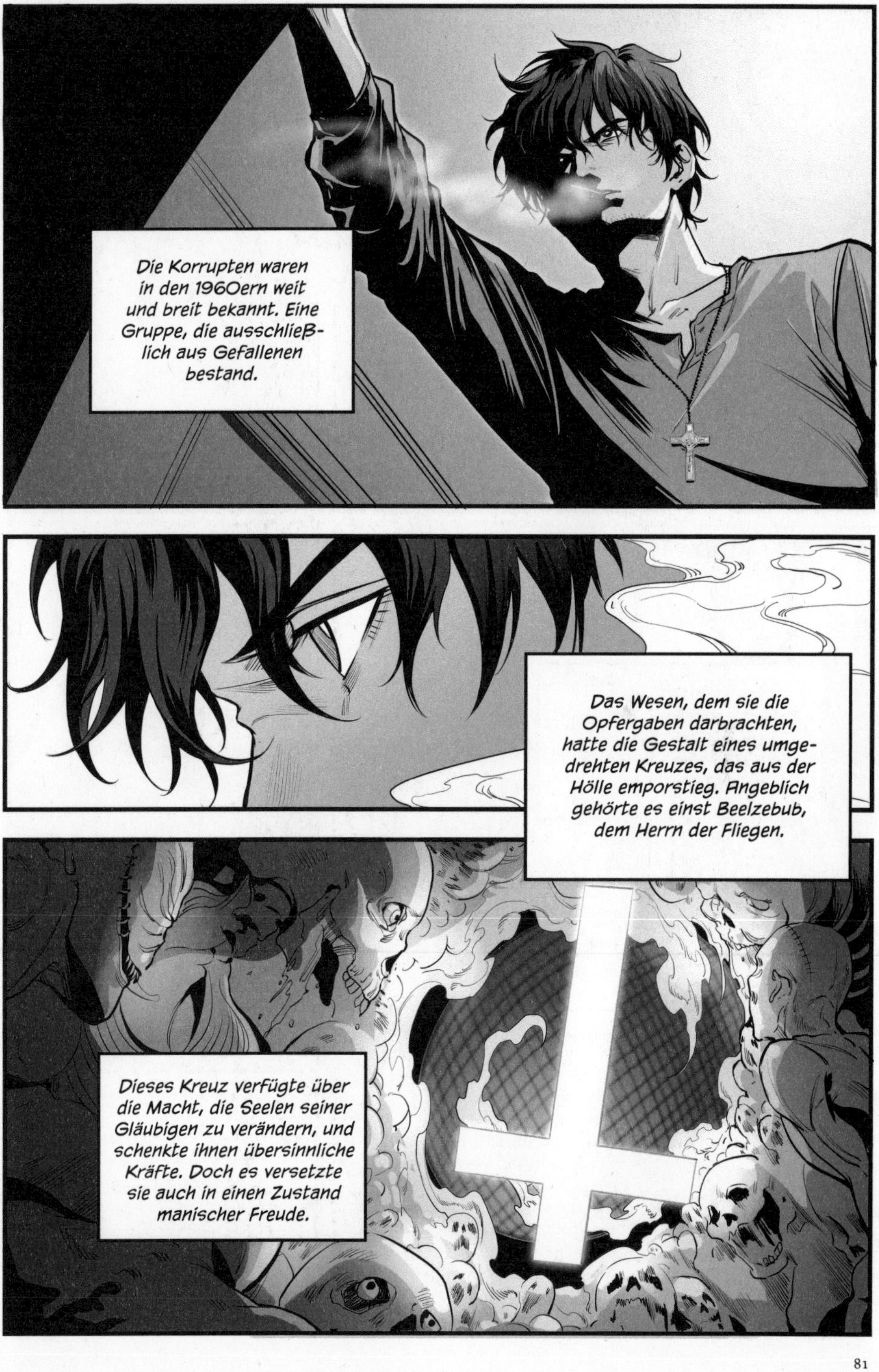
Die Korrupten waren in den 1960ern weit und breit bekannt. Eine Gruppe, die ausschließlich aus Gefallenen bestand.
Das Wesen, dem sie die Opfergaben darbrachten, hatte die Gestalt eines umgedrehten Kreuzes, das aus der Hölle emporstieg. Angeblich gehörte es einst Beelzebub, dem Herrn der Fliegen.
Dieses Kreuz verfügte über die Macht, die Seelen seiner Gläubigen zu verändern, und schenkte ihnen übersinnliche Kräfte. Doch es versetzte sie auch in einen Zustand manischer Freude.

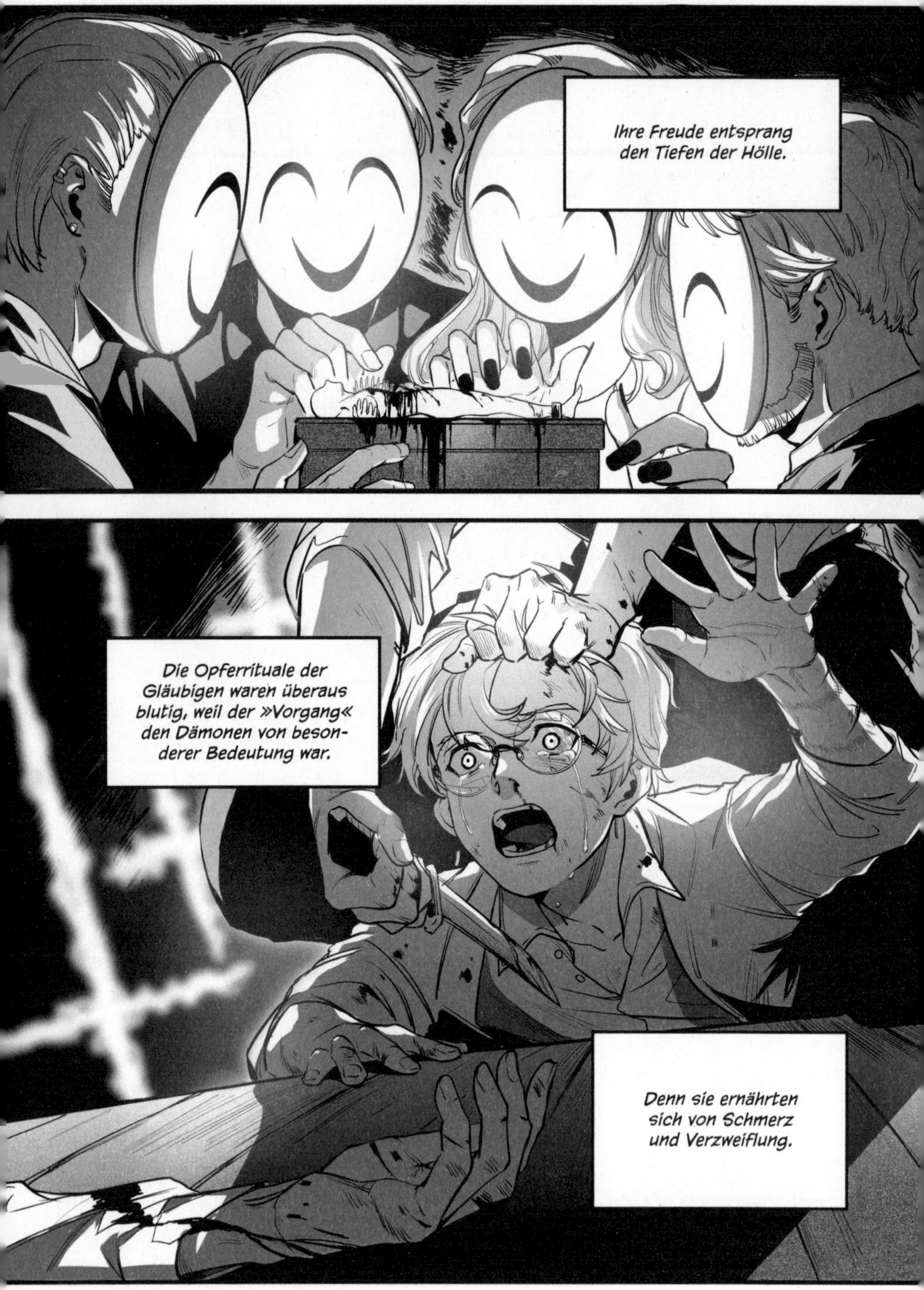
Ihre Freude entsprang den Tiefen der Hölle.
Die Opferrituale der Gläubigen waren überaus blutig, weil der »Vorgang« den Dämonen von besonderer Bedeutung war.
Denn sie ernährten sich von Schmerz und Verzweiflung.

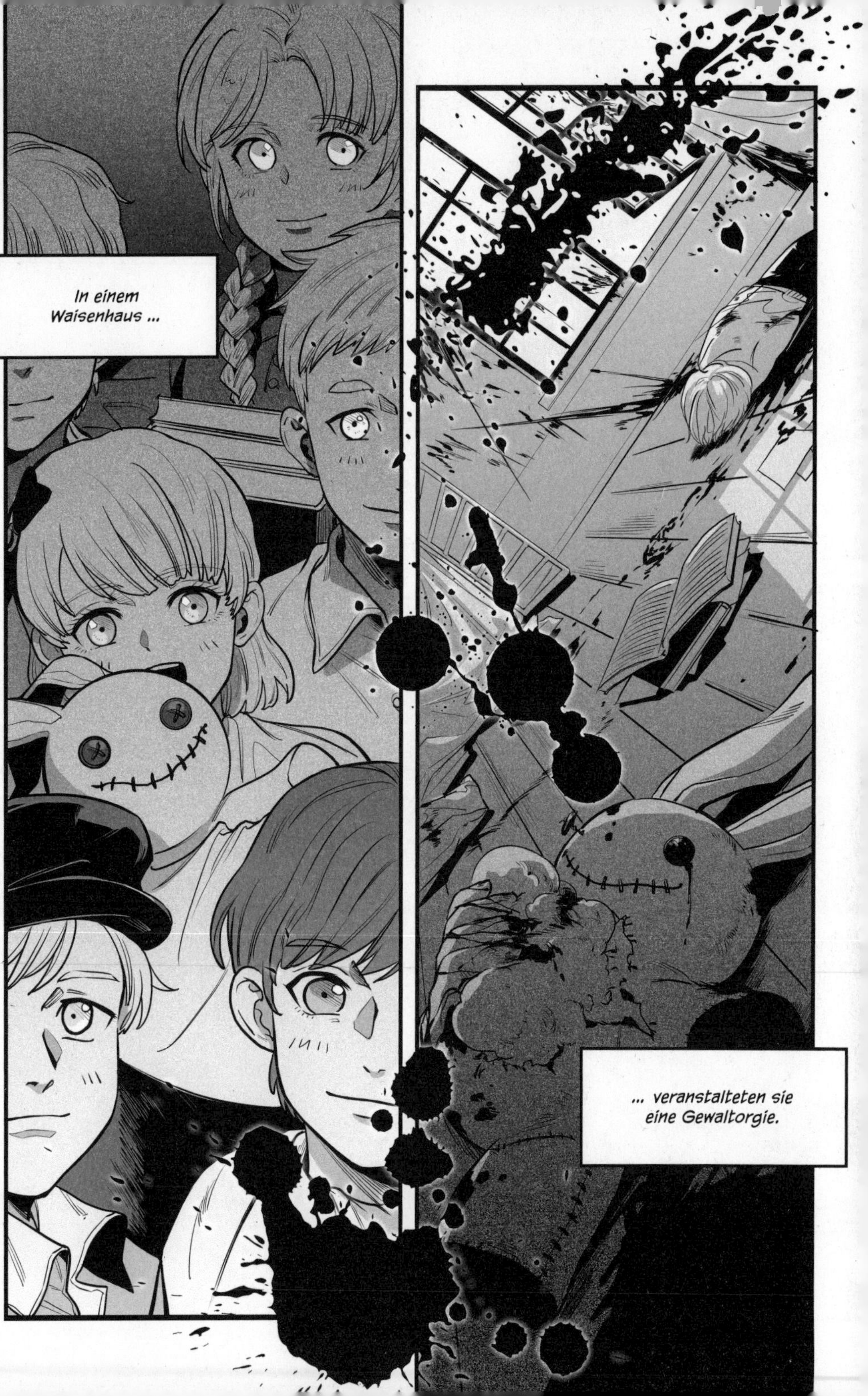
In einem Waisenhaus ...
... veranstalteten sie eine Gewaltorgie.

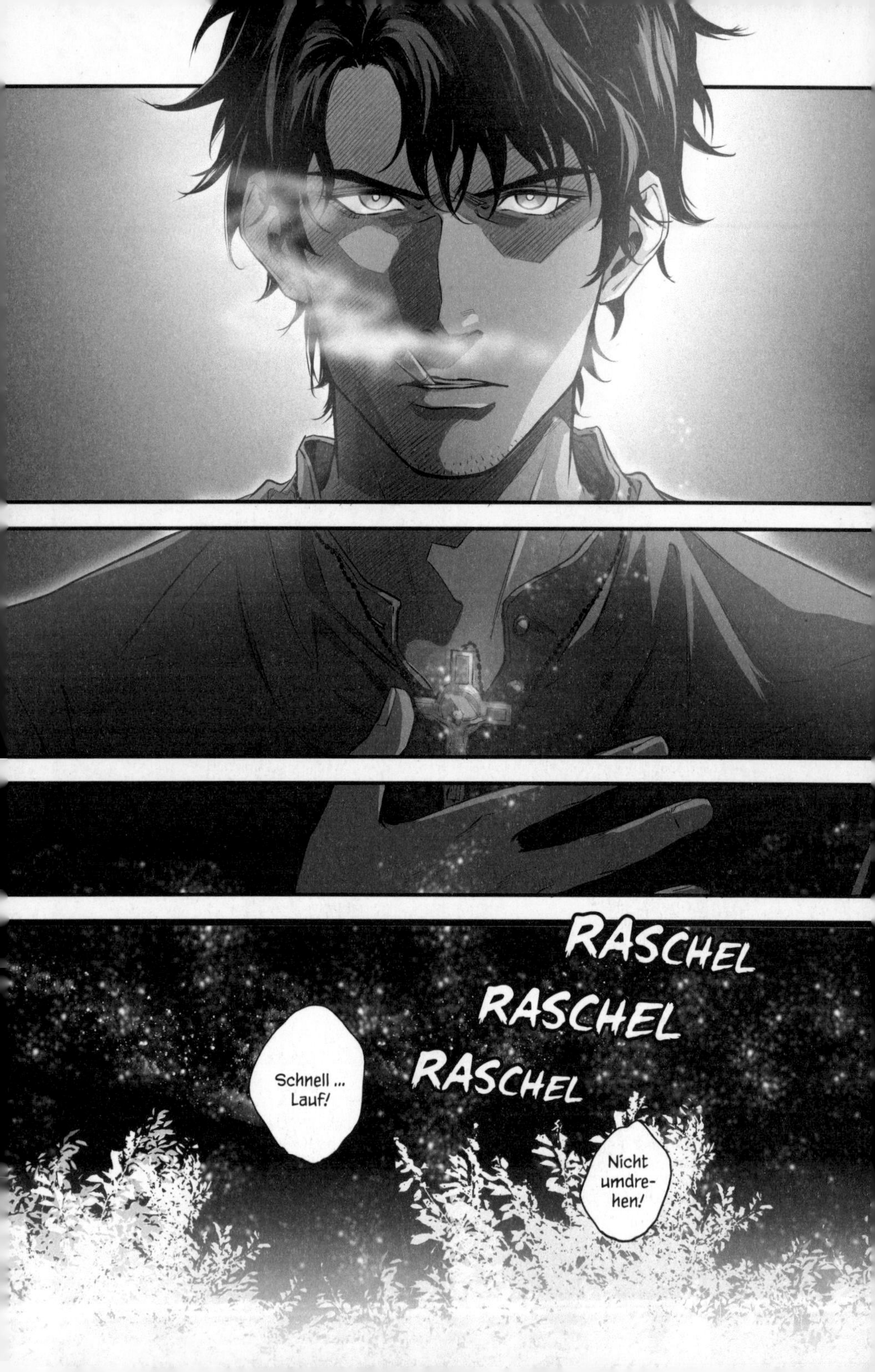
RASCHEL
RASCHEL
RASCHEL
Schnell ... Lauf!
Nicht umdrehen!

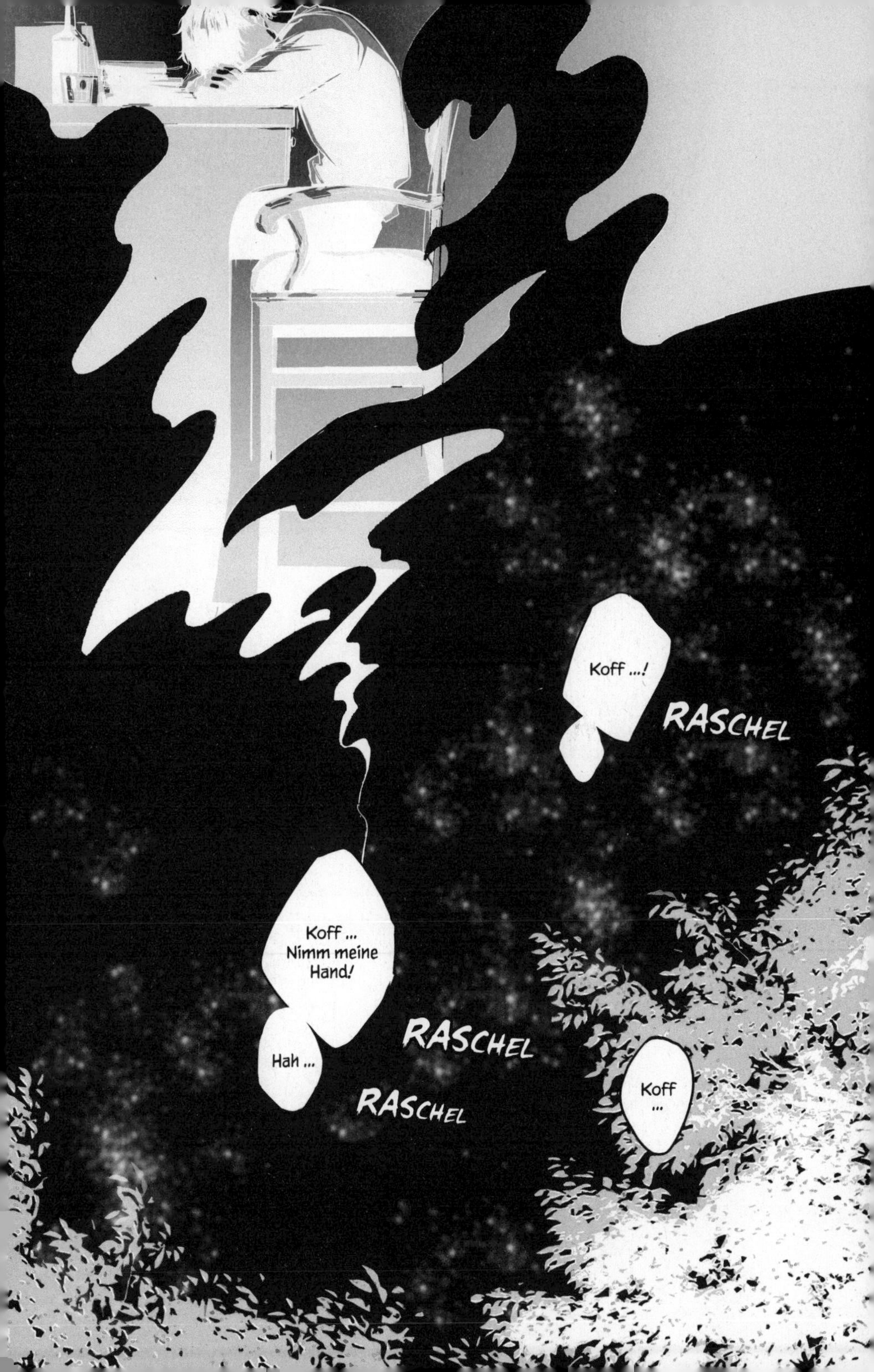
Koff ...!
RASCHEL
Koff ...
Koff ... Nimm meine Hand!
RASCHEL
Hah ...
RASCHEL

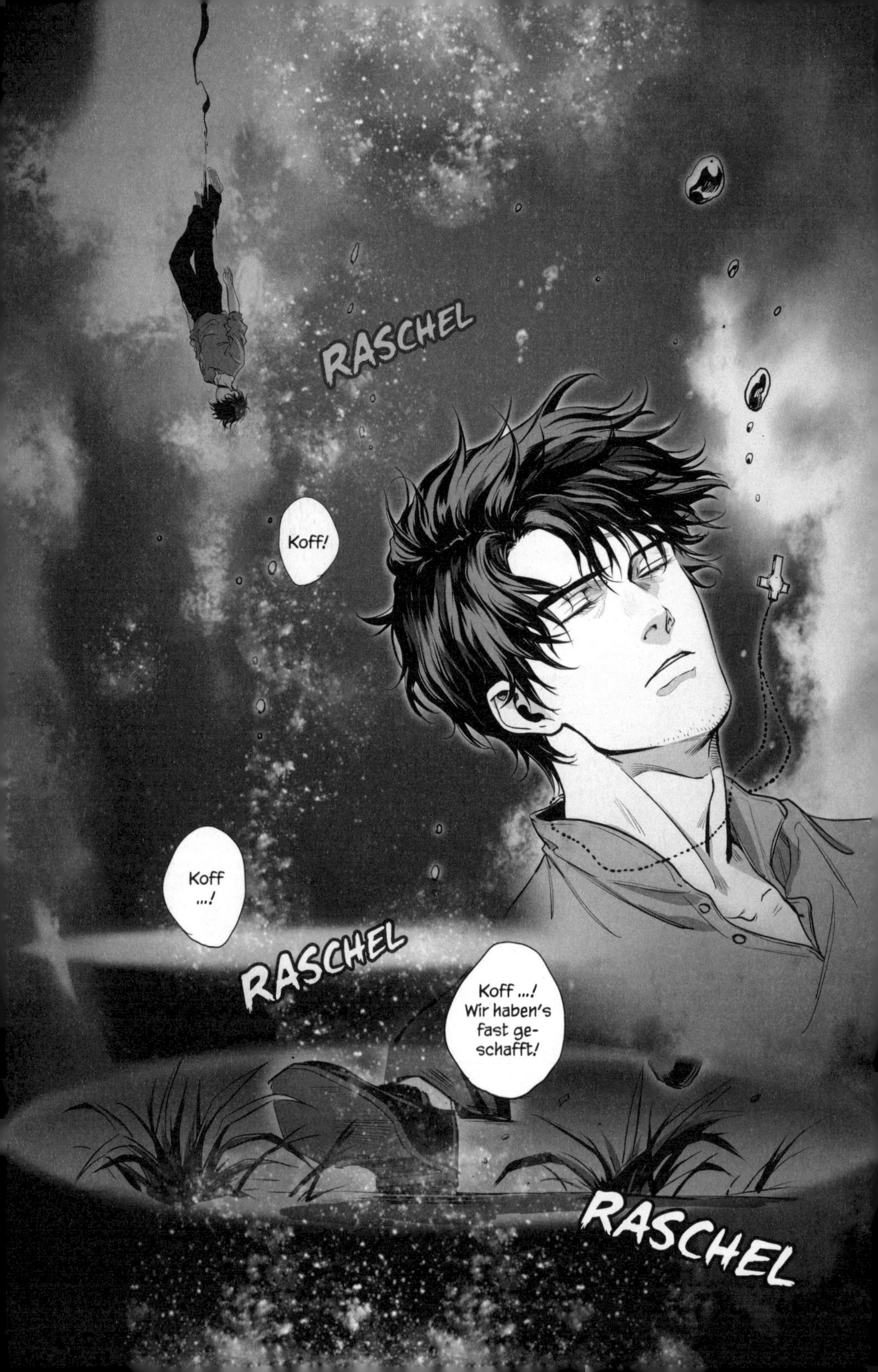
RASCHEL
Koff!
Koff ...!
RASCHEL
Koff ...! Wir haben's fast geschafft!
RASCHEL

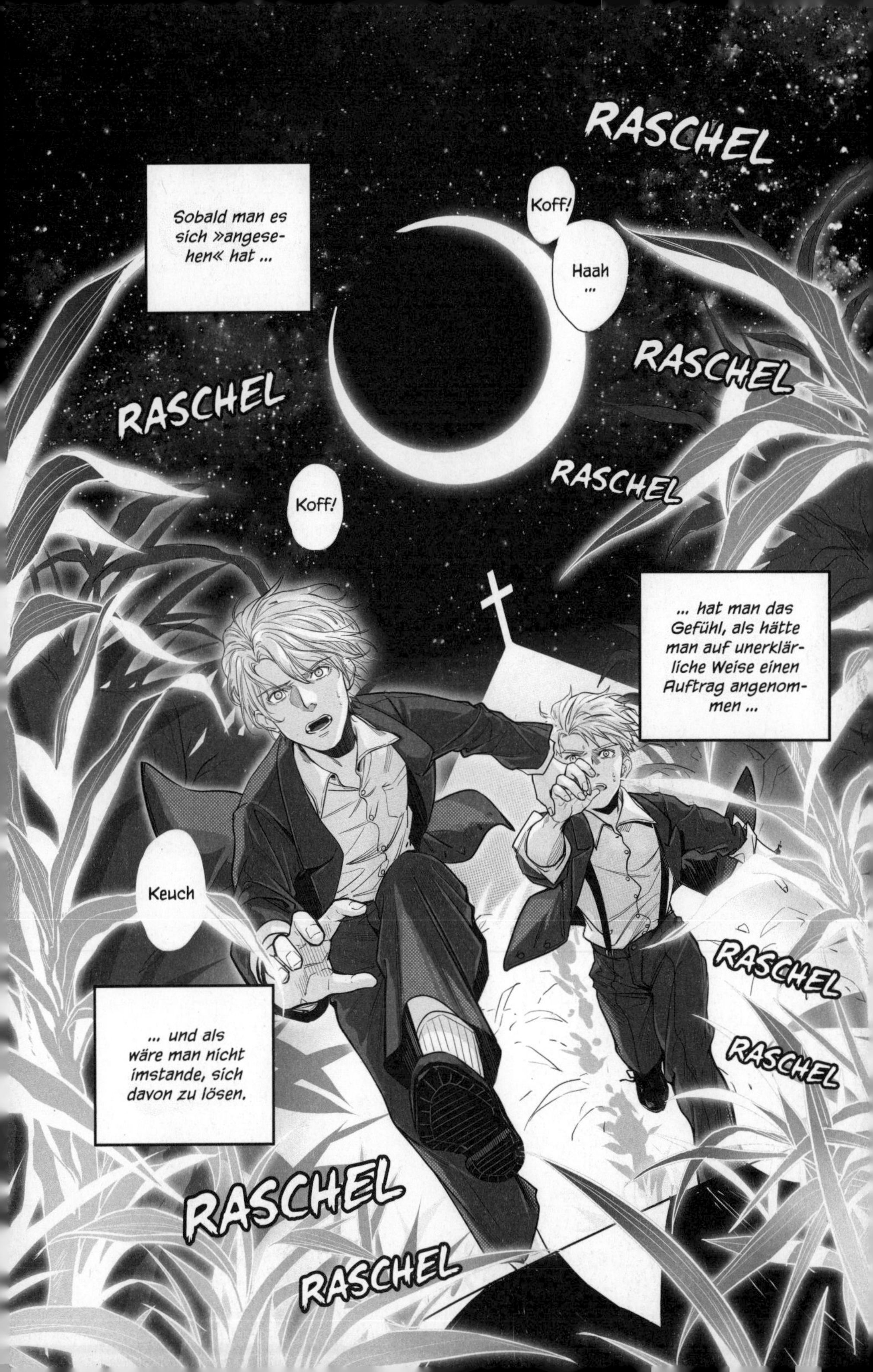
RASCHEL
Koff!
Haah ...
Sobald man es sich »angesehen« hat ...
RASCHEL
RASCHEL
RASCHEL
Koff!
... hat man das Gefühl, als hätte man auf unerklärliche Weise einen Auftrag angenommen ...
Keuch
RASCHEL
RASCHEL
... und als wäre man nicht imstande, sich davon zu lösen.
RASCHEL
RASCHEL

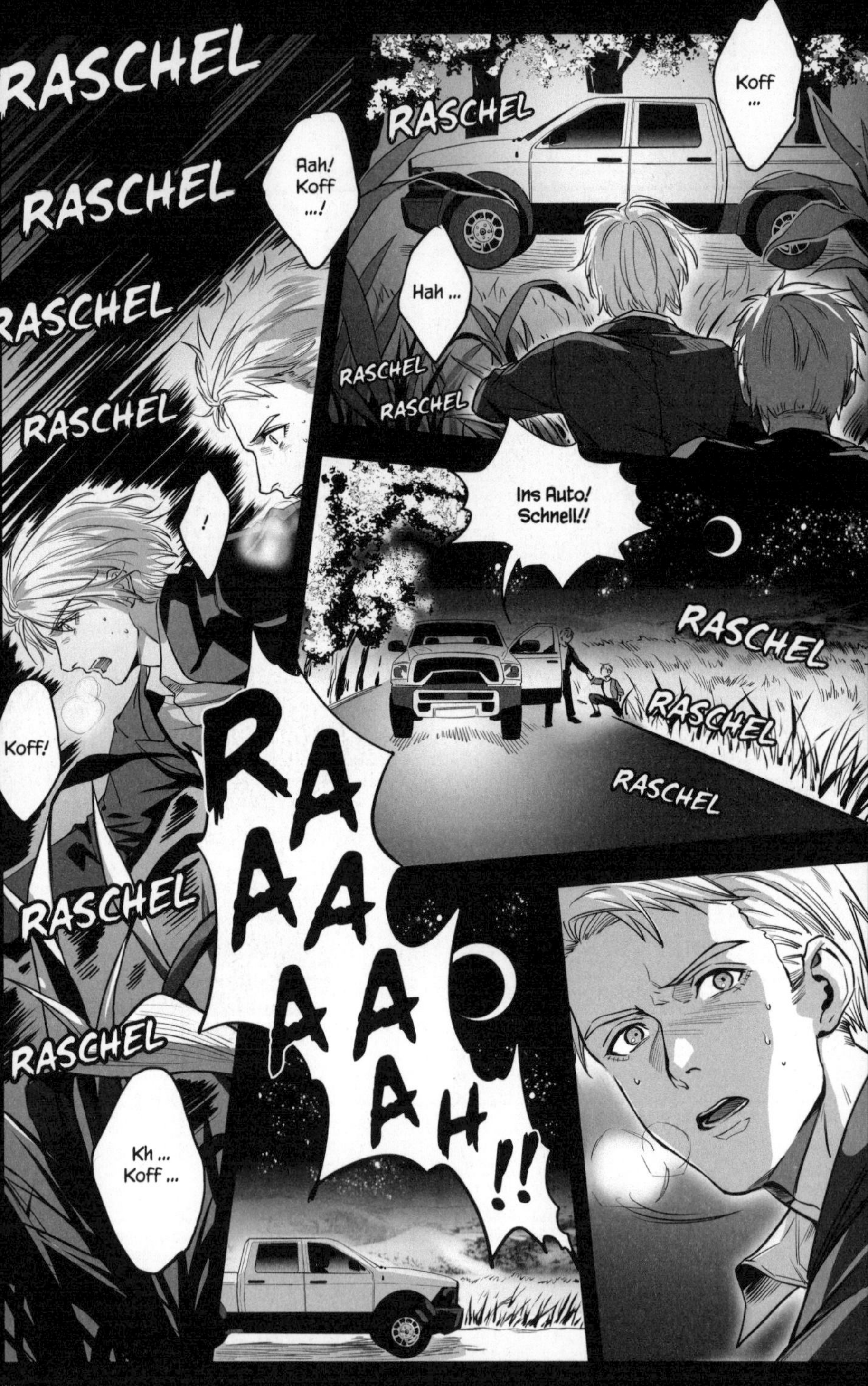
Koff ...
RASCHEL
Aah! Koff ...!
Hah ...
RASCHEL
RASCHEL
RASCHEL
RASCHEL
RASCHEL
RASCHEL
!
Koff!
Ins Auto! Schnell!!
RASCHEL
RASCHEL
RASCHEL
RAAAAAAAH!!
RASCHEL
RASCHEL
Kh ... Koff ...

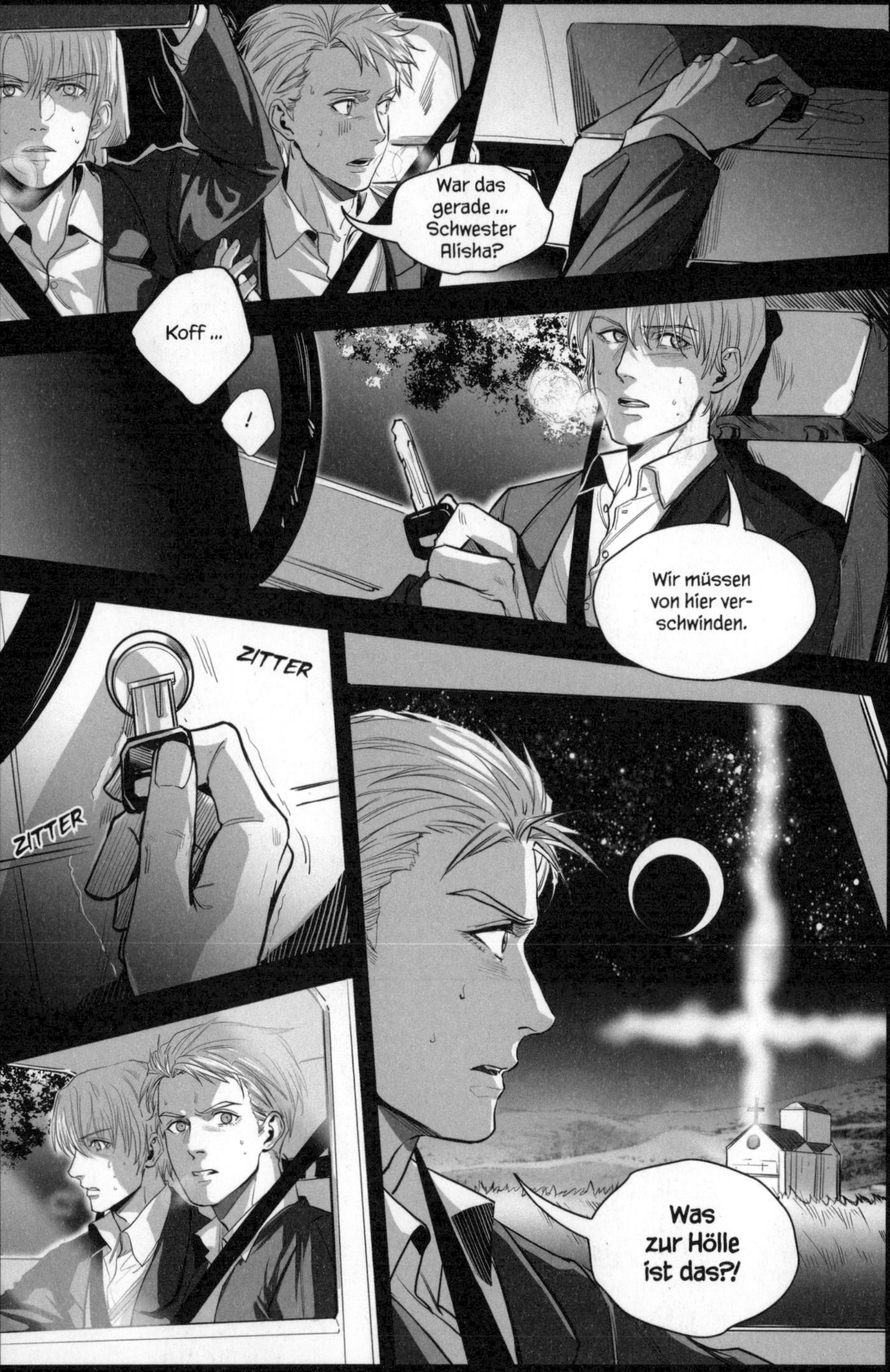
War das gerade ... Schwester Alisha?
Koff ...
!
Wir müssen von hier verschwinden.
ZITTER
ZITTER
Was zur Hölle ist das?!

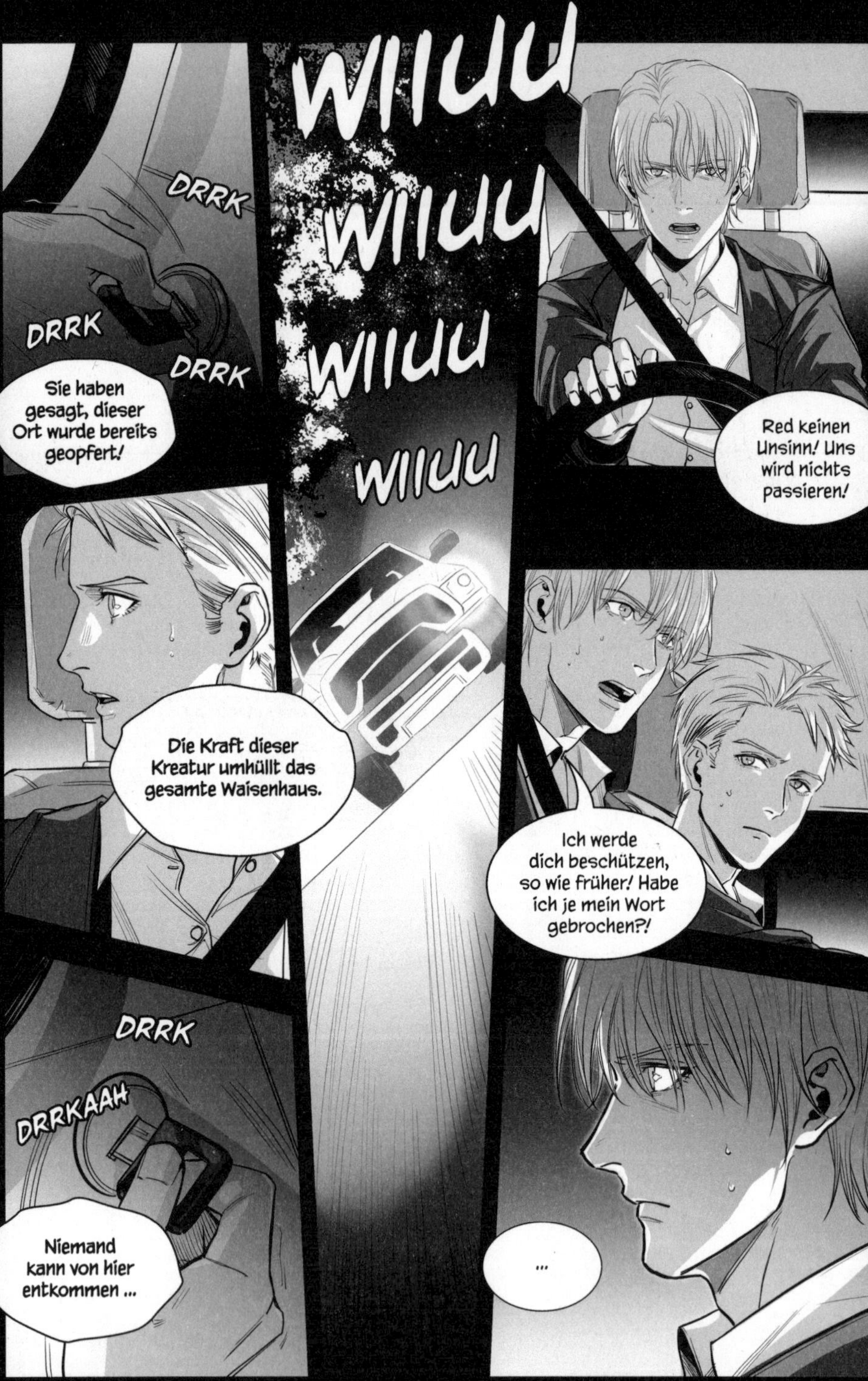
WIIUU
WIIUU
WIIUU
WIIUU
DRRK
DRRK
DRRK
Sie haben gesagt, dieser Ort wurde bereits geopfert!
Red keinen Unsinn! Uns wird nichts passieren!
Die Kraft dieser Kreatur umhüllt das gesamte Waisenhaus.
Ich werde dich beschützen, so wie früher! Habe ich je mein Wort gebrochen?!
DRRK
DRRKAAH
Niemand kann von hier entkommen ...
...

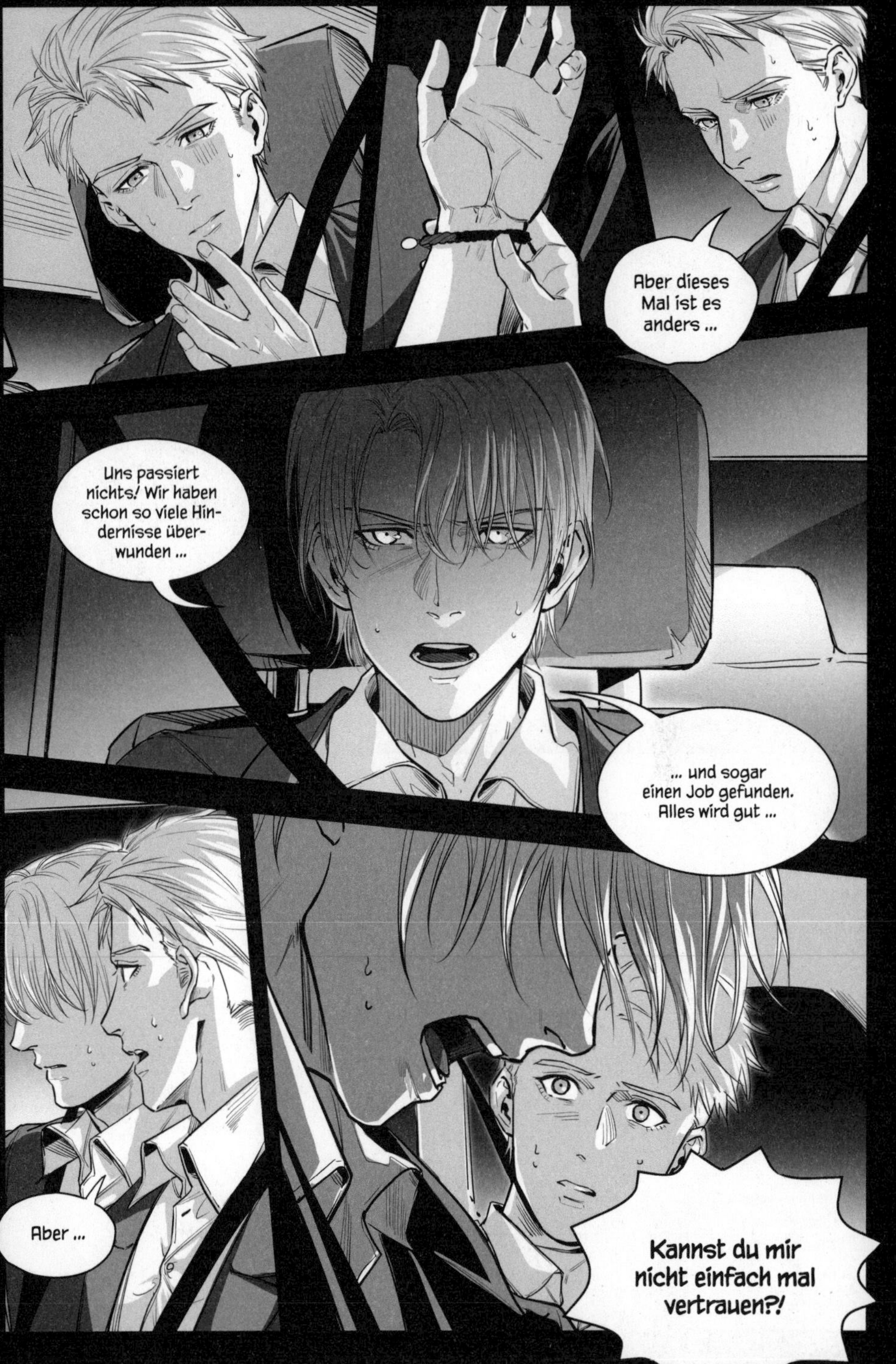
Aber dieses Mal ist es anders ...
Uns passiert nichts! Wir haben schon so viele Hindernisse überwunden ...
... und sogar einen Job gefunden. Alles wird gut ...
Aber ...
Kannst du mir nicht einfach mal vertrauen?!

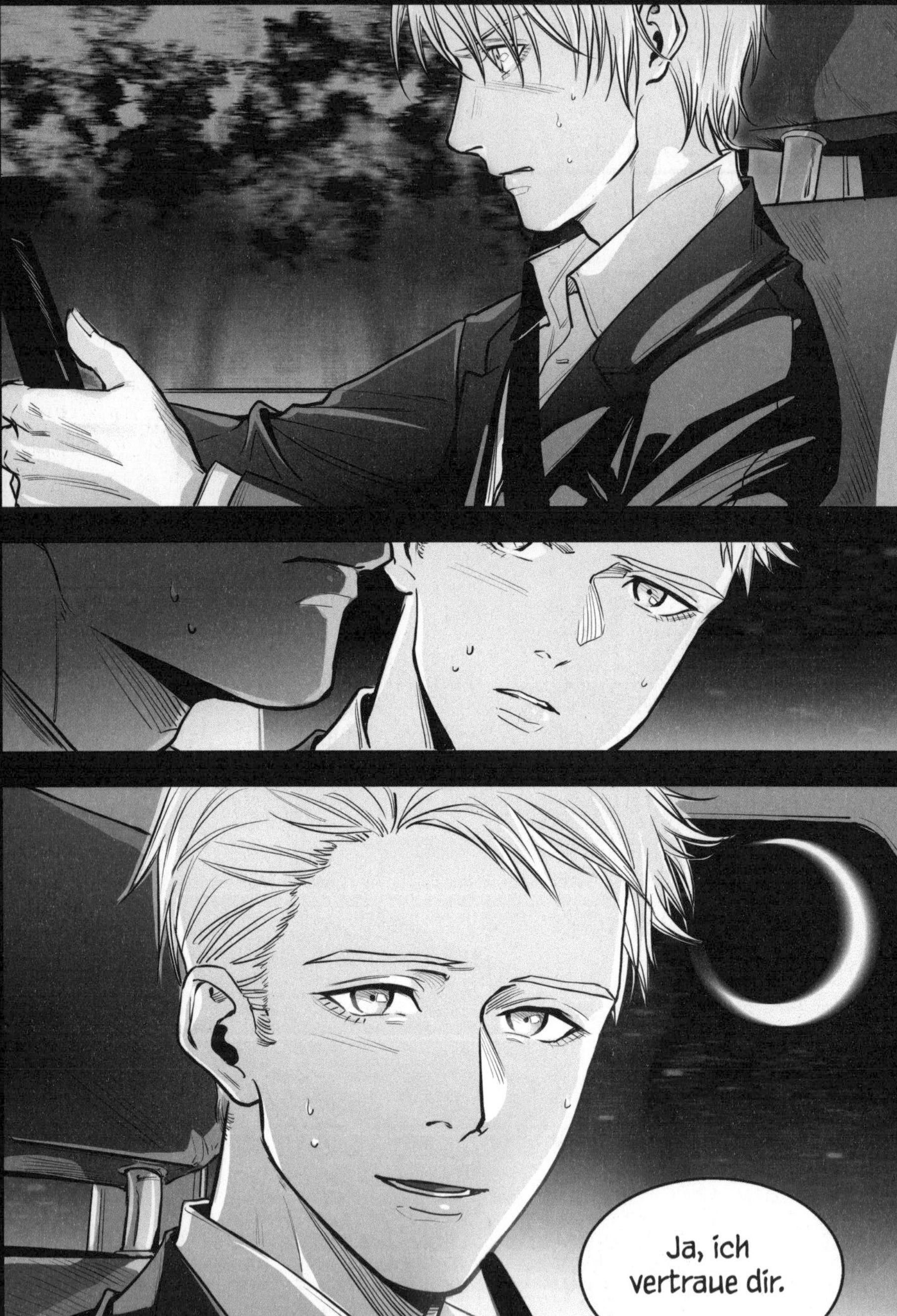
Ja, ich vertraue dir.

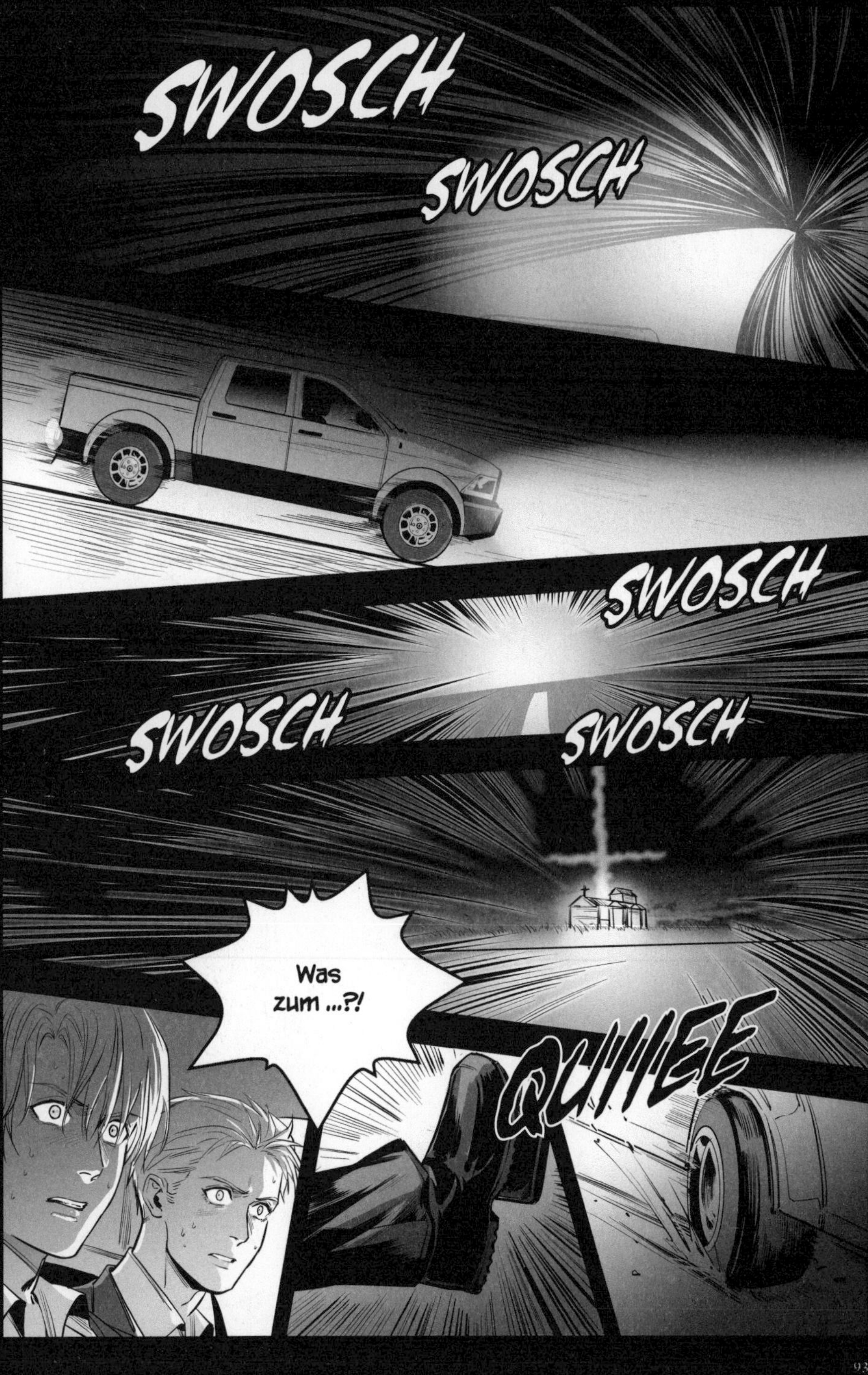
SWOSCH
SWOSCH
SWOSCH
SWOSCH
SWOSCH
Was zum ...?!
QUIIEE

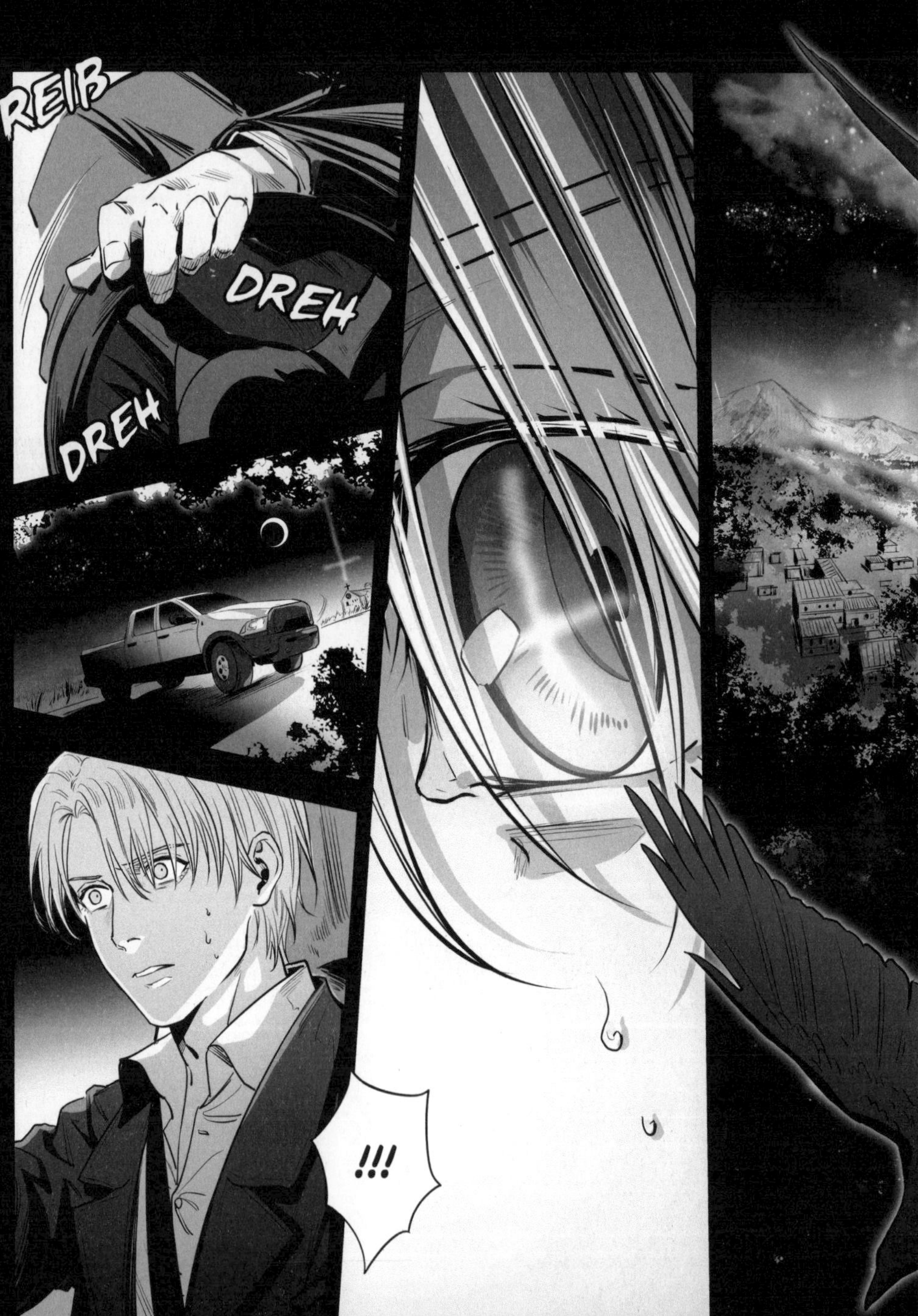
REIB
DREH
DREH
!!!

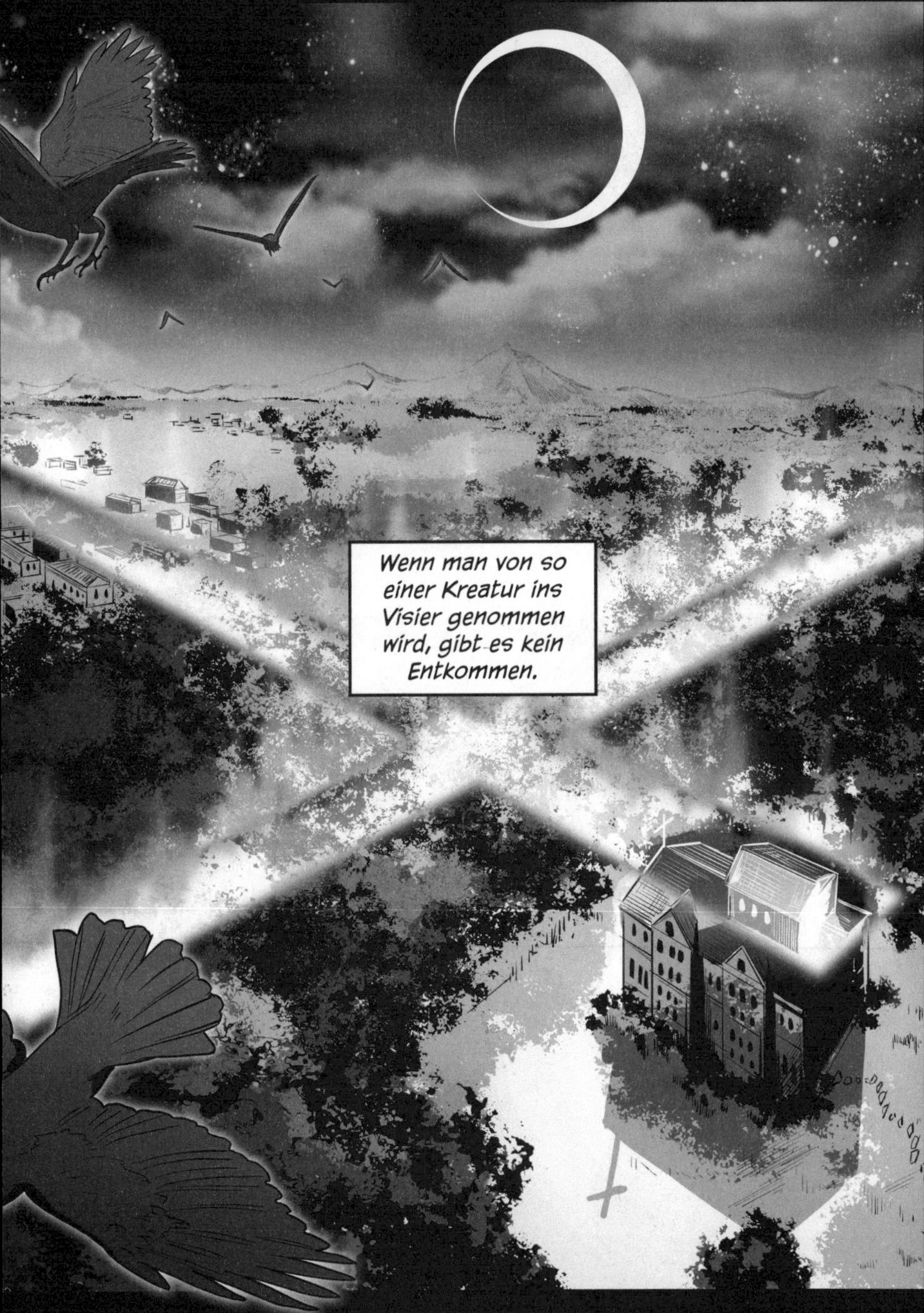
Wenn man von so einer Kreatur ins Visier genommen wird, gibt es kein Entkommen.

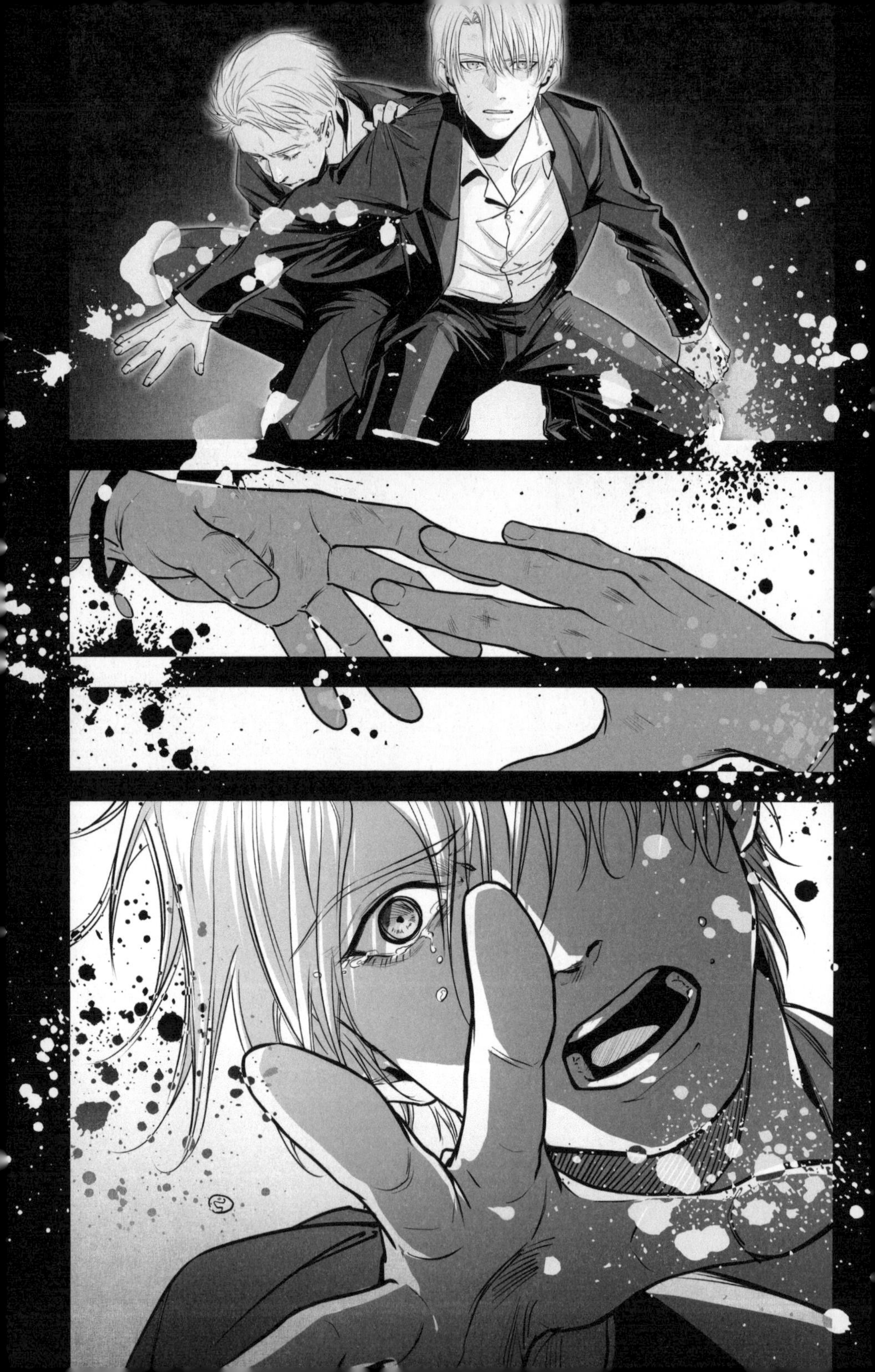

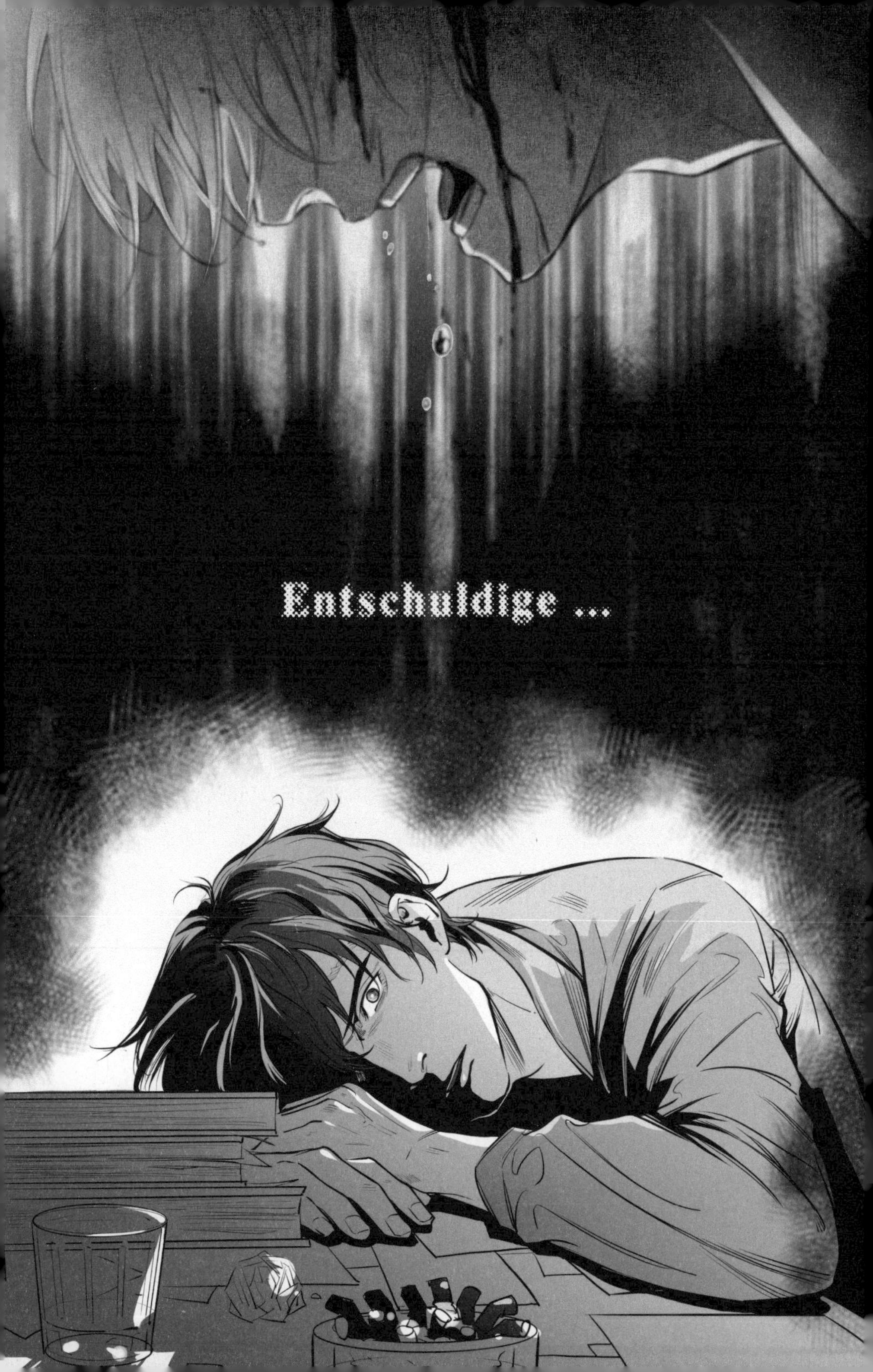
Entschuldige ...

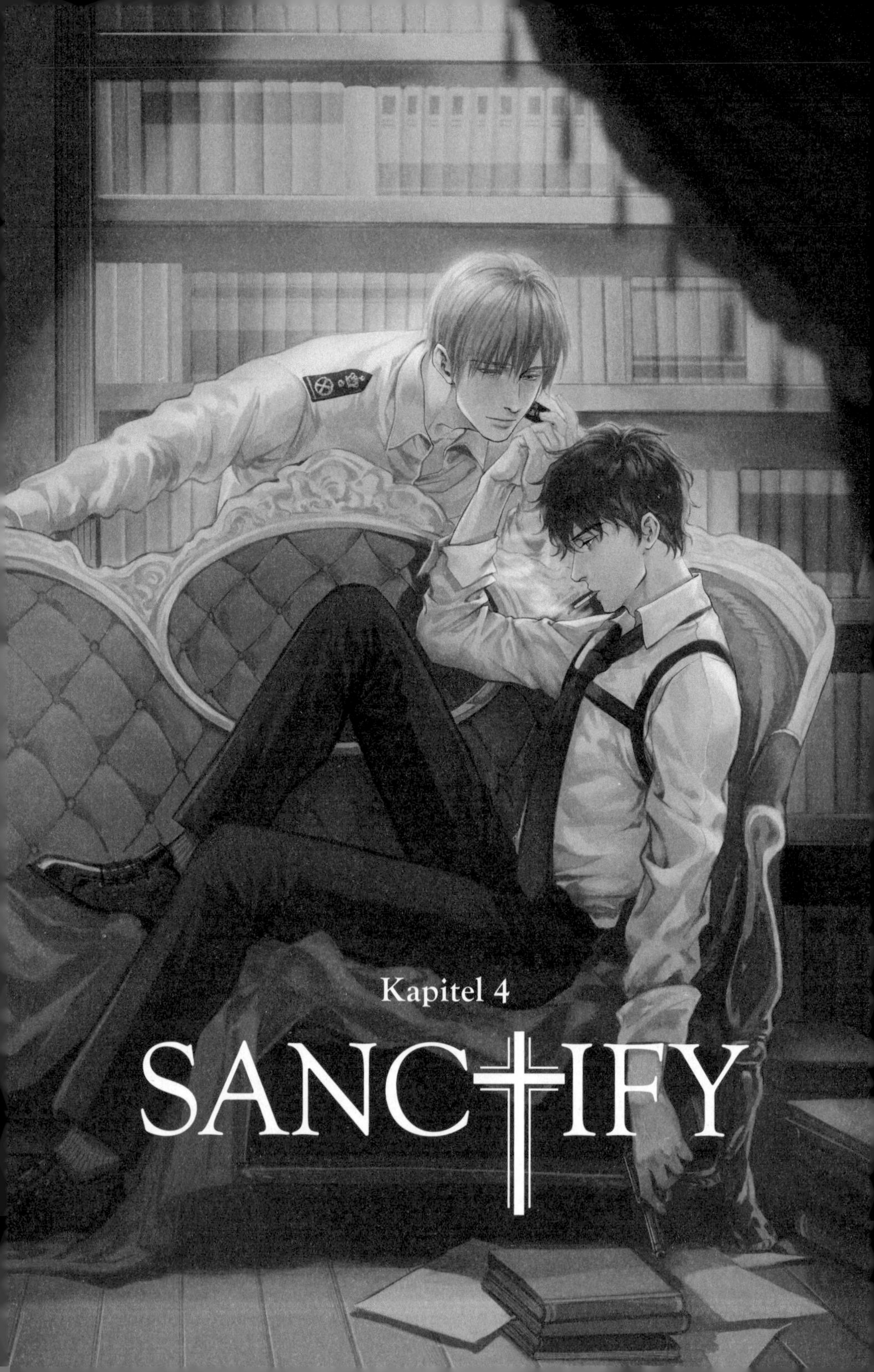
Kapitel 4
SANCTIFY

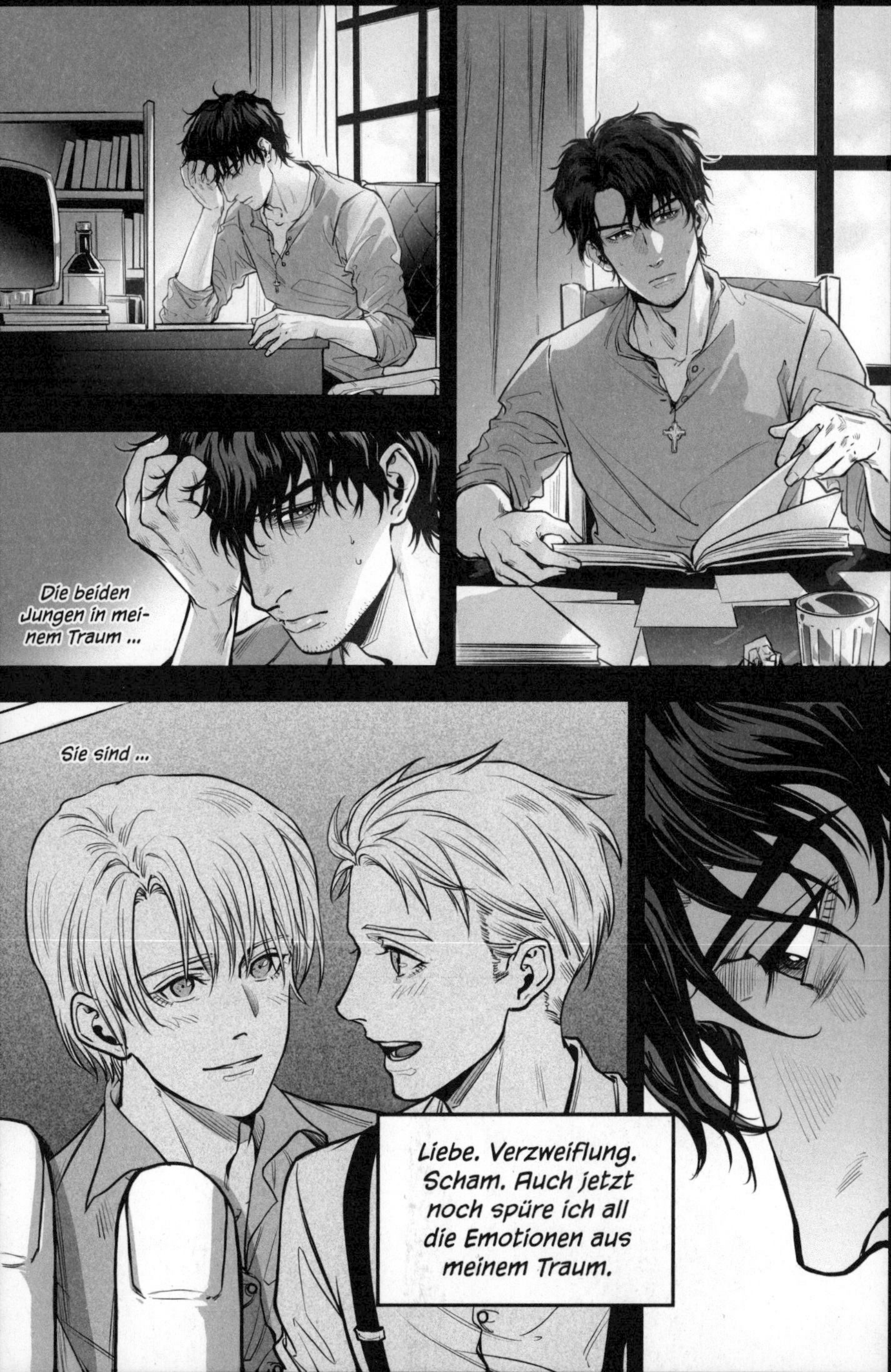
Die beiden Jungen in meinem Traum ...
Sie sind ...
Liebe. Verzweiflung. Scham. Auch jetzt noch spüre ich all die Emotionen aus meinem Traum.

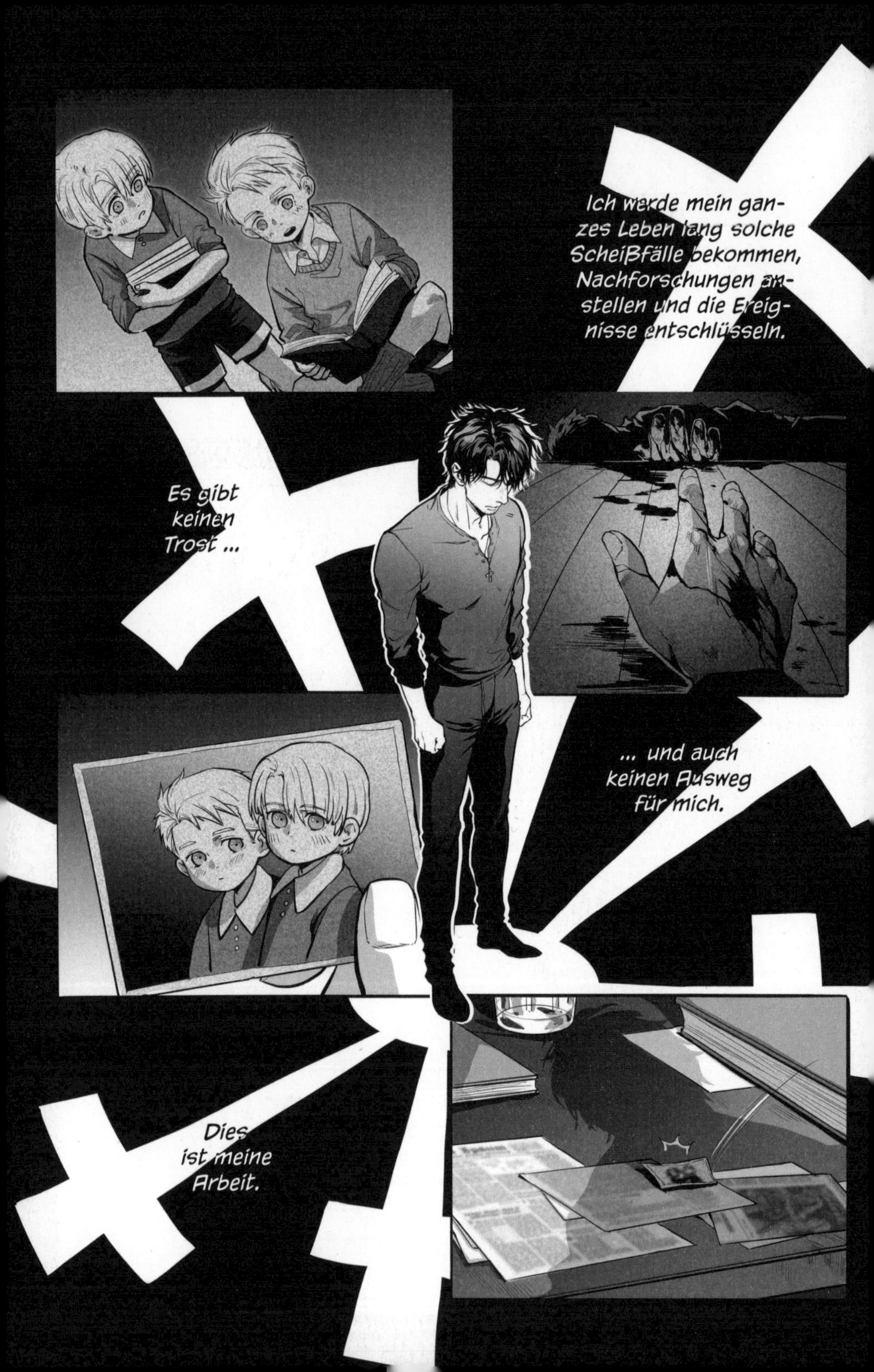
Ich werde mein ganzes Leben lang solche Scheißfälle bekommen, Nachforschungen anstellen und die Ereignisse entschlüsseln.
Es gibt keinen Trost ...
... und auch keinen Ausweg für mich.
Dies ist meine Arbeit.

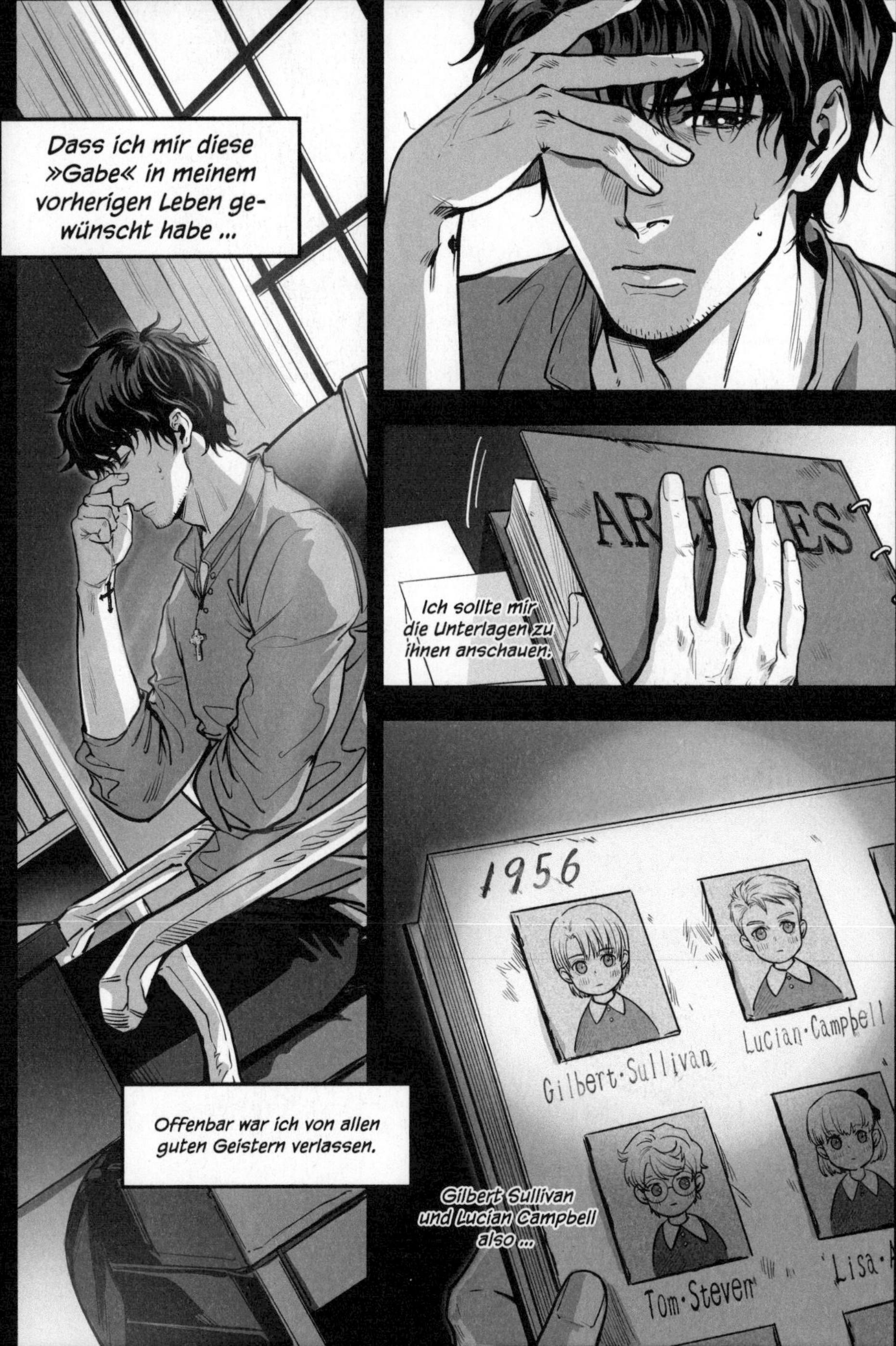
Dass ich mir diese »Gabe« in meinem vorherigen Leben gewünscht habe ...
Offenbar war ich von allen guten Geistern verlassen.
ARCHIVES
Ich sollte mir die Unterlagen zu ihnen anschauen.
1956
Gilbert·Sullivan
Lucian·Campbell
Tom·Steven
Gilbert Sullivan und Lucian Campbell also ...

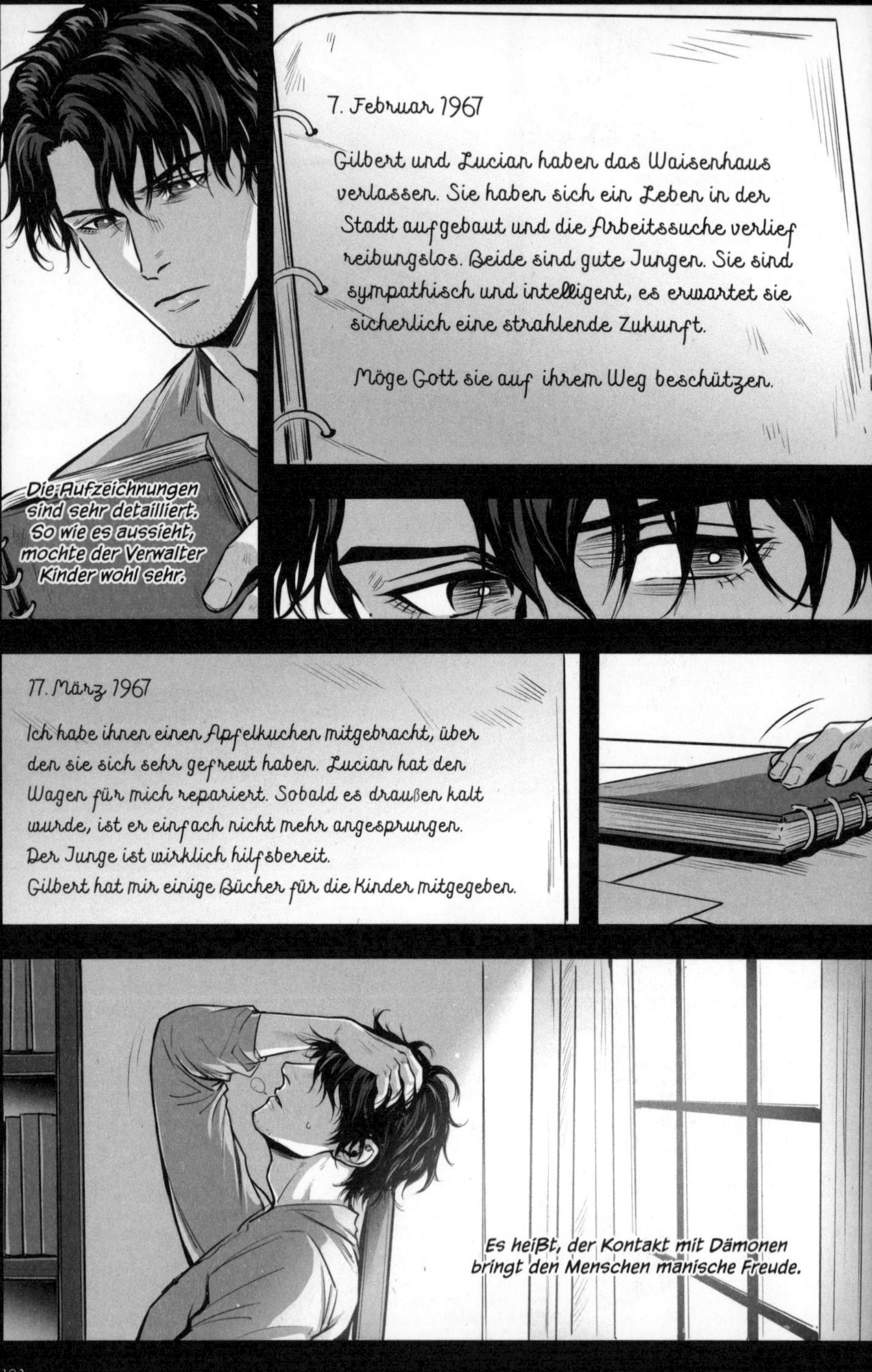
7. Februar 1967
Gilbert und Lucian haben das Waisenhaus verlassen. Sie haben sich ein Leben in der Stadt aufgebaut und die Arbeitssuche verlief reibungslos. Beide sind gute Jungen. Sie sind sympathisch und intelligent, es erwartet sie sicherlich eine strahlende Zukunft.
Möge Gott sie auf ihrem Weg beschützen.
Die Aufzeichnungen sind sehr detailliert. So wie es aussieht, mochte der Verwalter Kinder wohl sehr.
17. März 1967
Ich habe ihnen einen Apfelkuchen mitgebracht, über den sie sich sehr gefreut haben. Lucian hat den Wagen für mich repariert. Sobald es draußen kalt wurde, ist er einfach nicht mehr angesprungen.
Der Junge ist wirklich hilfsbereit.
Gilbert hat mir einige Bücher für die Kinder mitgegeben.
Es heißt, der Kontakt mit Dämonen bringt den Menschen manische Freude.

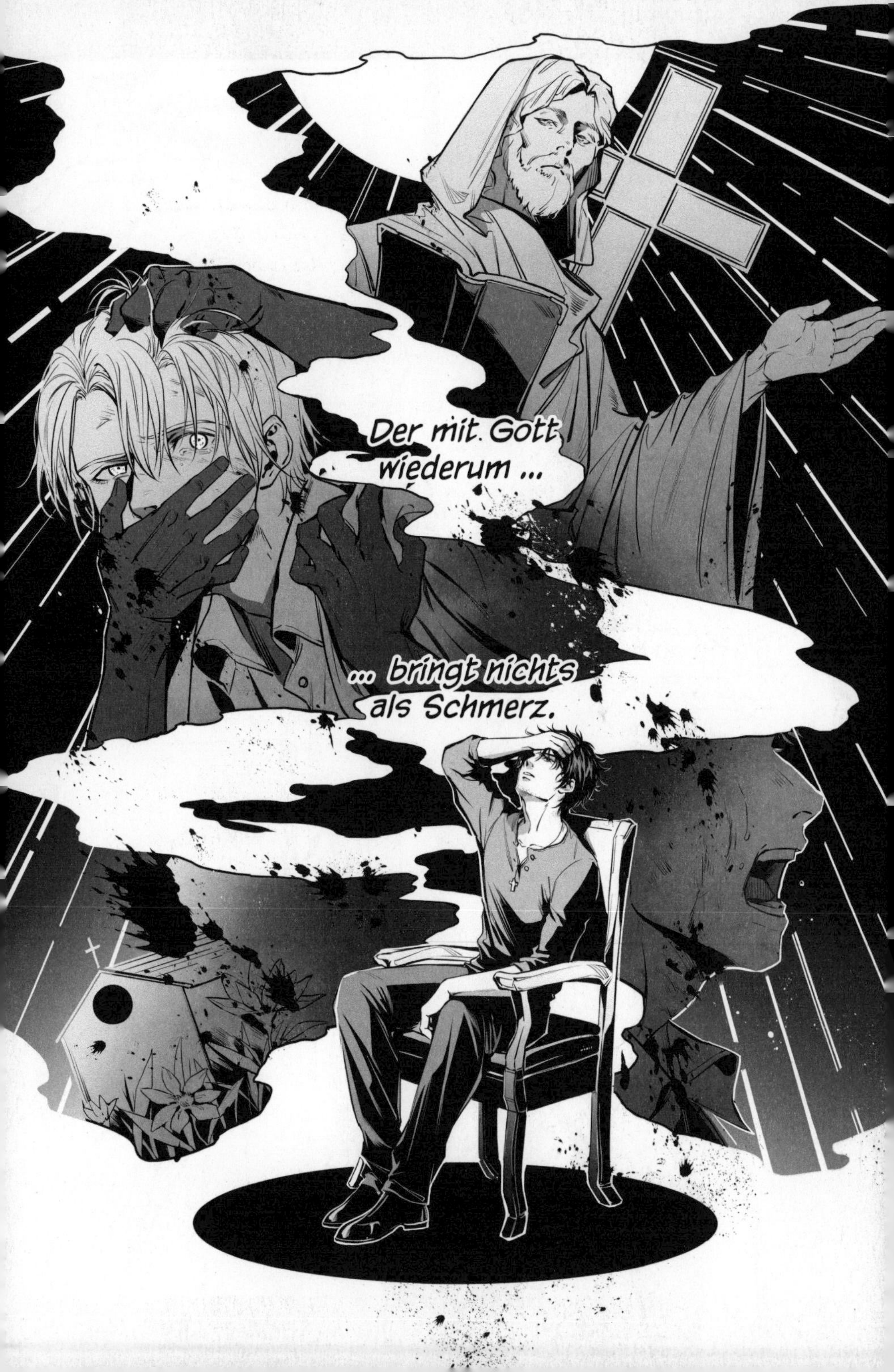
Der mit Gott wiederum ...
... bringt nichts als Schmerz.

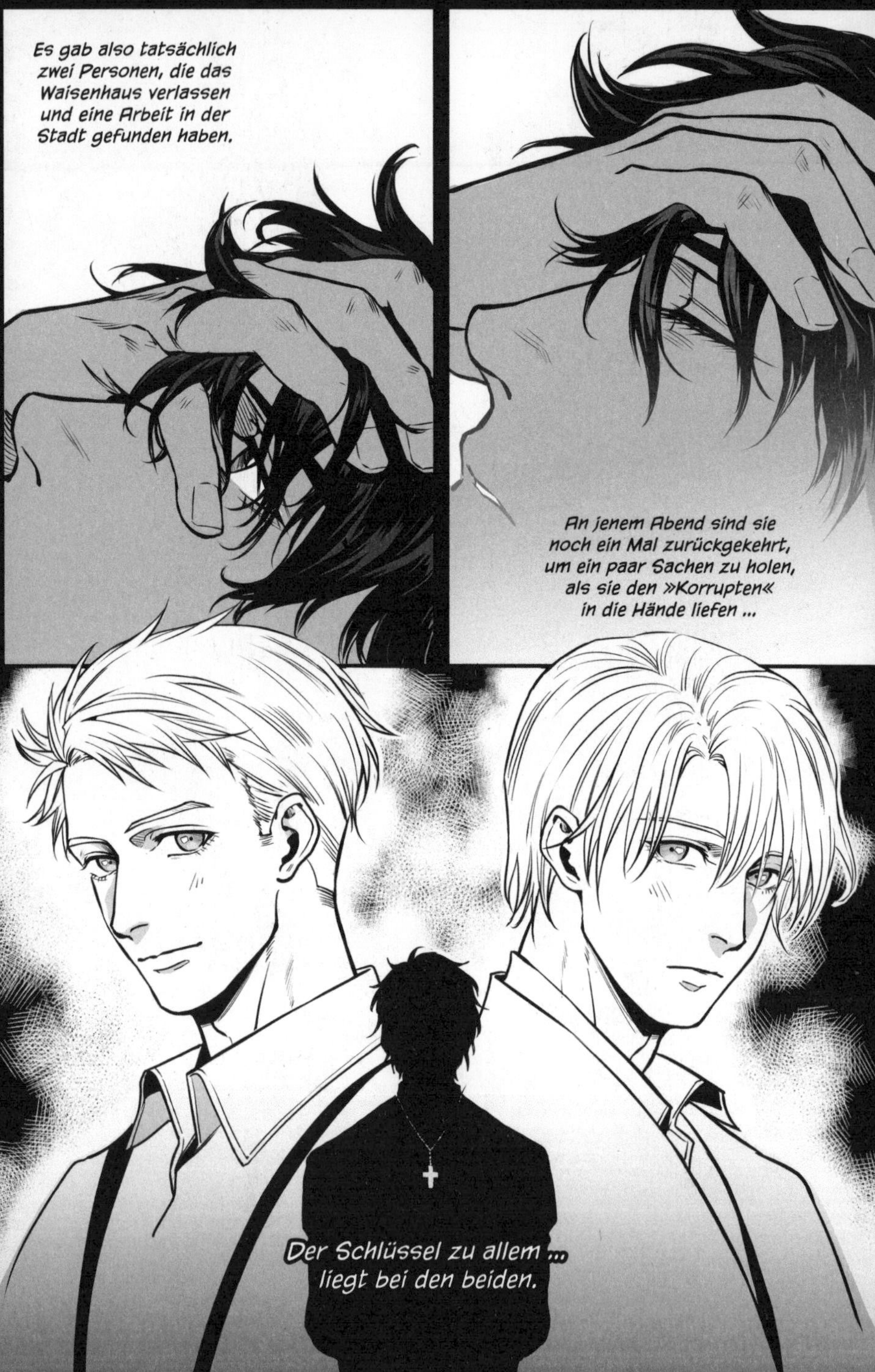
Es gab also tatsächlich zwei Personen, die das Waisenhaus verlassen und eine Arbeit in der Stadt gefunden haben.
An jenem Abend sind sie noch ein Mal zurückgekehrt, um ein paar Sachen zu holen, als sie den »Korrupten« in die Hände liefen ...
Der Schlüssel zu allem ... liegt bei den beiden.

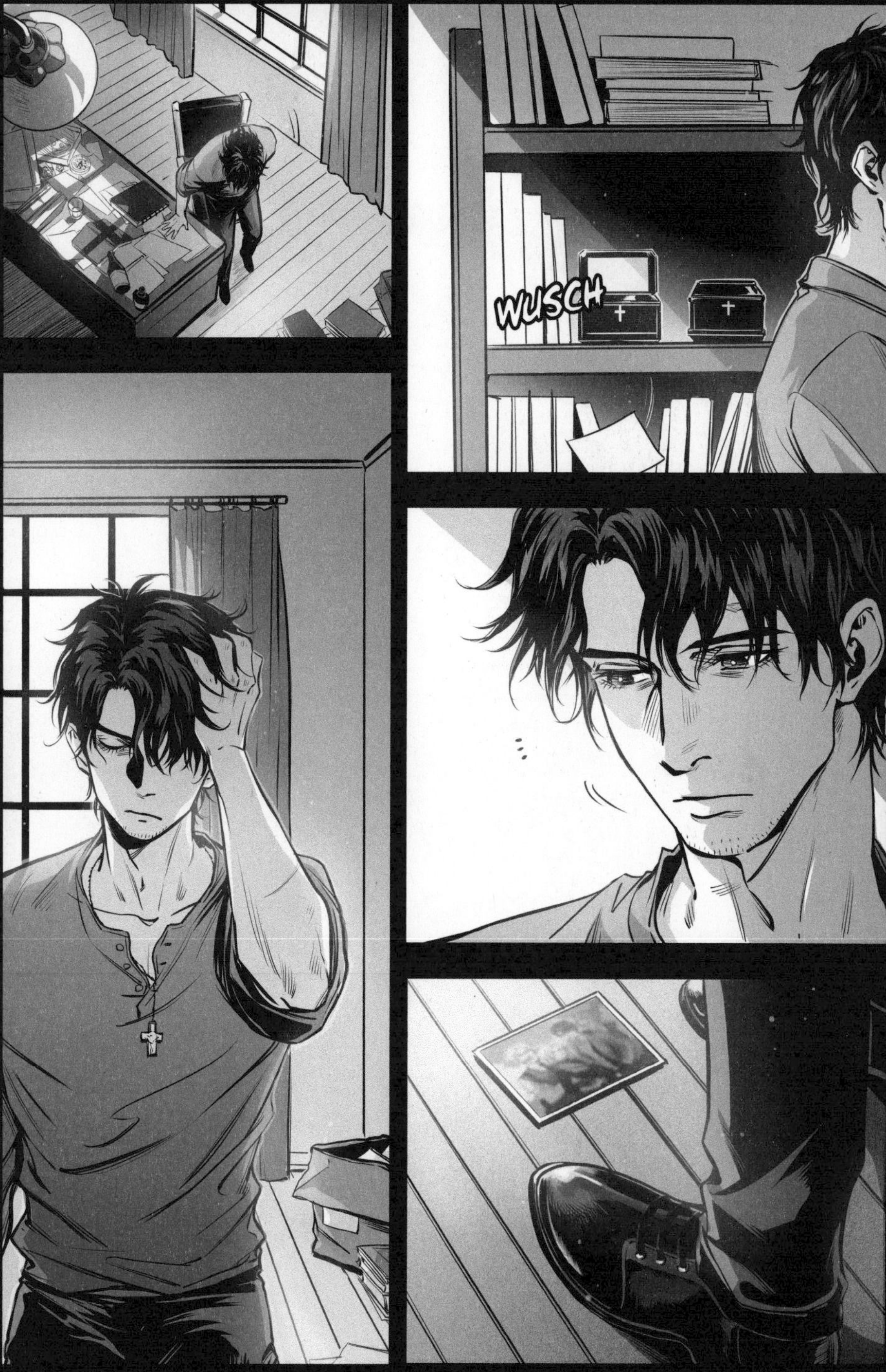
WUSCH

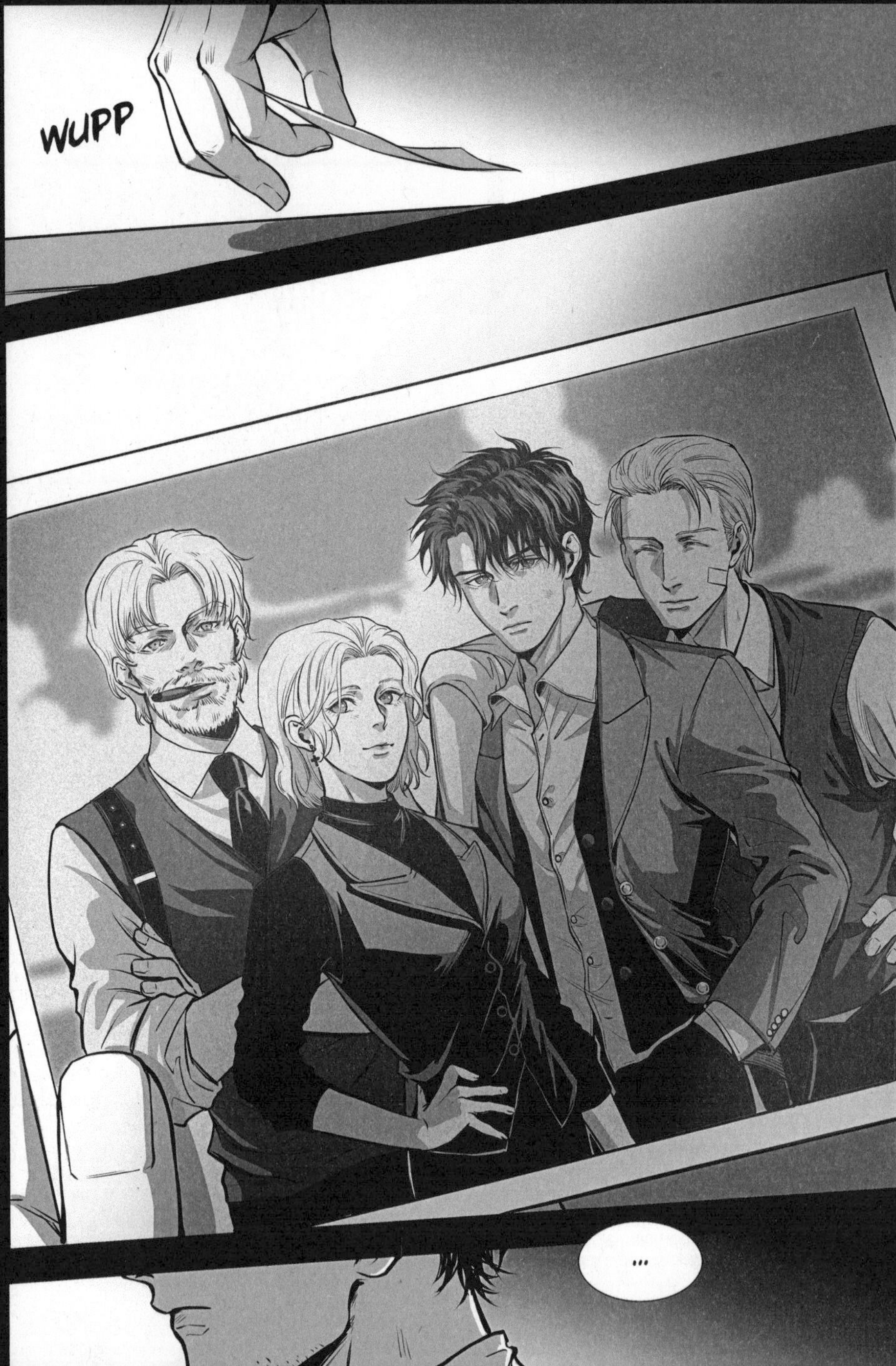
WUPP
...

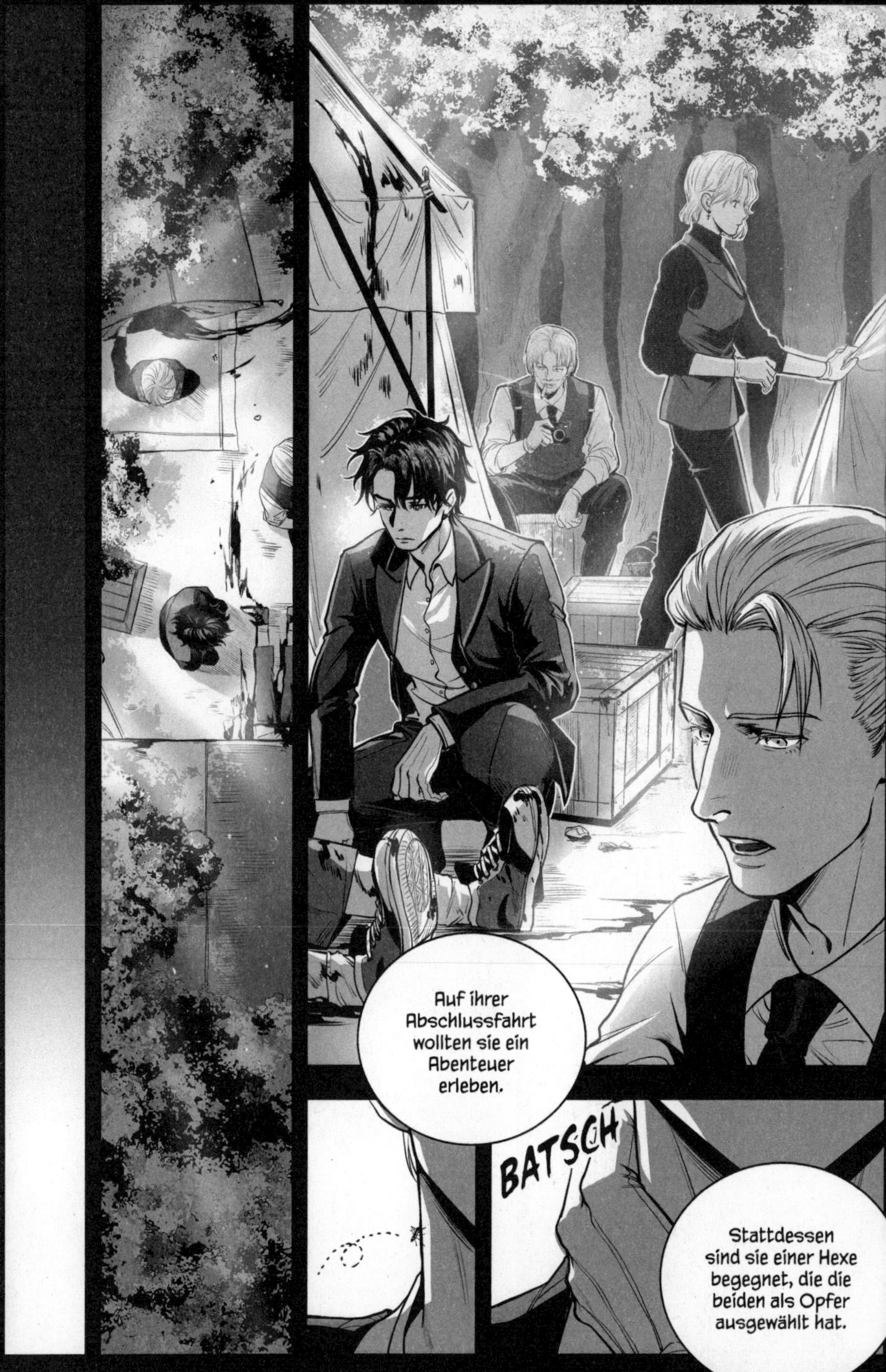
Auf ihrer Abschlussfahrt wollten sie ein Abenteuer erleben.
BATSCH
Stattdessen sind sie einer Hexe begegnet, die die beiden als Opfer ausgewählt hat.

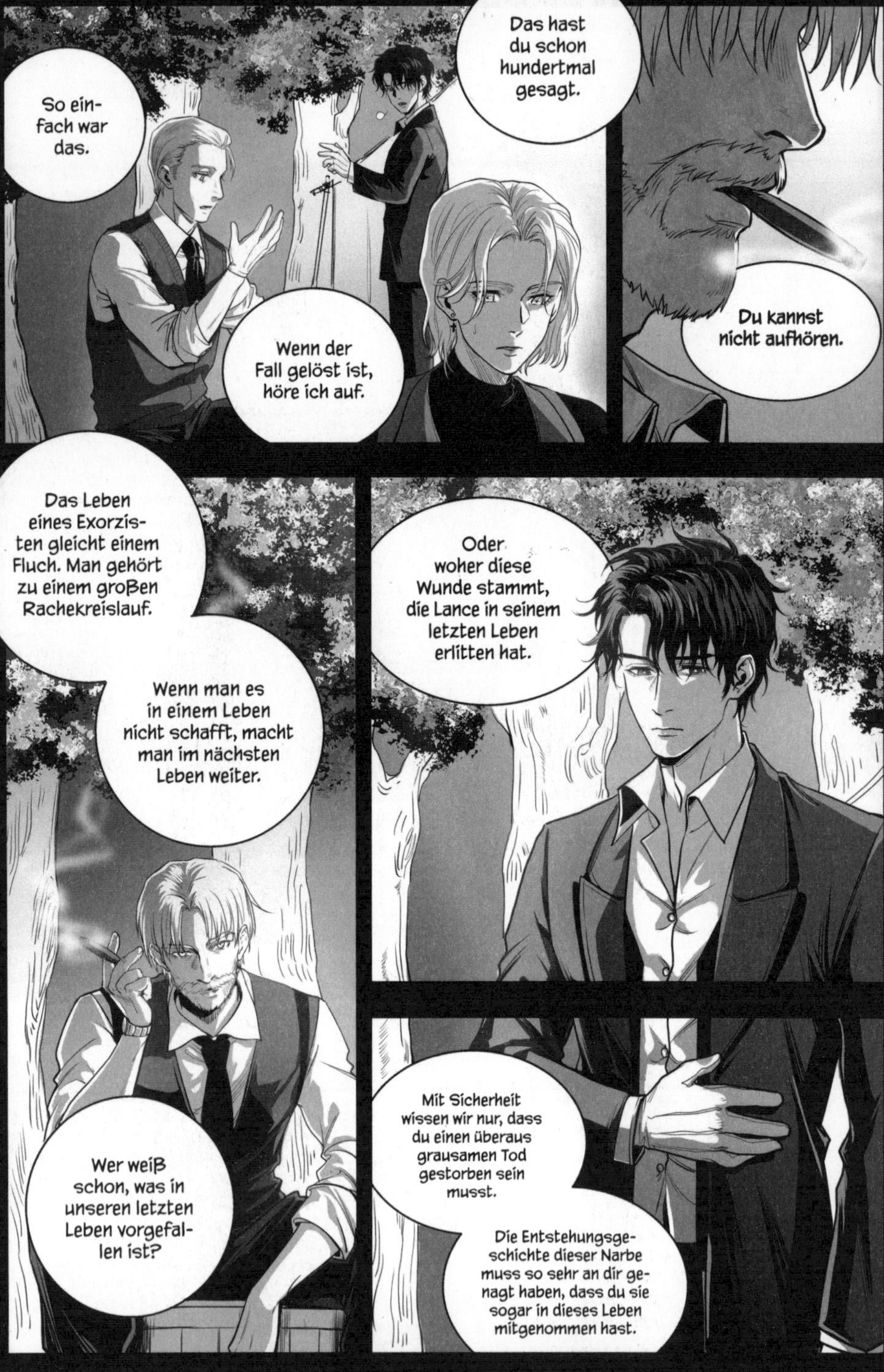
So einfach war das.
Das hast du schon hundertmal gesagt.
Wenn der Fall gelöst ist, höre ich auf.
Du kannst nicht aufhören.
Das Leben eines Exorzisten gleicht einem Fluch. Man gehört zu einem großen Rachekreislauf.
Wenn man es in einem Leben nicht schafft, macht man im nächsten Leben weiter.
Wer weiß schon, was in unseren letzten Leben vorgefallen ist?
Oder woher diese Wunde stammt, die Lance in seinem letzten Leben erlitten hat.
Mit Sicherheit wissen wir nur, dass du einen überaus grausamen Tod gestorben sein musst.
Die Entstehungsgeschichte dieser Narbe muss so sehr an dir genagt haben, dass du sie sogar in dieses Leben mitgenommen hast.

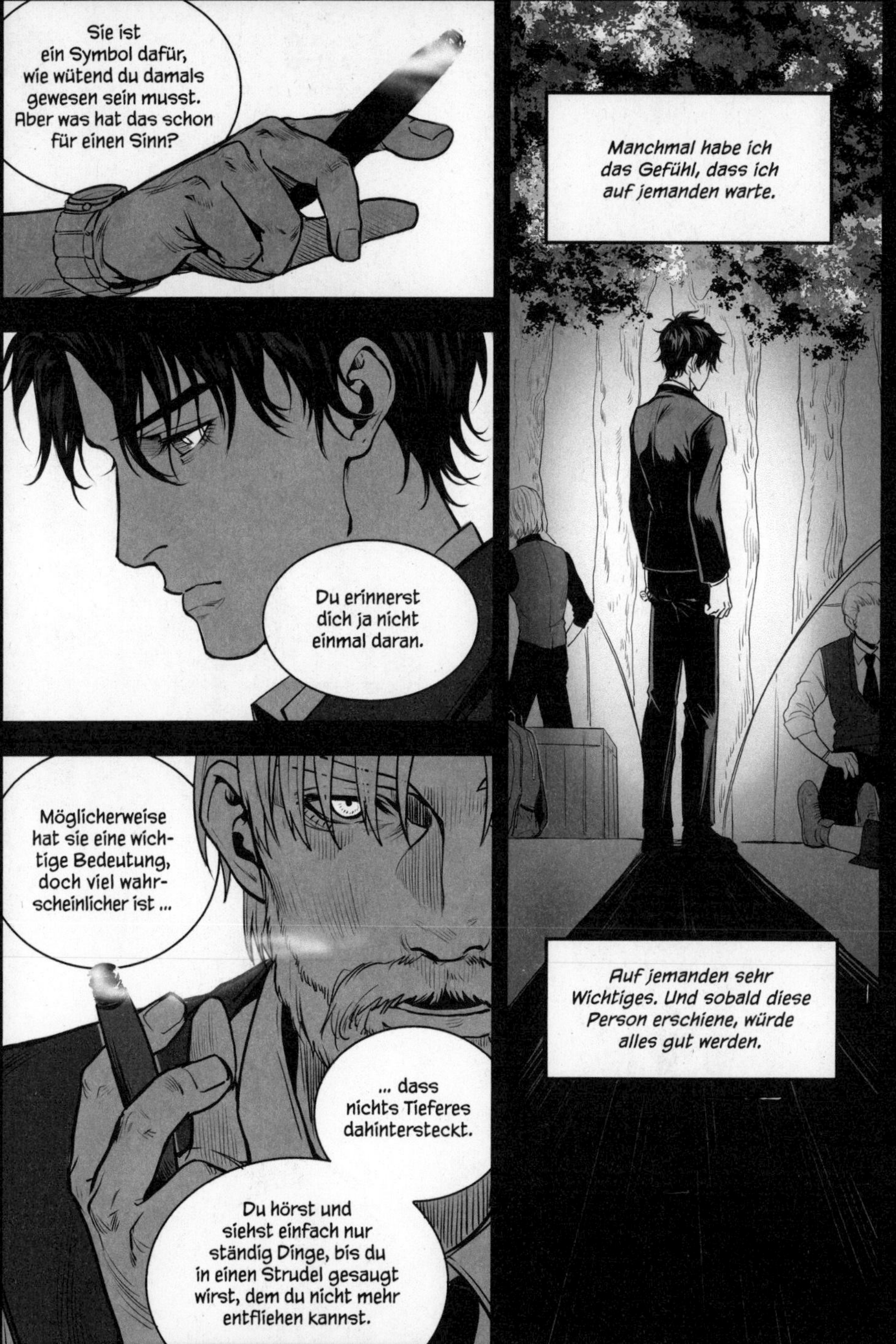
Sie ist ein Symbol dafür, wie wütend du damals gewesen sein musst. Aber was hat das schon für einen Sinn?
Du erinnerst dich ja nicht einmal daran.
Möglicherweise hat sie eine wichtige Bedeutung, doch viel wahrscheinlicher ist ...
... dass nichts Tieferes dahintersteckt.
Du hörst und siehst einfach nur ständig Dinge, bis du in einen Strudel gesaugt wirst, dem du nicht mehr entfliehen kannst.
Manchmal habe ich das Gefühl, dass ich auf jemanden warte.
Auf jemanden sehr Wichtiges. Und sobald diese Person erschiene, würde alles gut werden.

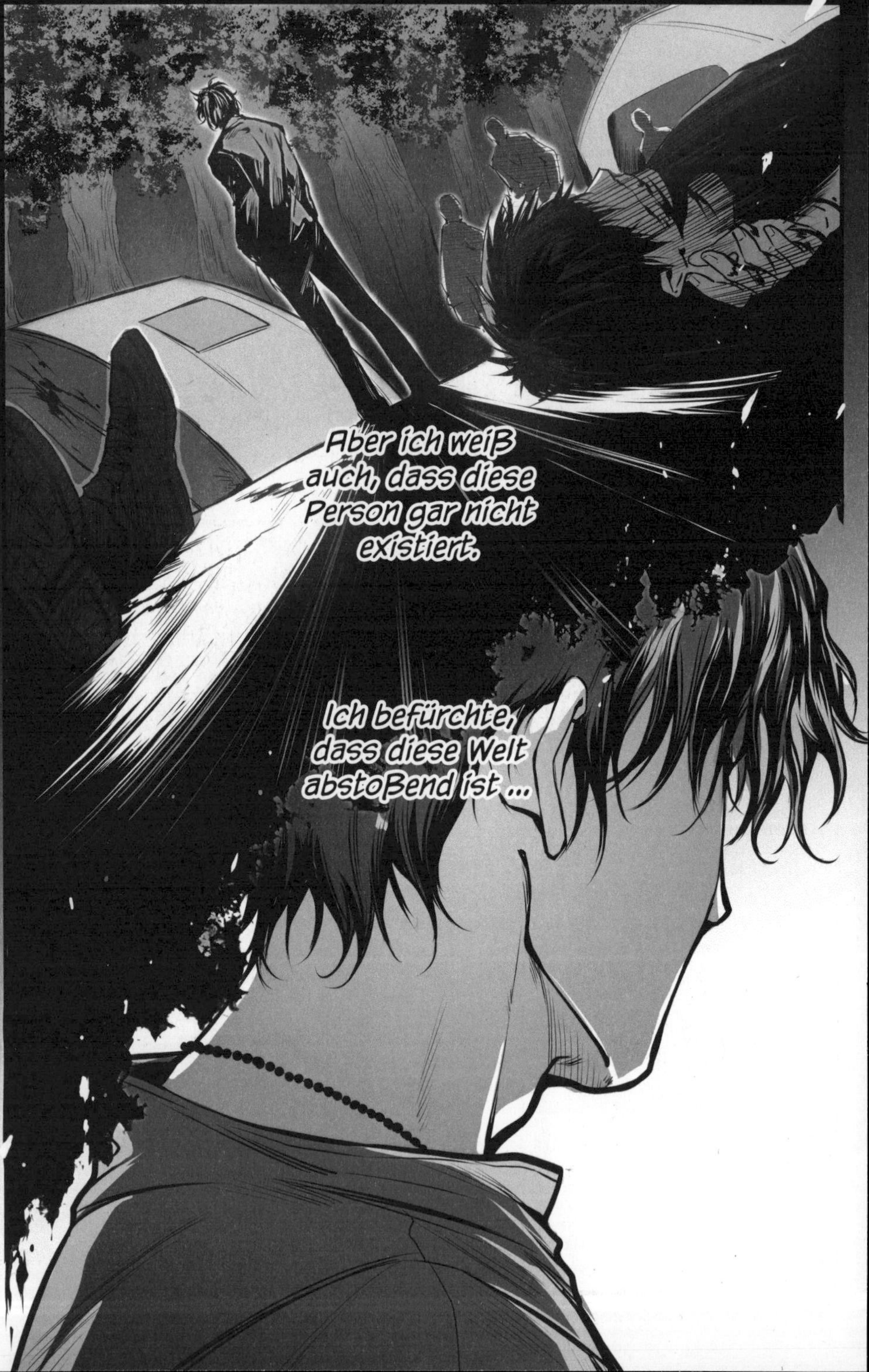
Aber ich weiß auch, dass diese Person gar nicht existiert.
Ich befürchte, dass diese Welt abstoßend ist ...

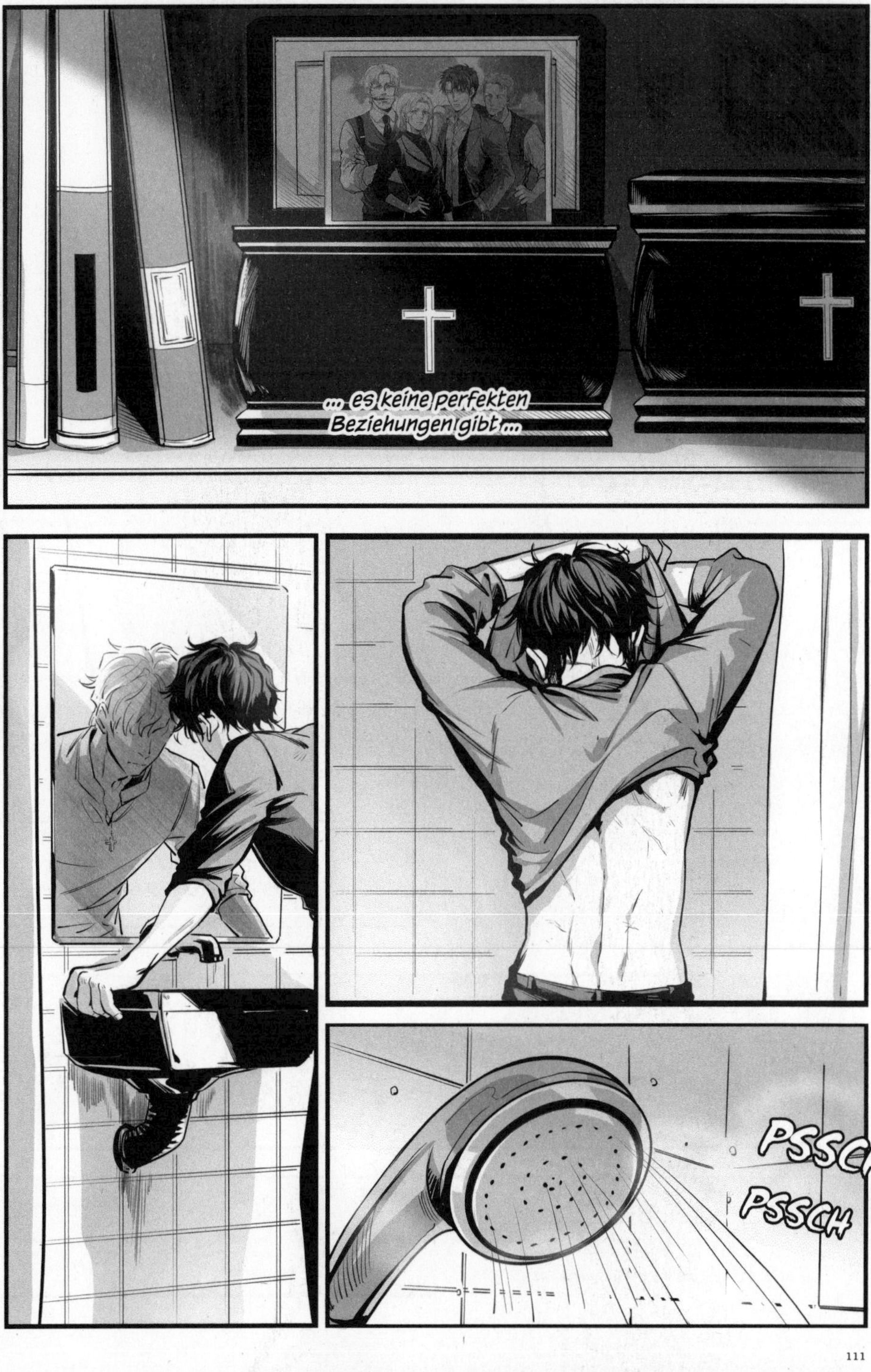
... es keine perfekten
Beziehungen gibt ...
PSSCH
PSSCH

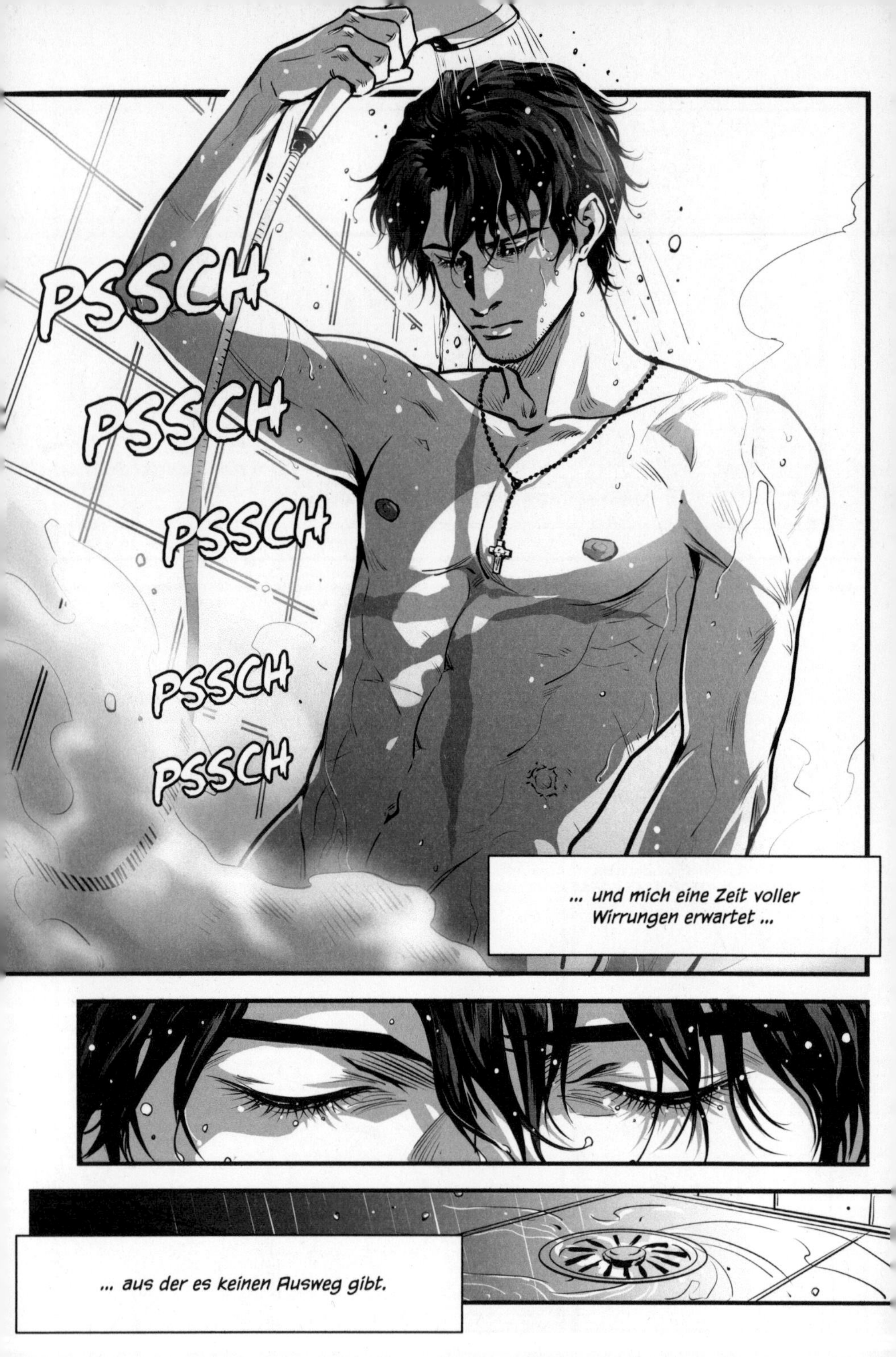
PSSCH
PSSCH
PSSCH
PSSCH
PSSCH
... und mich eine Zeit voller Wirrungen erwartet ...
... aus der es keinen Ausweg gibt.

SANCTIFY

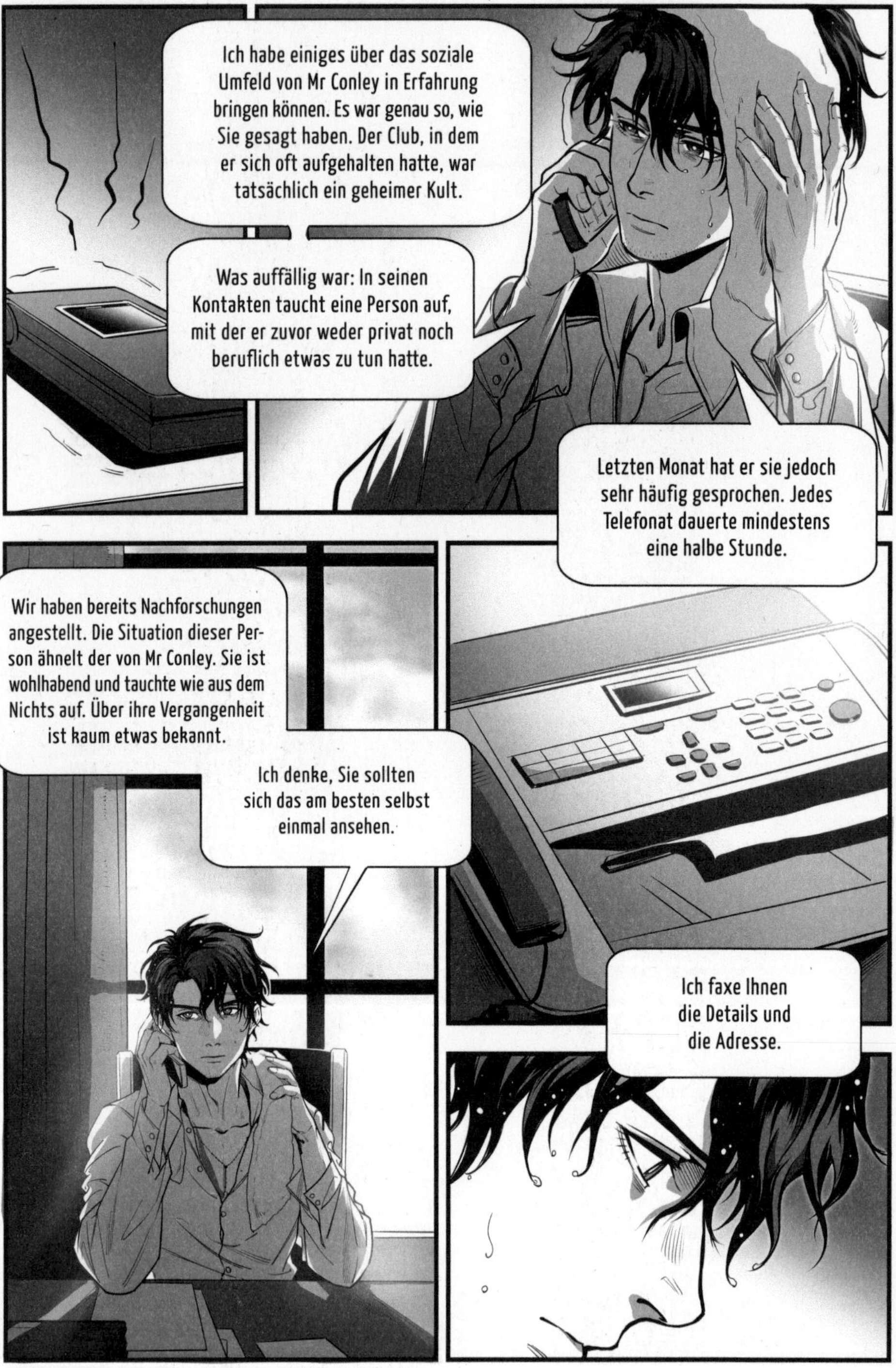
Ich habe einiges über das soziale Umfeld von Mr Conley in Erfahrung bringen können. Es war genau so, wie Sie gesagt haben. Der Club, in dem er sich oft aufgehalten hatte, war tatsächlich ein geheimer Kult.
Was auffällig war: In seinen Kontakten taucht eine Person auf, mit der er zuvor weder privat noch beruflich etwas zu tun hatte.
Letzten Monat hat er sie jedoch sehr häufig gesprochen. Jedes Telefonat dauerte mindestens eine halbe Stunde.
Wir haben bereits Nachforschungen angestellt. Die Situation dieser Person ähnelt der von Mr Conley. Sie ist wohlhabend und tauchte wie aus dem Nichts auf. Über ihre Vergangenheit ist kaum etwas bekannt.
Ich denke, Sie sollten sich das am besten selbst einmal ansehen.
Ich faxe Ihnen die Details und die Adresse.

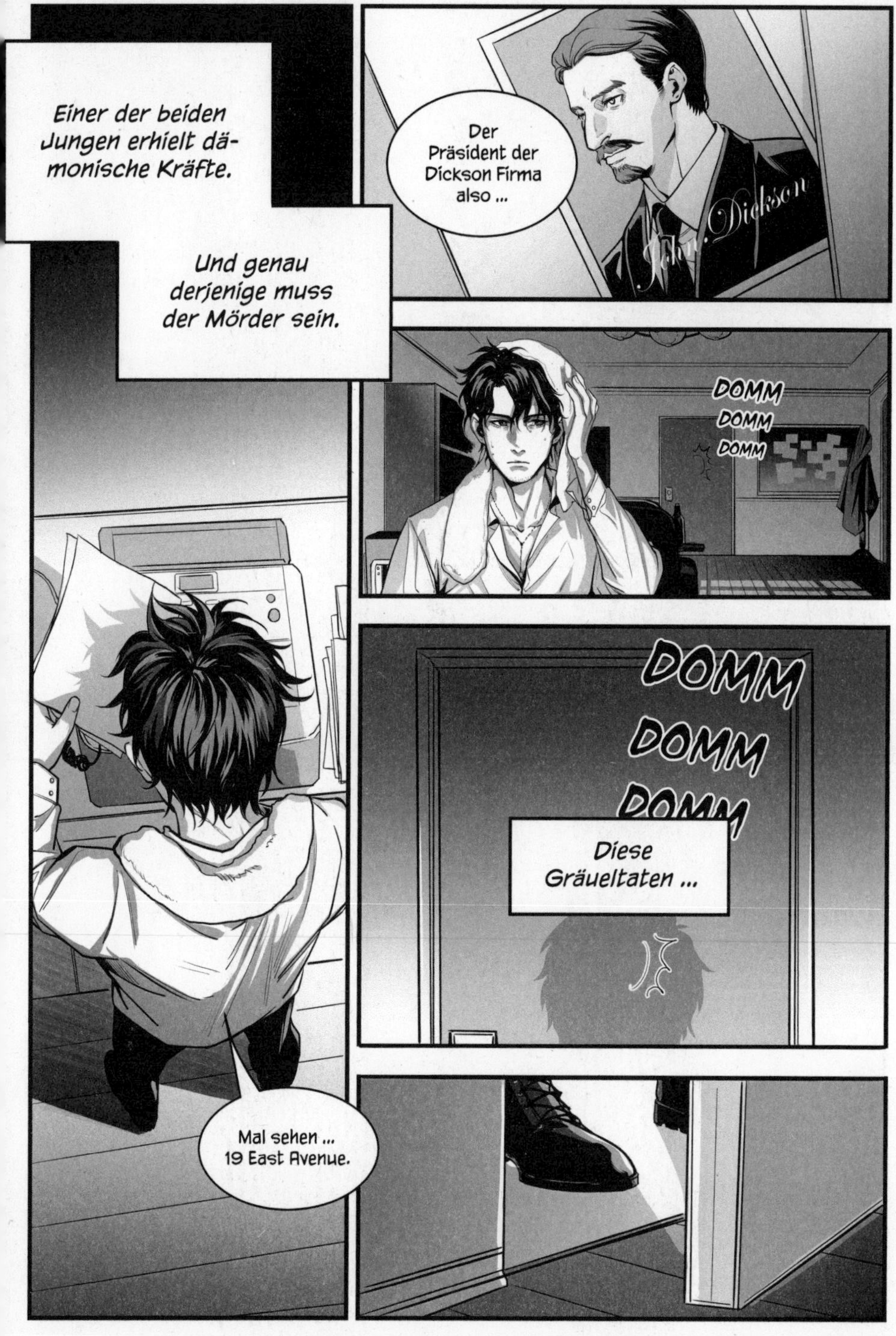

Einer der beiden Jungen erhielt dämonische Kräfte.
Und genau derjenige muss der Mörder sein.
Der Präsident der Dickson Firma also ...
John Dickson
DOMM DOMM DOMM
DOMM DOMM DOMM
Diese Gräueltaten ...
Mal sehen ... 19 East Avenue.

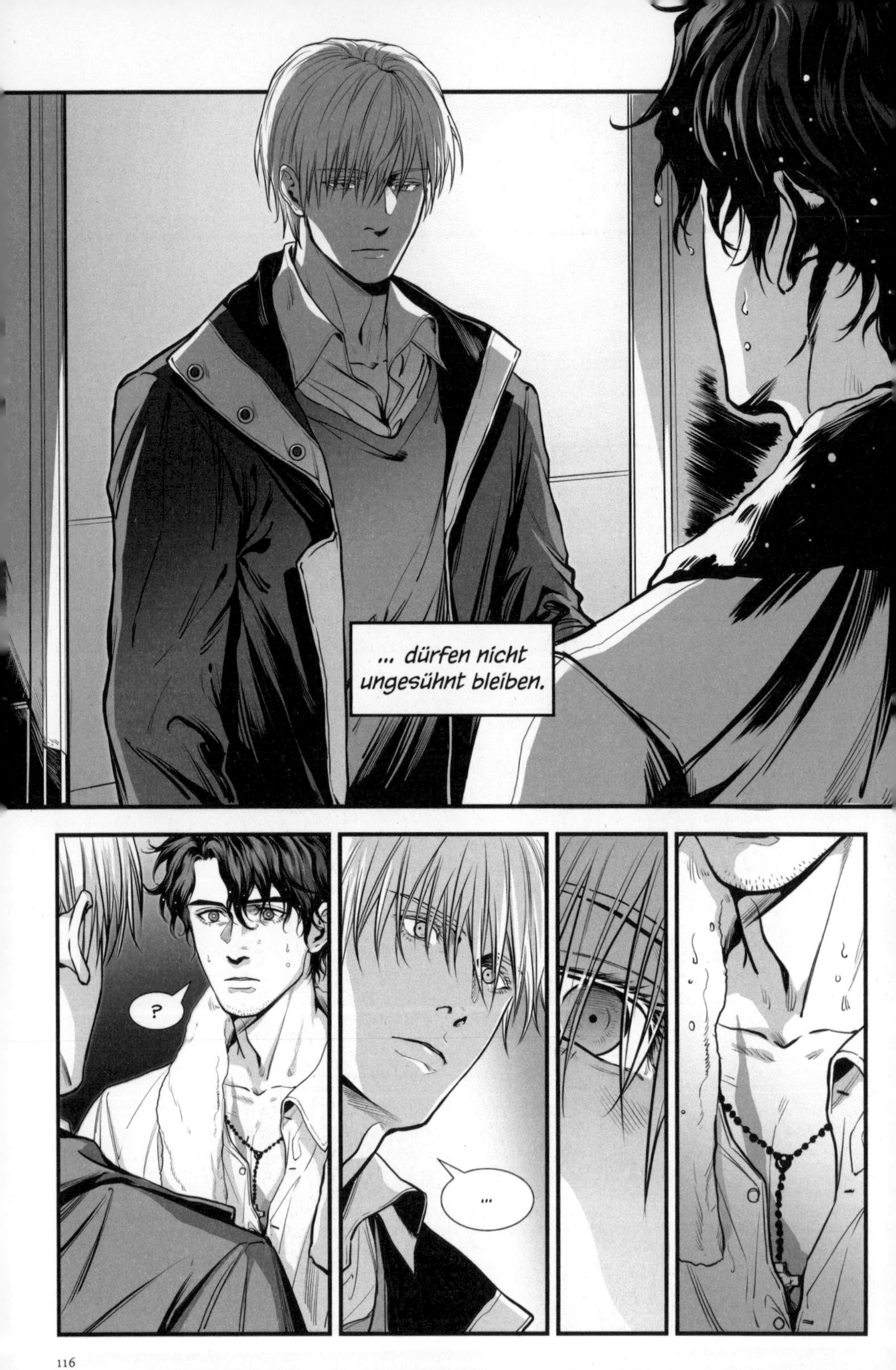
... dürfen nicht ungesühnt bleiben.
?
...

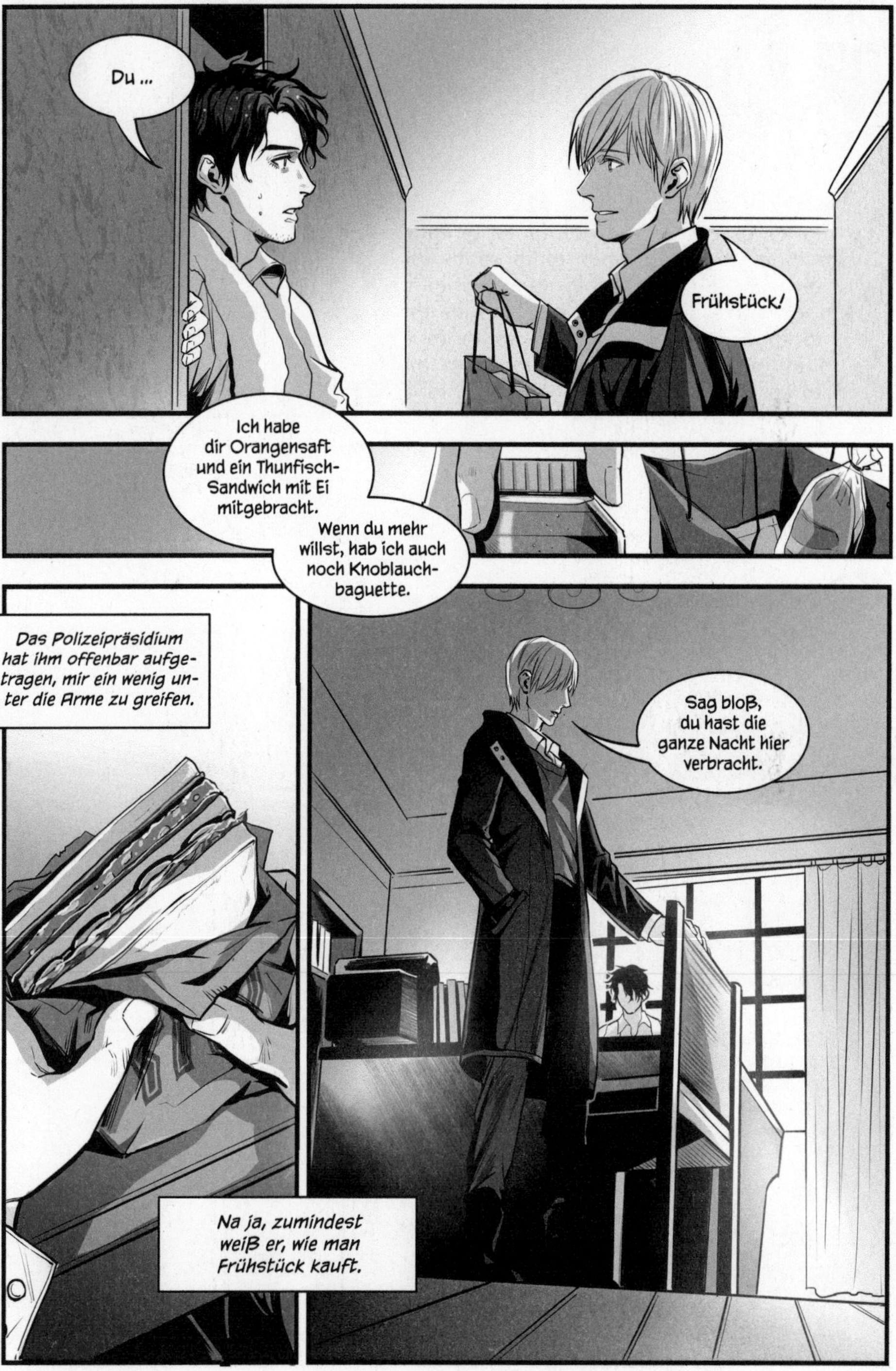
Du ...
Frühstück!
Ich habe dir Orangensaft und ein Thunfisch-Sandwich mit Ei mitgebracht.
Wenn du mehr willst, hab ich auch noch Knoblauch-baguette.
Das Polizeipräsidium hat ihm offenbar aufgetragen, mir ein wenig unter die Arme zu greifen.
Sag bloß, du hast die ganze Nacht hier verbracht.
Na ja, zumindest weiß er, wie man Frühstück kauft.

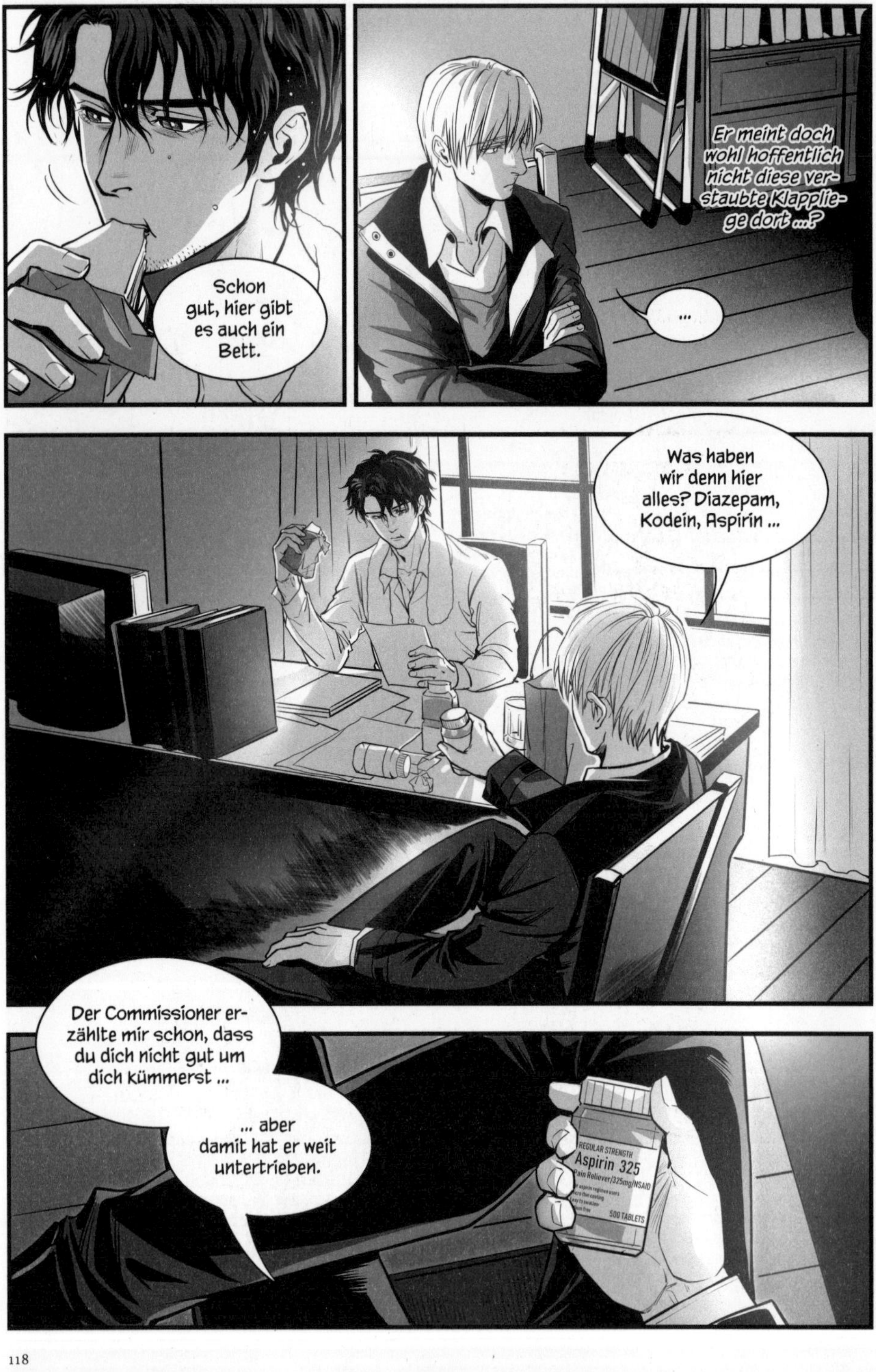
Schon gut, hier gibt es auch ein Bett.
Er meint doch wohl hoffentlich nicht diese verstaubte Klappliege dort ...?
...
Was haben wir denn hier alles? Diazepam, Kodein, Aspirin ...
Der Commissioner erzählte mir schon, dass du dich nicht gut um dich kümmerst ...
... aber damit hat er weit untertrieben.
REGULAR STRENGTH
Aspirin 325
Pain Reliever/325mg/NSAID
500 TABLETS

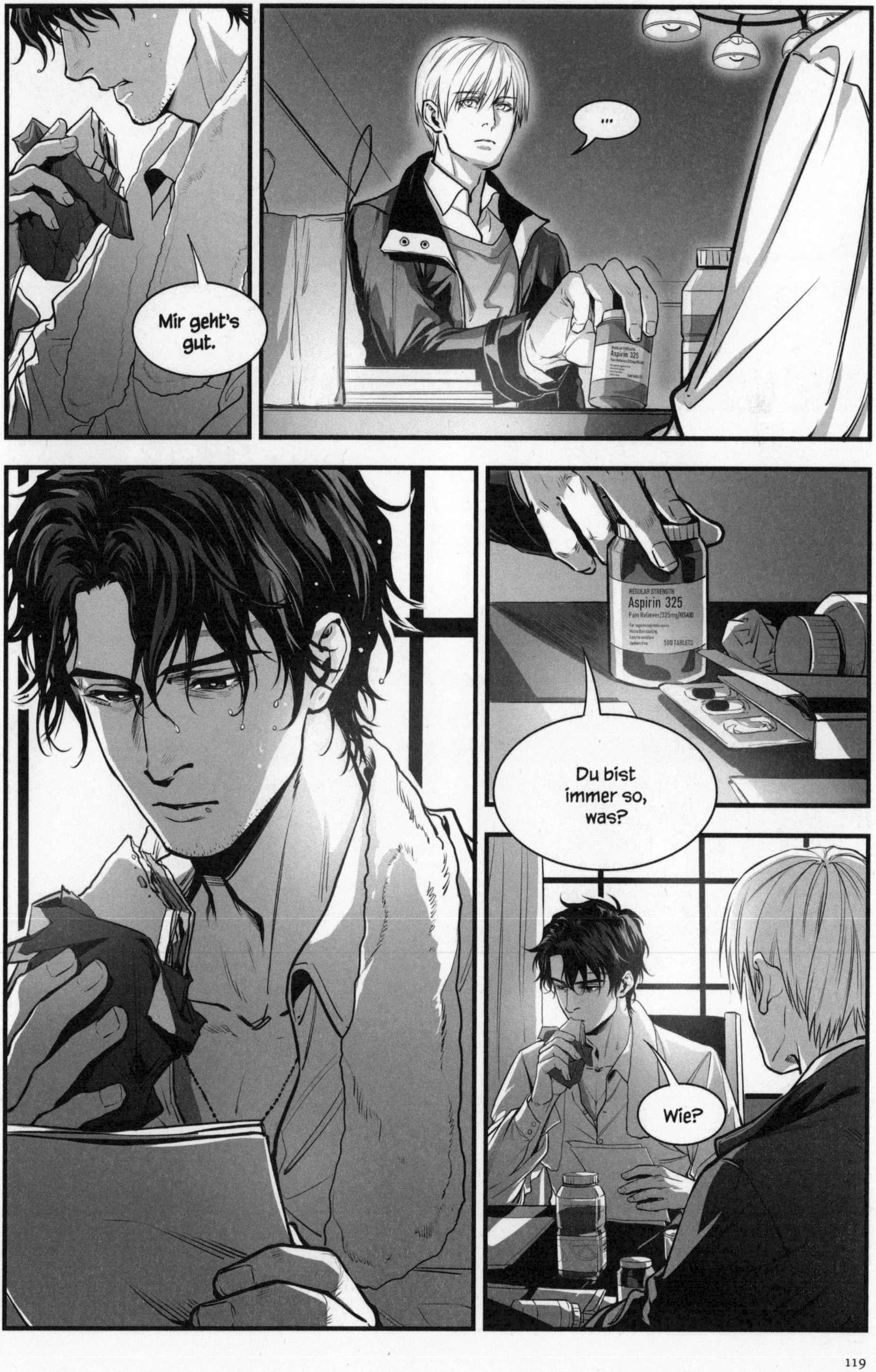
Mir geht's gut.
...
REGULAR STRENGTH
Aspirin 325
Pain Reliever/325mg/NSAID
500 TABLETS
Du bist immer so, was?
Wie?

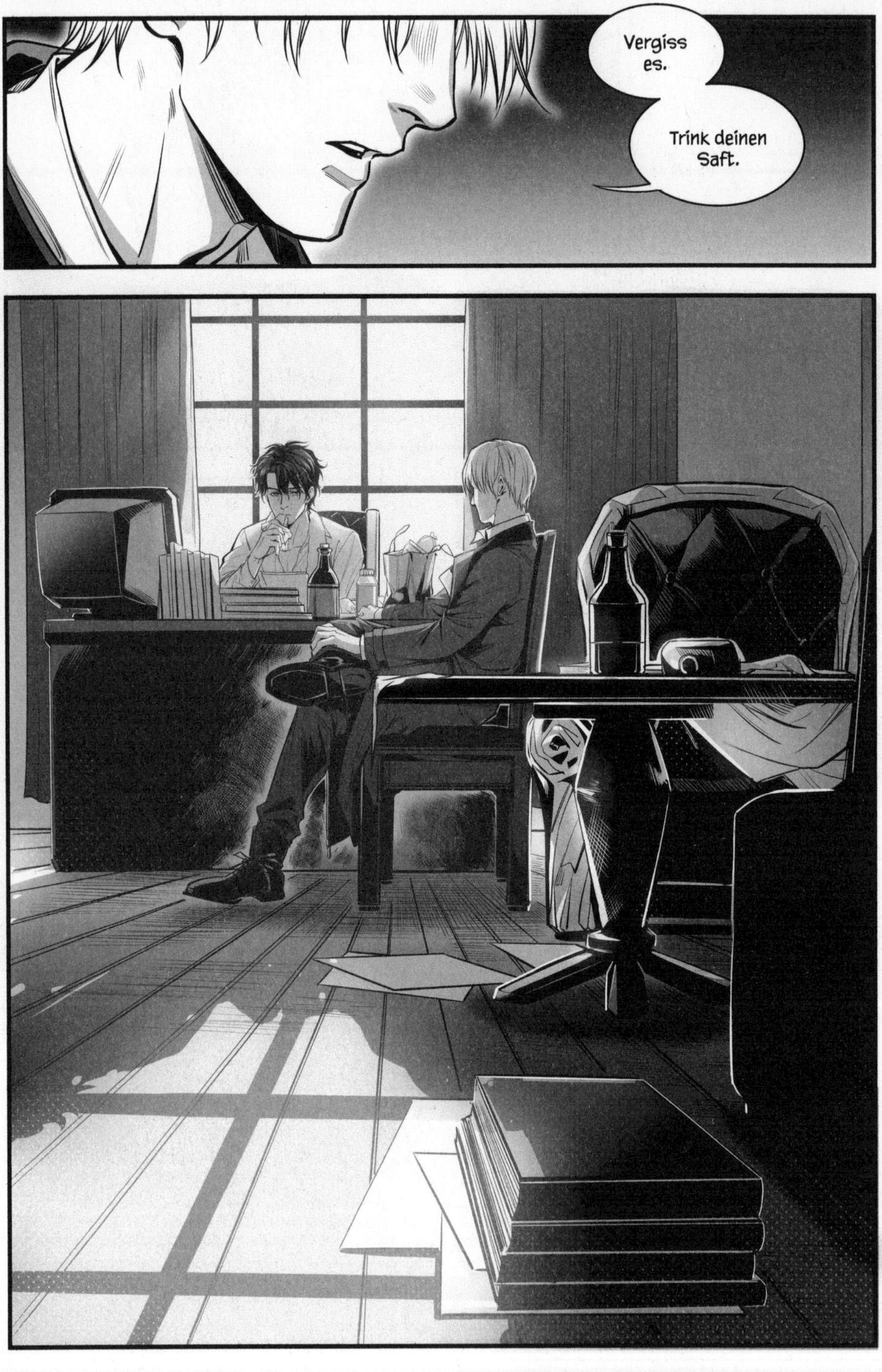
Vergiss es.
Trink deinen Saft.

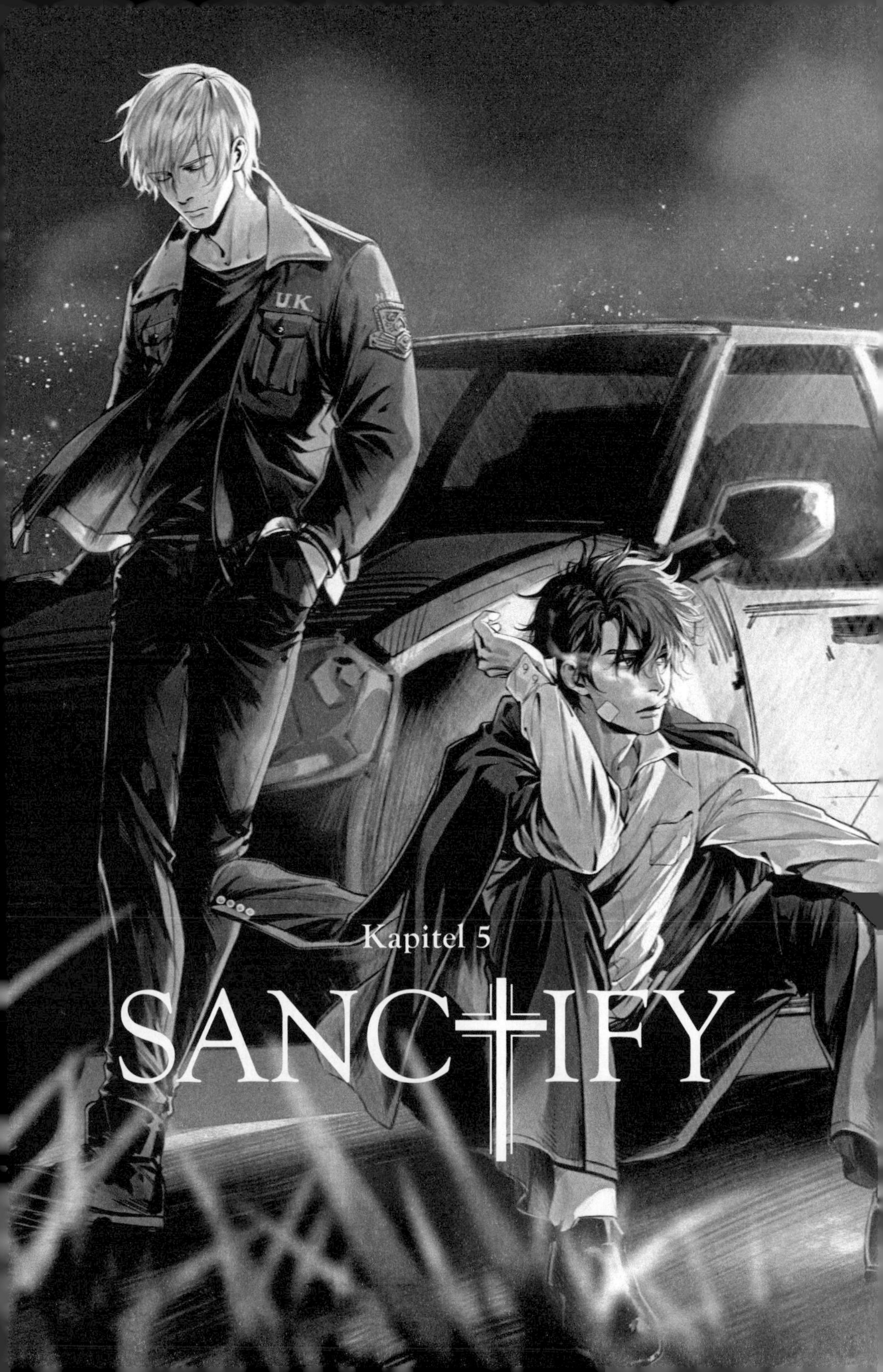
U.K.
Kapitel 5
SANCTIFY

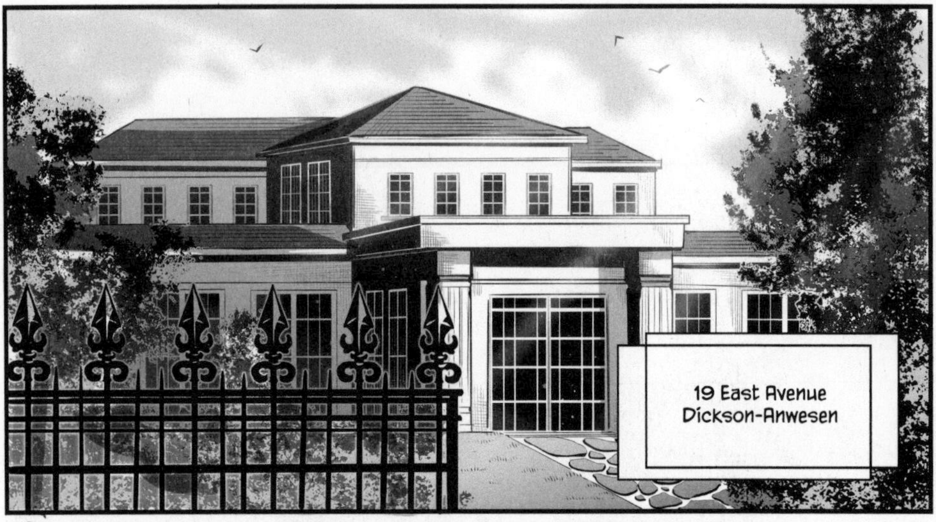
19 East Avenue
Dickson-Anwesen

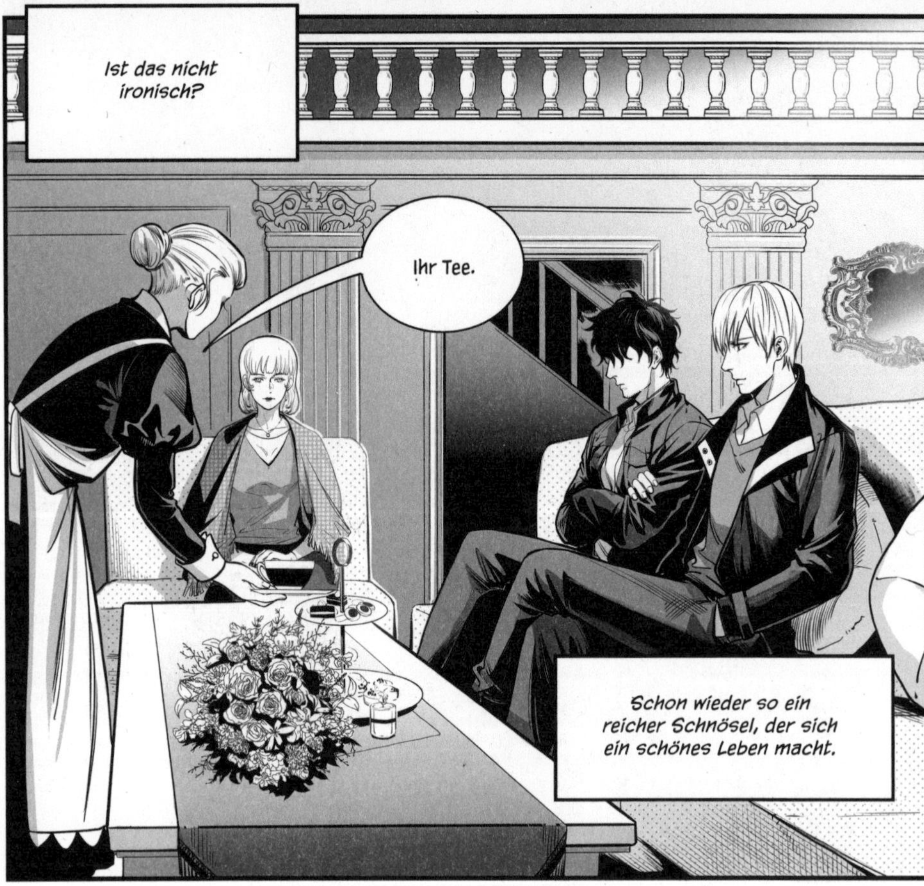
Ist das nicht
ironisch?
Ihr Tee.
Schon wieder so ein
reicher Schnösel, der sich
ein schönes Leben macht.

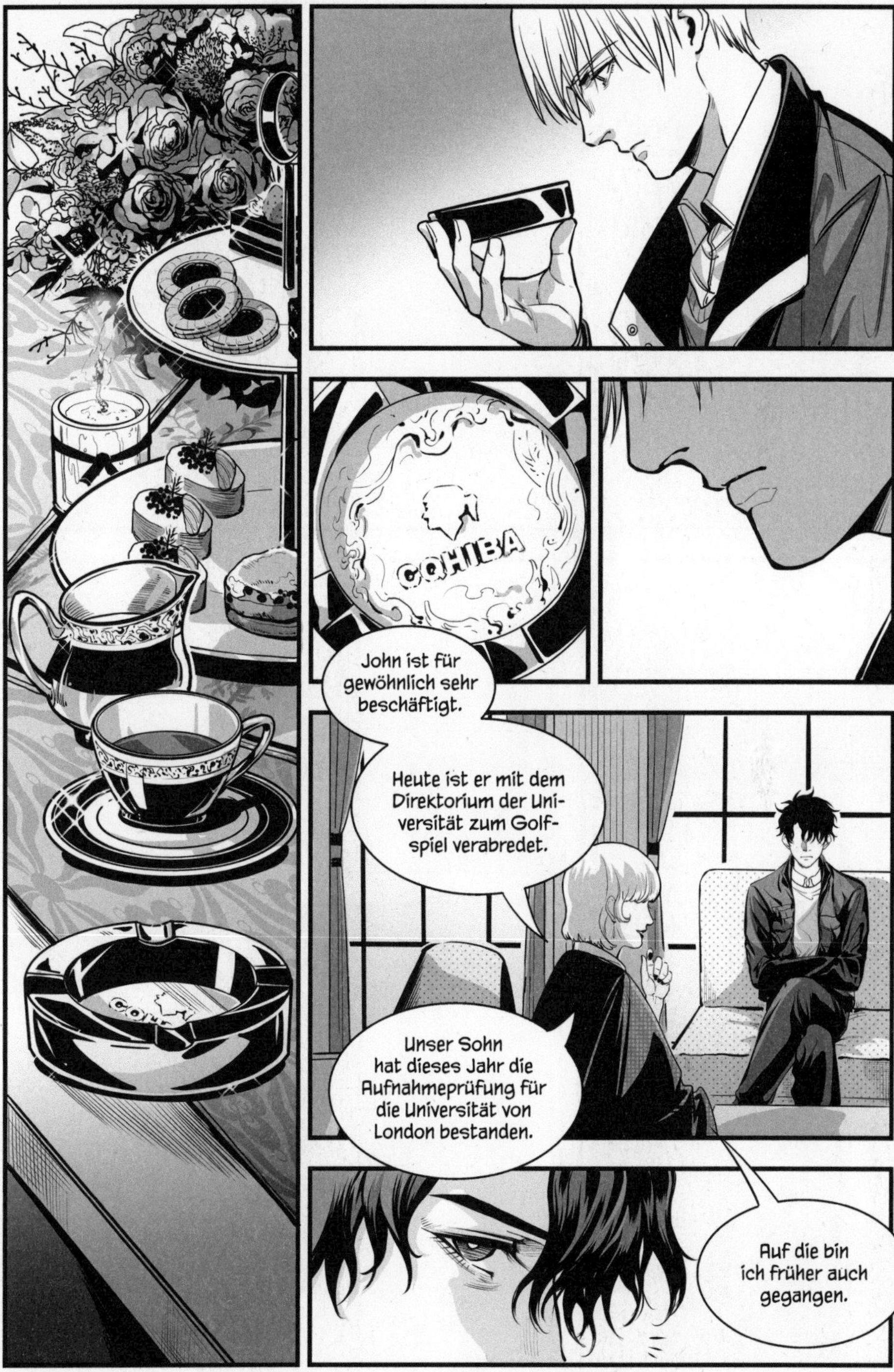
COHIBA
John ist für gewöhnlich sehr beschäftigt.
Heute ist er mit dem Direktorium der Universität zum Golfspiel verabredet.
Unser Sohn hat dieses Jahr die Aufnahmeprüfung für die Universität von London bestanden.
Auf die bin ich früher auch gegangen.

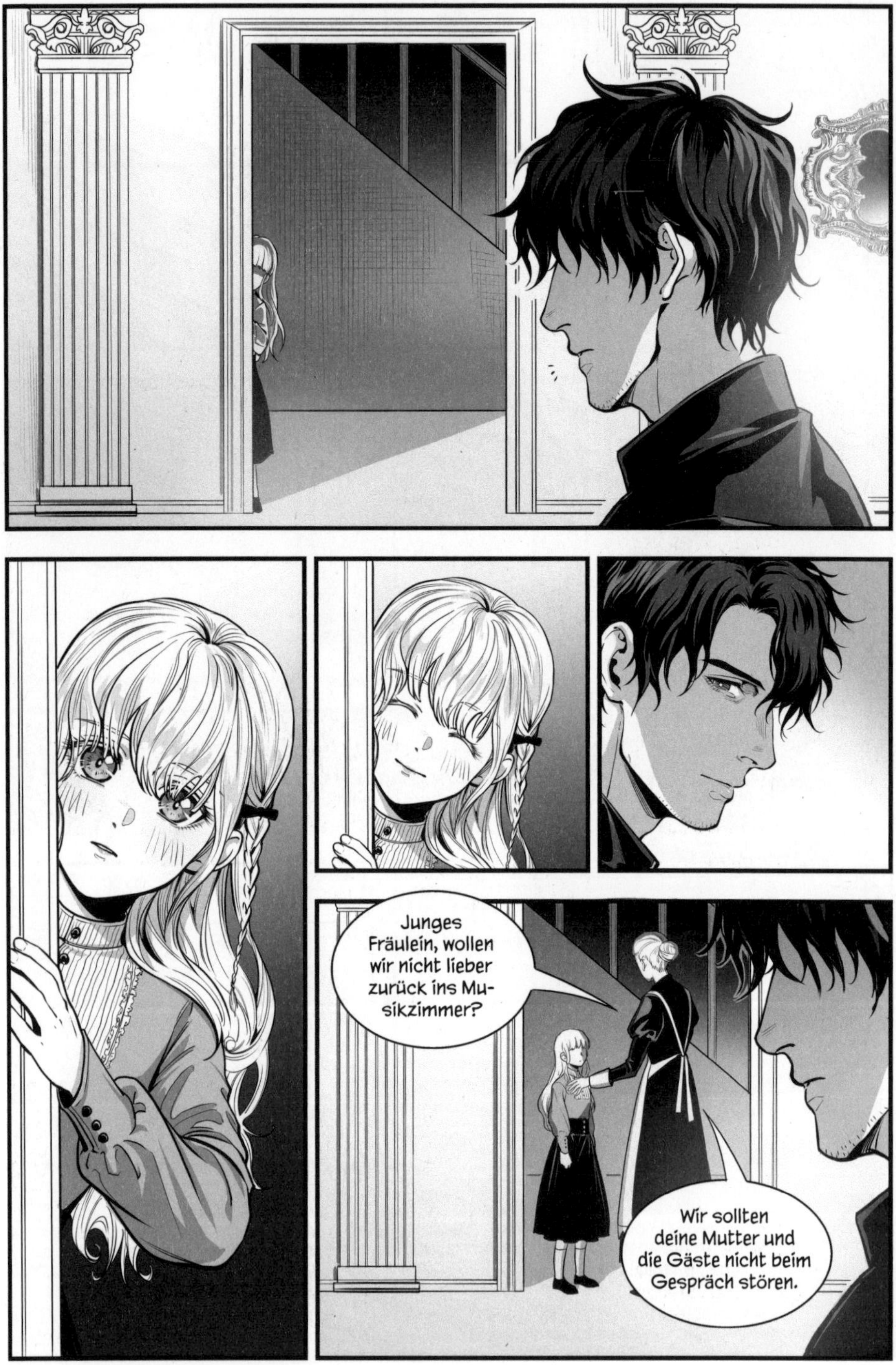
Junges Fräulein, wollen wir nicht lieber zurück ins Musikzimmer?
Wir sollten deine Mutter und die Gäste nicht beim Gespräch stören.

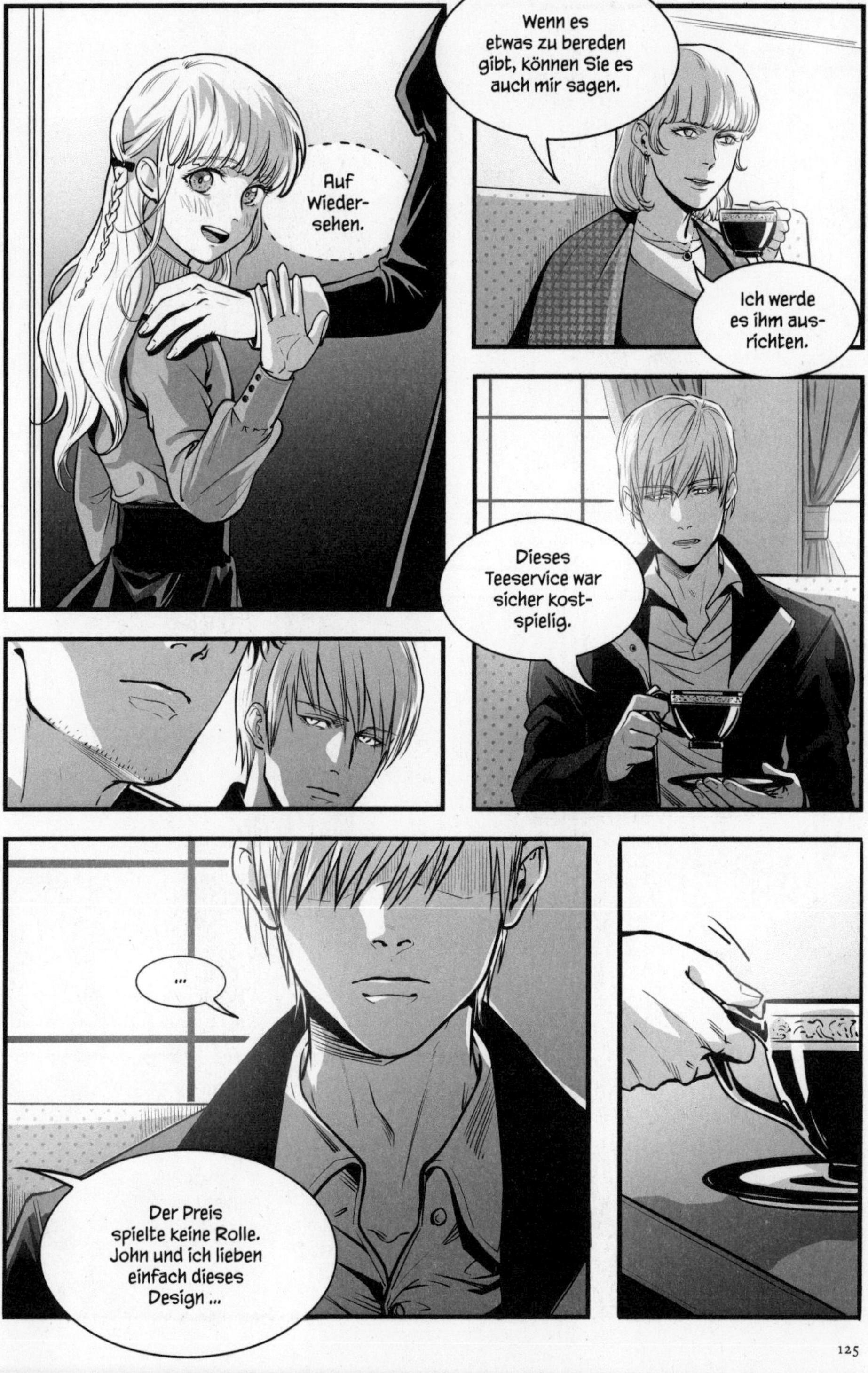
Auf Wieder-sehen.
Wenn es etwas zu bereden gibt, können Sie es auch mir sagen.
Ich werde es ihm aus-richten.
Dieses Teeservice war sicher kost-spielig.
...
Der Preis spielte keine Rolle. John und ich lieben einfach dieses Design ...

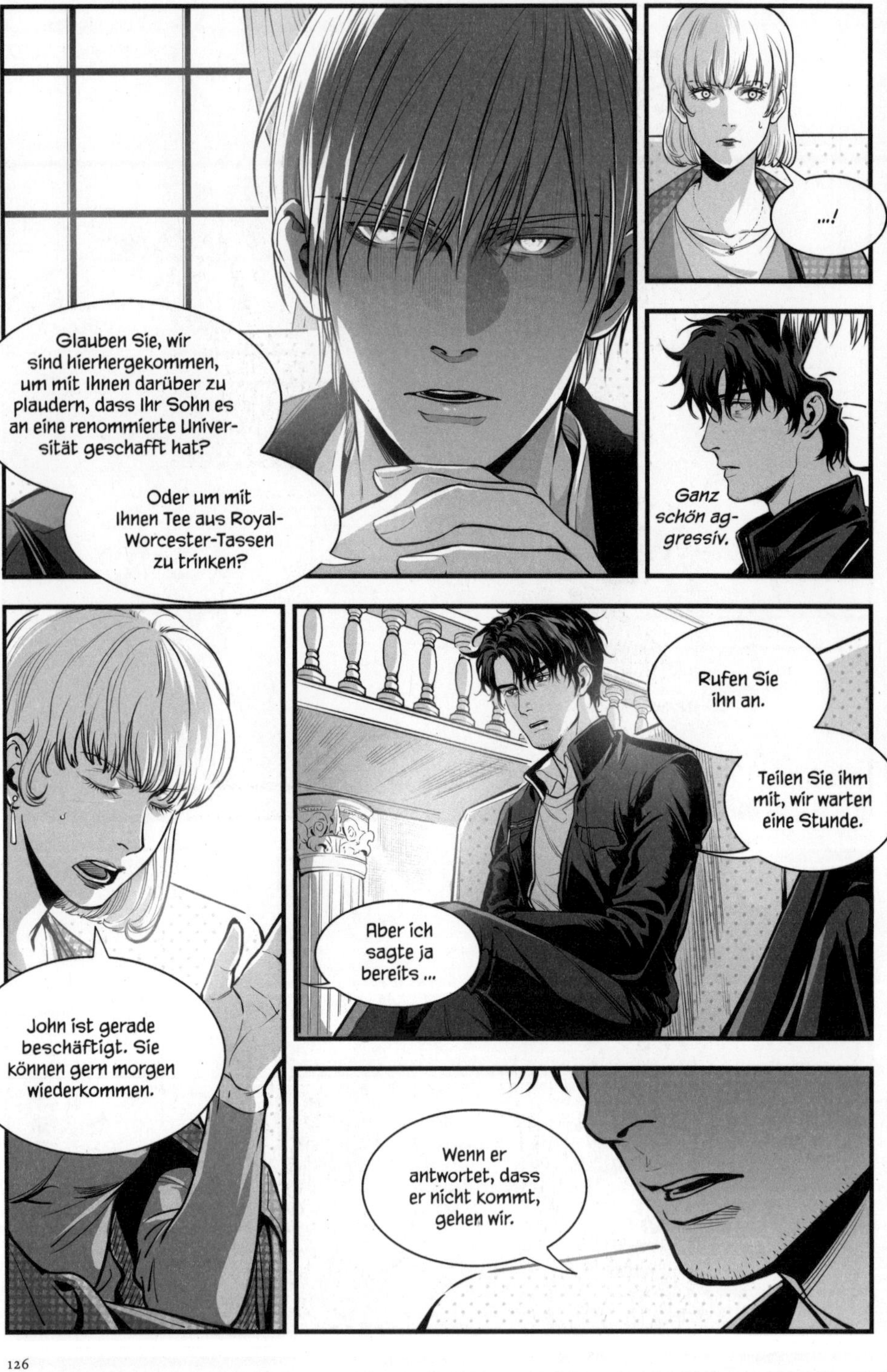
...!
Glauben Sie, wir sind hierhergekommen, um mit Ihnen darüber zu plaudern, dass Ihr Sohn es an eine renommierte Universität geschafft hat?
Oder um mit Ihnen Tee aus Royal-Worcester-Tassen zu trinken?
Ganz schön aggressiv.
John ist gerade beschäftigt. Sie können gern morgen wiederkommen.
Rufen Sie ihn an.
Teilen Sie ihm mit, wir warten eine Stunde.
Aber ich sagte ja bereits ...
Wenn er antwortet, dass er nicht kommt, gehen wir.

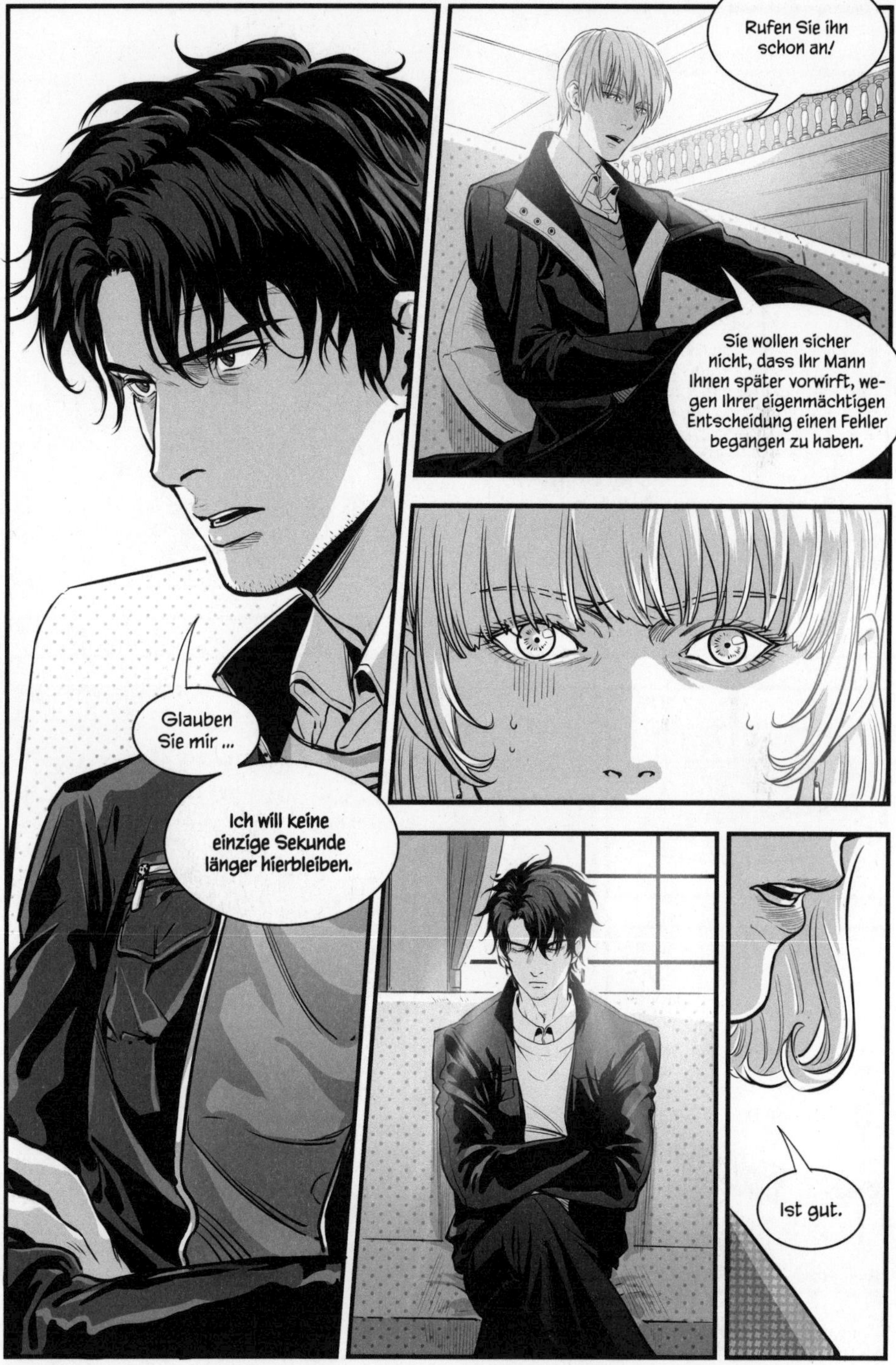
Rufen Sie ihn schon an!
Sie wollen sicher nicht, dass Ihr Mann Ihnen später vorwirft, wegen Ihrer eigenmächtigen Entscheidung einen Fehler begangen zu haben.
Glauben Sie mir ...
Ich will keine einzige Sekunde länger hierbleiben.
Ist gut.

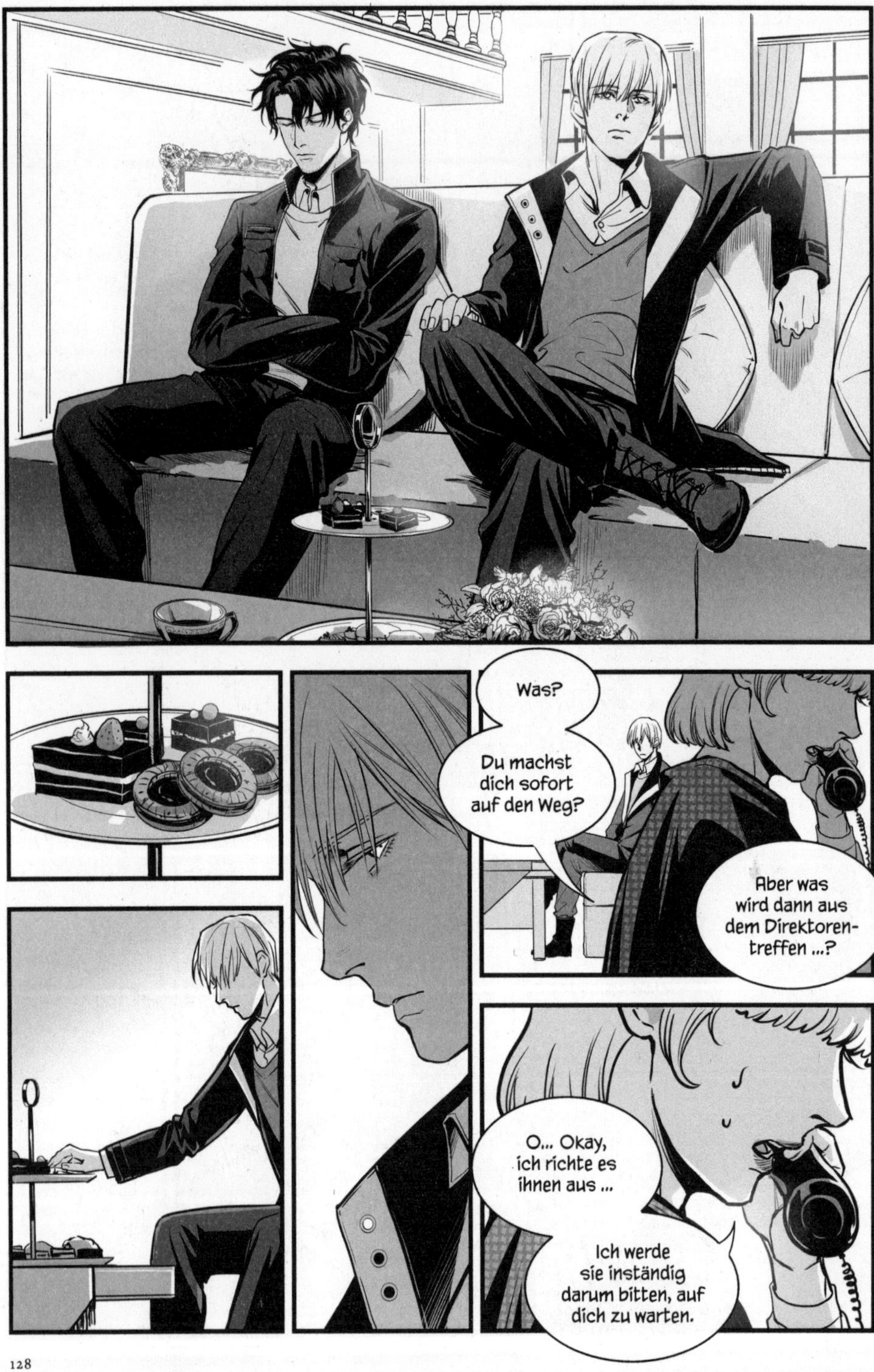

Was?
Du machst dich sofort auf den Weg?
Aber was wird dann aus dem Direktoren-treffen ...?
O... Okay, ich richte es ihnen aus ...
Ich werde sie inständig darum bitten, auf dich zu warten.

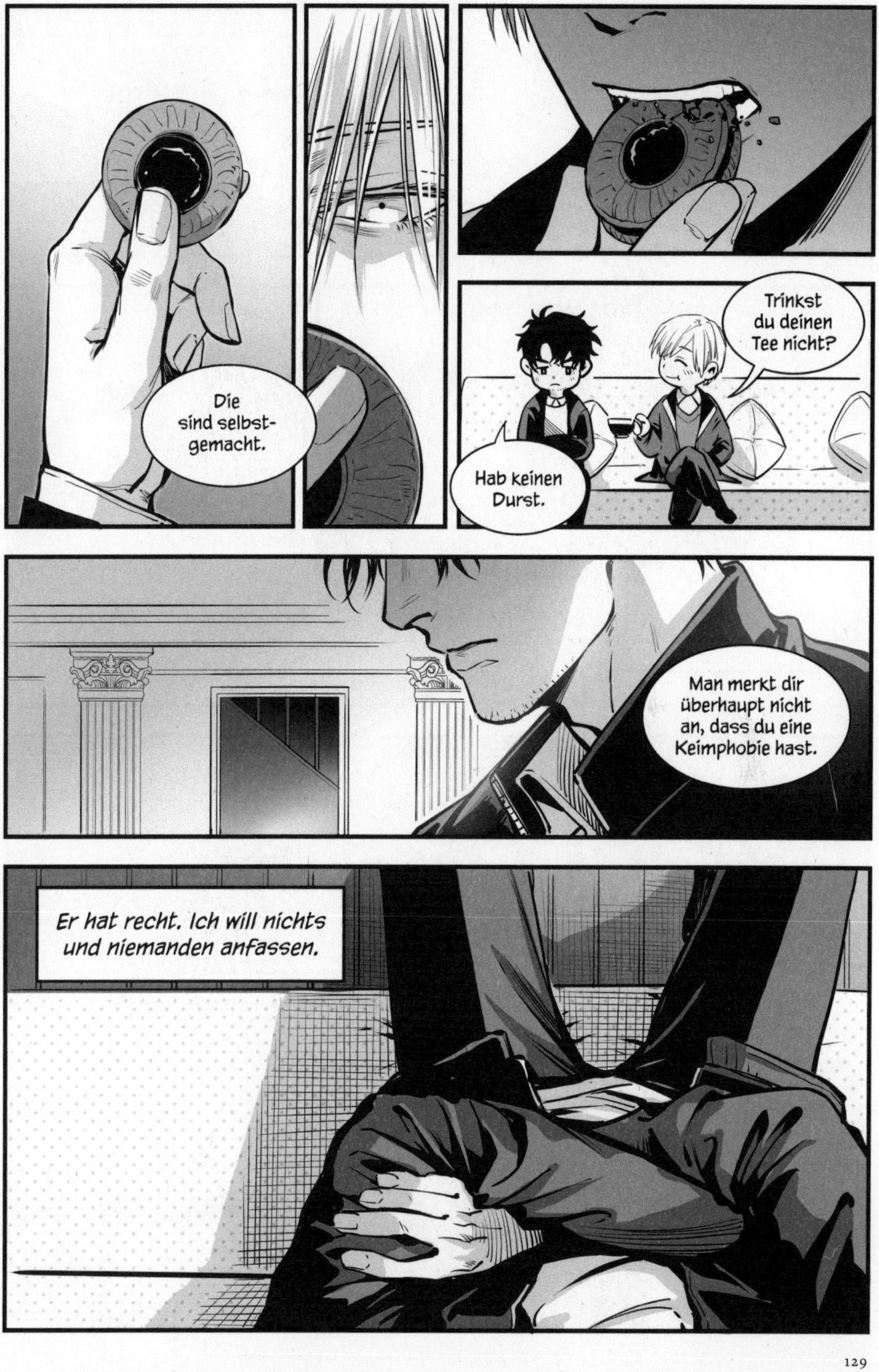
Die sind selbst-gemacht.
Trinkst du deinen Tee nicht?
Hab keinen Durst.
Man merkt dir überhaupt nicht an, dass du eine Keimphobie hast.
Er hat recht. Ich will nichts und niemanden anfassen.

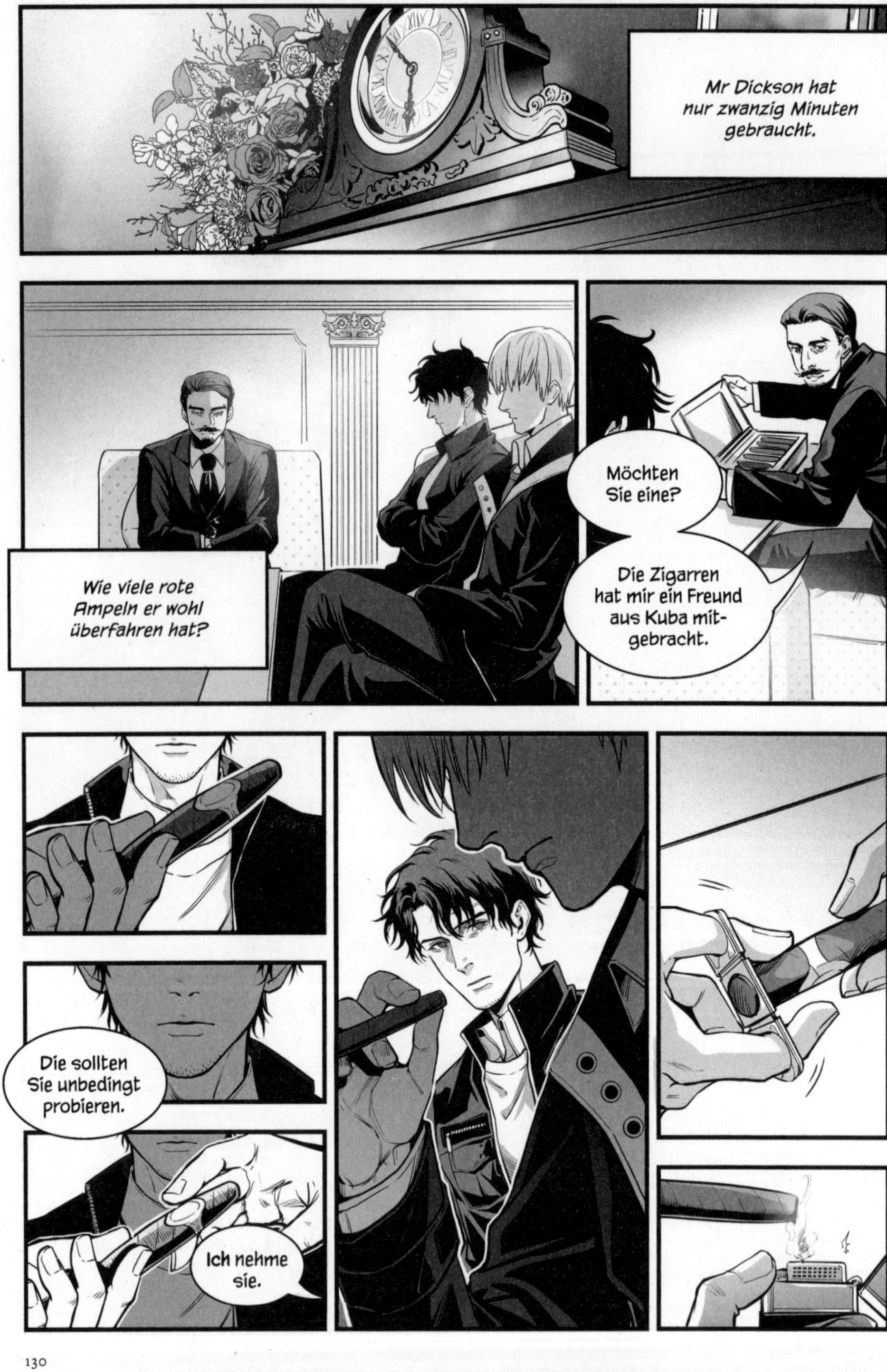
Mr Dickson hat nur zwanzig Minuten gebraucht.
Wie viele rote Ampeln er wohl überfahren hat?
Möchten Sie eine?
Die Zigarren hat mir ein Freund aus Kuba mit-gebracht.
Die sollten Sie unbedingt probieren.
Ich nehme sie.

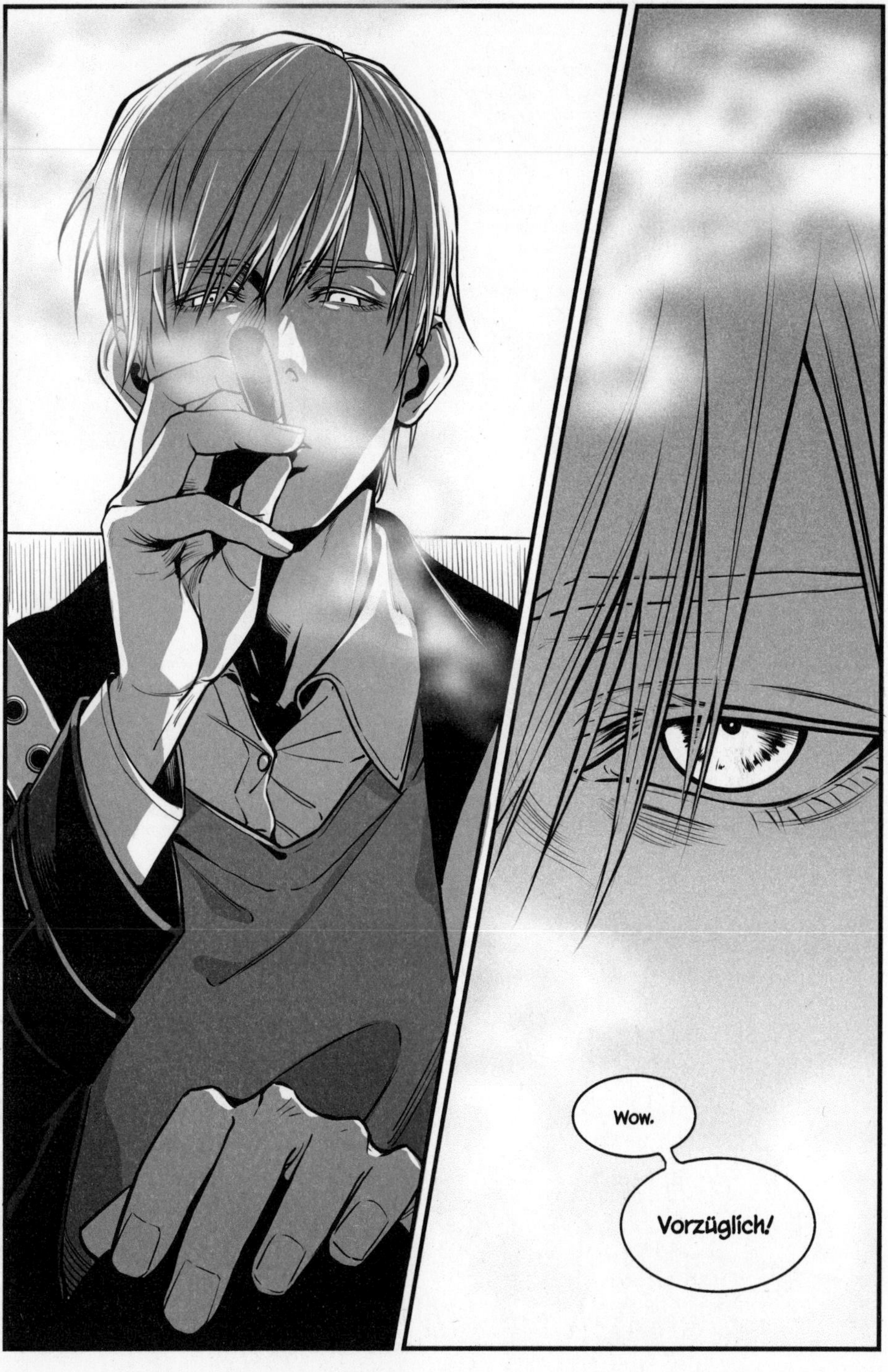
Wow.
Vorzüglich!

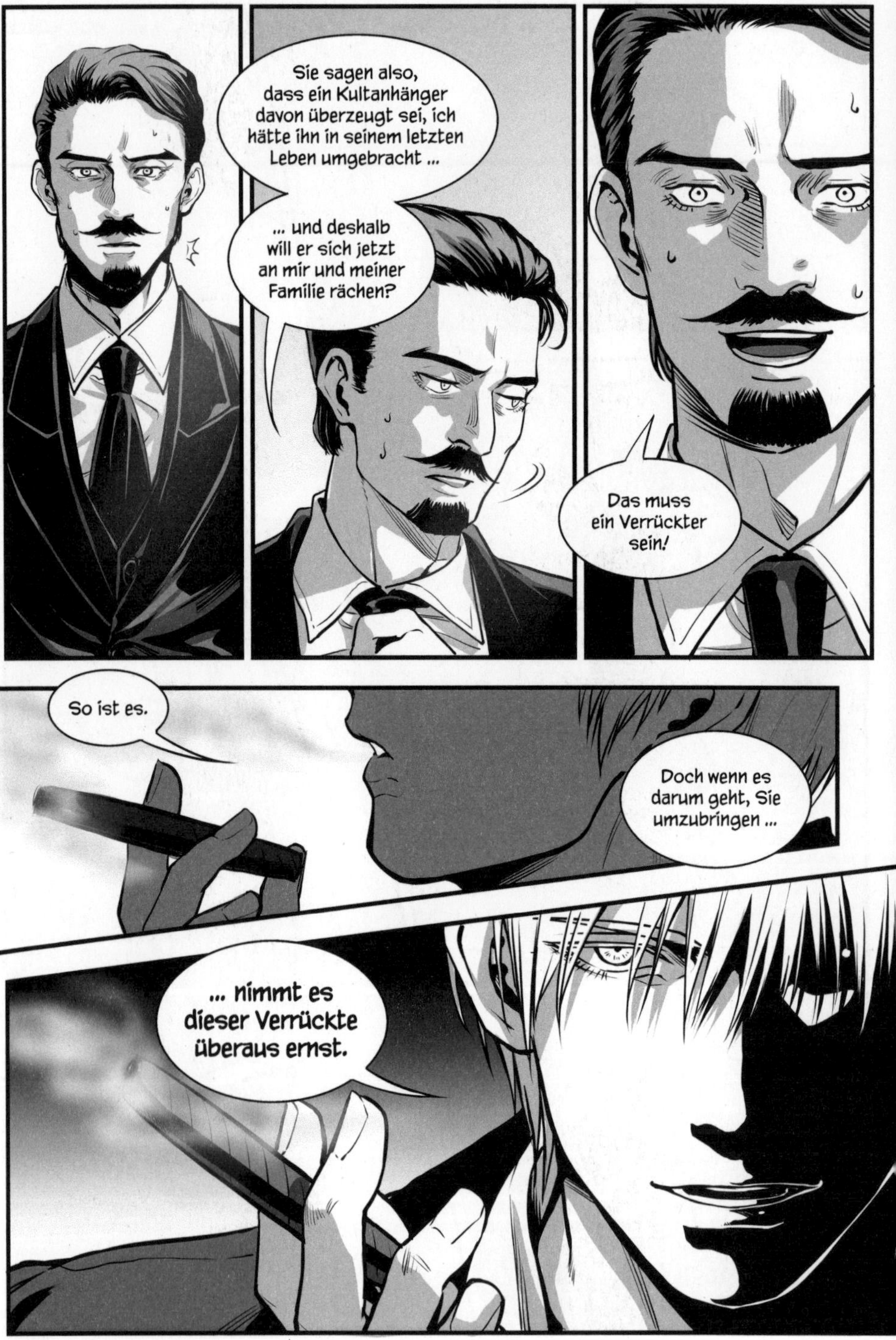
Sie sagen also, dass ein Kultanhänger davon überzeugt sei, ich hätte ihn in seinem letzten Leben umgebracht ...
... und deshalb will er sich jetzt an mir und meiner Familie rächen?
Das muss ein Verrückter sein!
So ist es.
Doch wenn es darum geht, Sie umzubringen ...
... nimmt es dieser Verrückte überaus ernst.

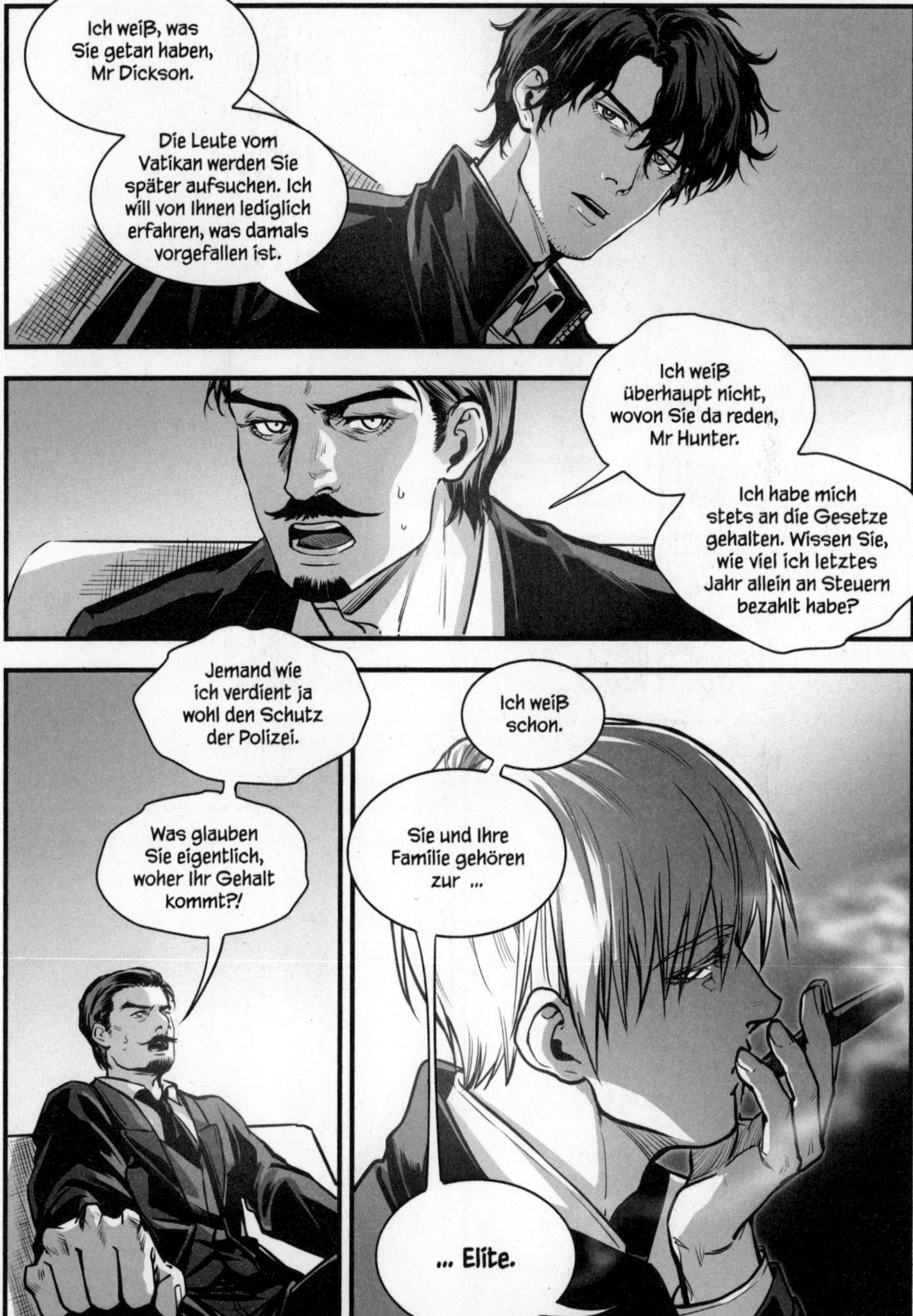

Ich weiß, was Sie getan haben, Mr Dickson.
Die Leute vom Vatikan werden Sie später aufsuchen. Ich will von Ihnen lediglich erfahren, was damals vorgefallen ist.
Ich weiß überhaupt nicht, wovon Sie da reden, Mr Hunter.
Ich habe mich stets an die Gesetze gehalten. Wissen Sie, wie viel ich letztes Jahr allein an Steuern bezahlt habe?
Jemand wie ich verdient ja wohl den Schutz der Polizei.
Was glauben Sie eigentlich, woher Ihr Gehalt kommt?!
Ich weiß schon.
Sie und Ihre Familie gehören zur ...
... Elite.

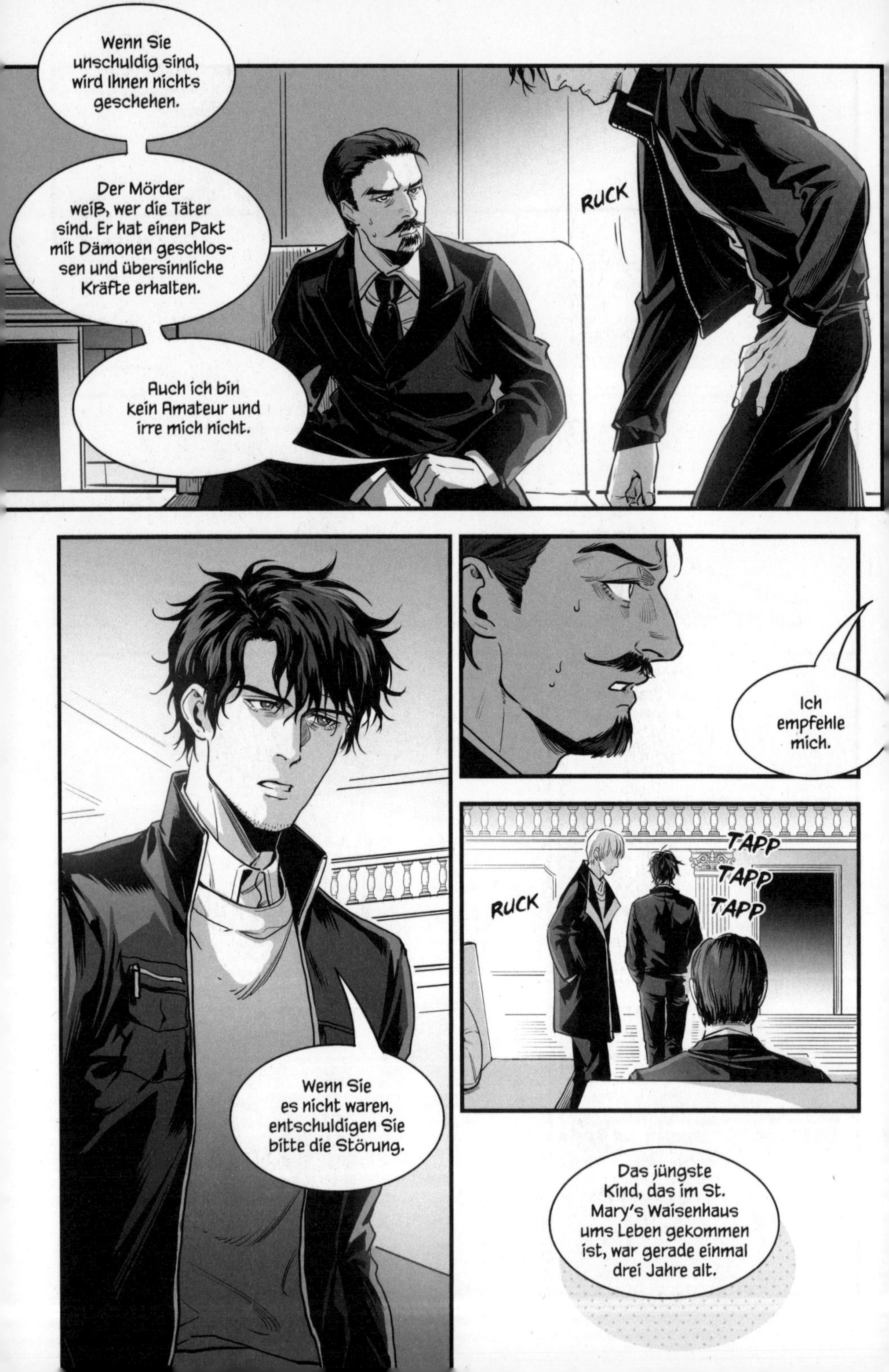
Wenn Sie unschuldig sind, wird Ihnen nichts geschehen.
Der Mörder weiß, wer die Täter sind. Er hat einen Pakt mit Dämonen geschlossen und übersinnliche Kräfte erhalten.
Auch ich bin kein Amateur und irre mich nicht.
RUCK
Wenn Sie es nicht waren, entschuldigen Sie bitte die Störung.
Ich empfehle mich.
RUCK
TAPP
TAPP
TAPP
Das jüngste Kind, das im St. Mary's Waisenhaus ums Leben gekommen ist, war gerade einmal drei Jahre alt.

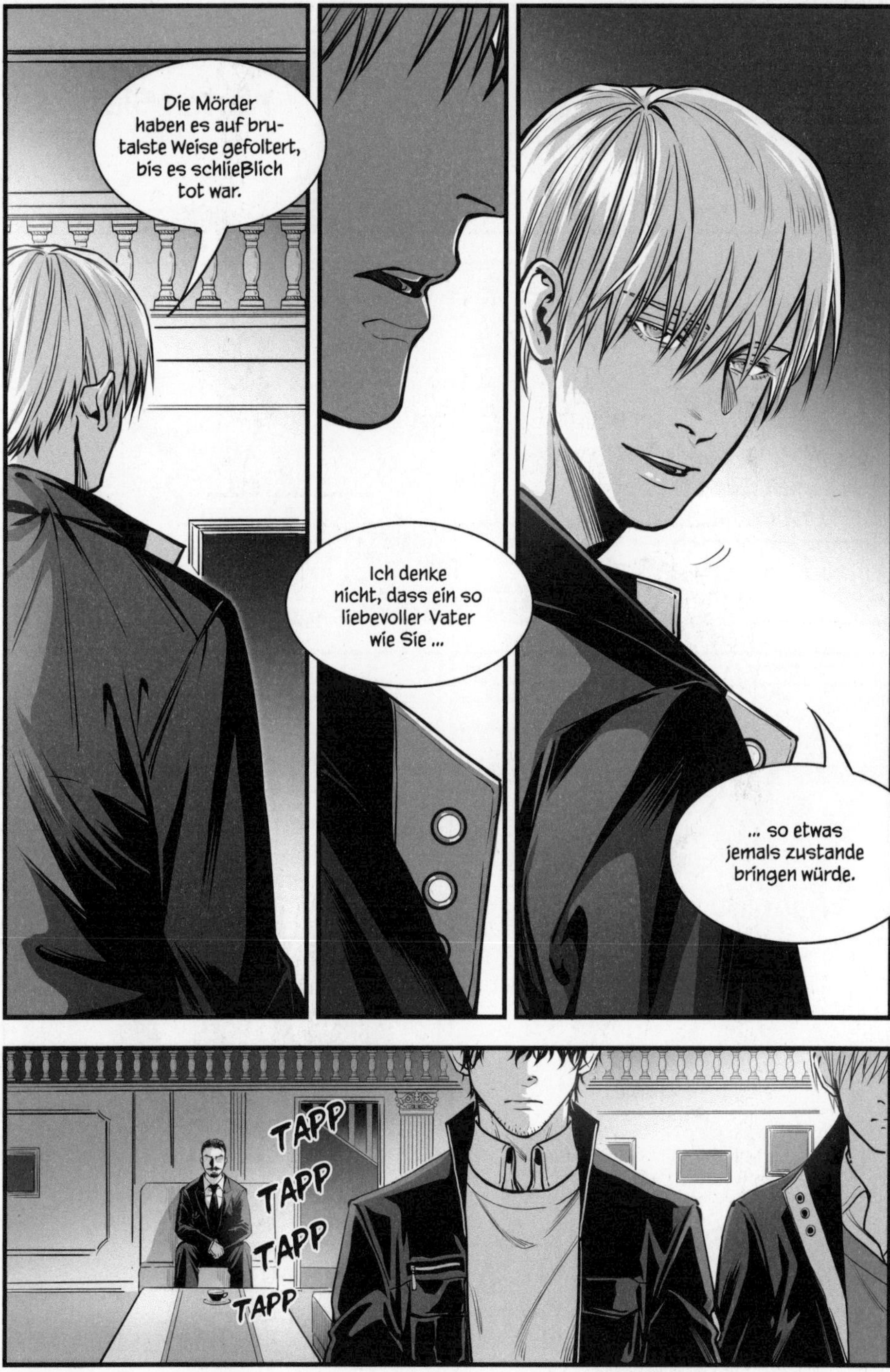
Die Mörder haben es auf brutalste Weise gefoltert, bis es schließlich tot war.
Ich denke nicht, dass ein so liebevoller Vater wie Sie ...
... so etwas jemals zustande bringen würde.
TAPP
TAPP
TAPP
TAPP

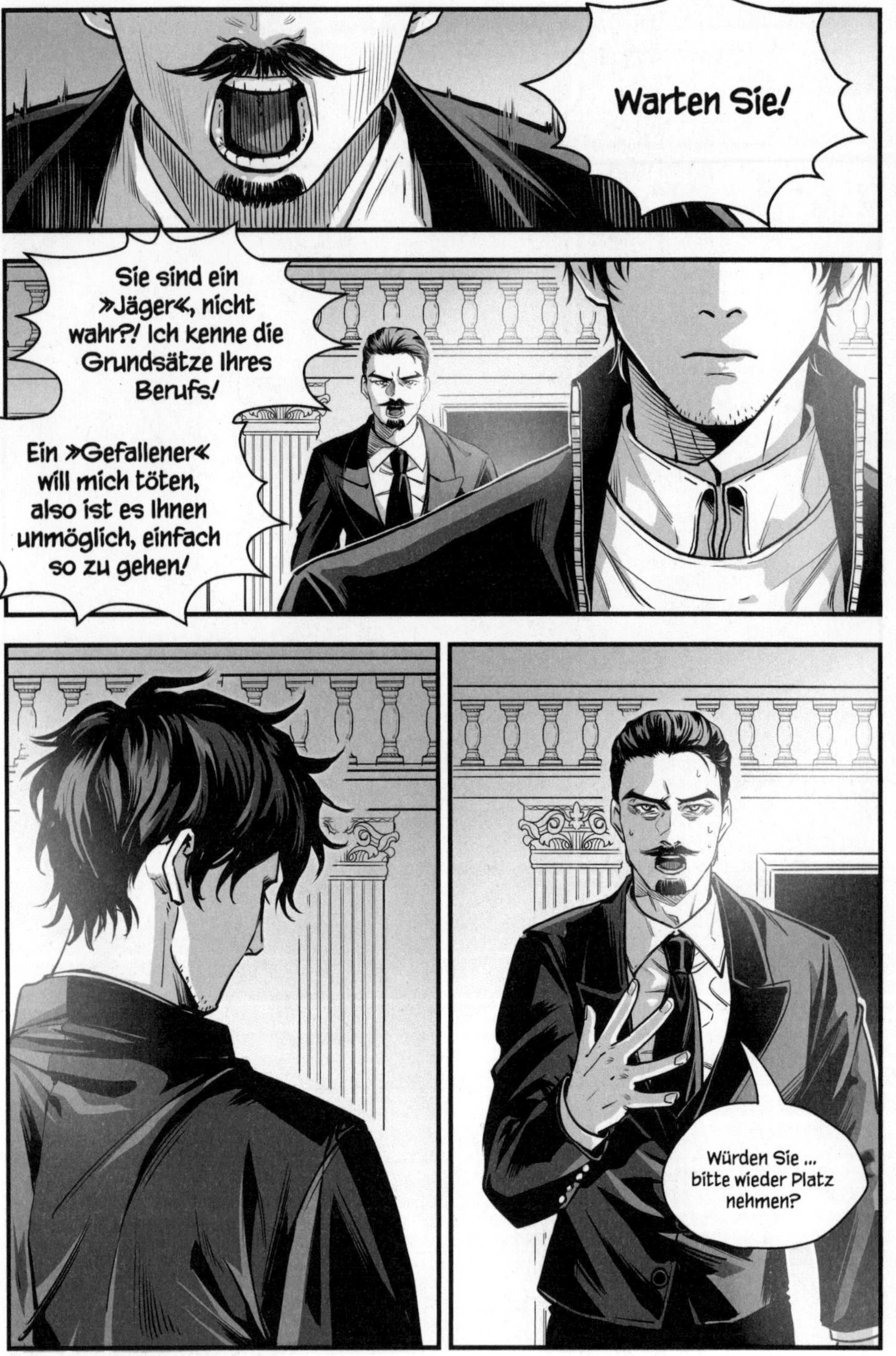
Warten Sie!
Sie sind ein »Jäger«, nicht wahr?! Ich kenne die Grundsätze Ihres Berufs!
Ein »Gefallener« will mich töten, also ist es Ihnen unmöglich, einfach so zu gehen!
Würden Sie ... bitte wieder Platz nehmen?

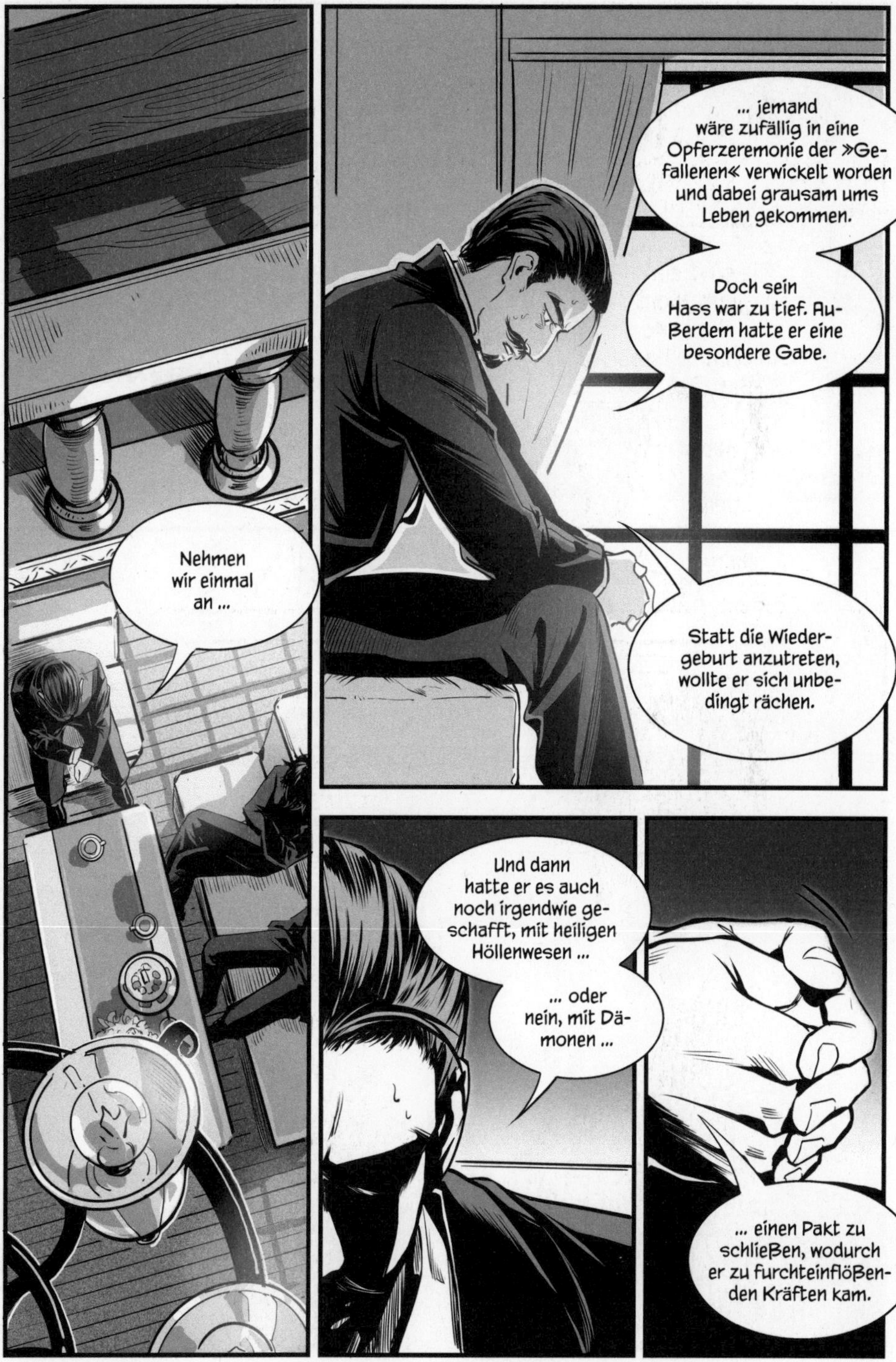
Nehmen wir einmal an ...
... jemand wäre zufällig in eine Opferzeremonie der »Gefallenen« verwickelt worden und dabei grausam ums Leben gekommen.
Doch sein Hass war zu tief. Außerdem hatte er eine besondere Gabe.
Statt die Wiedergeburt anzutreten, wollte er sich unbedingt rächen.
Und dann hatte er es auch noch irgendwie geschafft, mit heiligen Höllenwesen ...
... oder nein, mit Dämonen ...
... einen Pakt zu schließen, wodurch er zu furchteinflößenden Kräften kam.

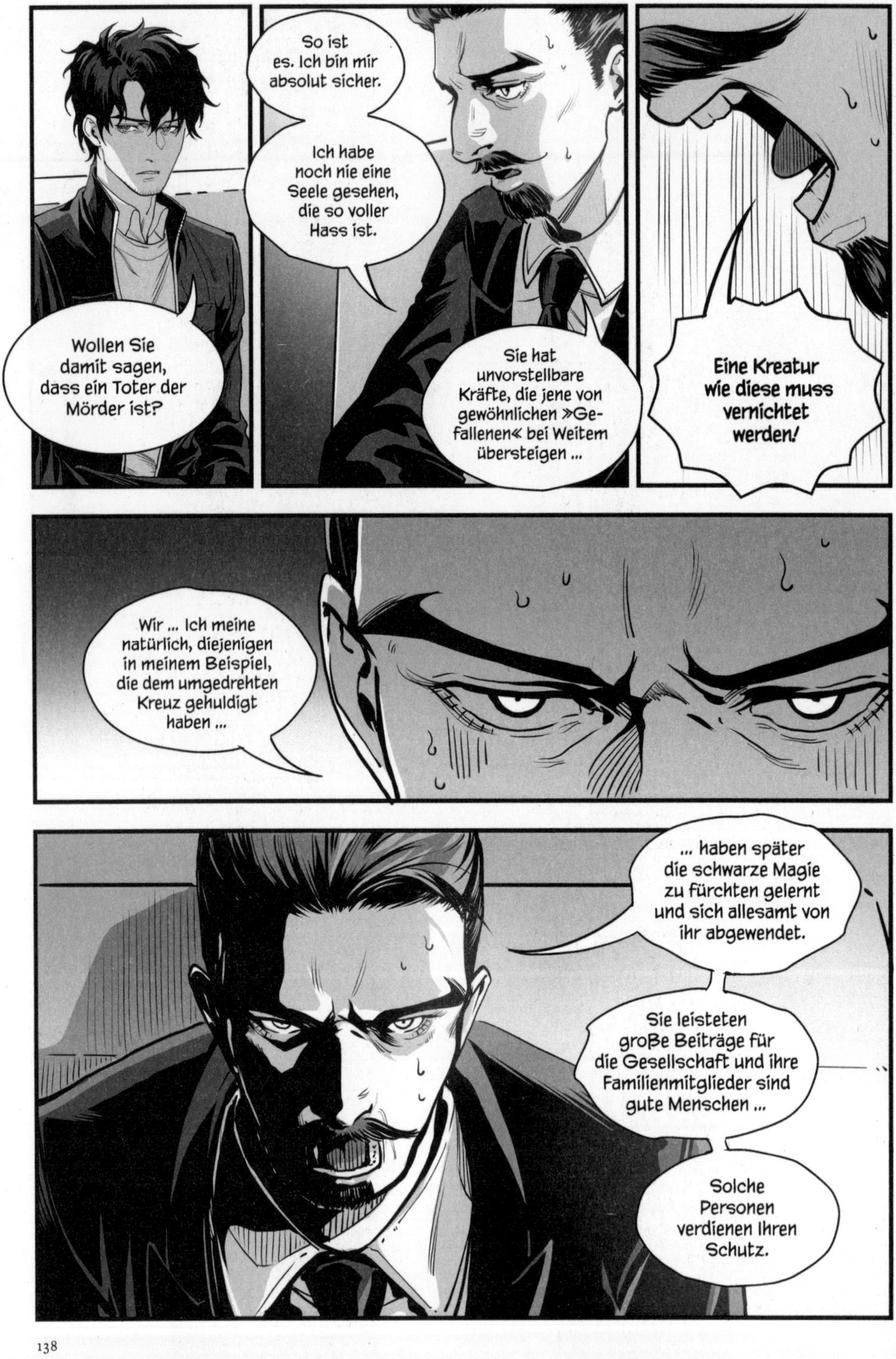

So ist es. Ich bin mir absolut sicher.
Ich habe noch nie eine Seele gesehen, die so voller Hass ist.
Wollen Sie damit sagen, dass ein Toter der Mörder ist?
Sie hat unvorstellbare Kräfte, die jene von gewöhnlichen »Gefallenen« bei Weitem übersteigen ...
Eine Kreatur wie diese muss vernichtet werden!
Wir ... Ich meine natürlich, diejenigen in meinem Beispiel, die dem umgedrehten Kreuz gehuldigt haben ...
... haben später die schwarze Magie zu fürchten gelernt und sich allesamt von ihr abgewendet.
Sie leisteten große Beiträge für die Gesellschaft und ihre Familienmitglieder sind gute Menschen ...
Solche Personen verdienen Ihren Schutz.

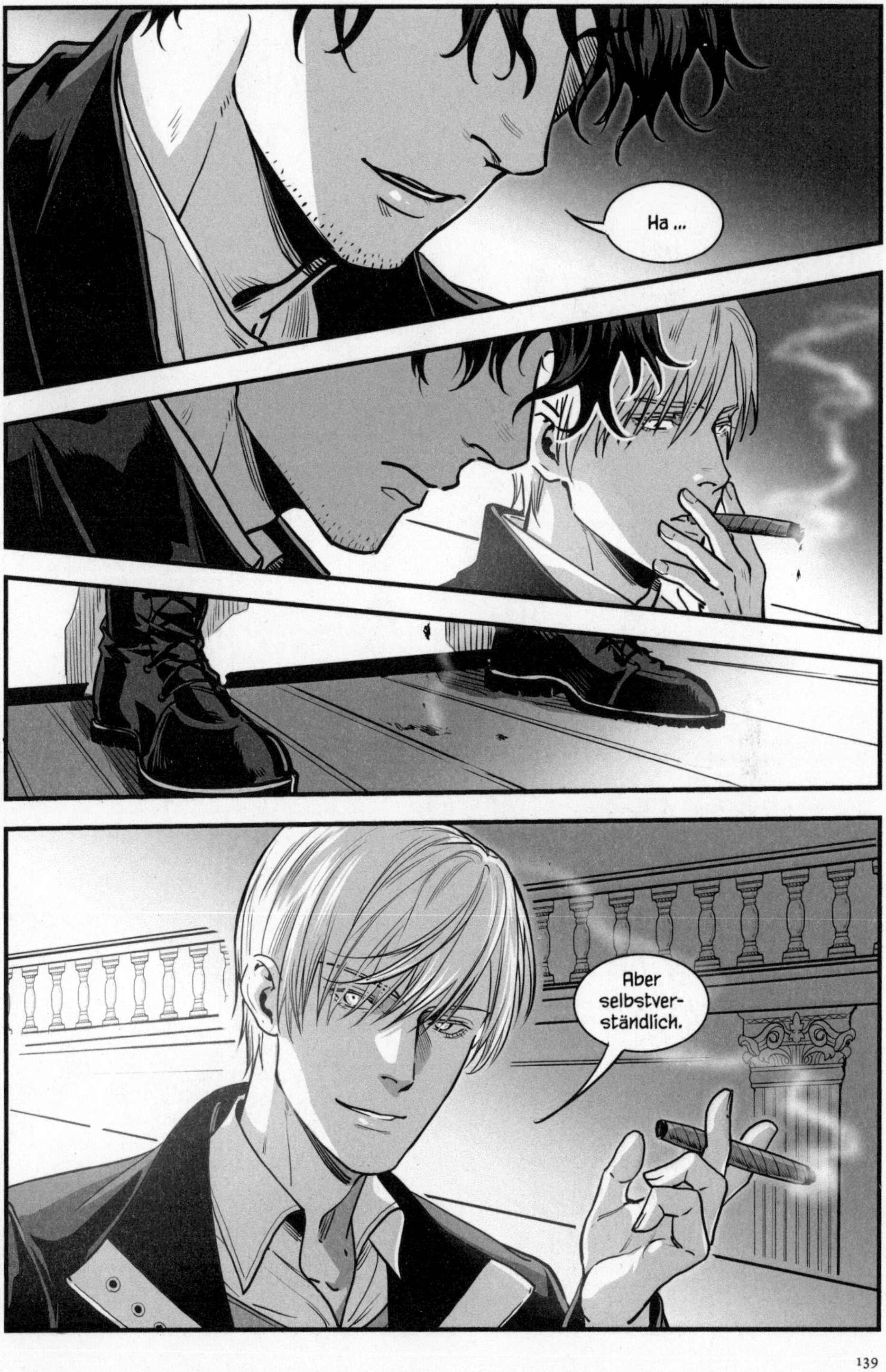
Ha ...
Aber selbstver- ständlich.

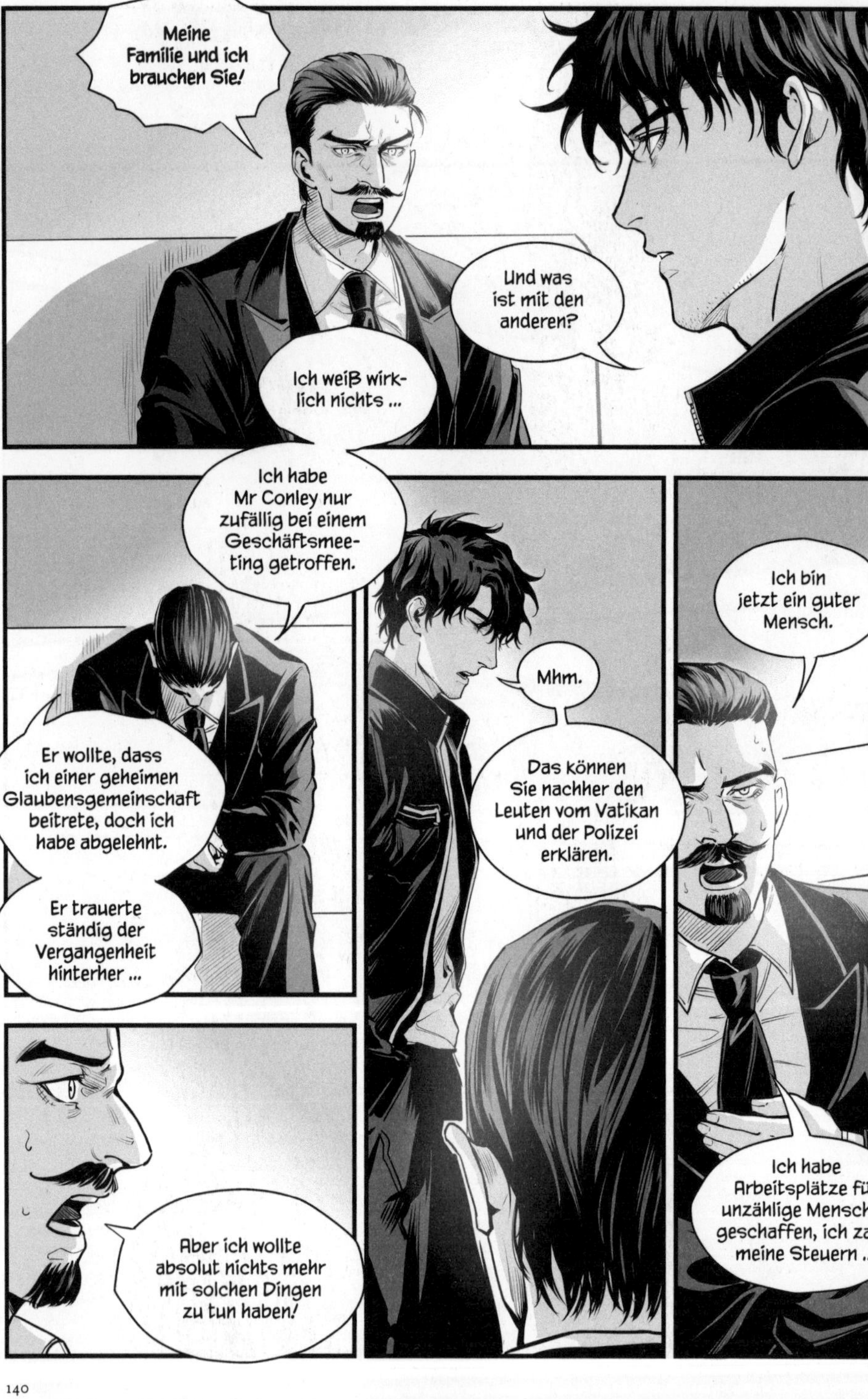
Meine Familie und ich brauchen Sie!
Und was ist mit den anderen?
Ich weiß wirklich nichts ...
Ich habe Mr Conley nur zufällig bei einem Geschäftsmeeting getroffen.
Er wollte, dass ich einer geheimen Glaubensgemeinschaft beitrete, doch ich habe abgelehnt.
Er trauerte ständig der Vergangenheit hinterher ...
Aber ich wollte absolut nichts mehr mit solchen Dingen zu tun haben!
Mhm.
Das können Sie nachher den Leuten vom Vatikan und der Polizei erklären.
Ich bin jetzt ein guter Mensch.
Ich habe Arbeitsplätze für unzählige Menschen geschaffen, ich zahle meine Steuern ...

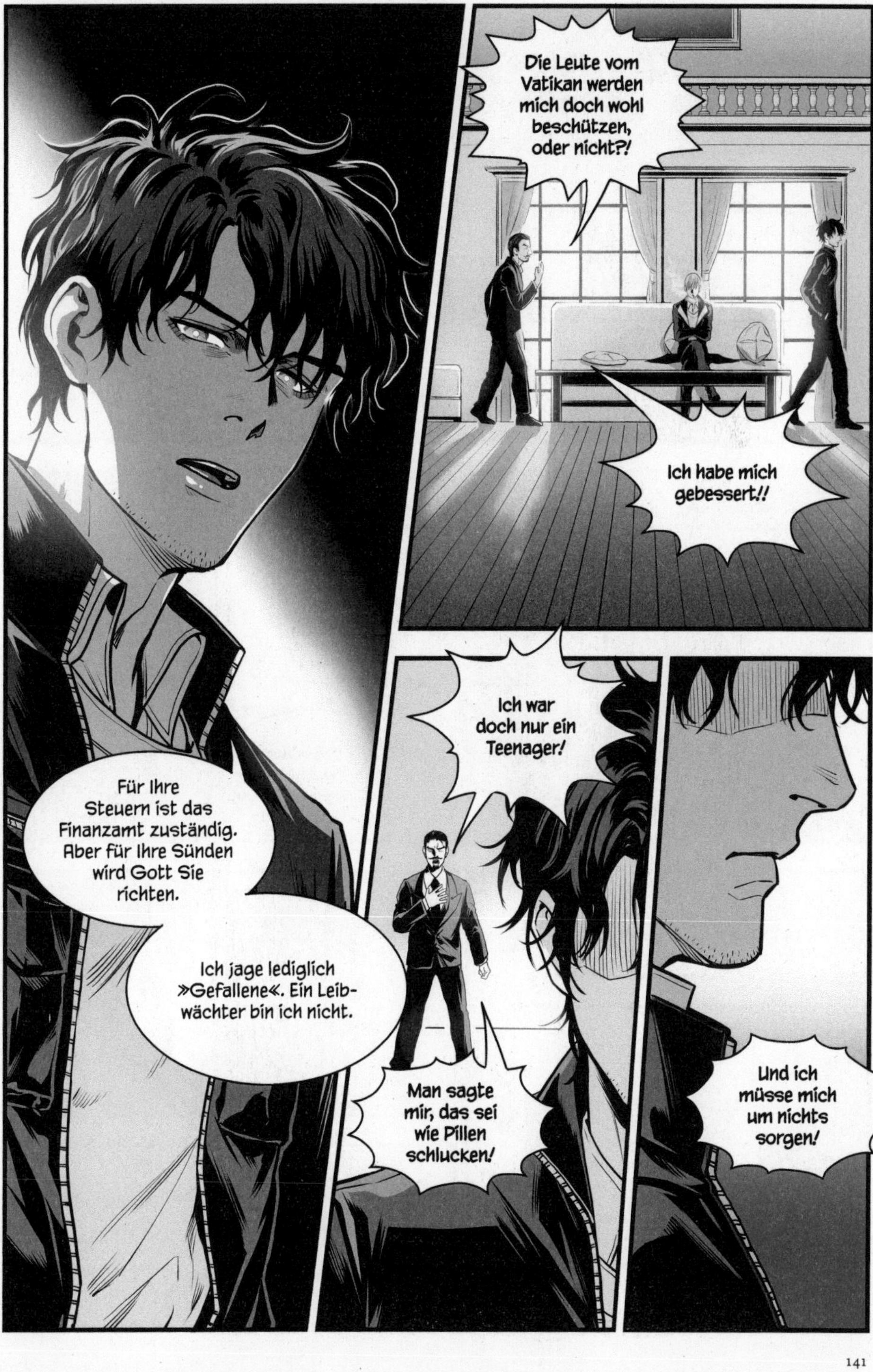
Die Leute vom Vatikan werden mich doch wohl beschützen, oder nicht?!
Ich habe mich gebessert!!
Für Ihre Steuern ist das Finanzamt zuständig. Aber für Ihre Sünden wird Gott Sie richten.
Ich jage lediglich »Gefallene«. Ein Leibwächter bin ich nicht.
Ich war doch nur ein Teenager!
Man sagte mir, das sei wie Pillen schlucken!
Und ich müsse mich um nichts sorgen!

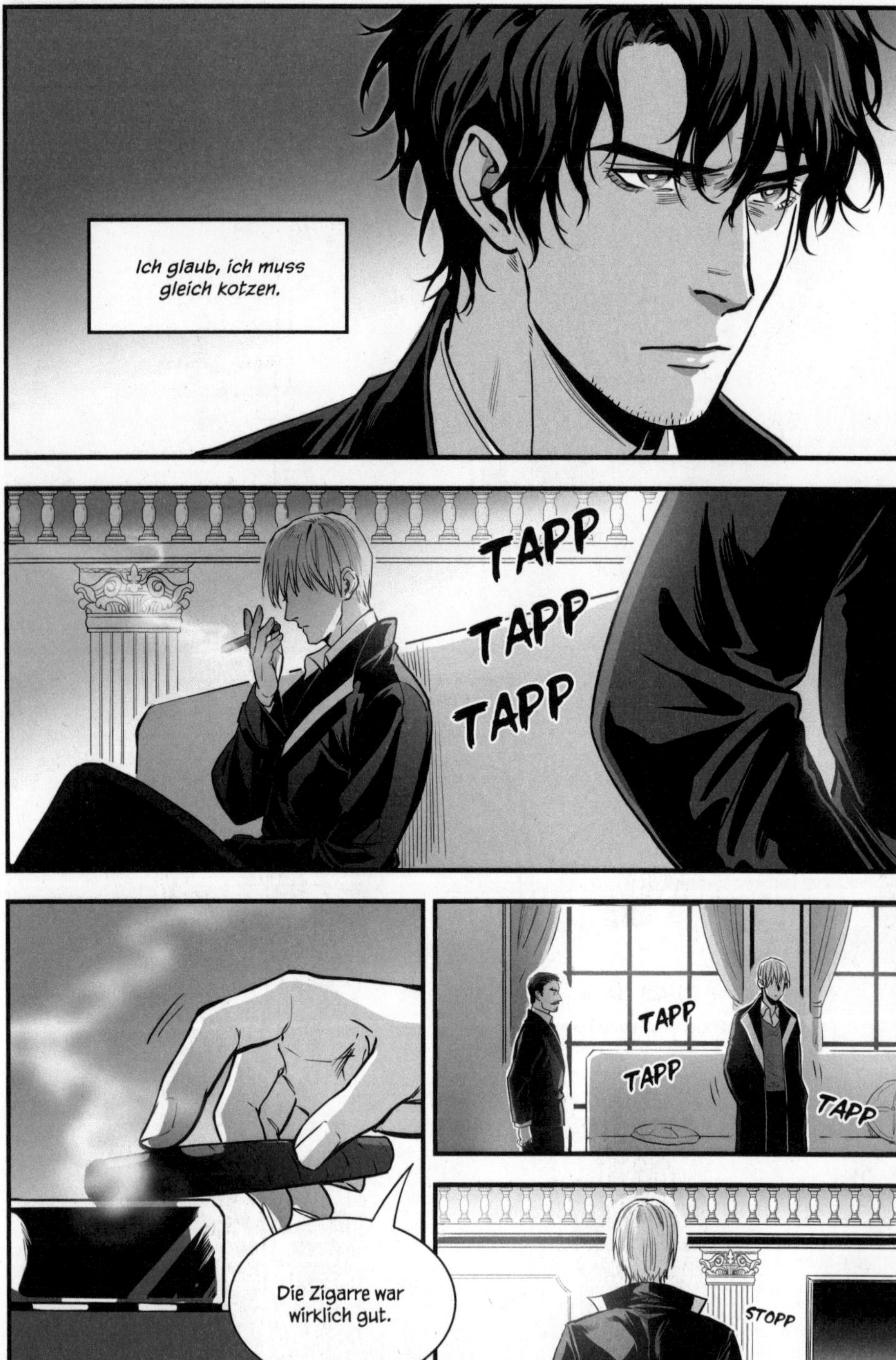
Ich glaub, ich muss gleich kotzen.
TAPP
TAPP
TAPP
TAPP
TAPP
TAPP
Die Zigarre war wirklich gut.
STOPP

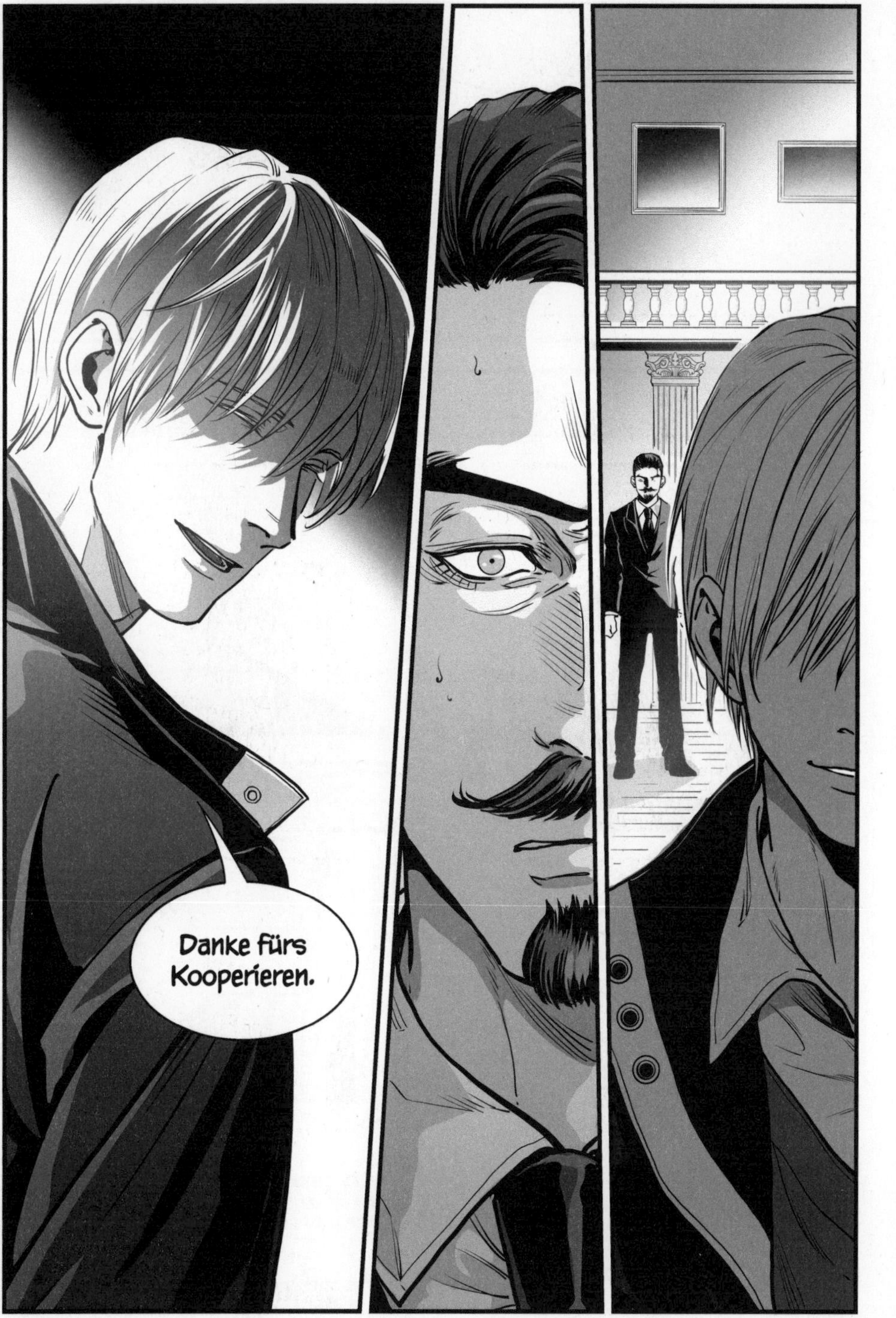
Danke fürs Kooperieren.

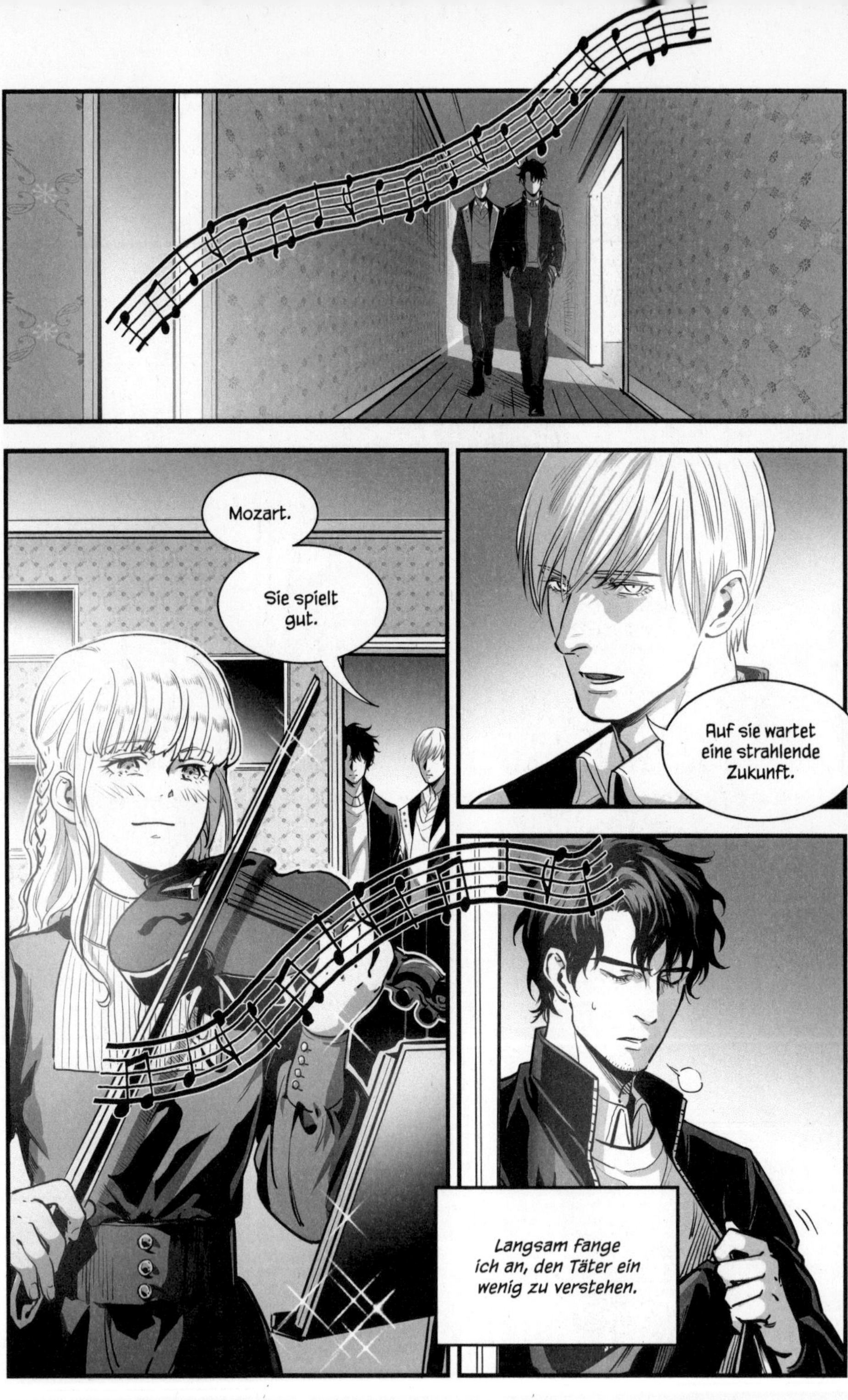
Mozart.
Sie spielt gut.
Auf sie wartet eine strahlende Zukunft.
Langsam fange ich an, den Täter ein wenig zu verstehen.

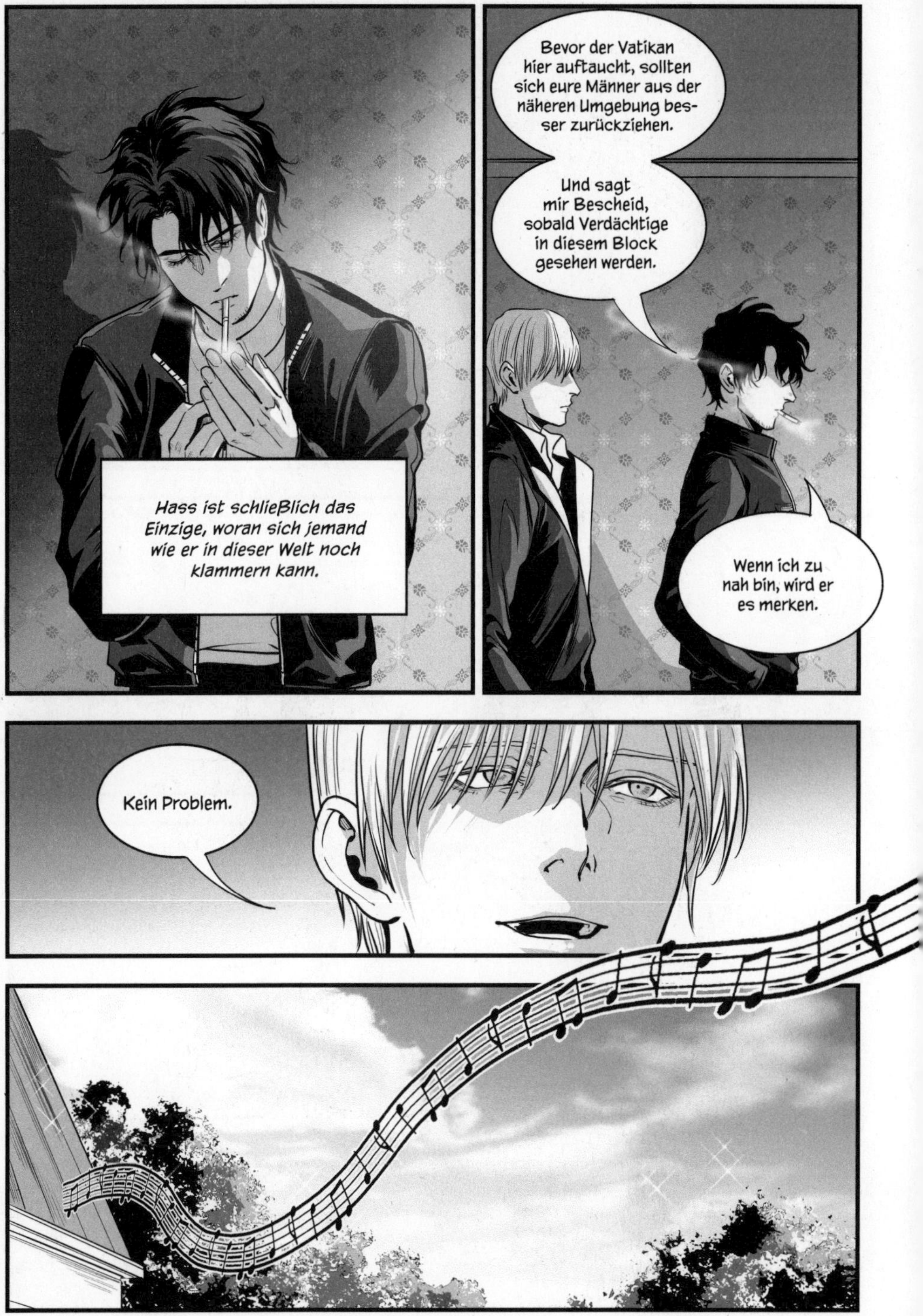
Hass ist schließlich das Einzige, woran sich jemand wie er in dieser Welt noch klammern kann.
Bevor der Vatikan hier auftaucht, sollten sich eure Männer aus der näheren Umgebung besser zurückziehen.
Und sagt mir Bescheid, sobald Verdächtige in diesem Block gesehen werden.
Wenn ich zu nah bin, wird er es merken.
Kein Problem.

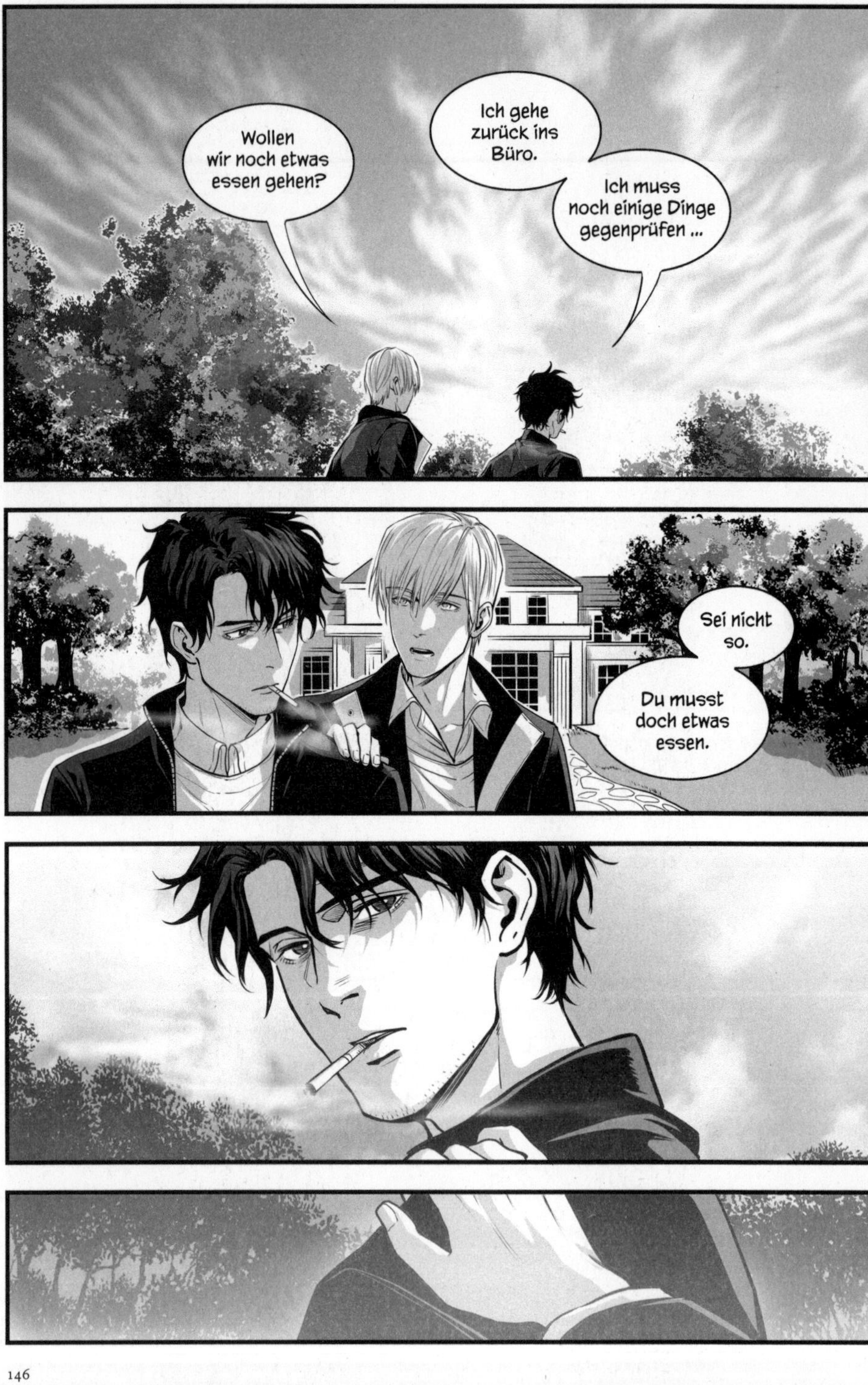
Wollen wir noch etwas essen gehen?
Ich gehe zurück ins Büro.
Ich muss noch einige Dinge gegenprüfen ...
Sei nicht so.
Du musst doch etwas essen.

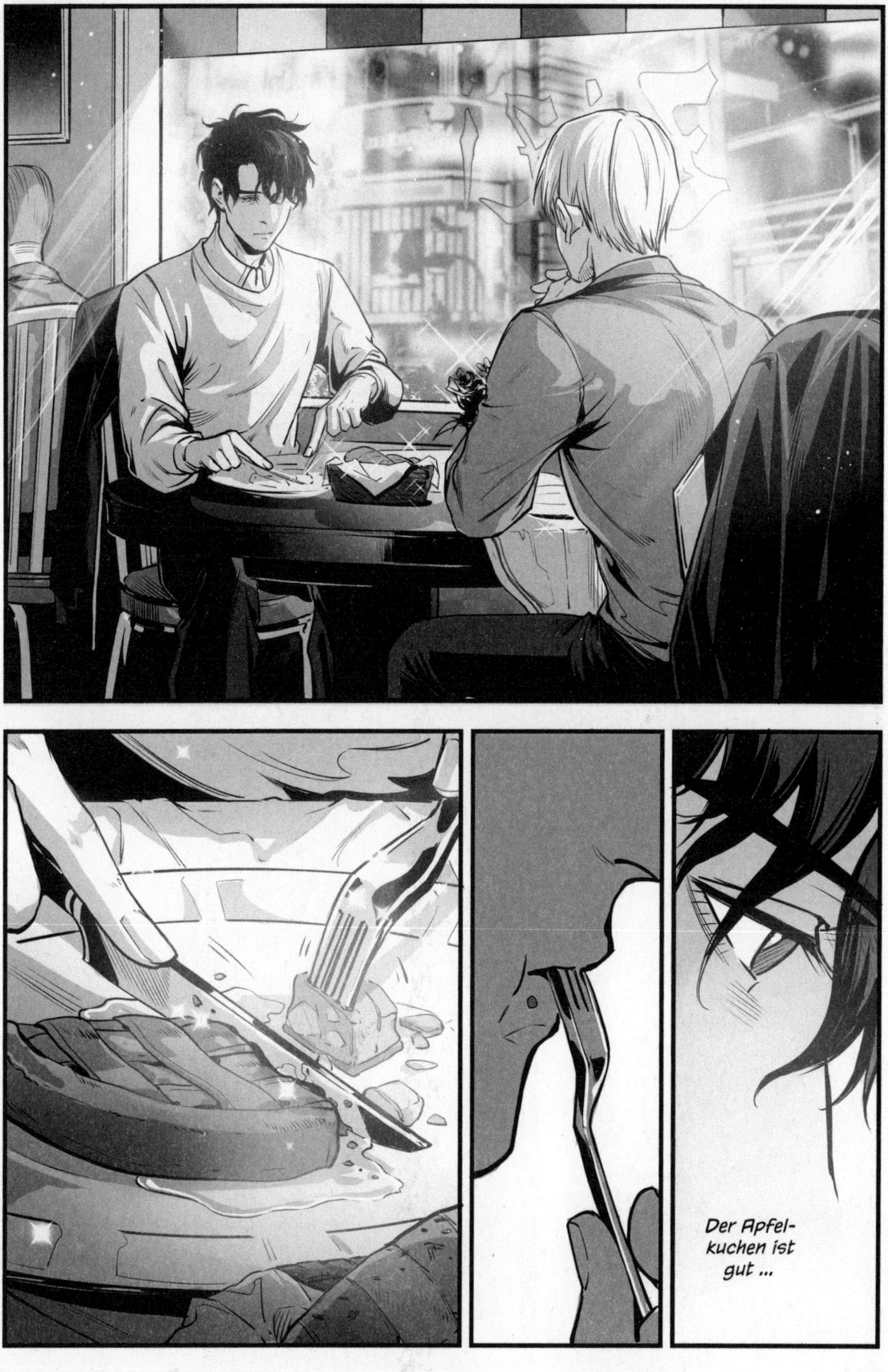
Der Apfel-
kuchen ist
gut ...

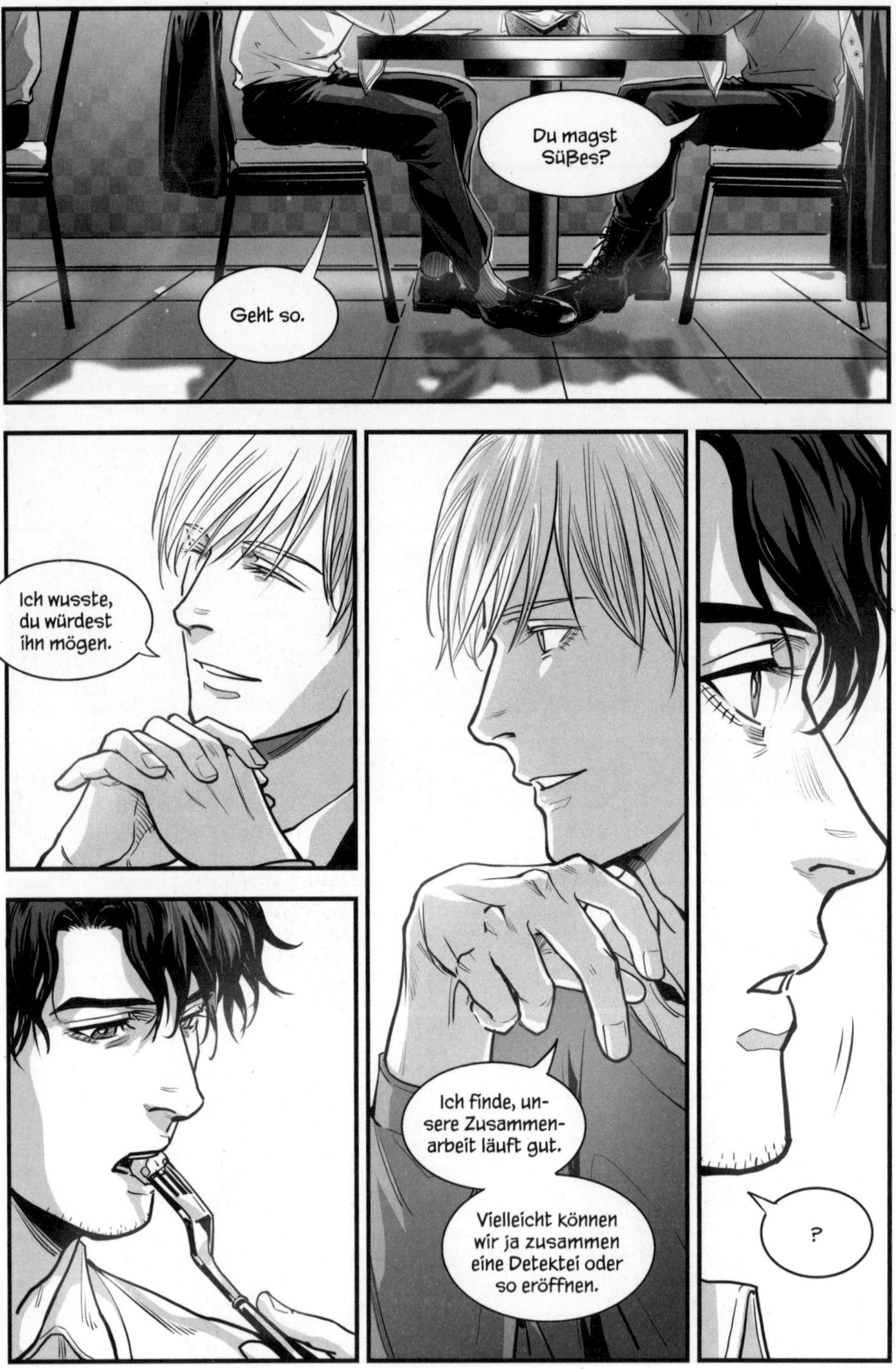
Du magst Süßes?
Geht so.
Ich wusste, du würdest ihn mögen.
Ich finde, unsere Zusammenarbeit läuft gut.
Vielleicht können wir ja zusammen eine Detektei oder so eröffnen.
?

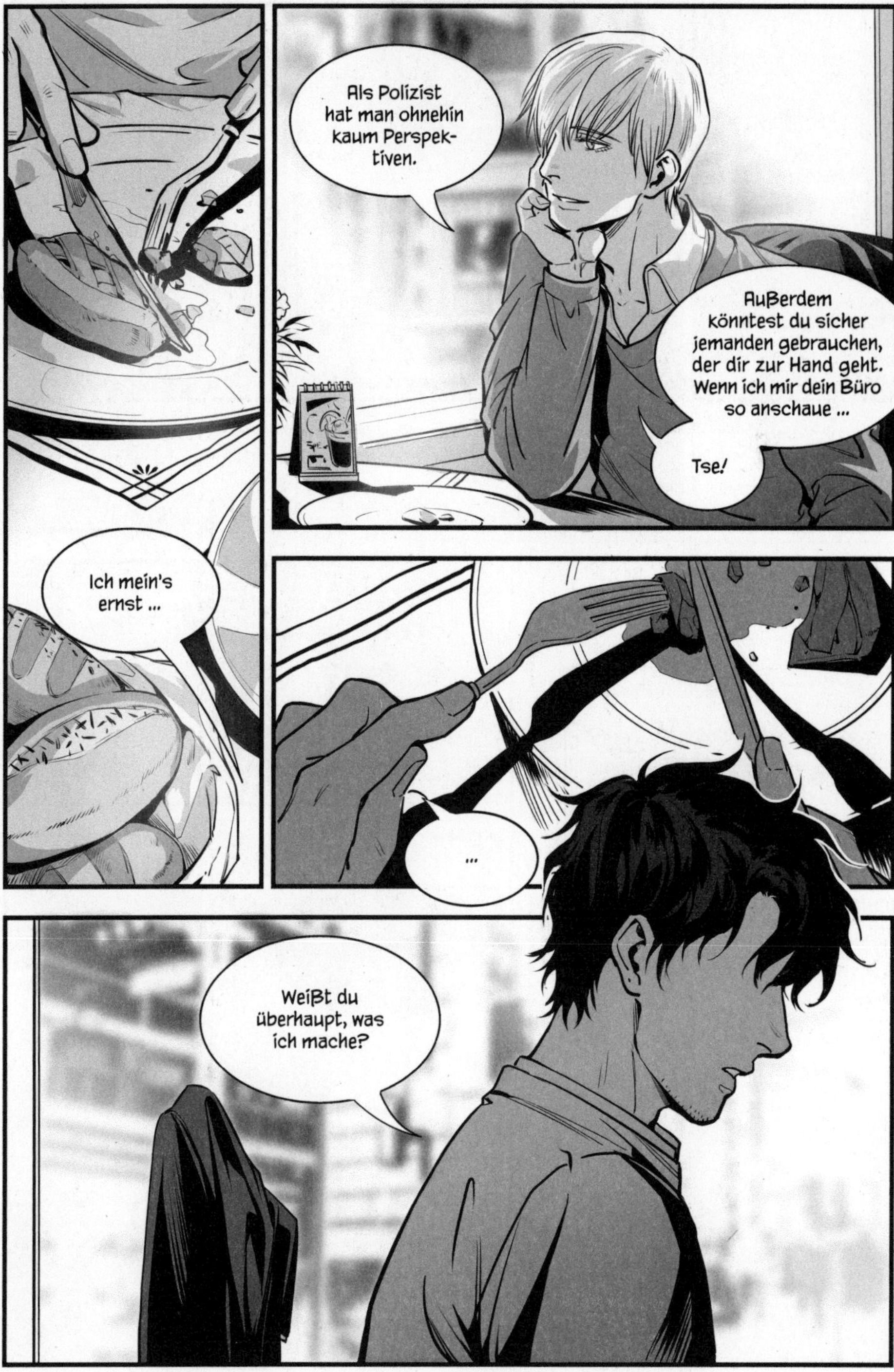
Als Polizist hat man ohnehin kaum Perspek-tiven.
Außerdem könntest du sicher jemanden gebrauchen, der dir zur Hand geht. Wenn ich mir dein Büro so anschaue ...
Tse!
Ich mein's ernst ...
...
Weißt du überhaupt, was ich mache?

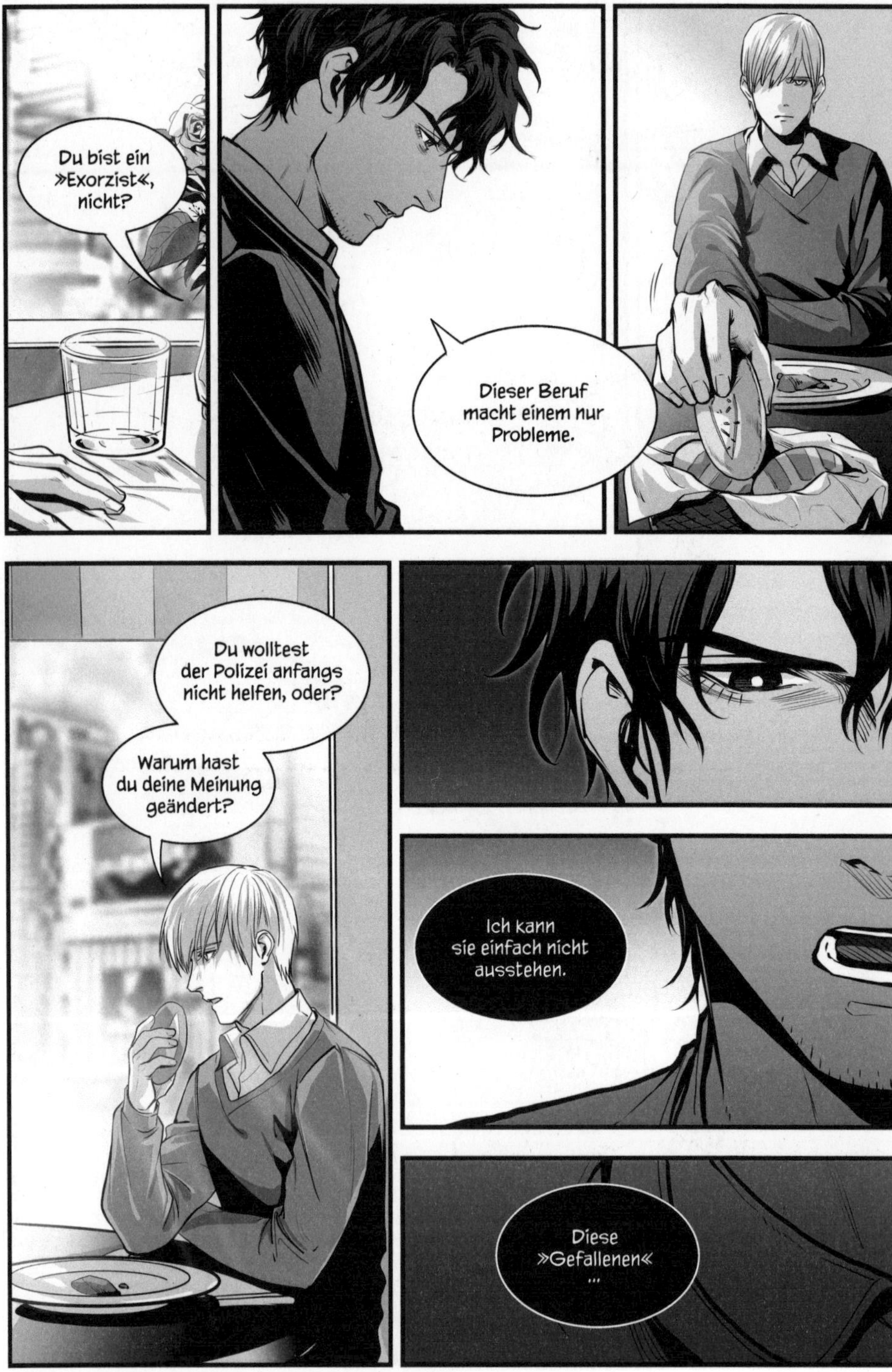
Du bist ein »Exorzist«, nicht?
Dieser Beruf macht einem nur Probleme.
Du wolltest der Polizei anfangs nicht helfen, oder?
Warum hast du deine Meinung geändert?
Ich kann sie einfach nicht ausstehen.
Diese »Gefallenen« ...

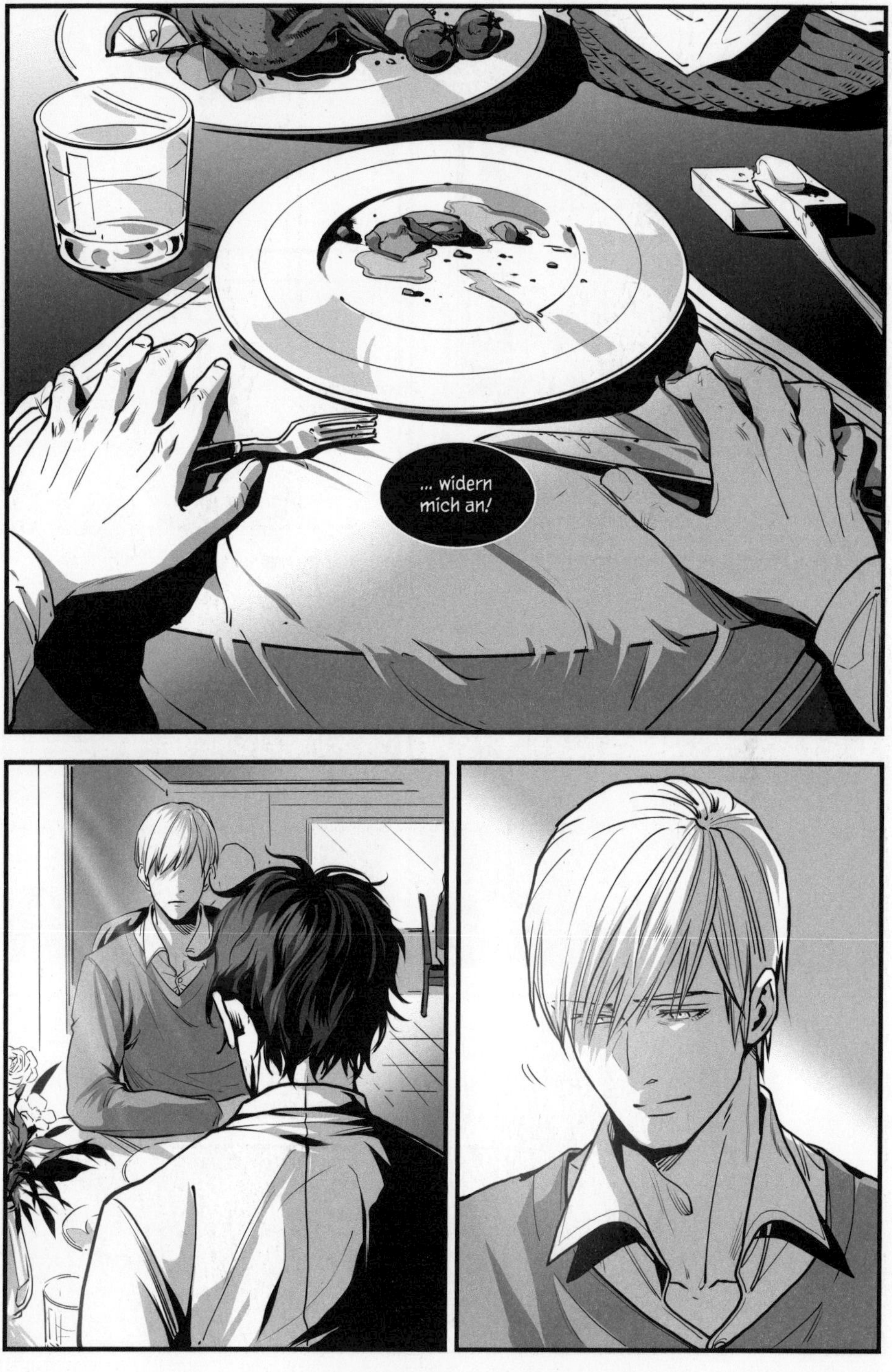
… widern mich an!

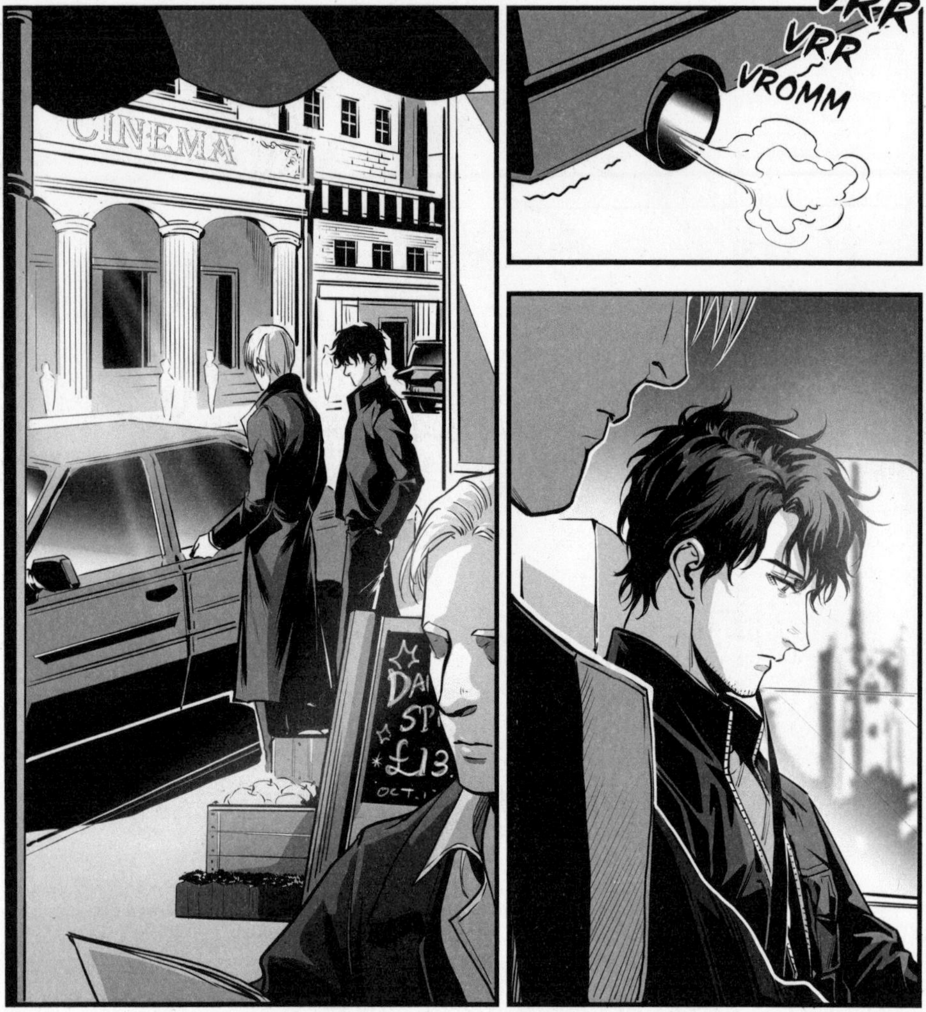
CINEMA
VRR
VRR
VROMM

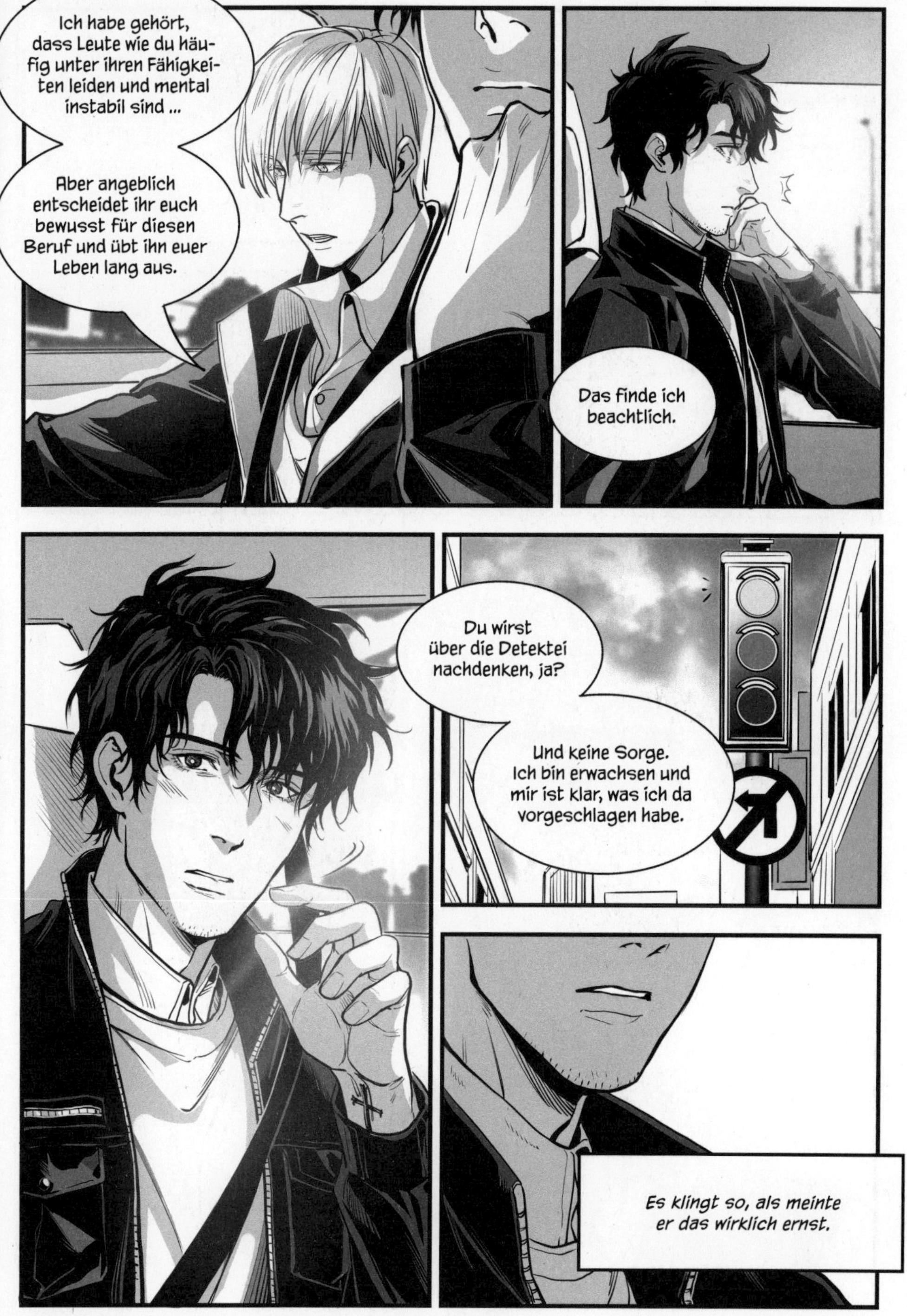
Ich habe gehört, dass Leute wie du häufig unter ihren Fähigkeiten leiden und mental instabil sind ...
Aber angeblich entscheidet ihr euch bewusst für diesen Beruf und übt ihn euer Leben lang aus.
Das finde ich beachtlich.
Du wirst über die Detektei nachdenken, ja?
Und keine Sorge. Ich bin erwachsen und mir ist klar, was ich da vorgeschlagen habe.
Es klingt so, als meinte er das wirklich ernst.

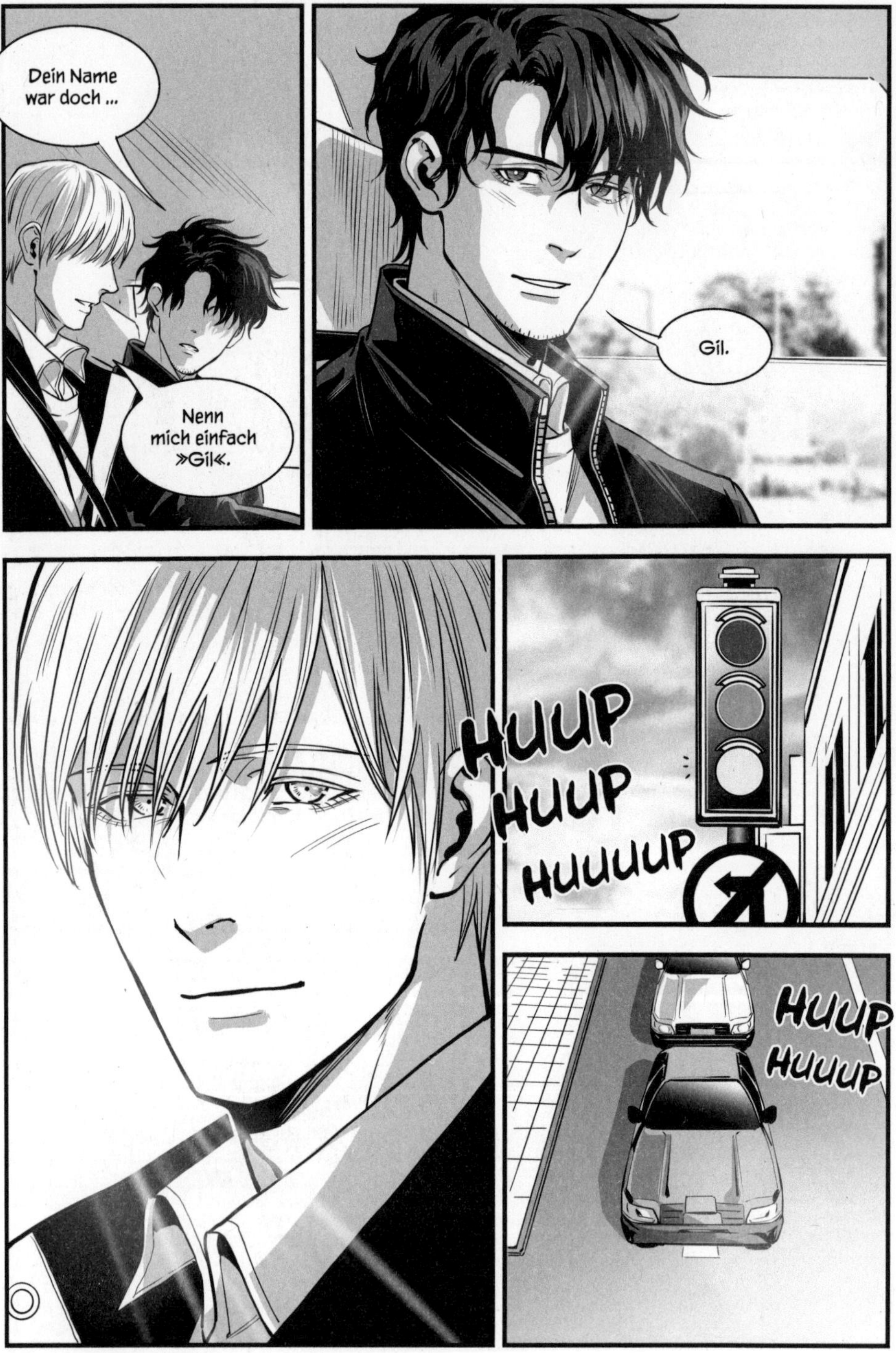

Dein Name war doch ...
Nenn mich einfach »Gil«.
Gil.
HUUP
HUUP
HUUUUP
HUUP
HUUUP

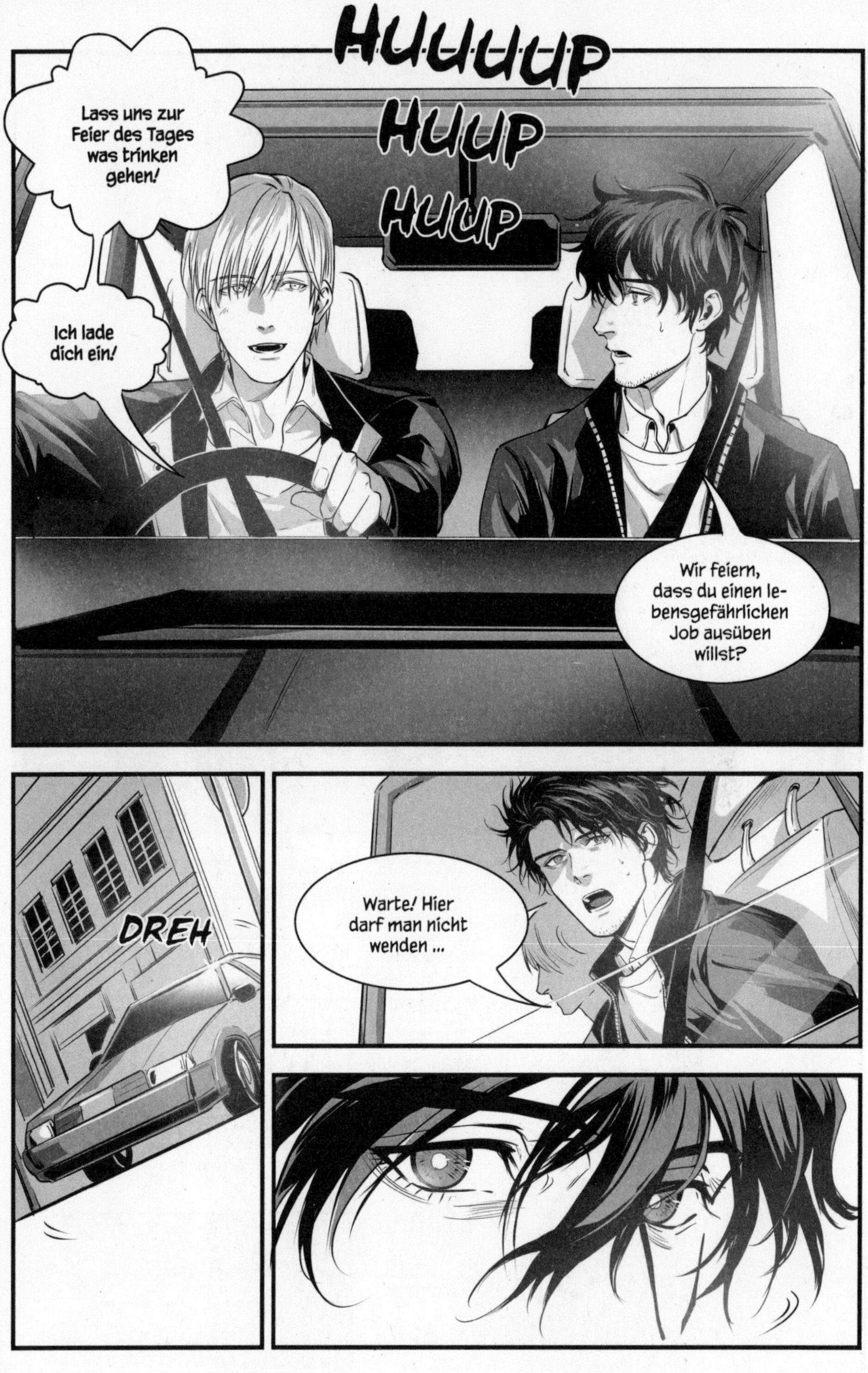
HUUUUP
HUUP
HUUP
Lass uns zur Feier des Tages was trinken gehen!
Ich lade dich ein!
Wir feiern, dass du einen lebensgefährlichen Job ausüben willst?
DREH
Warte! Hier darf man nicht wenden ...

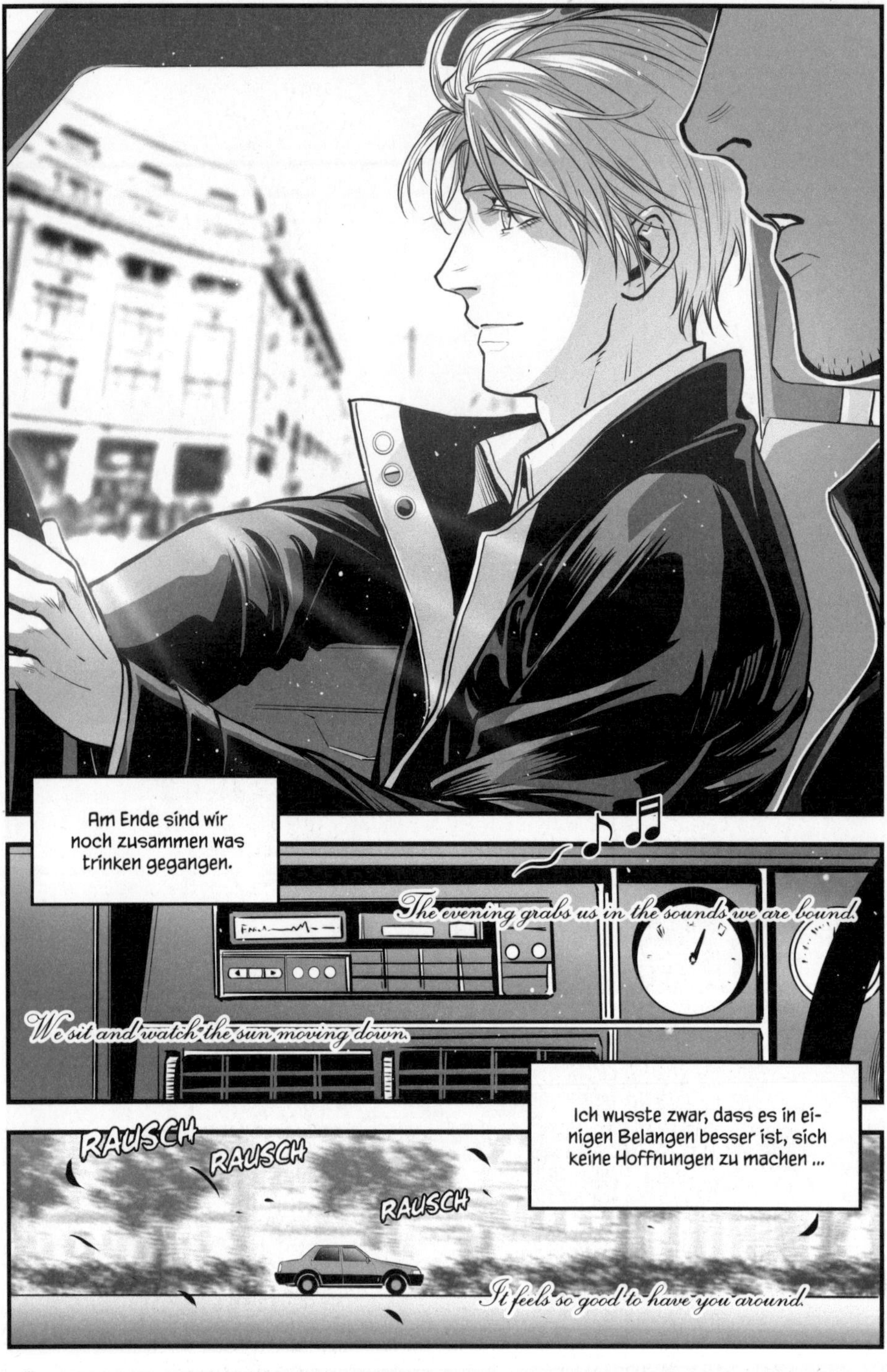
Am Ende sind wir noch zusammen was trinken gegangen.
The evening grabs us in the sounds we are bound.
We sit and watch the sun moving down.
Ich wusste zwar, dass es in einigen Belangen besser ist, sich keine Hoffnungen zu machen ...
RAUSCH
RAUSCH
RAUSCH
It feels so good to have you around.

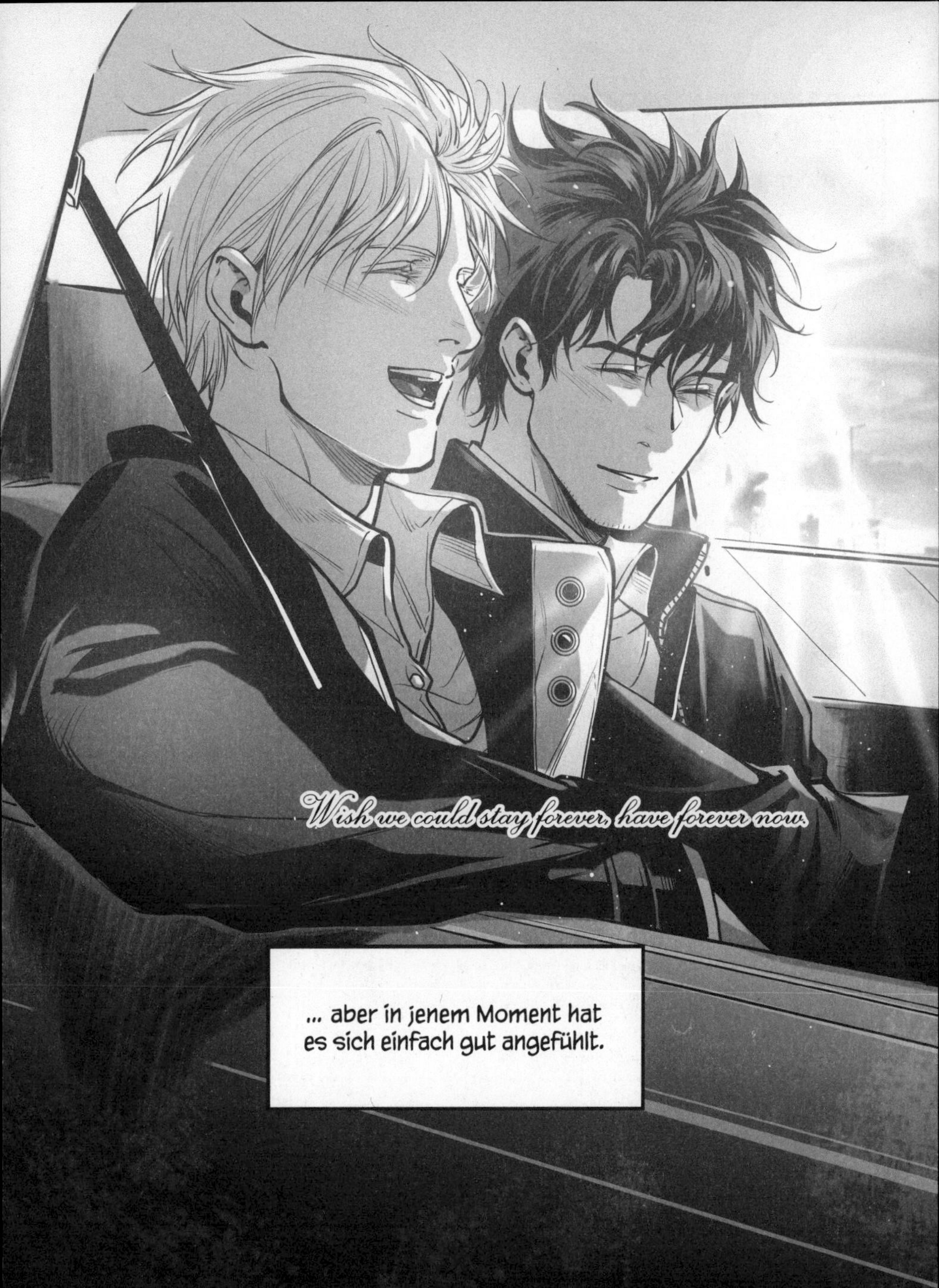
Wish we could stay forever, have forever now.
... aber in jenem Moment hat es sich einfach gut angefühlt.

SANCTIFY

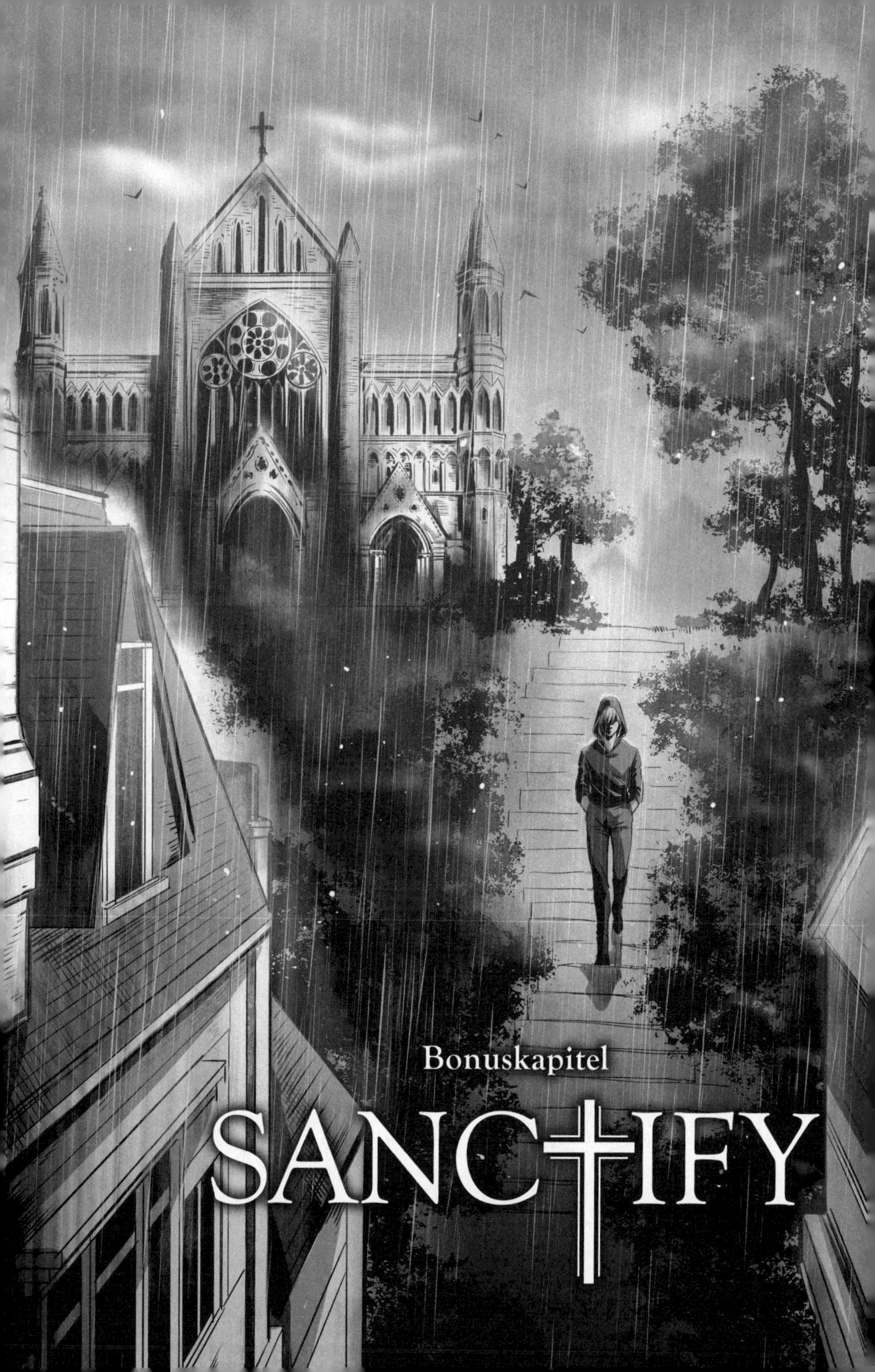
Bonuskapitel
SANCTIFY

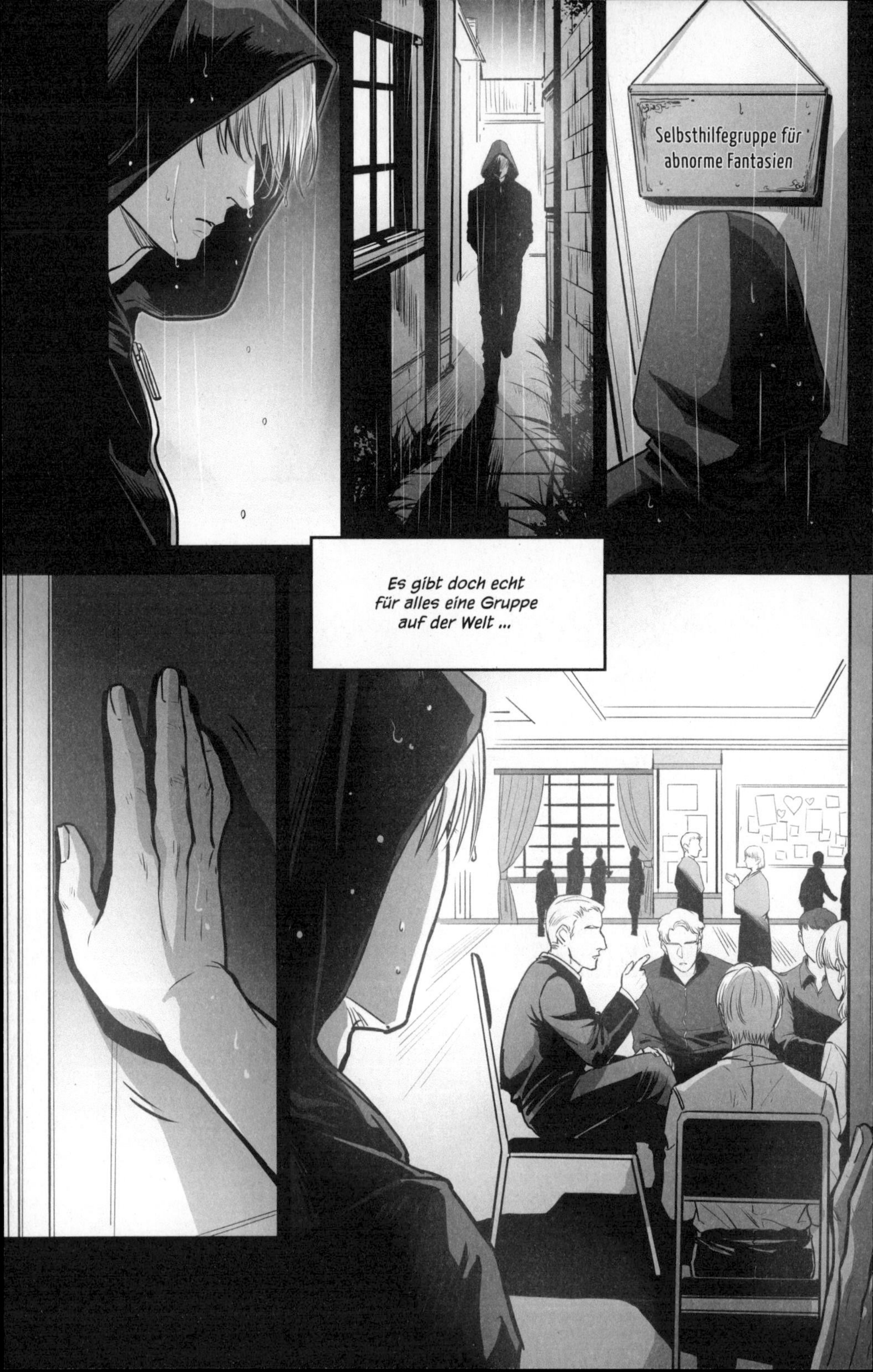
Selbsthilfegruppe für abnorme Fantasien
Es gibt doch echt für alles eine Gruppe auf der Welt ...

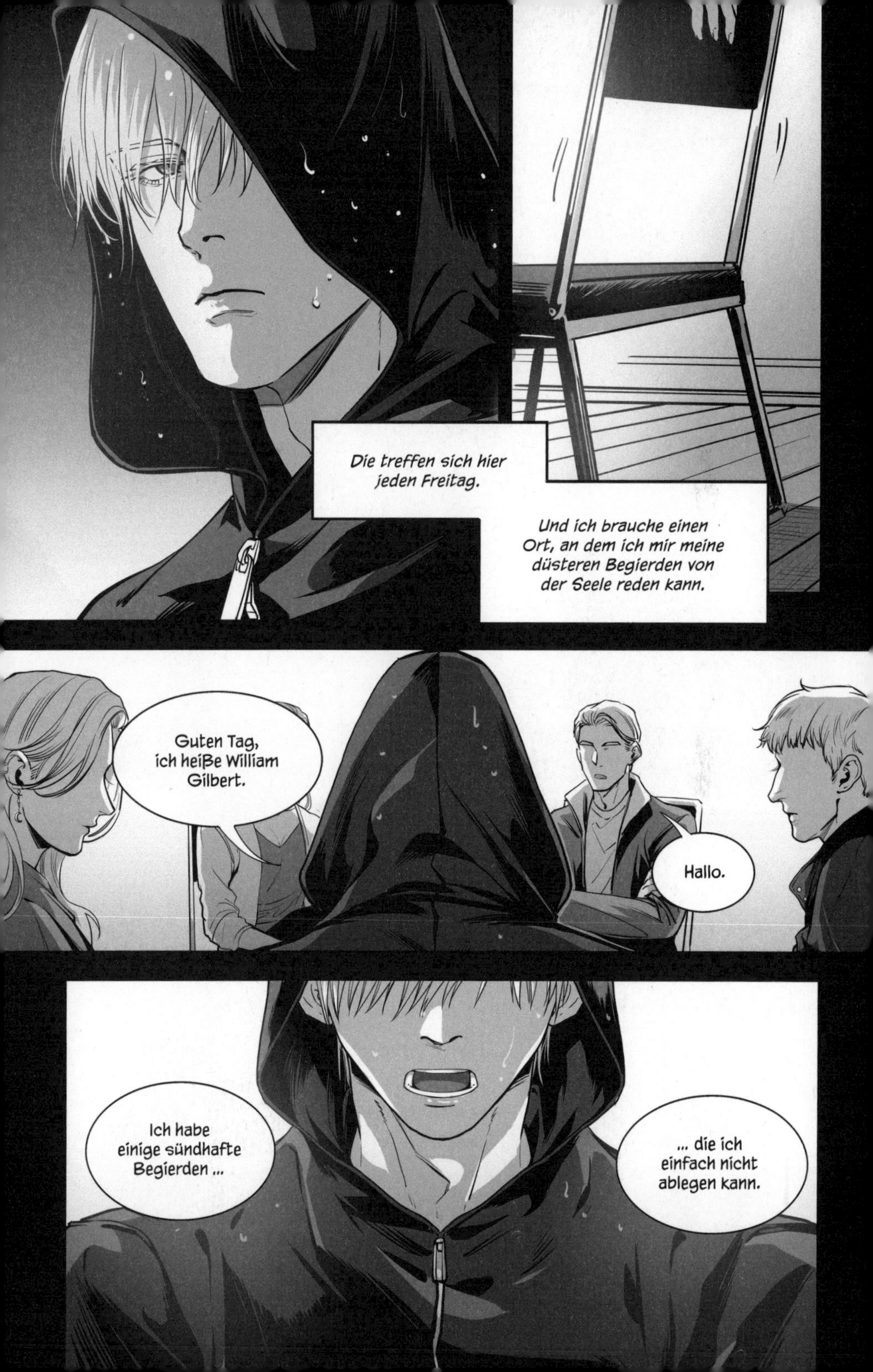

Die treffen sich hier jeden Freitag.
Und ich brauche einen Ort, an dem ich mir meine düsteren Begierden von der Seele reden kann.
Guten Tag, ich heiße William Gilbert.
Hallo.
Ich habe einige sündhafte Begierden ...
... die ich einfach nicht ablegen kann.

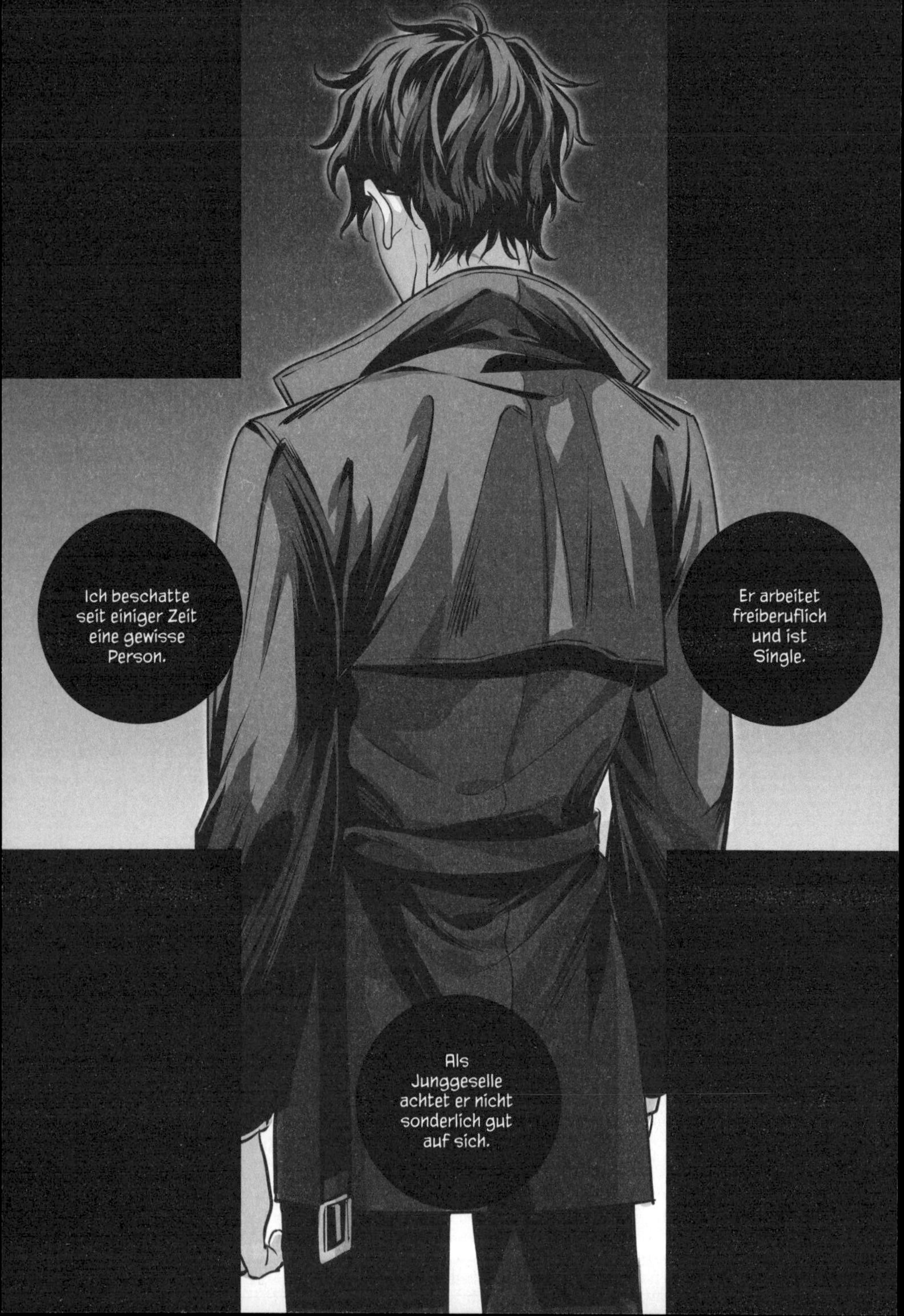
Er arbeitet freiberuflich und ist Single.
Ich beschatte seit einiger Zeit eine gewisse Person.
Als Junggeselle achtet er nicht sonderlich gut auf sich.

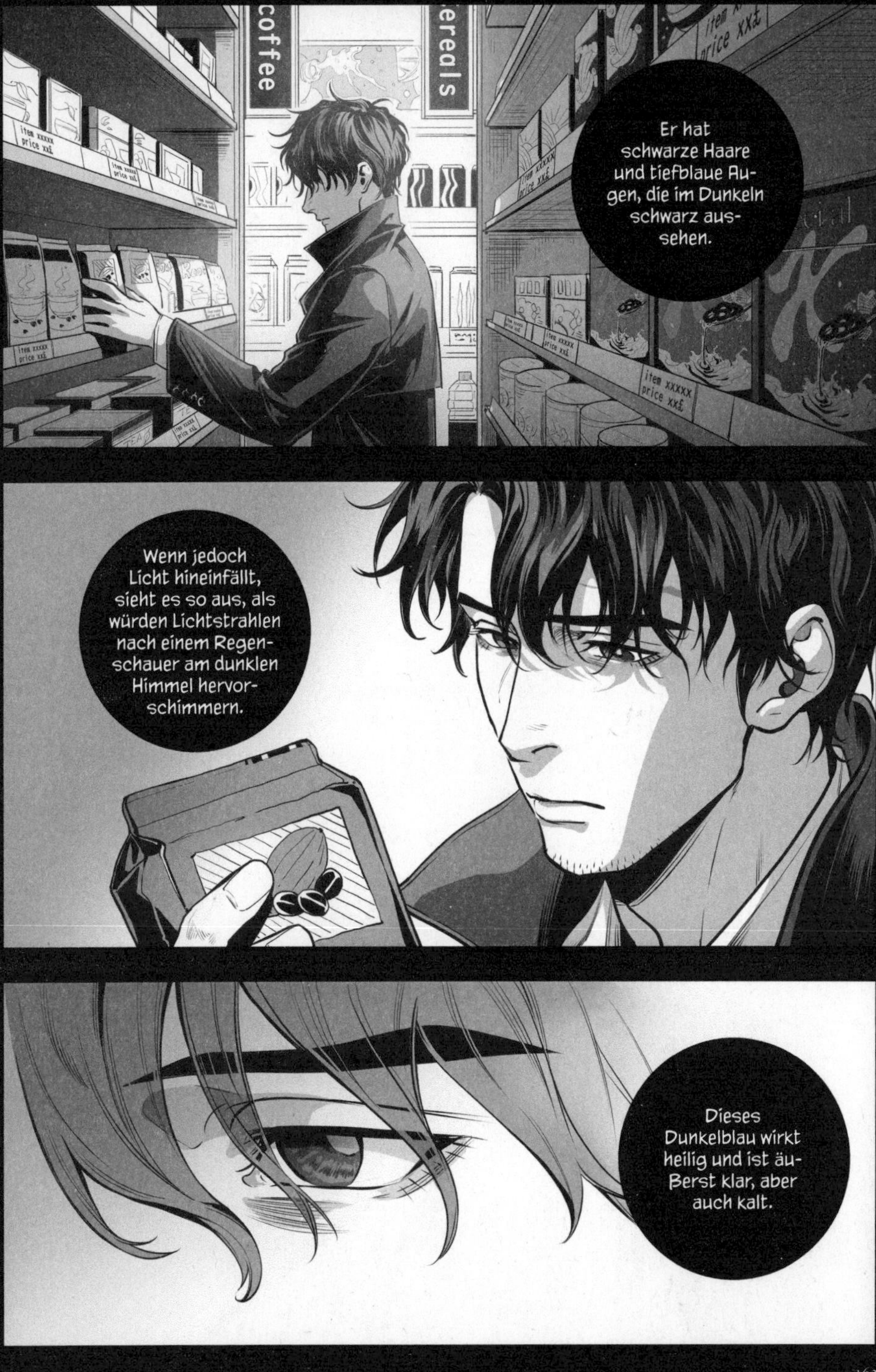
coffee
Er hat schwarze Haare und tiefblaue Augen, die im Dunkeln schwarz aussehen.
Wenn jedoch Licht hineinfällt, sieht es so aus, als würden Lichtstrahlen nach einem Regenschauer am dunklen Himmel hervorschimmern.
Dieses Dunkelblau wirkt heilig und ist äußerst klar, aber auch kalt.

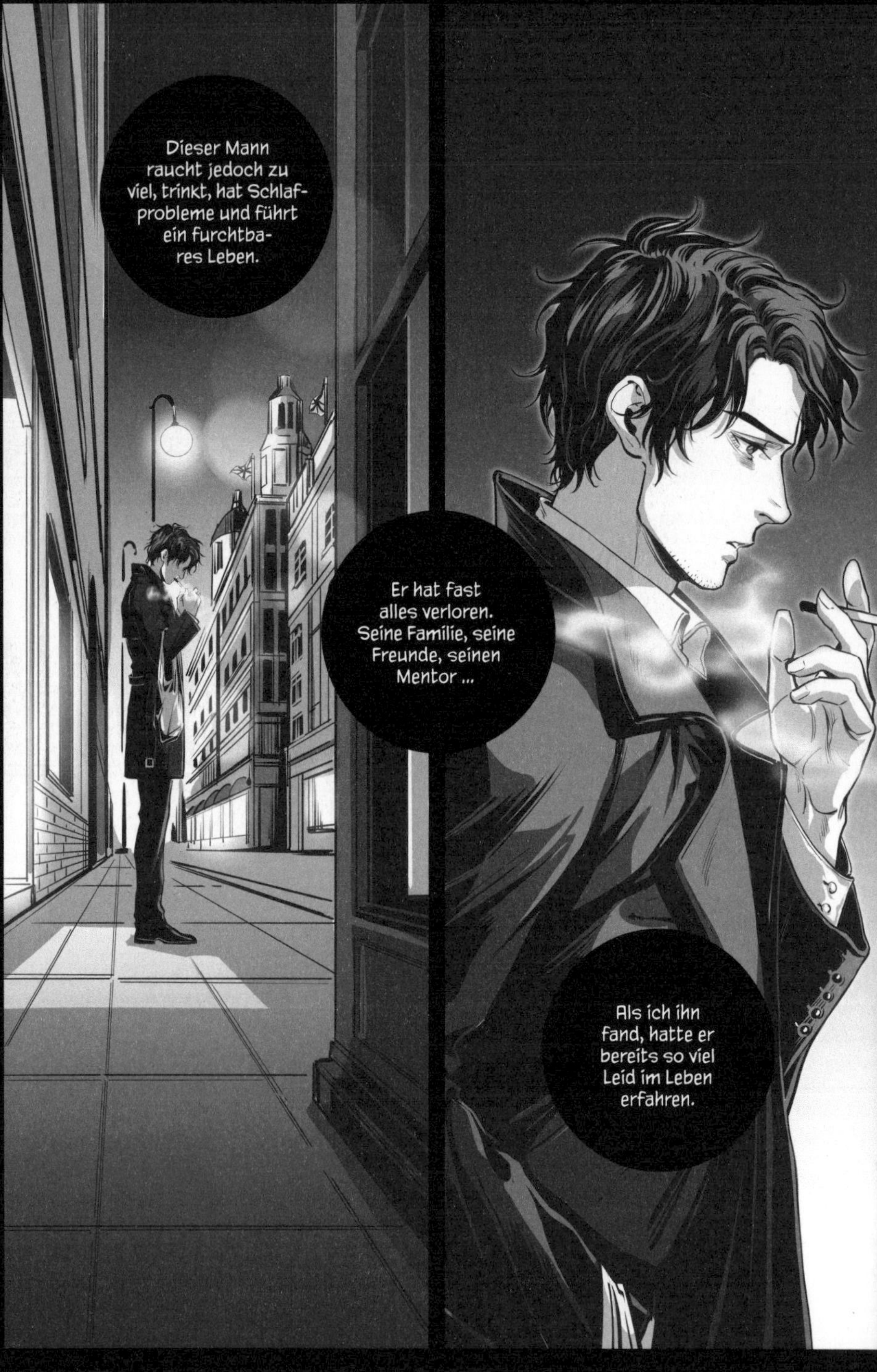
Dieser Mann raucht jedoch zu viel, trinkt, hat Schlafprobleme und führt ein furchtbares Leben.
Er hat fast alles verloren. Seine Familie, seine Freunde, seinen Mentor ...
Als ich ihn fand, hatte er bereits so viel Leid im Leben erfahren.

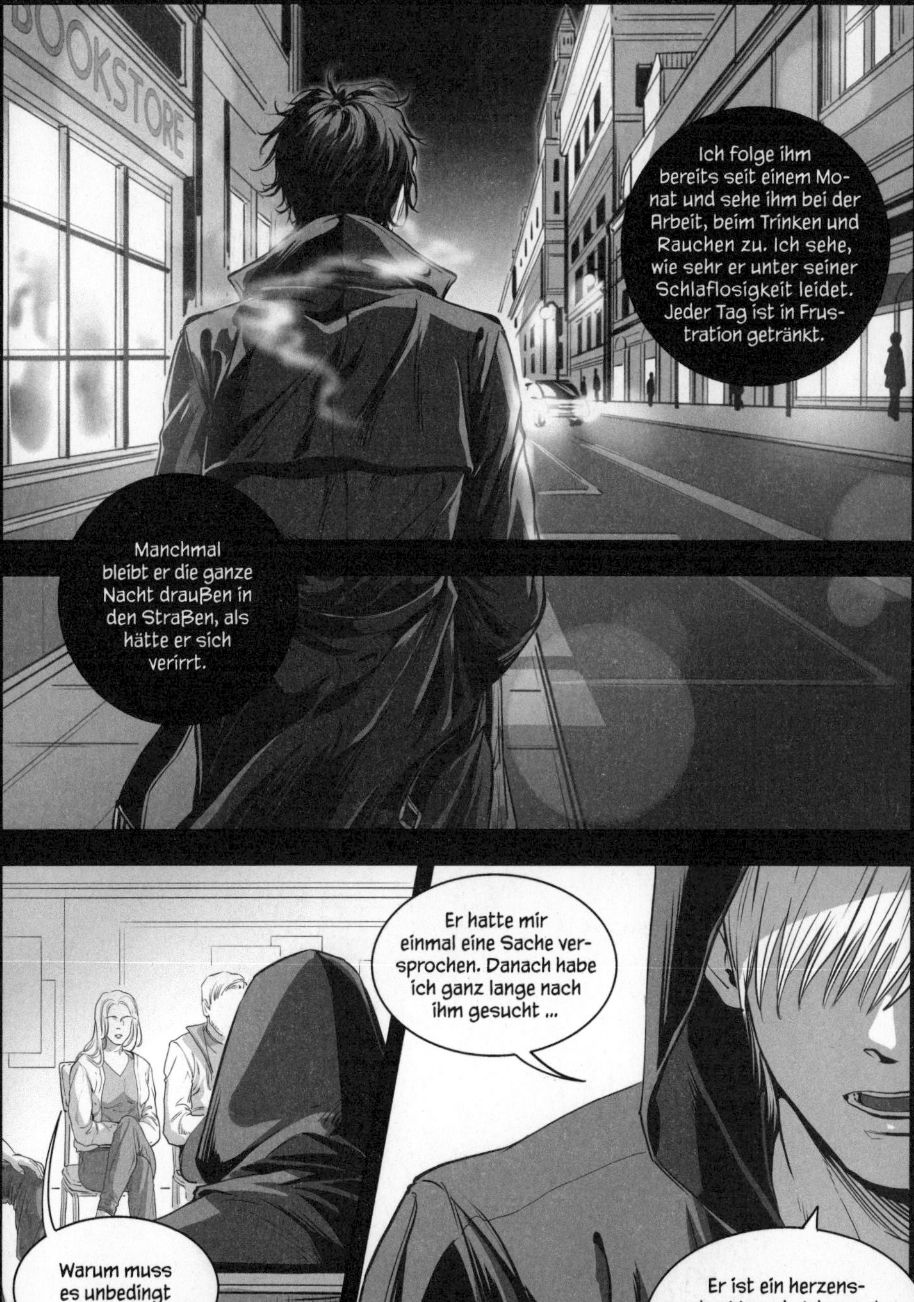
BOOKSTORE
Ich folge ihm bereits seit einem Monat und sehe ihm bei der Arbeit, beim Trinken und Rauchen zu. Ich sehe, wie sehr er unter seiner Schlaflosigkeit leidet. Jeder Tag ist in Frustration getränkt.
Manchmal bleibt er die ganze Nacht draußen in den Straßen, als hätte er sich verirrt.
Er hatte mir einmal eine Sache versprochen. Danach habe ich ganz lange nach ihm gesucht ...
Warum muss es unbedingt er sein?
Er ist ein herzensguter Mensch. Ich wusste, dass er ein ungesundes Leben führt, aber ich hätte nicht gedacht ...

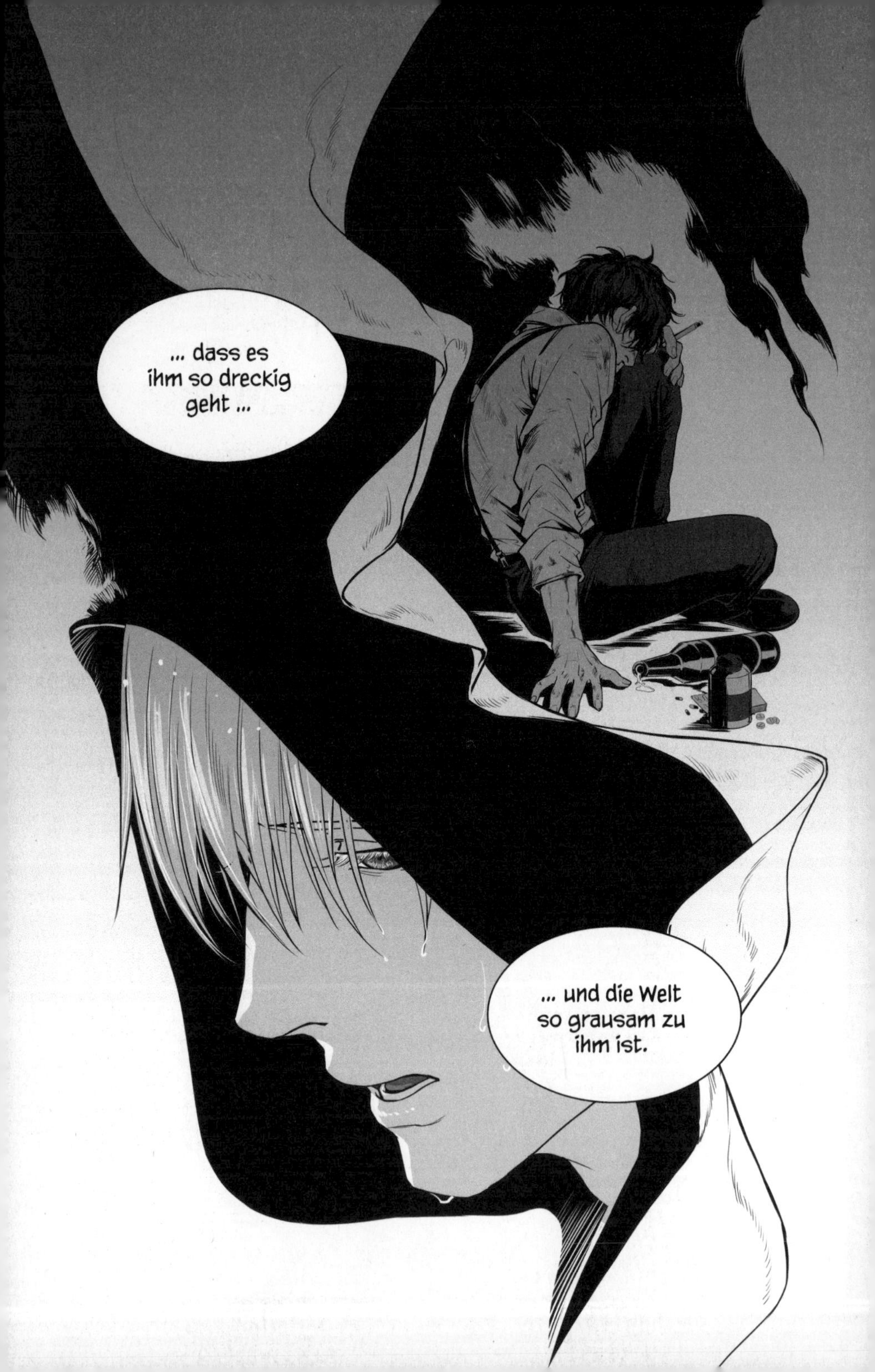
... dass es ihm so dreckig geht ...
... und die Welt so grausam zu ihm ist.

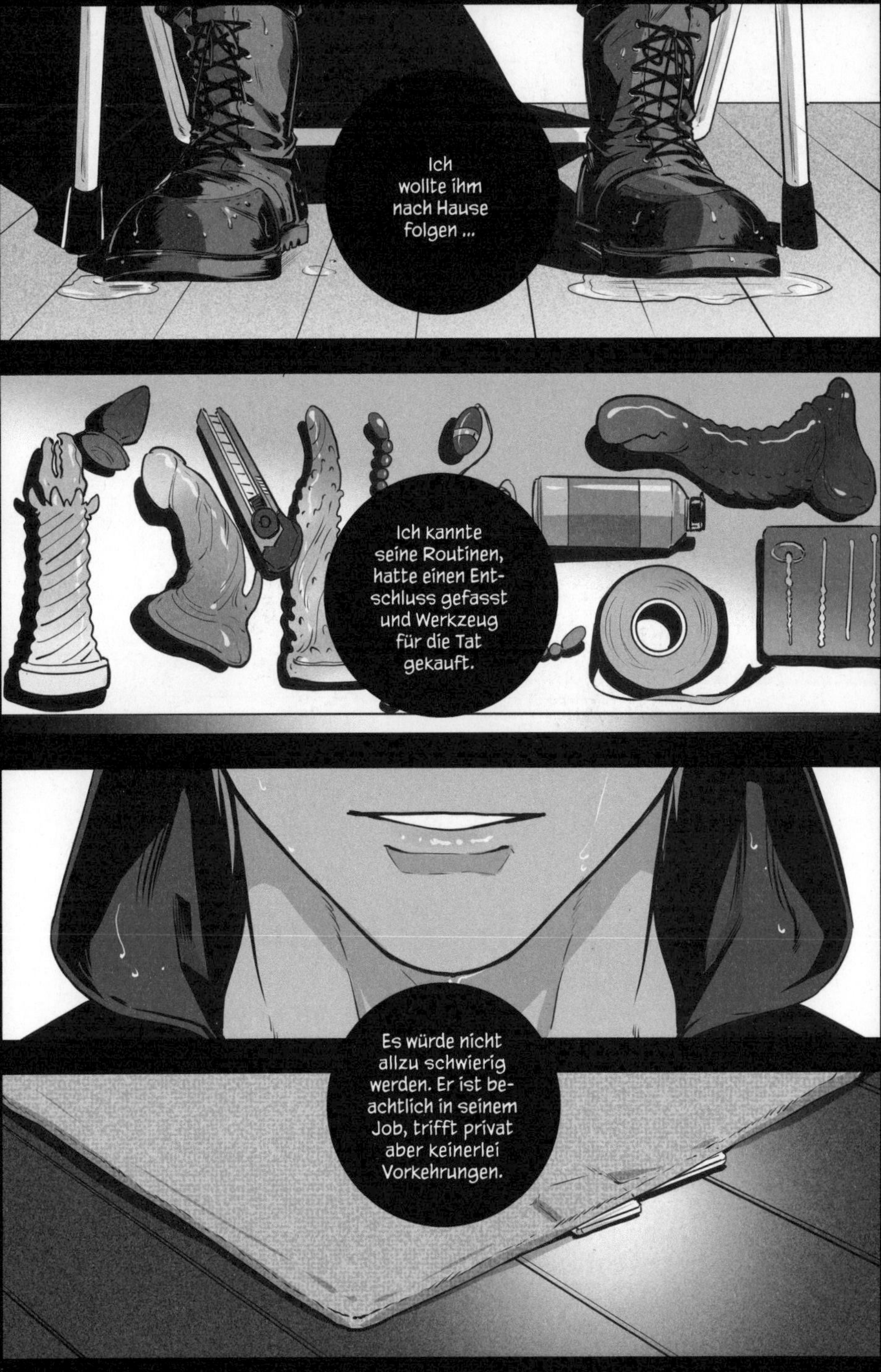
Ich wollte ihm nach Hause folgen ...
Ich kannte seine Routinen, hatte einen Entschluss gefasst und Werkzeug für die Tat gekauft.
Es würde nicht allzu schwierig werden. Er ist beachtlich in seinem Job, trifft privat aber keinerlei Vorkehrungen.

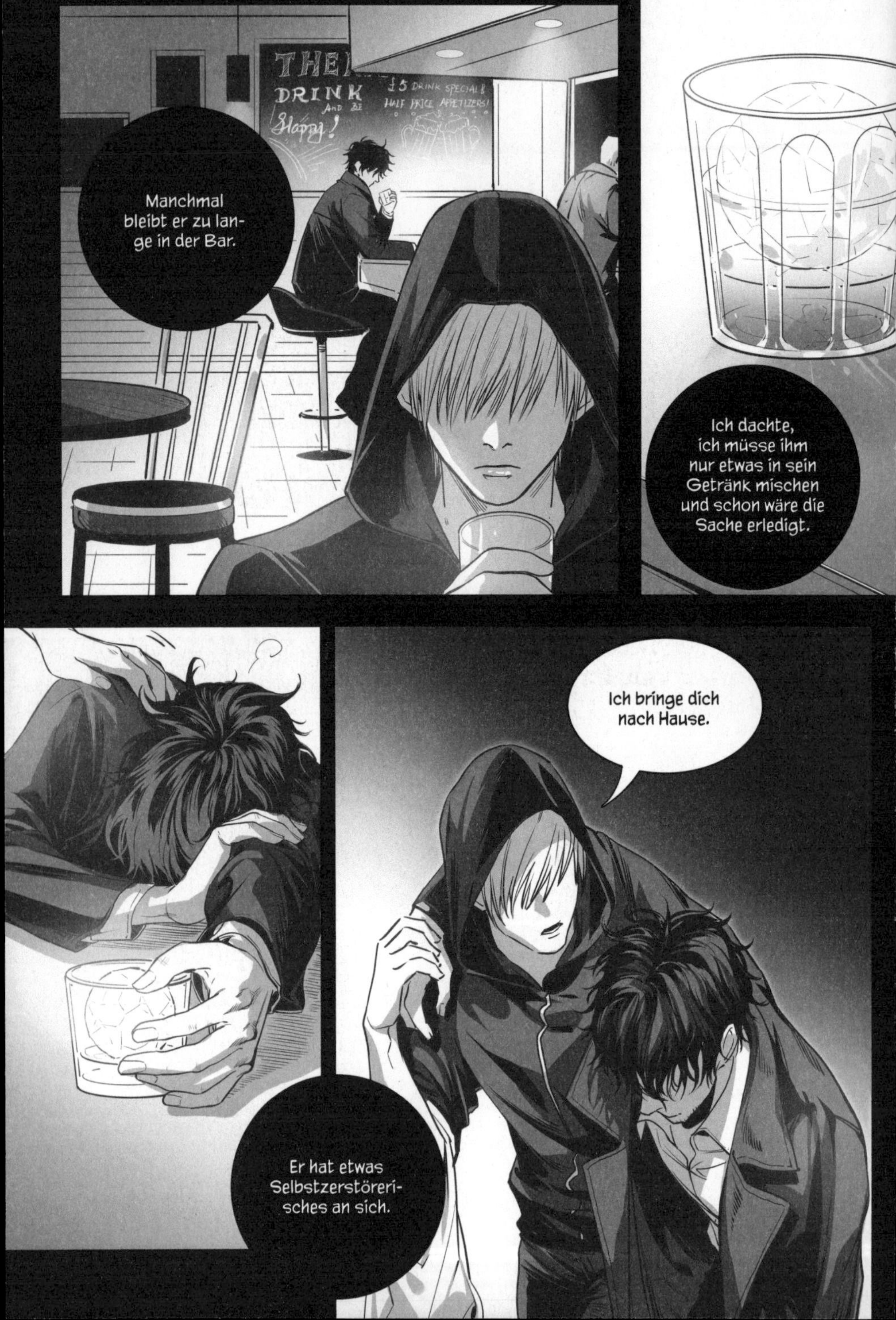
DRINK
AND BE
Happy!
$5 DRINK SPECIAL &
HALF PRICE APPETIZERS!
Manchmal bleibt er zu lange in der Bar.
Ich dachte, ich müsse ihm nur etwas in sein Getränk mischen und schon wäre die Sache erledigt.
Ich bringe dich nach Hause.
Er hat etwas Selbstzerstörerisches an sich.

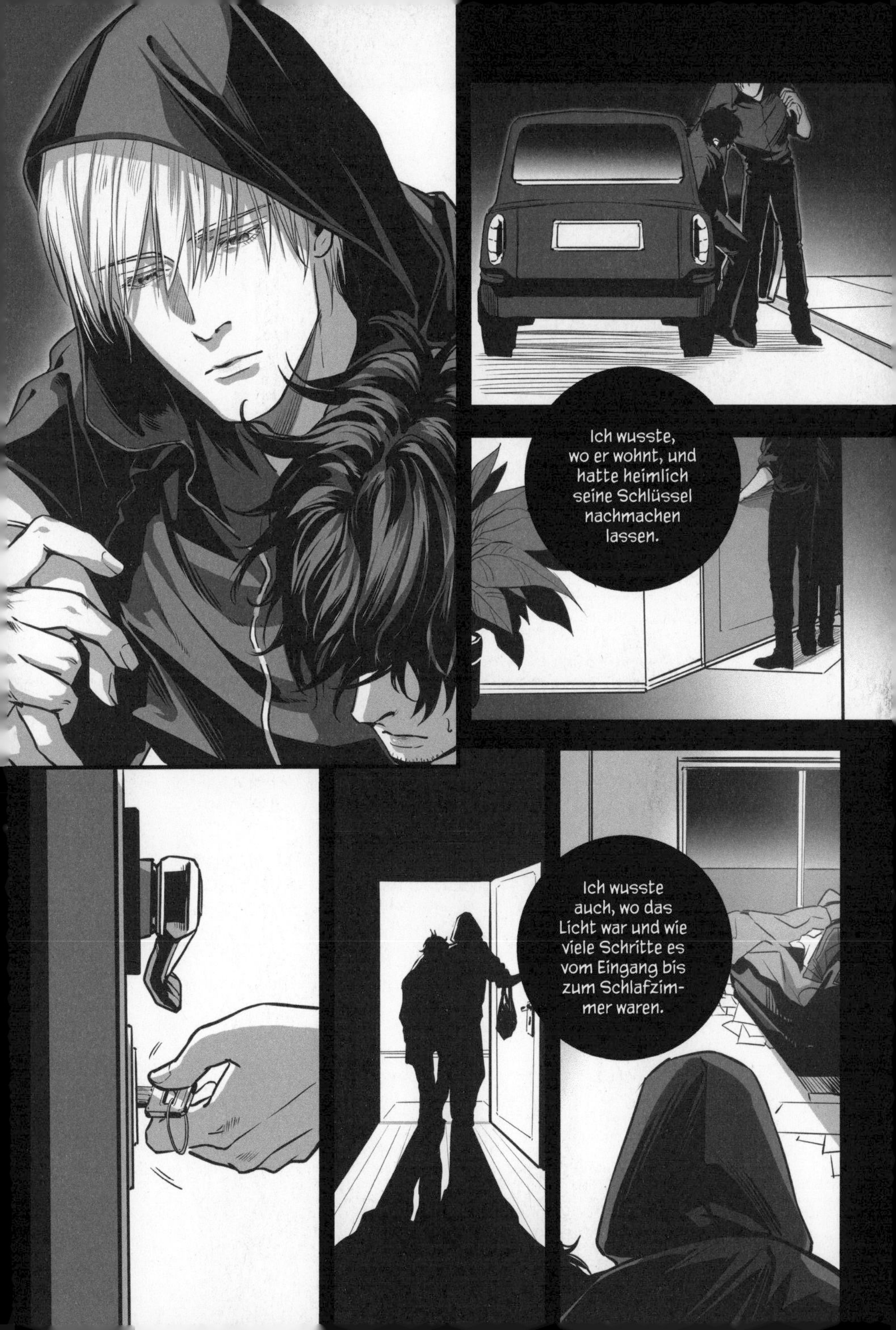
Ich wusste, wo er wohnt, und hatte heimlich seine Schlüssel nachmachen lassen.
Ich wusste auch, wo das Licht war und wie viele Schritte es vom Eingang bis zum Schlafzimmer waren.

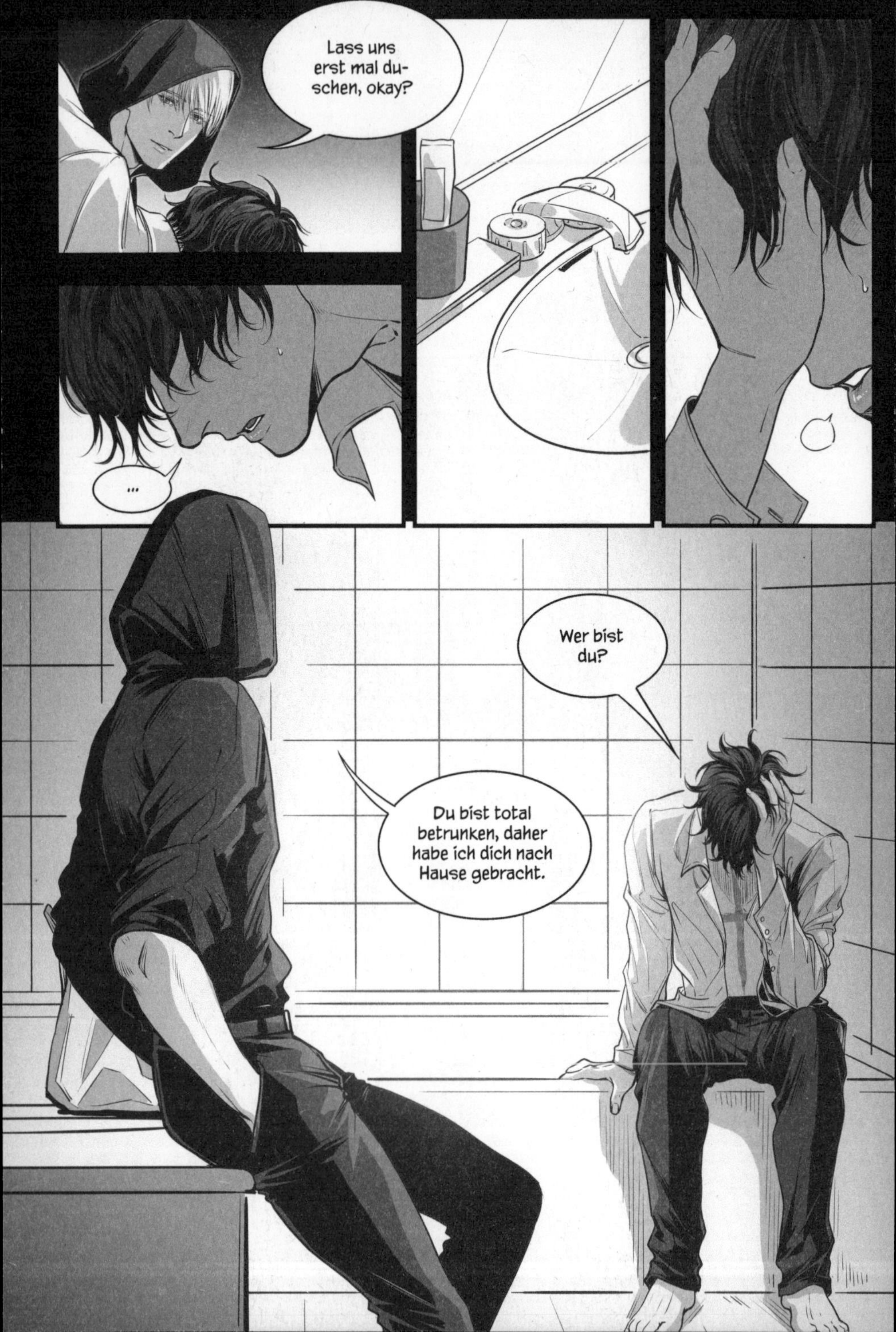
Lass uns erst mal duschen, okay?
...
Wer bist du?
Du bist total betrunken, daher habe ich dich nach Hause gebracht.

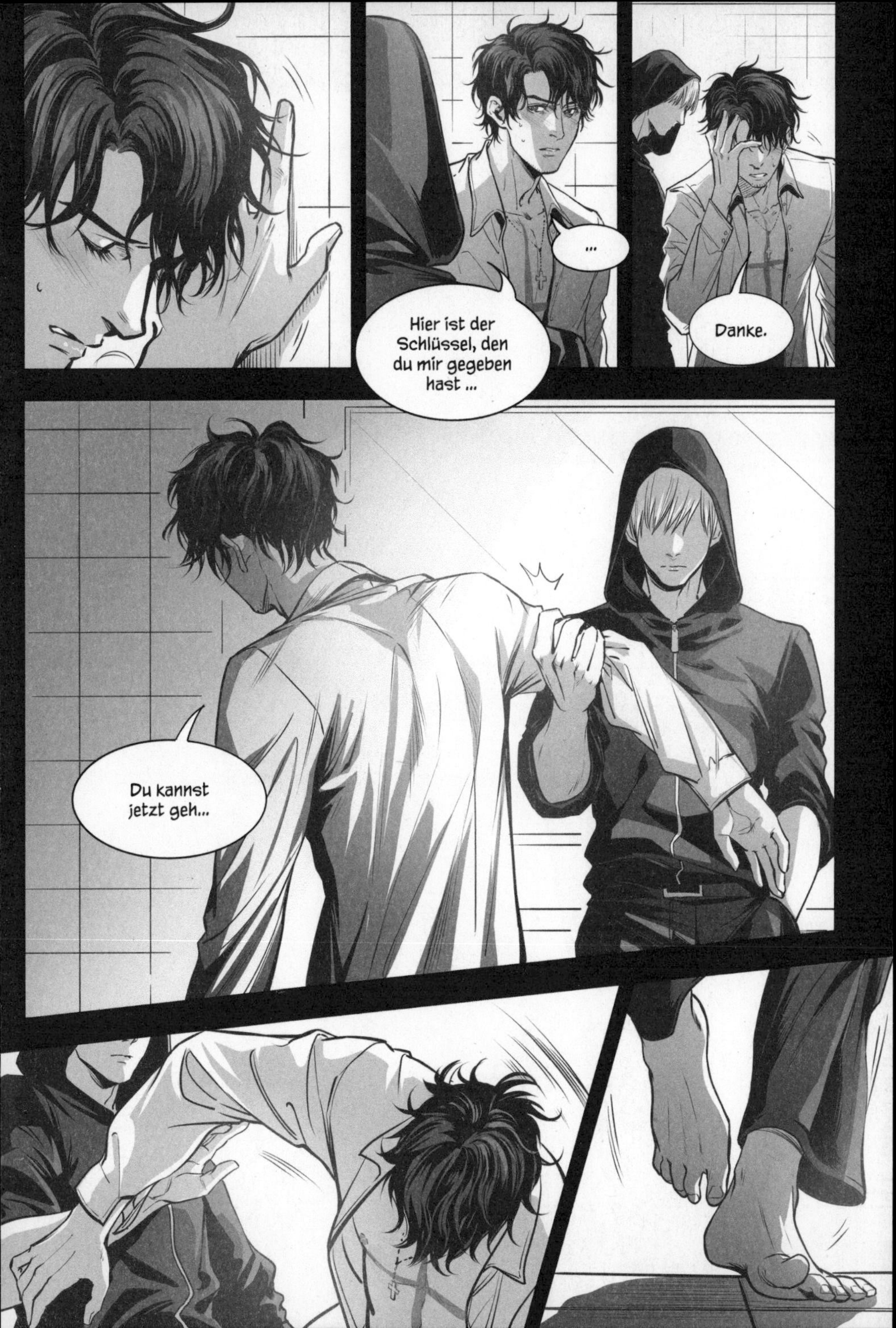
...
Hier ist der Schlüssel, den du mir gegeben hast ...
Danke.
Du kannst jetzt geh...

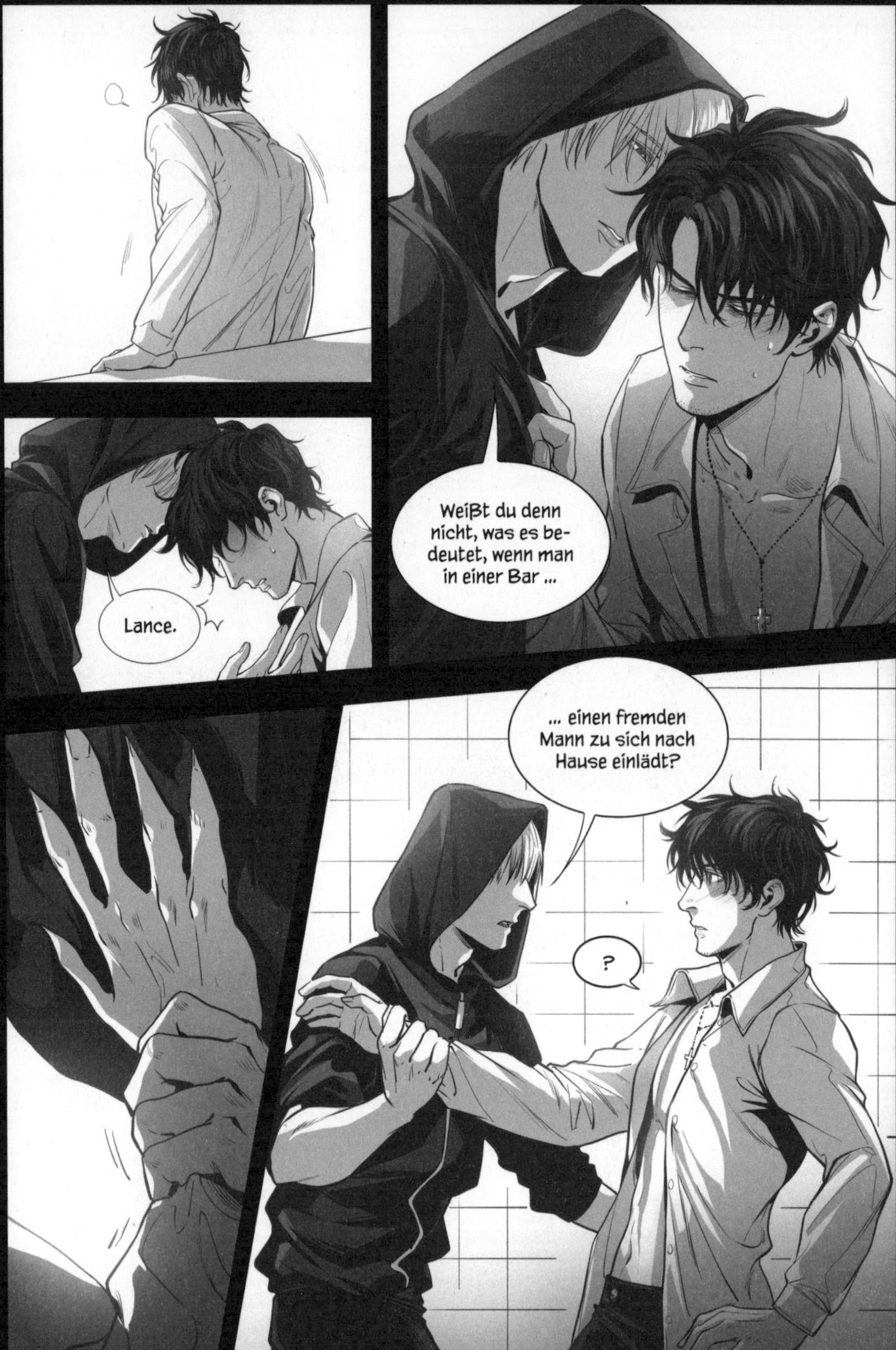
Lance.
Weißt du denn nicht, was es bedeutet, wenn man in einer Bar ...
... einen fremden Mann zu sich nach Hause einlädt?
?

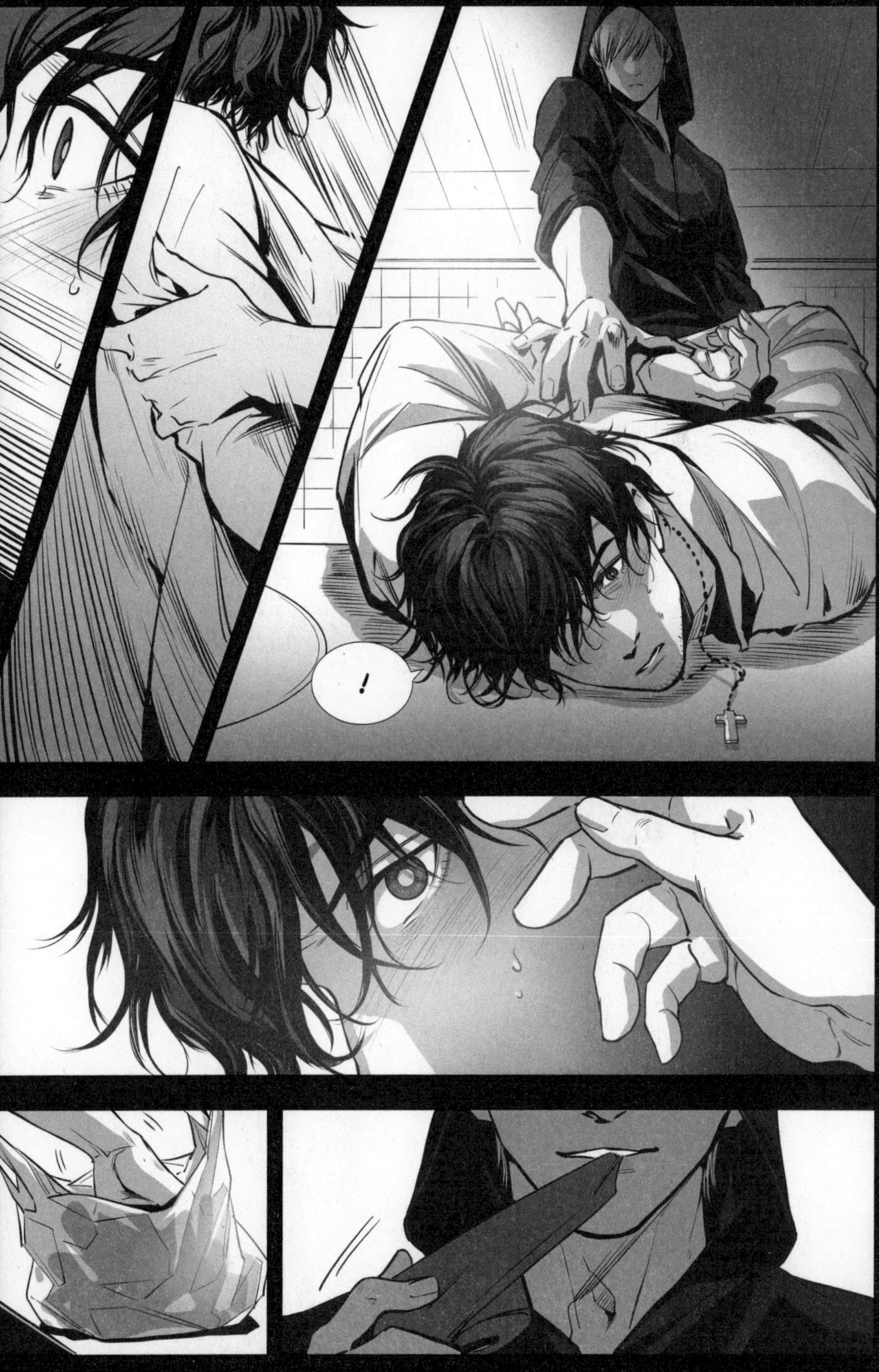

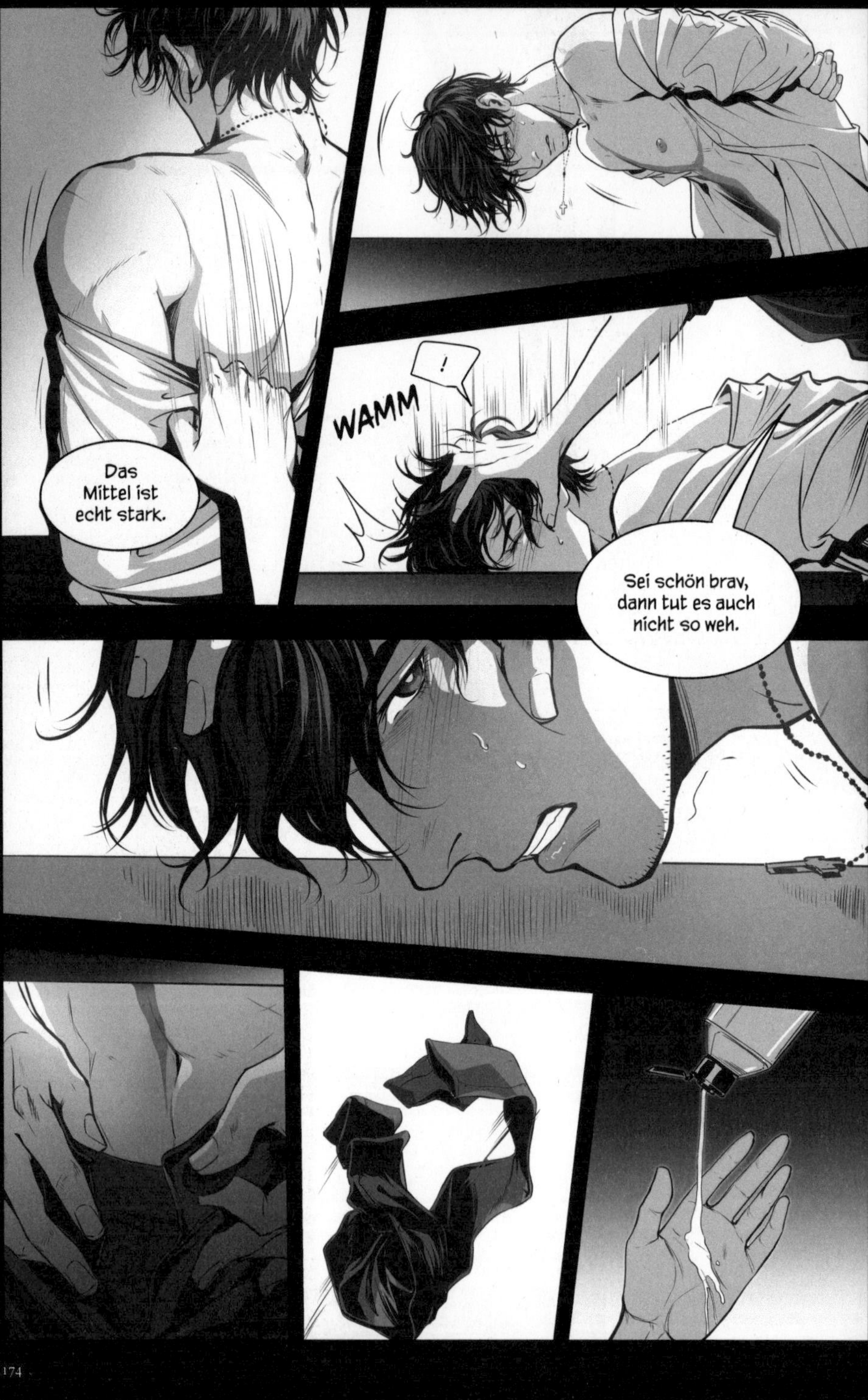
Das Mittel ist echt stark.
!
WAMM
Sei schön brav, dann tut es auch nicht so weh.

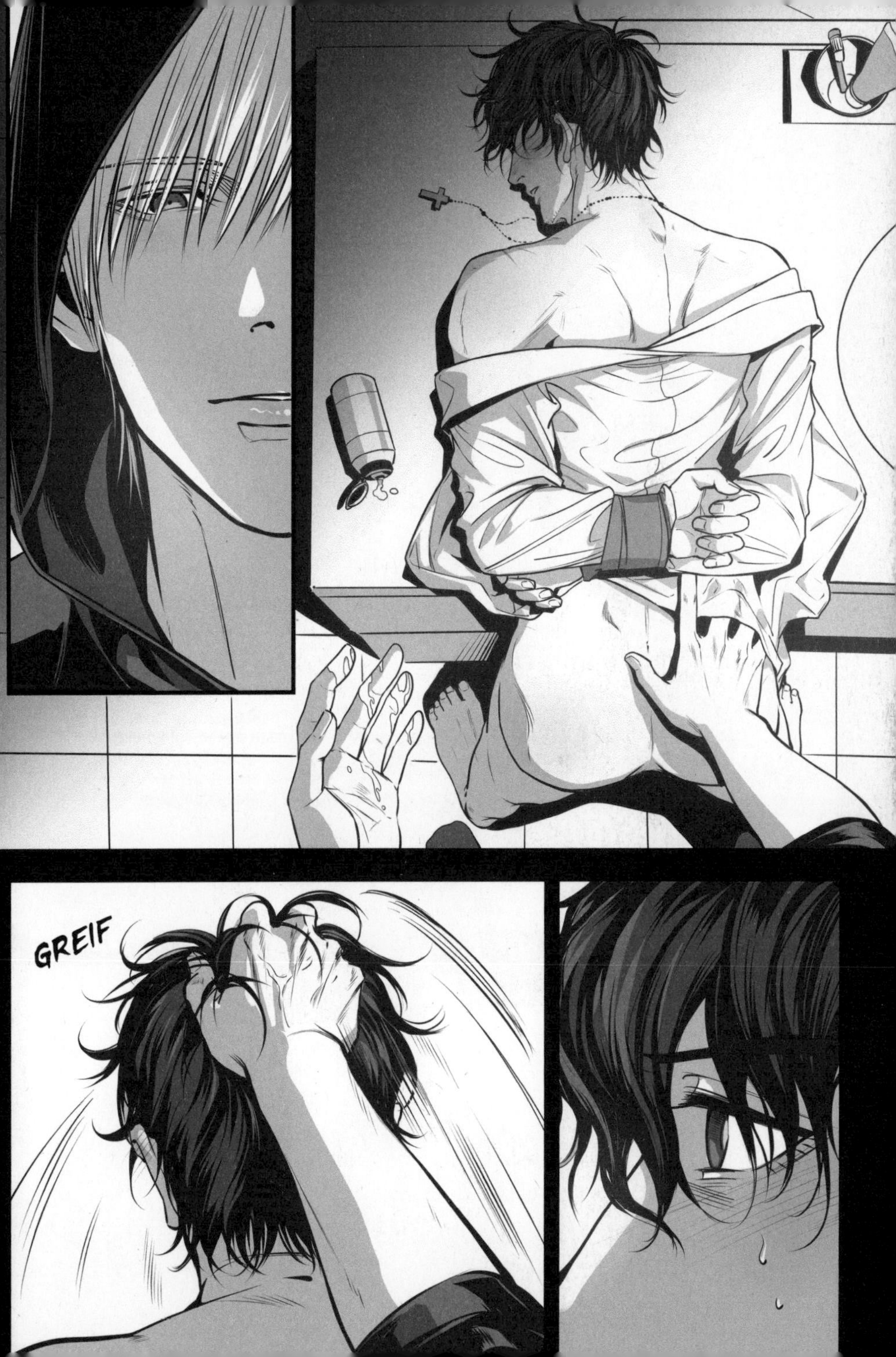
GREIF

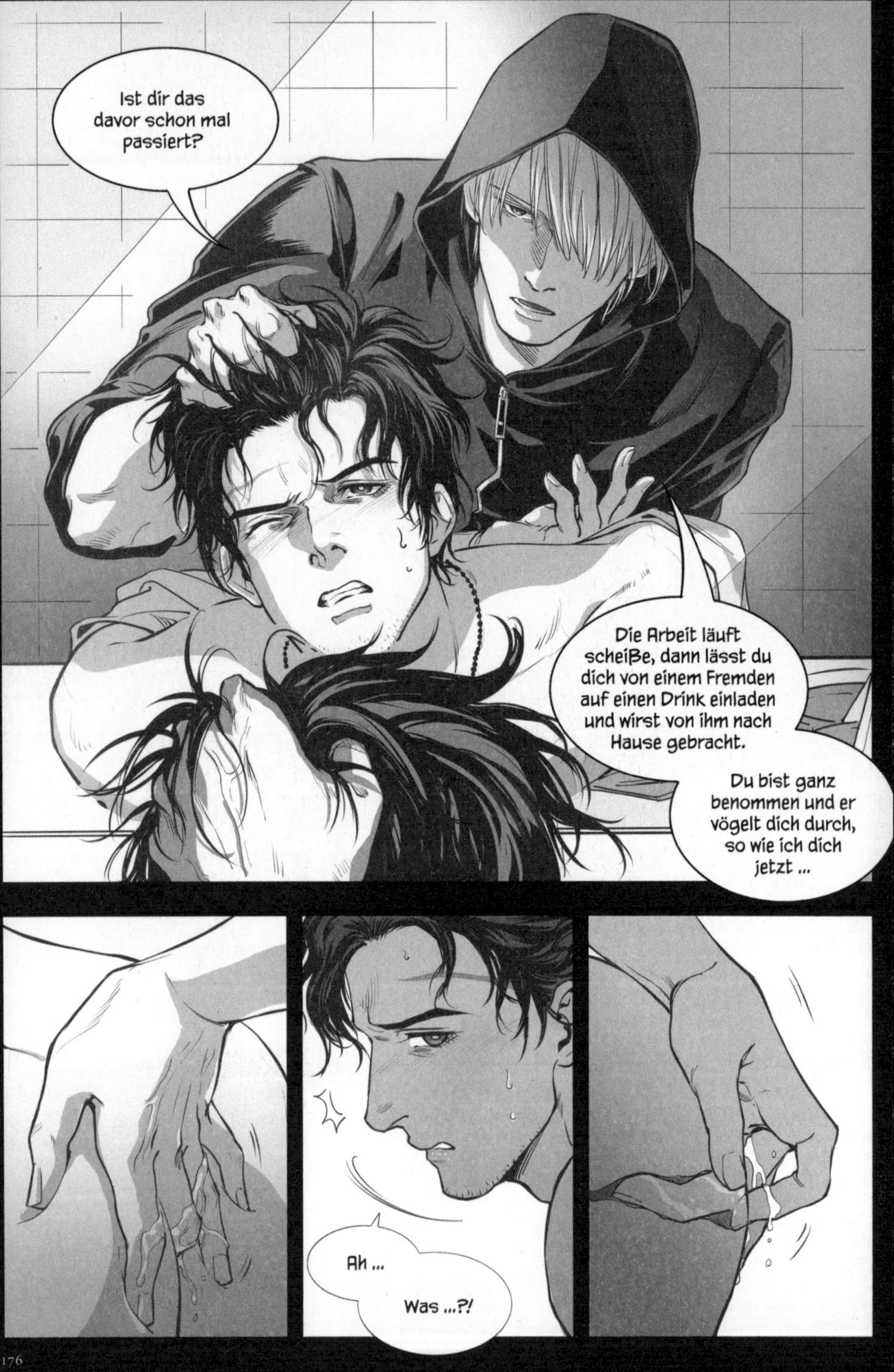

Ist dir das davor schon mal passiert?
Die Arbeit läuft scheiße, dann lässt du dich von einem Fremden auf einen Drink einladen und wirst von ihm nach Hause gebracht.
Du bist ganz benommen und er vögelt dich durch, so wie ich dich jetzt ...
Ah ...
Was ...?!

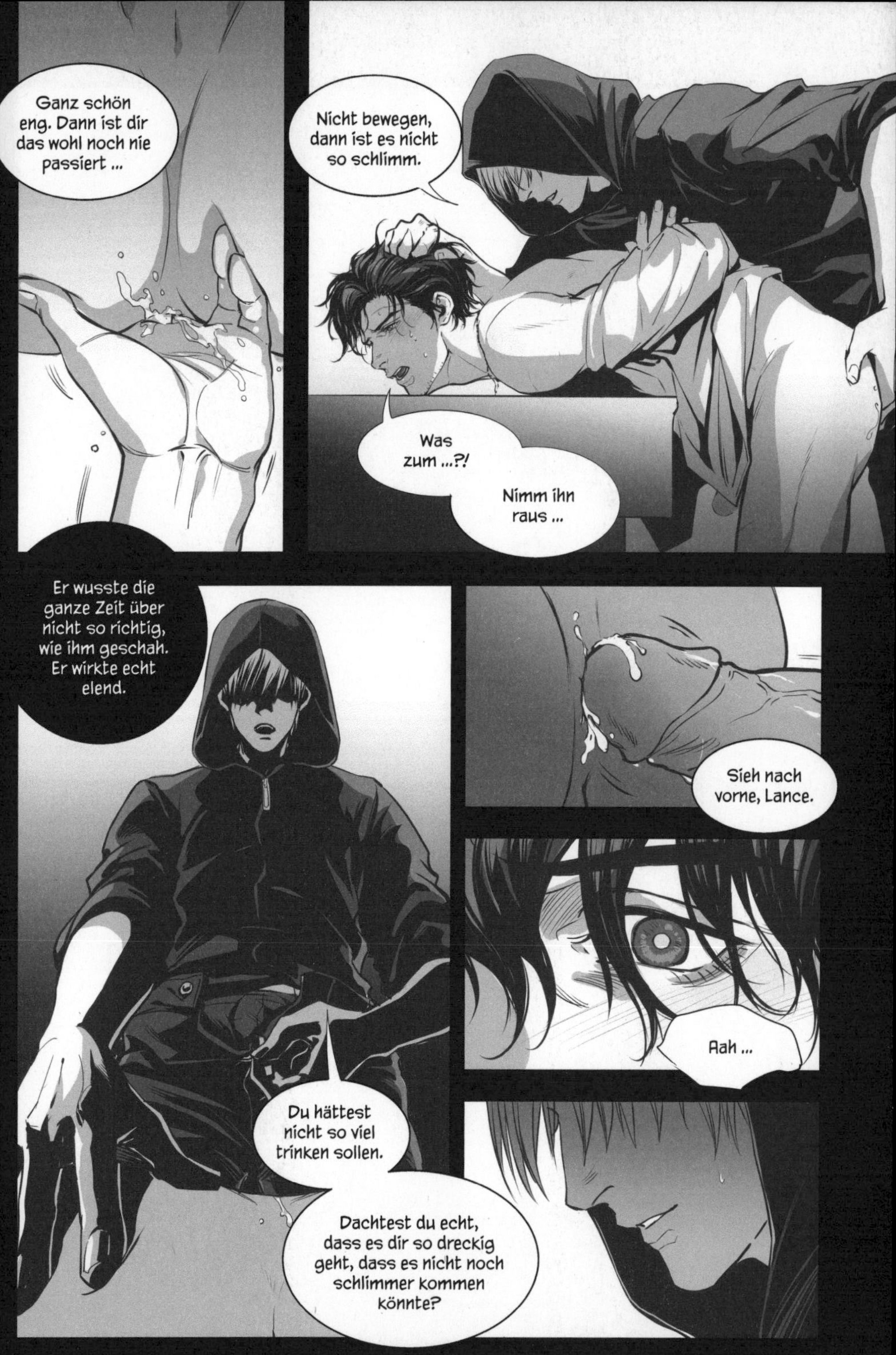

Ganz schön eng. Dann ist dir das wohl noch nie passiert ...
Nicht bewegen, dann ist es nicht so schlimm.
Was zum ...?!
Nimm ihn raus ...
Er wusste die ganze Zeit über nicht so richtig, wie ihm geschah. Er wirkte echt elend.
Sieh nach vorne, Lance.
Aah ...
Du hättest nicht so viel trinken sollen.
Dachtest du echt, dass es dir so dreckig geht, dass es nicht noch schlimmer kommen könnte?

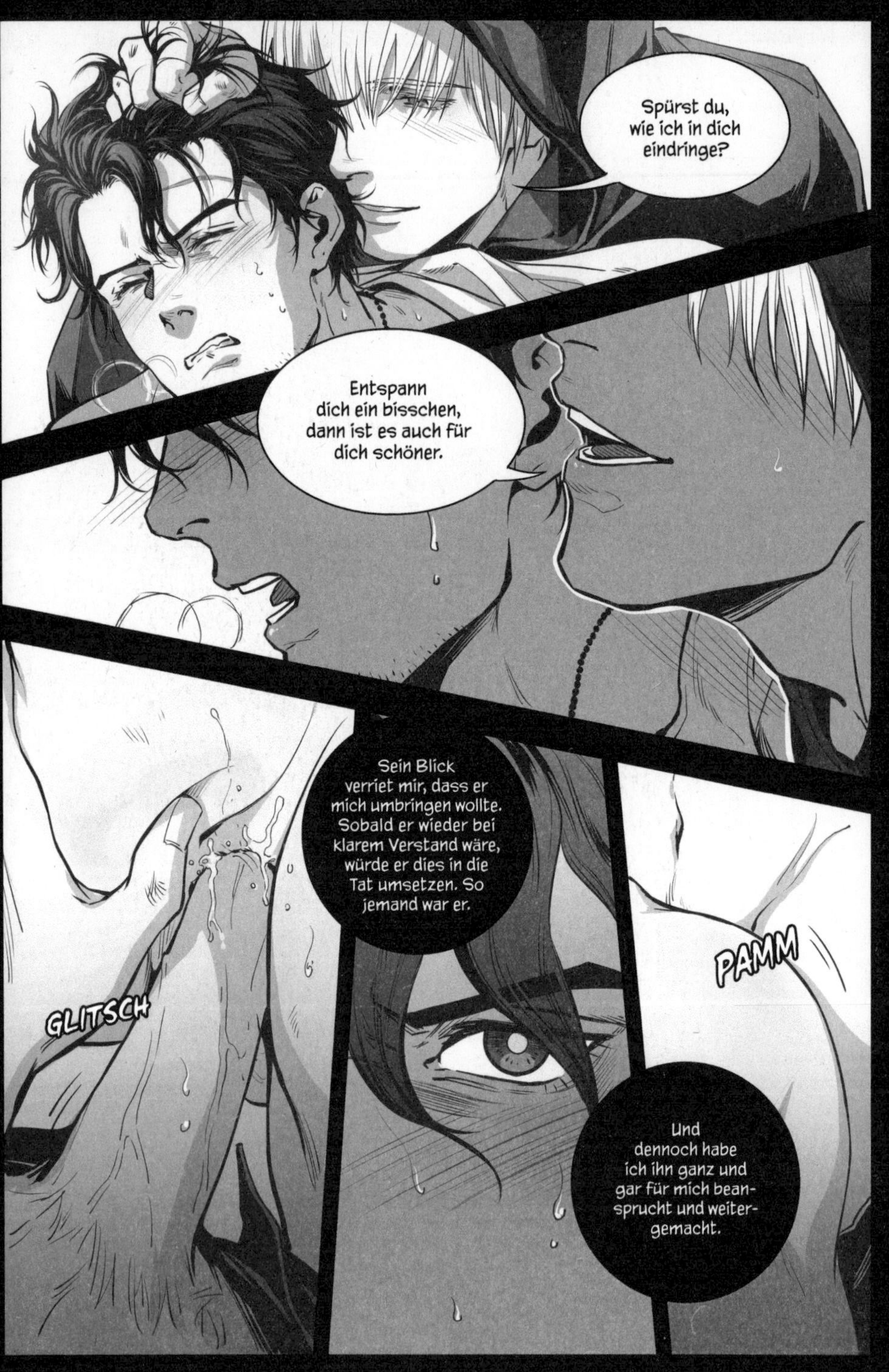
Spürst du, wie ich in dich eindringe?
Entspann dich ein bisschen, dann ist es auch für dich schöner.
Sein Blick verriet mir, dass er mich umbringen wollte. Sobald er wieder bei klarem Verstand wäre, würde er dies in die Tat umsetzen. So jemand war er.
PAMM
GLITSCH
Und dennoch habe ich ihn ganz und gar für mich beansprucht und weitergemacht.

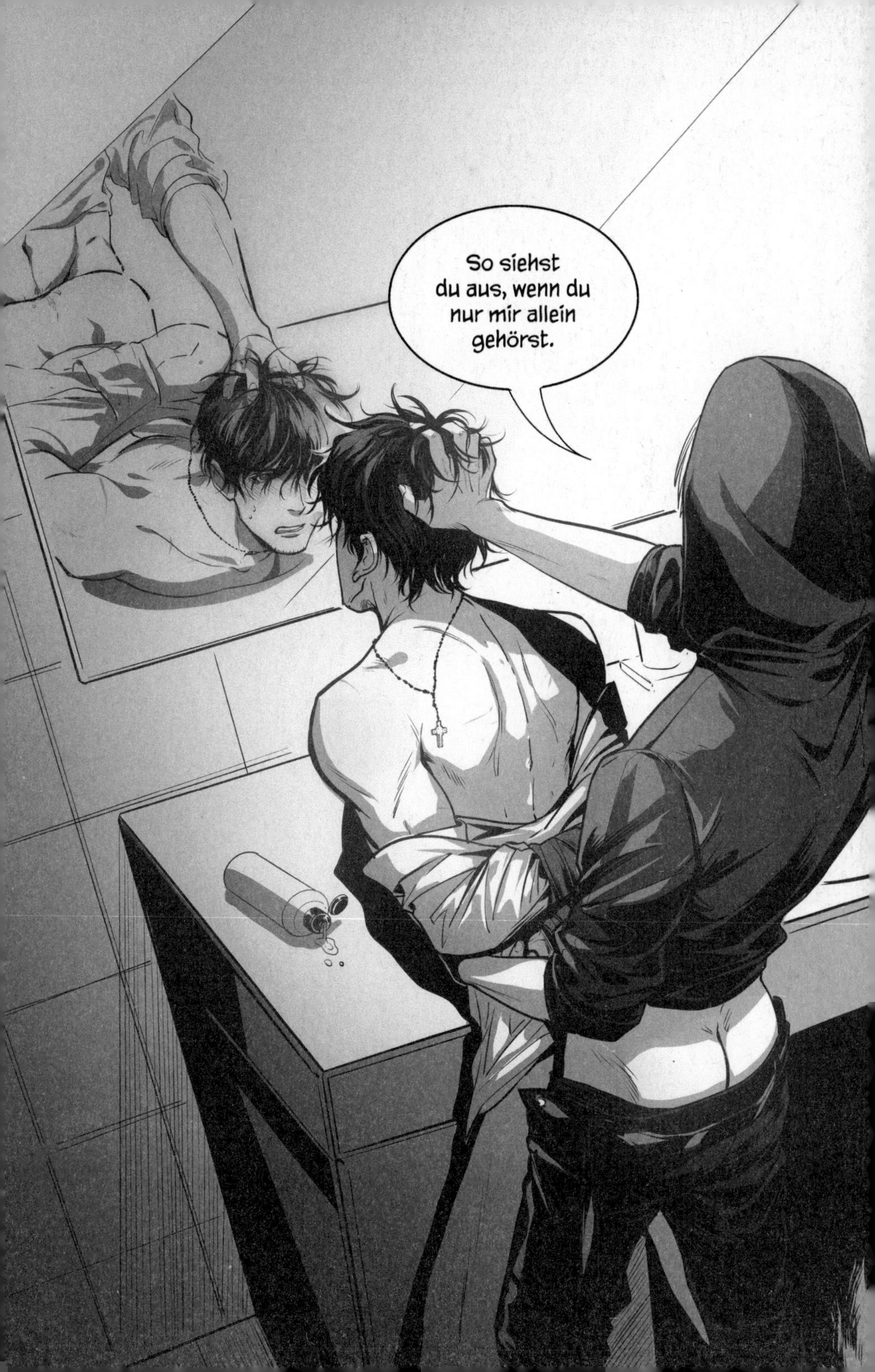
So siehst du aus, wenn du nur mir allein gehörst.

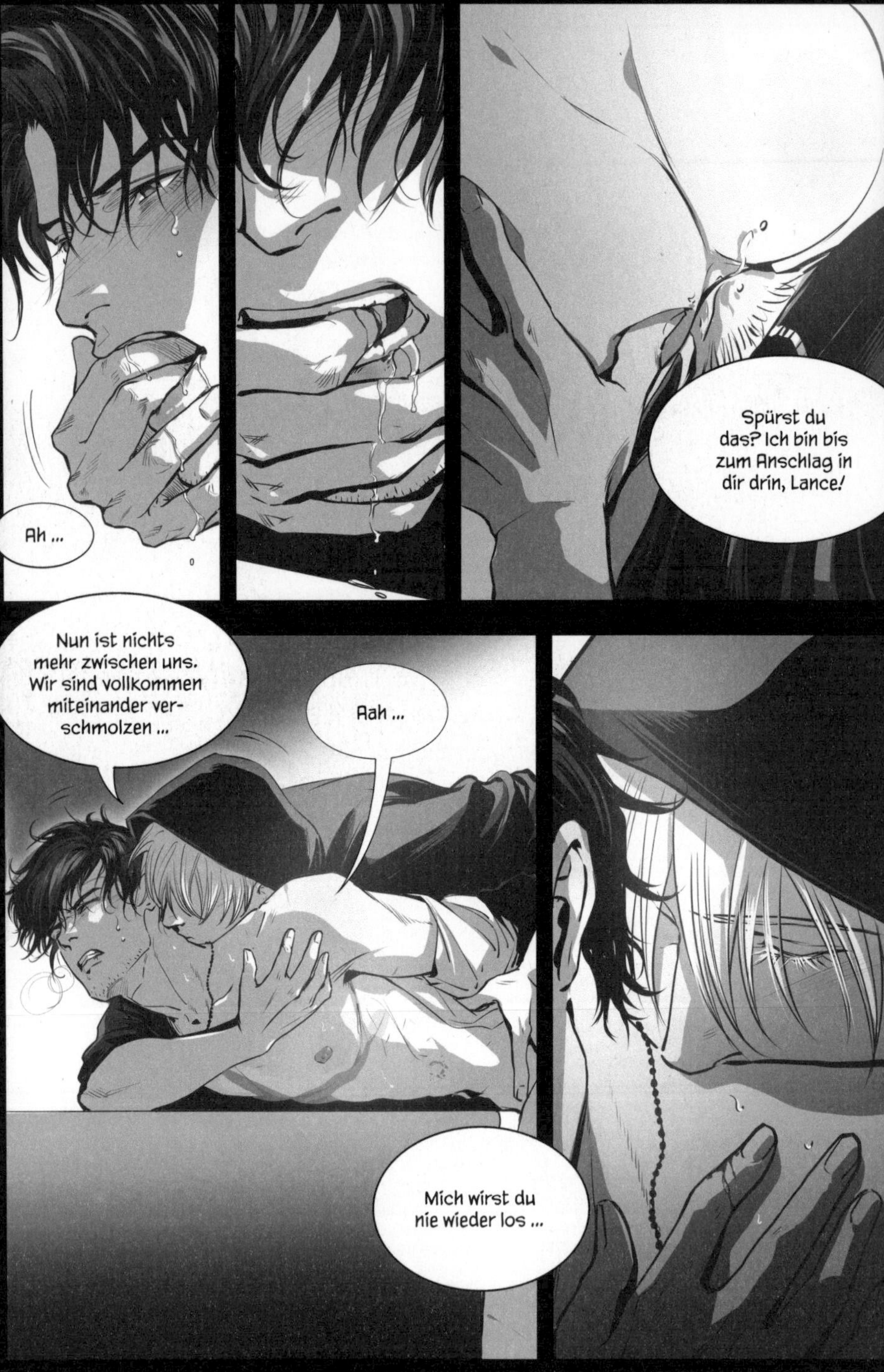
Ah ...
Spürst du das? Ich bin bis zum Anschlag in dir drin, Lance!
Nun ist nichts mehr zwischen uns. Wir sind vollkommen miteinander verschmolzen ...
Aah ...
Mich wirst du nie wieder los ...

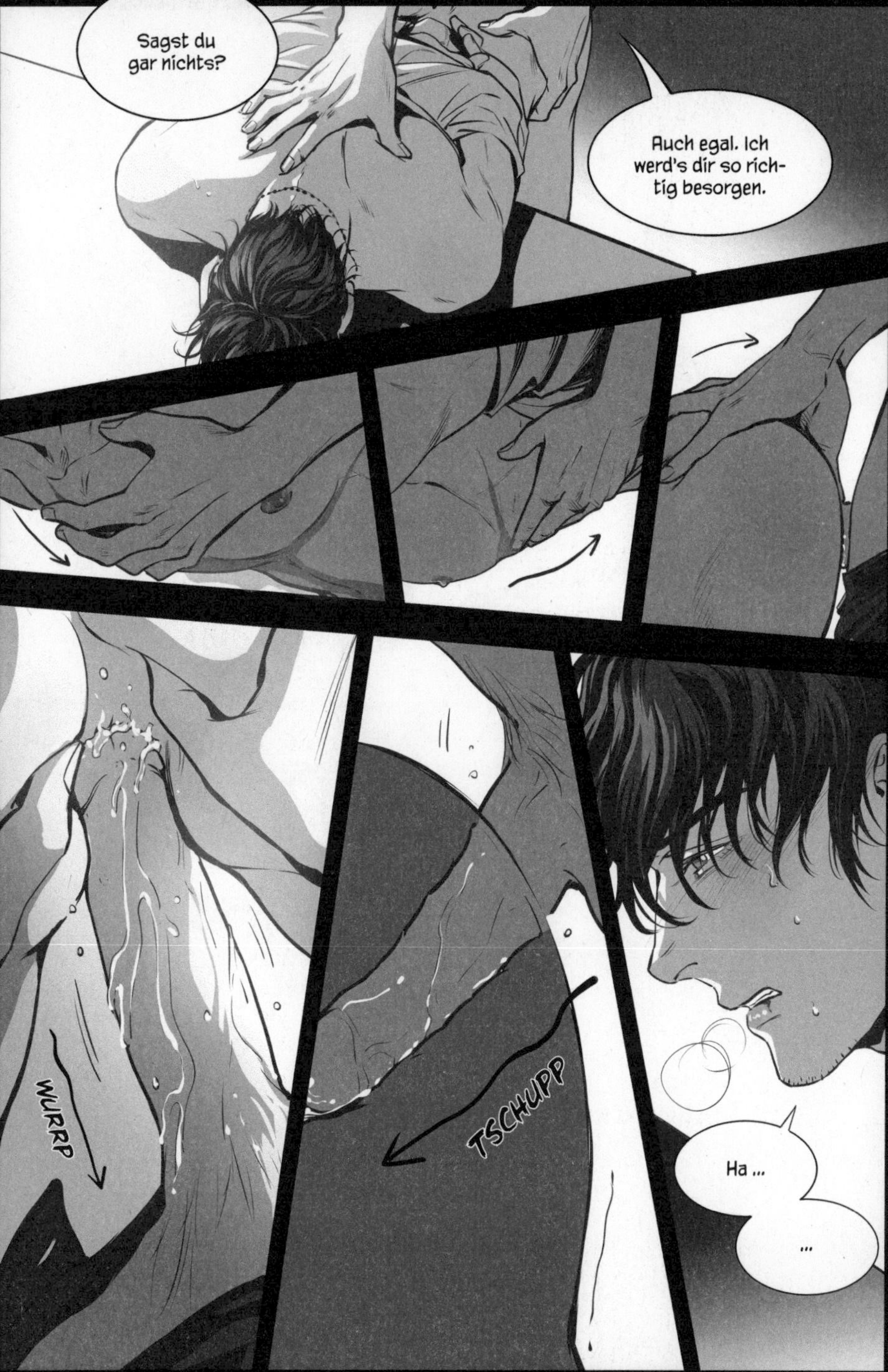
Sagst du gar nichts?
Auch egal. Ich werd's dir so richtig besorgen.
WURRP
TSCHUPP
Ha ...
...

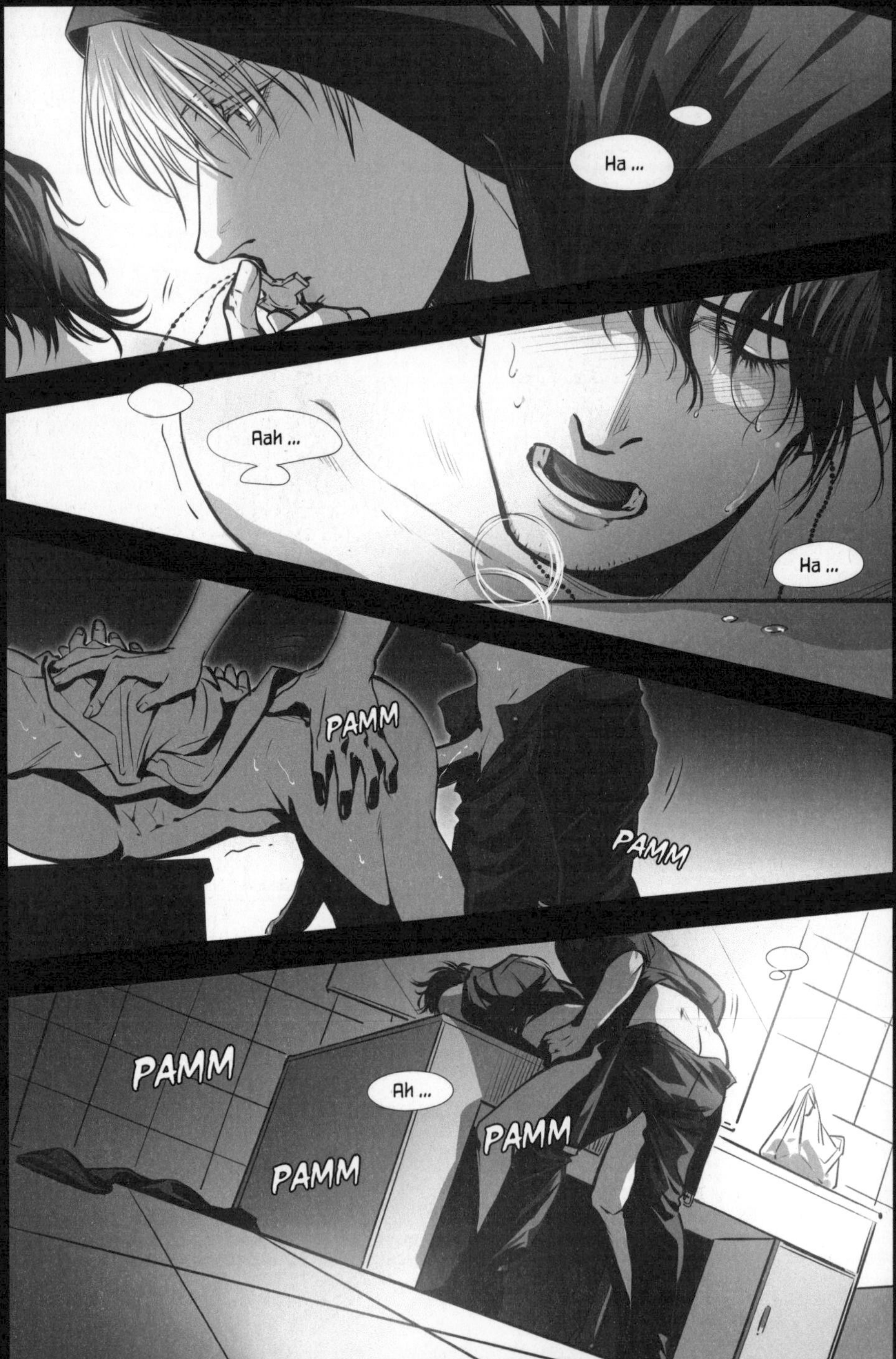
Ha ...
Aah ...
Ha ...
PAMM
PAMM
PAMM
Ah ...
PAMM
PAMM

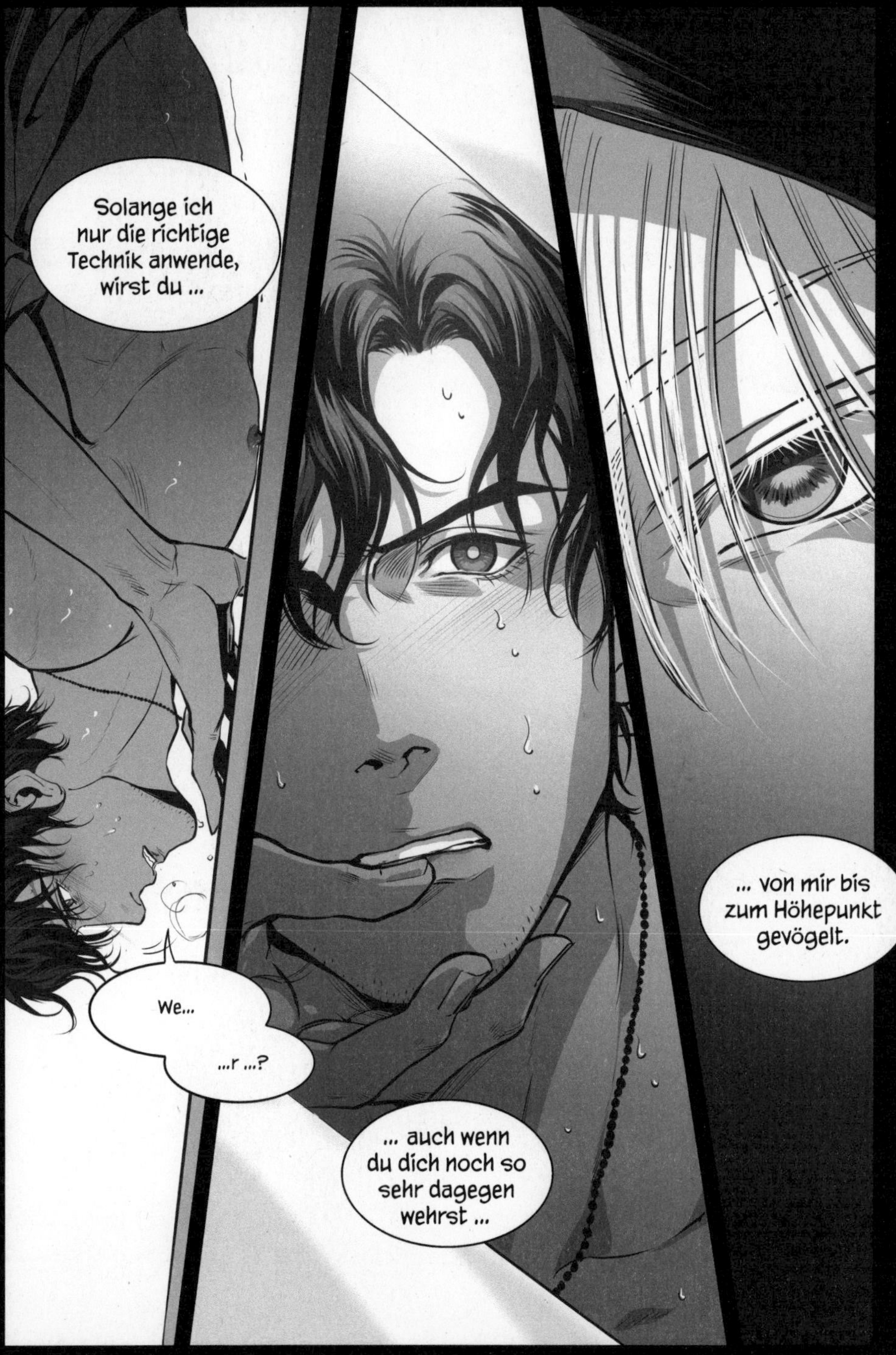
Solange ich nur die richtige Technik anwende, wirst du ...
We...
...r ...?
... auch wenn du dich noch so sehr dagegen wehrst ...
... von mir bis zum Höhepunkt gevögelt.

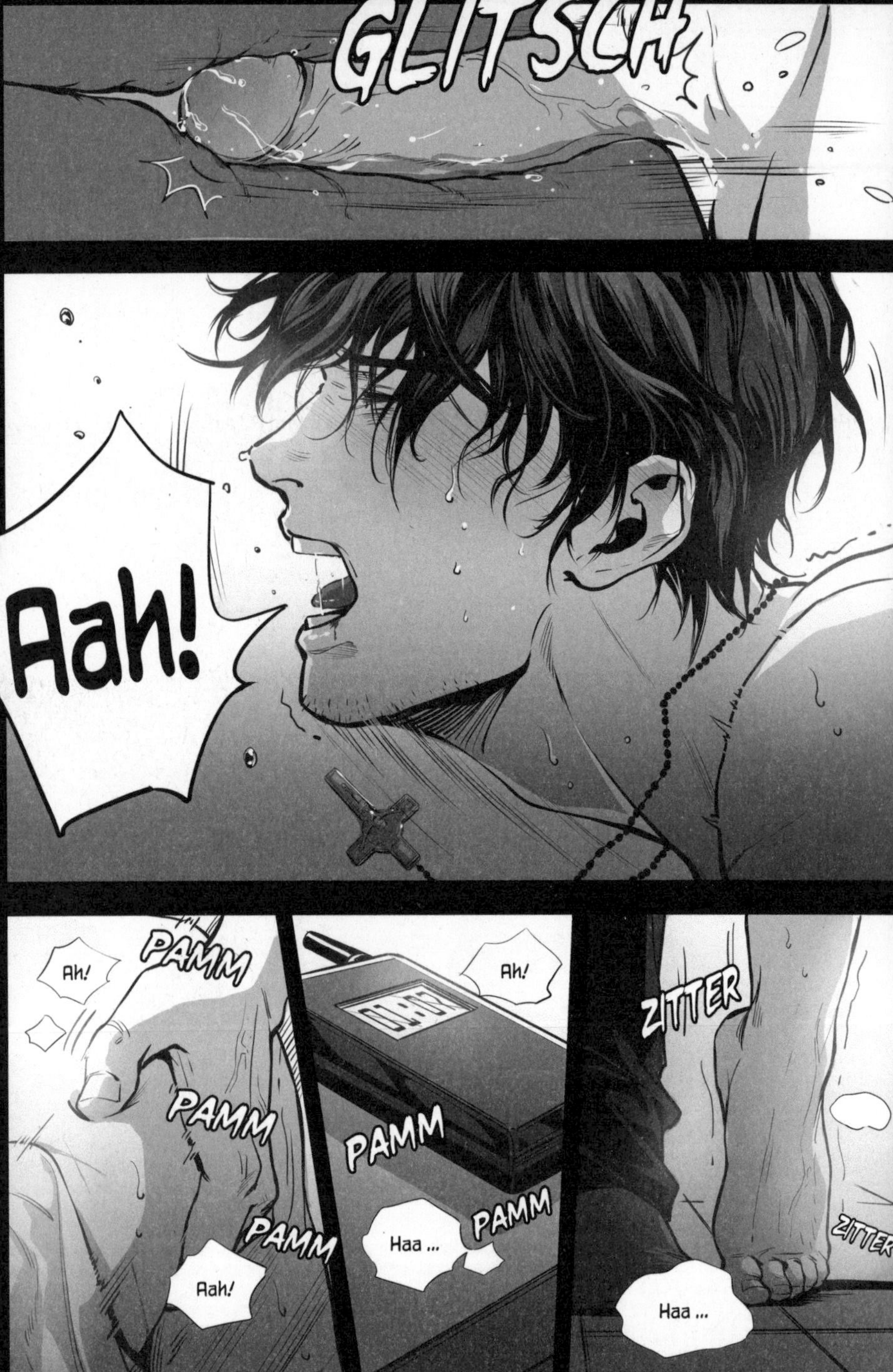
GLITSCH
Aah!
PAMM
Ah!
PAMM
PAMM
Aah!
Ah!
PAMM
Haa ...
PAMM
ZITTER
ZITTER
Haa ...

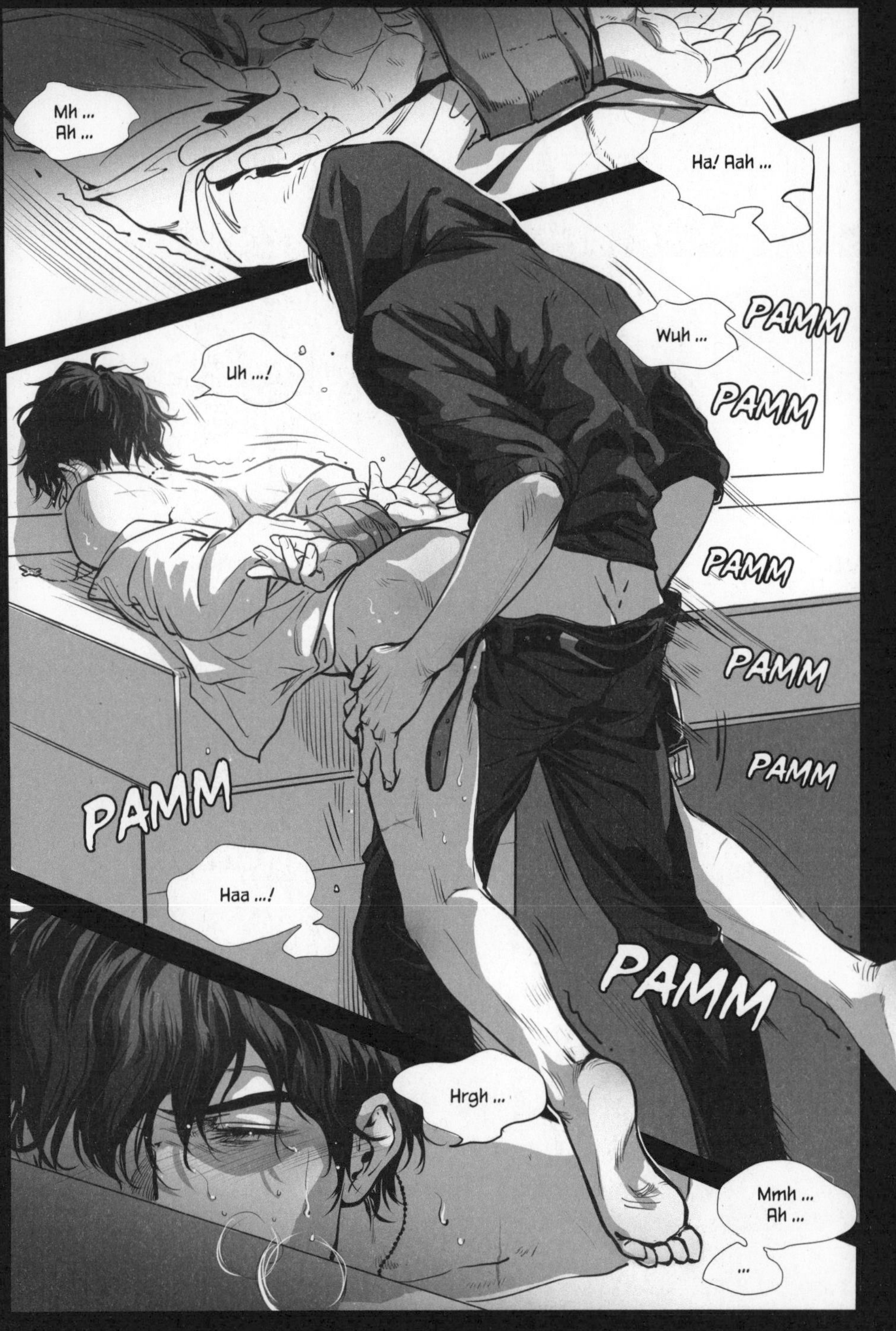
Mh ...
Ah ...
Ha! Aah ...
Wuh ...
PAMM
PAMM
Uh ...!
PAMM
PAMM
PAMM
PAMM
Haa ...!
PAMM
Hrgh ...
Mmh ...
Ah ...
...

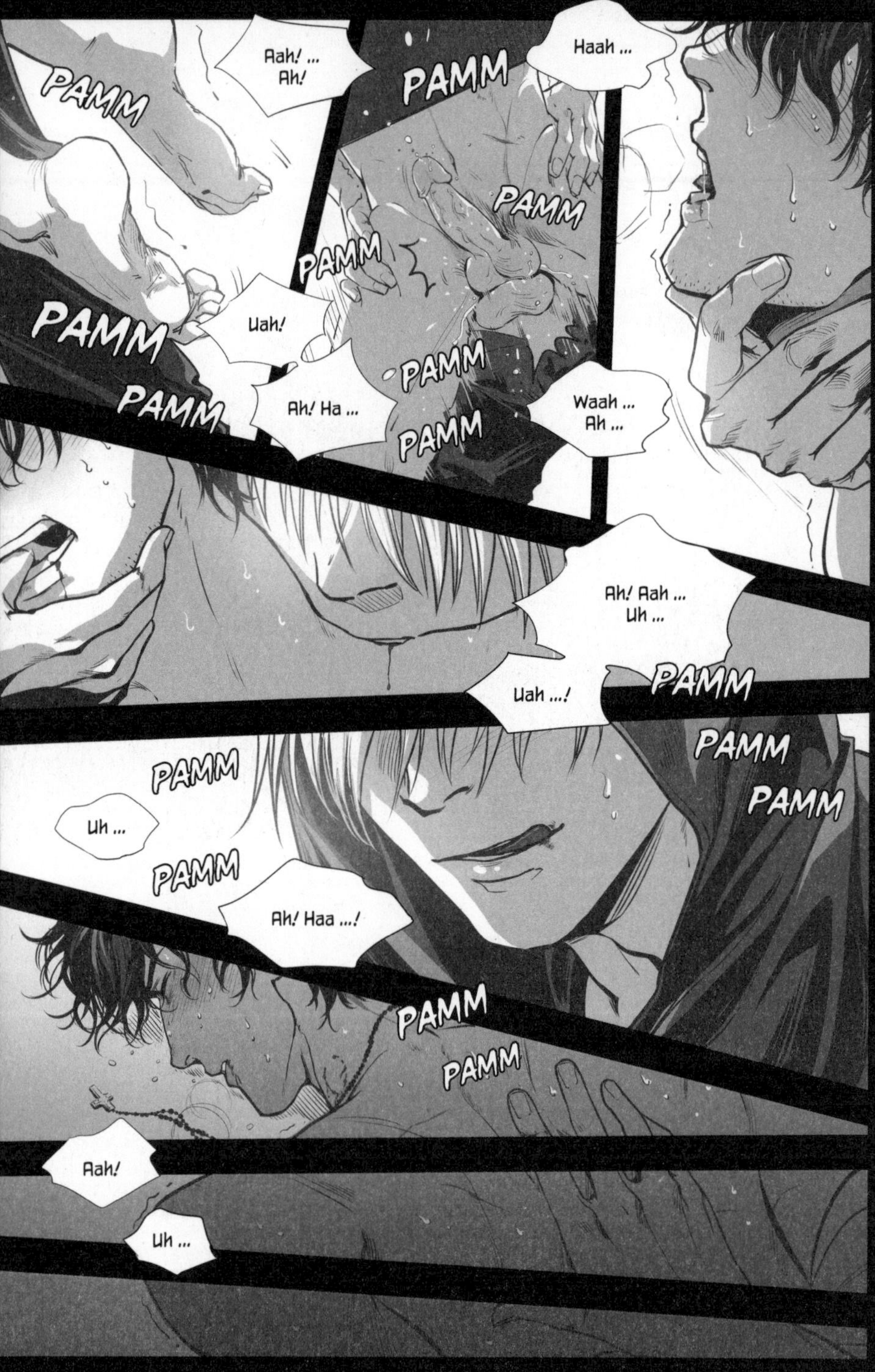
PAMM
Aah! ...
Ah!
PAMM
Haah ...
PAMM
PAMM
PAMM
Uah!
PAMM
PAMM
Ah! Ha ...
PAMM
Waah ...
Ah ...
Ah! Aah ...
Uh ...
Uah ...!
PAMM
PAMM
PAMM
PAMM
Uh ...
PAMM
Ah! Haa ...!
PAMM
PAMM
Aah!
Uh ...

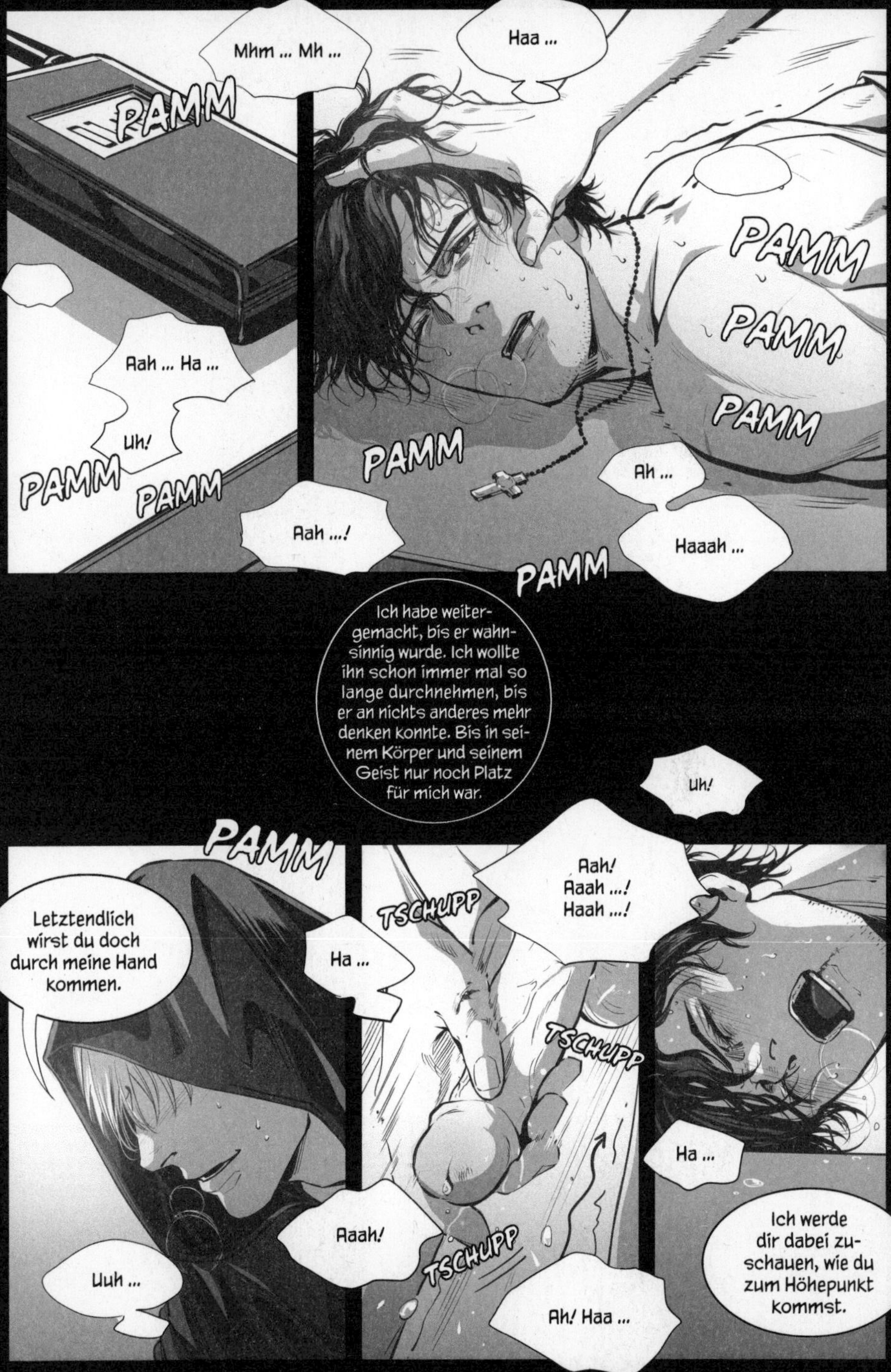
Mhm ... Mh ...
PAMM
Haa ...
PAMM
PAMM
PAMM
Aah ... Ha ...
Uh!
PAMM
PAMM
PAMM
Ah ...
Aah ...!
Haaah ...
PAMM
Ich habe weitergemacht, bis er wahnsinnig wurde. Ich wollte ihn schon immer mal so lange durchnehmen, bis er an nichts anderes mehr denken konnte. Bis in seinem Körper und seinem Geist nur noch Platz für mich war.
Uh!
PAMM
Letztendlich wirst du doch durch meine Hand kommen.
Ha ...
Aah! Aaah ...! Haah ...!
TSCHUPP
TSCHUPP
Ha ...
Aaah!
TSCHUPP
Uuh ...
Ah! Haa ...
Ich werde dir dabei zuschauen, wie du zum Höhepunkt kommst.

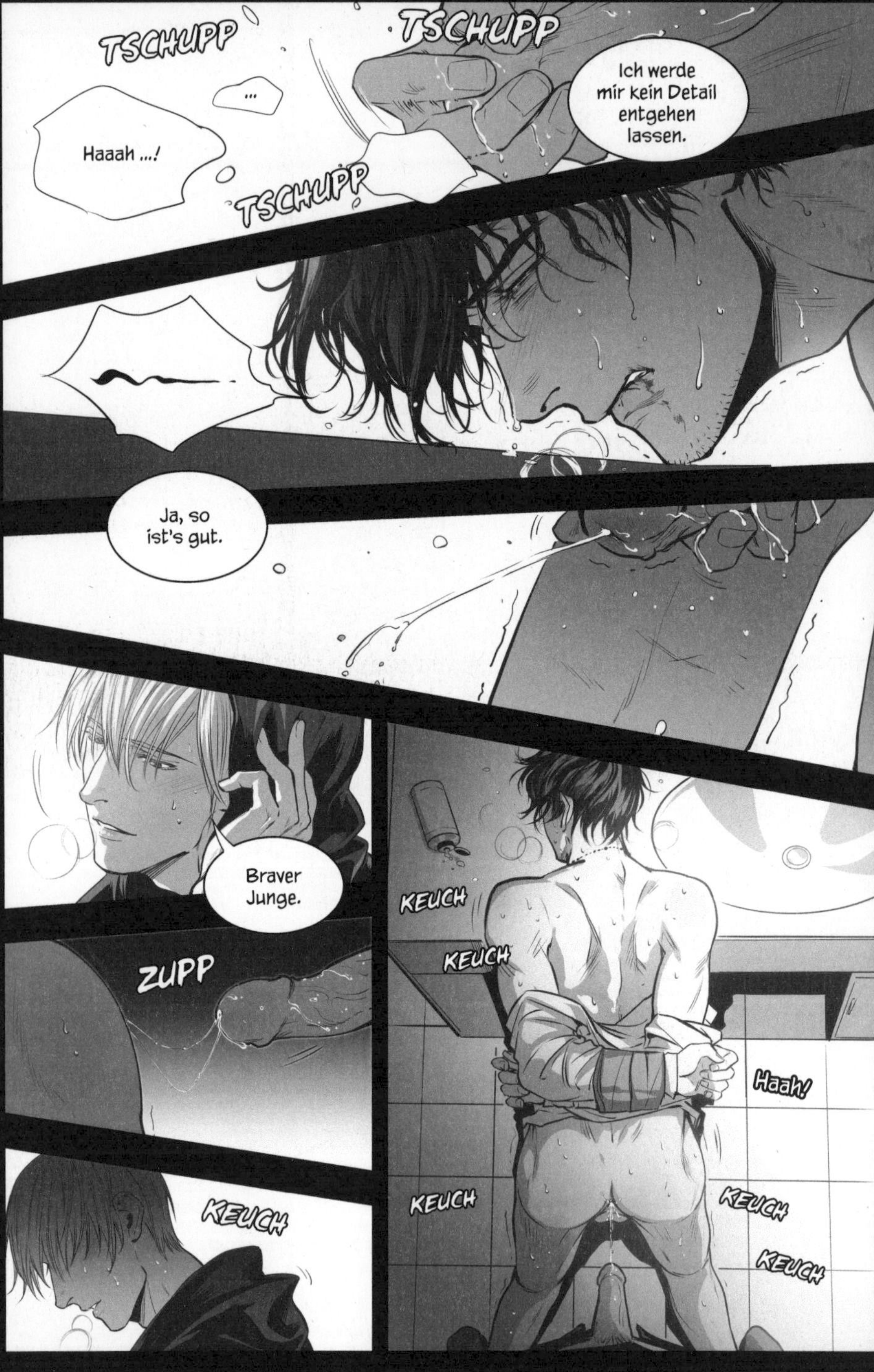
TSCHUPP
TSCHUPP
...
Haaah ...!
Ich werde mir kein Detail entgehen lassen.
TSCHUPP
Ja, so ist's gut.
Braver Junge.
ZUPP
KEUCH
KEUCH
Haah!
KEUCH
KEUCH
KEUCH
KEUCH

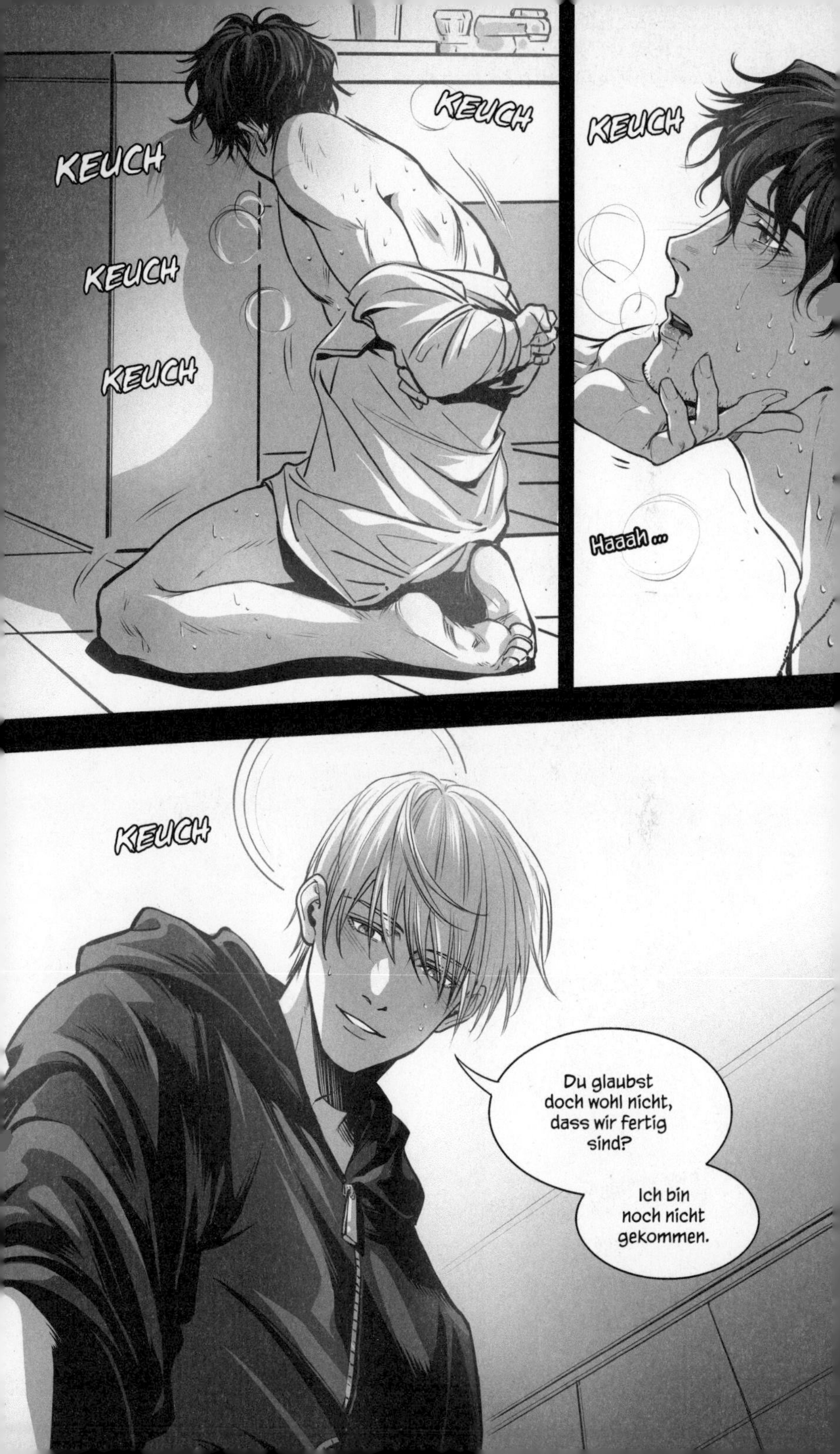
KEUCH
KEUCH
KEUCH
KEUCH
KEUCH
Haaah ...
KEUCH
Du glaubst doch wohl nicht, dass wir fertig sind?
Ich bin noch nicht gekommen.

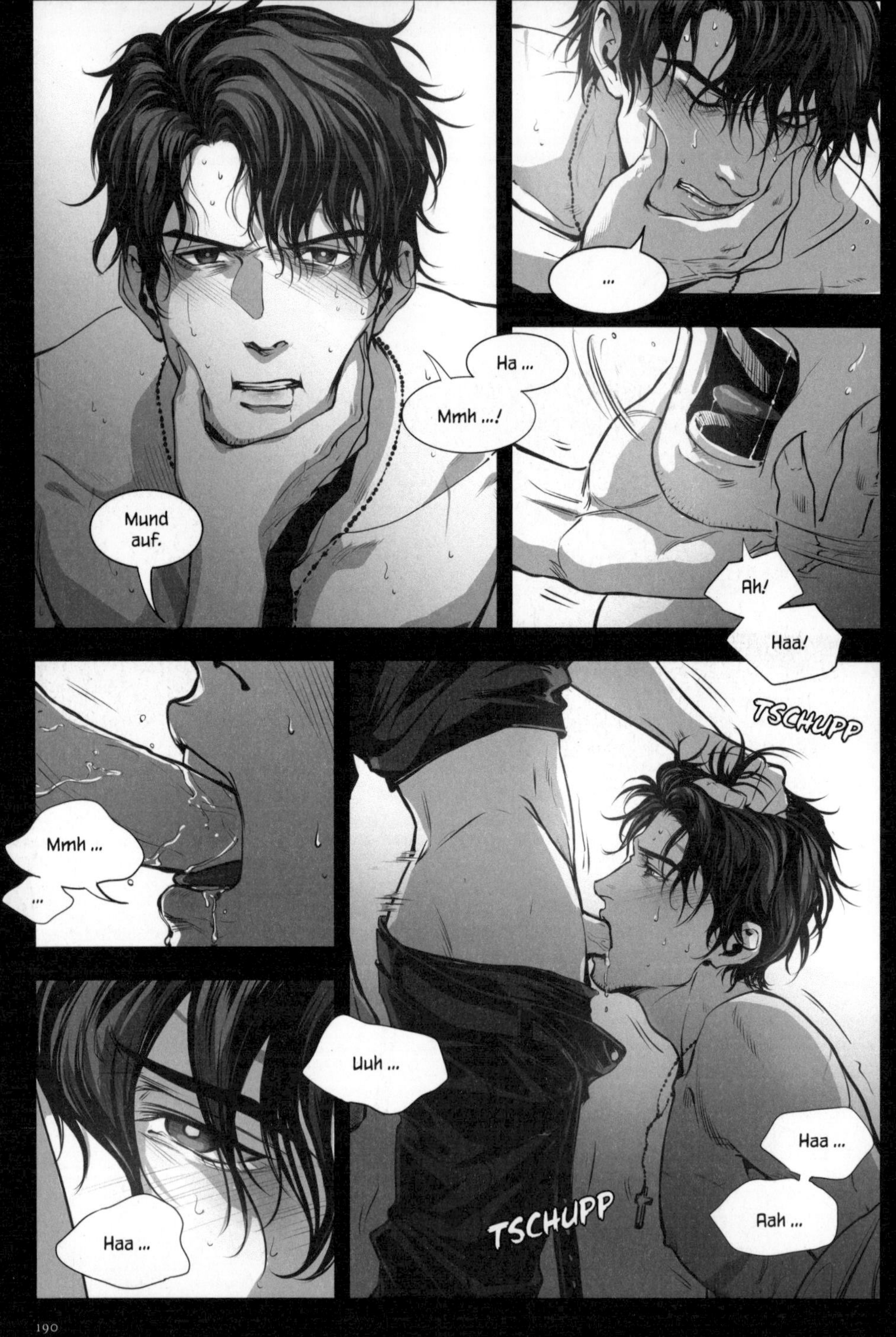
Mund auf.
...
Ha ...
Mmh ...!
Ah!
Haa!
Mmh ...
...
TSCHUPP
Uuh ...
Haa ...
Haa ...
Aah ...
TSCHUPP

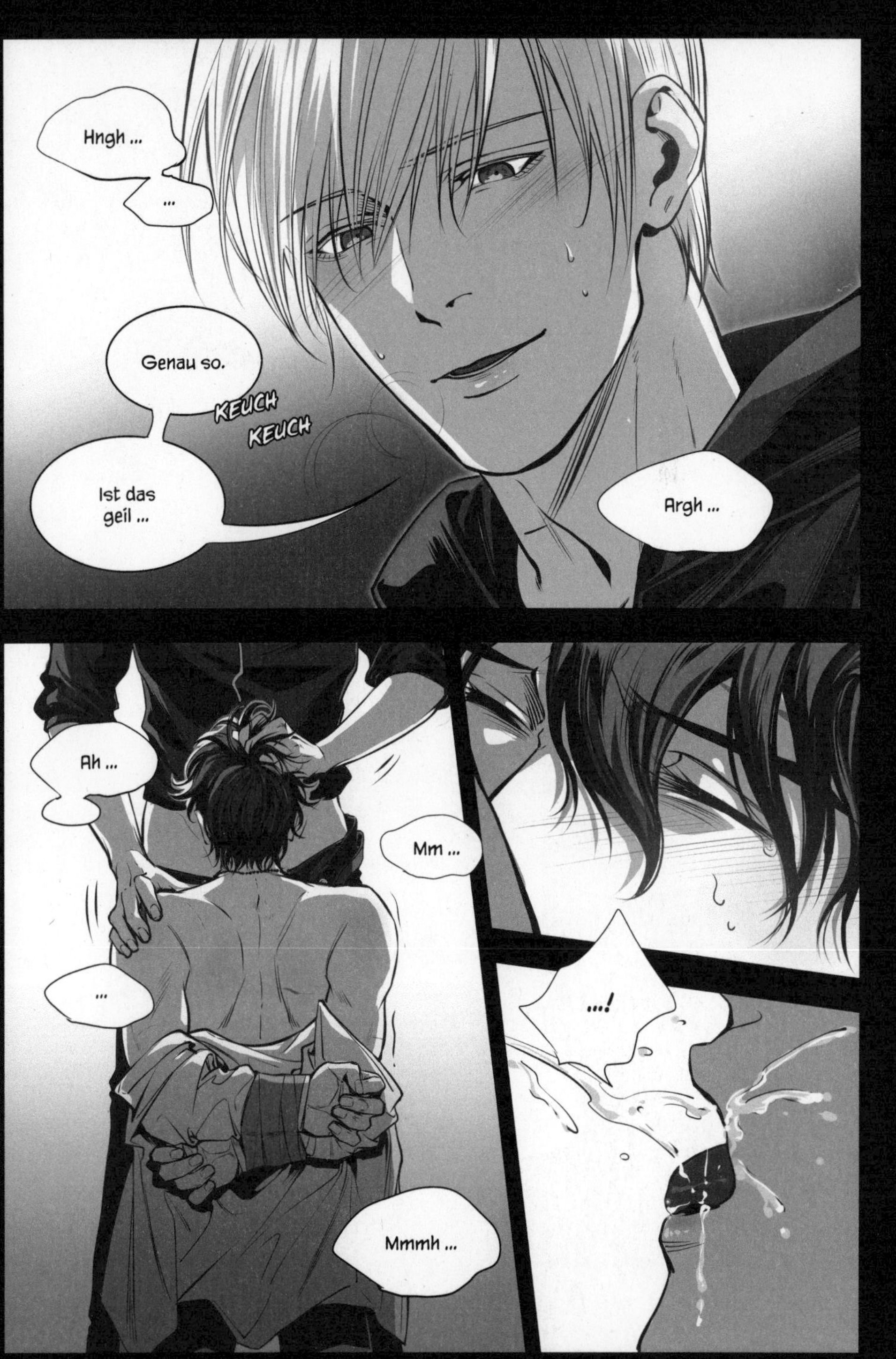
Hngh ...
...
Genau so.
KEUCH
KEUCH
Ist das geil ...
Argh ...
...!
Ah ...
Mm ...
...
Mmmh ...

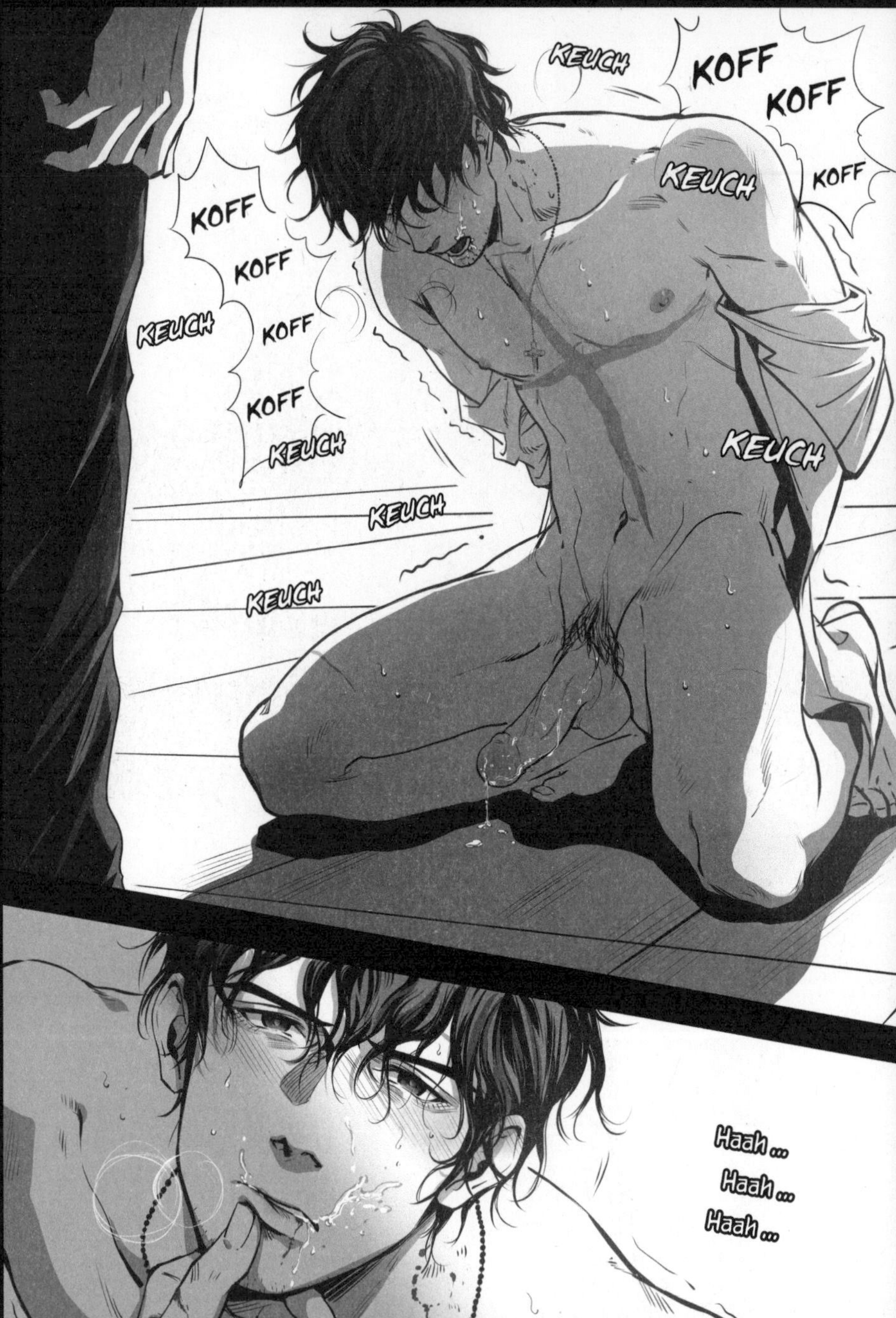
KEUCH
KOFF
KOFF
KOFF
KEUCH
KOFF
KOFF
KEUCH
KOFF
KOFF
KEUCH
KEUCH
KEUCH
KEUCH
Haah ...
Haah ...
Haah ...

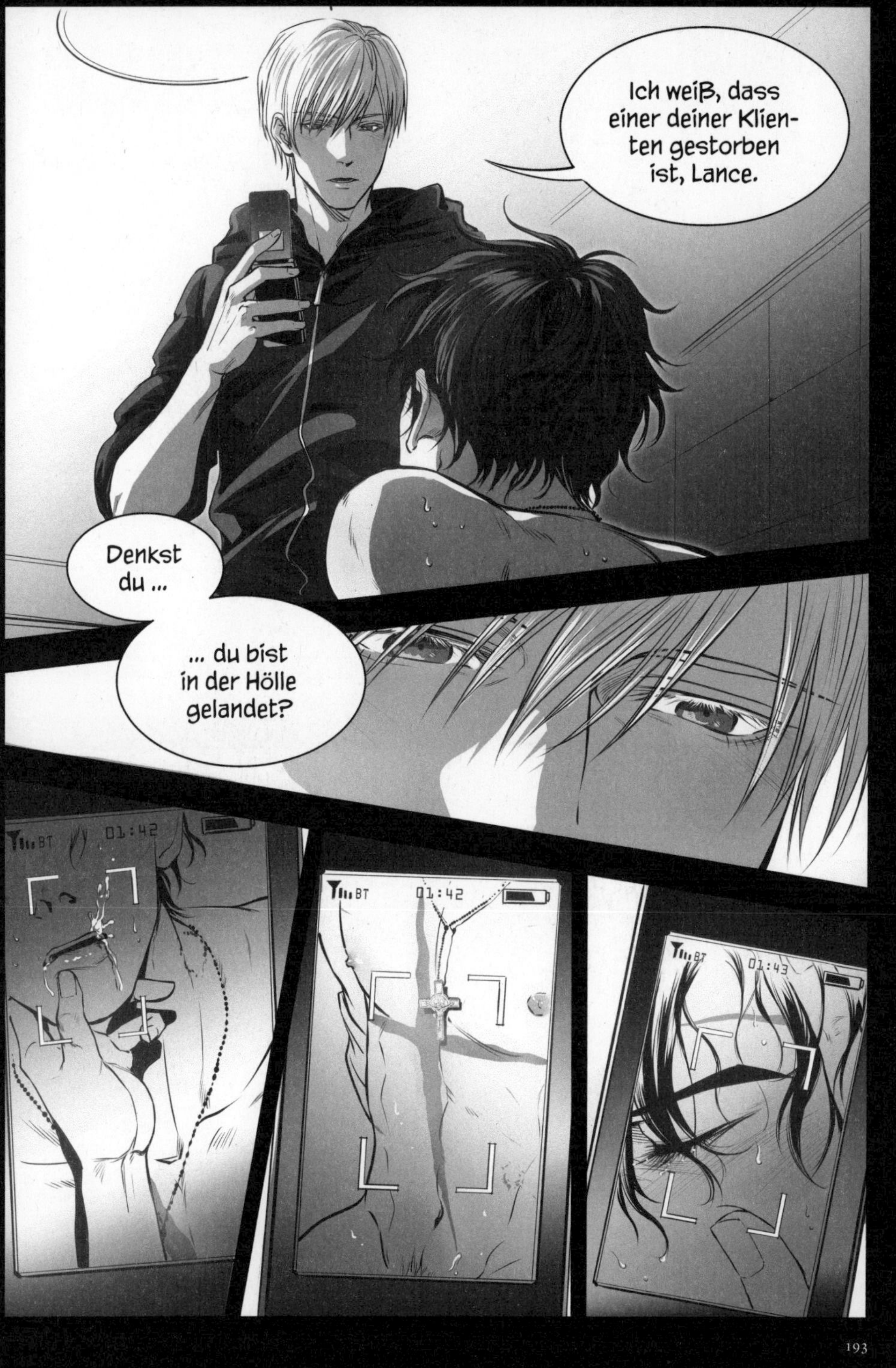
Ich weiß, dass einer deiner Klienten gestorben ist, Lance.
Denkst du ...
... du bist in der Hölle gelandet?
01:42
01:42
01:43

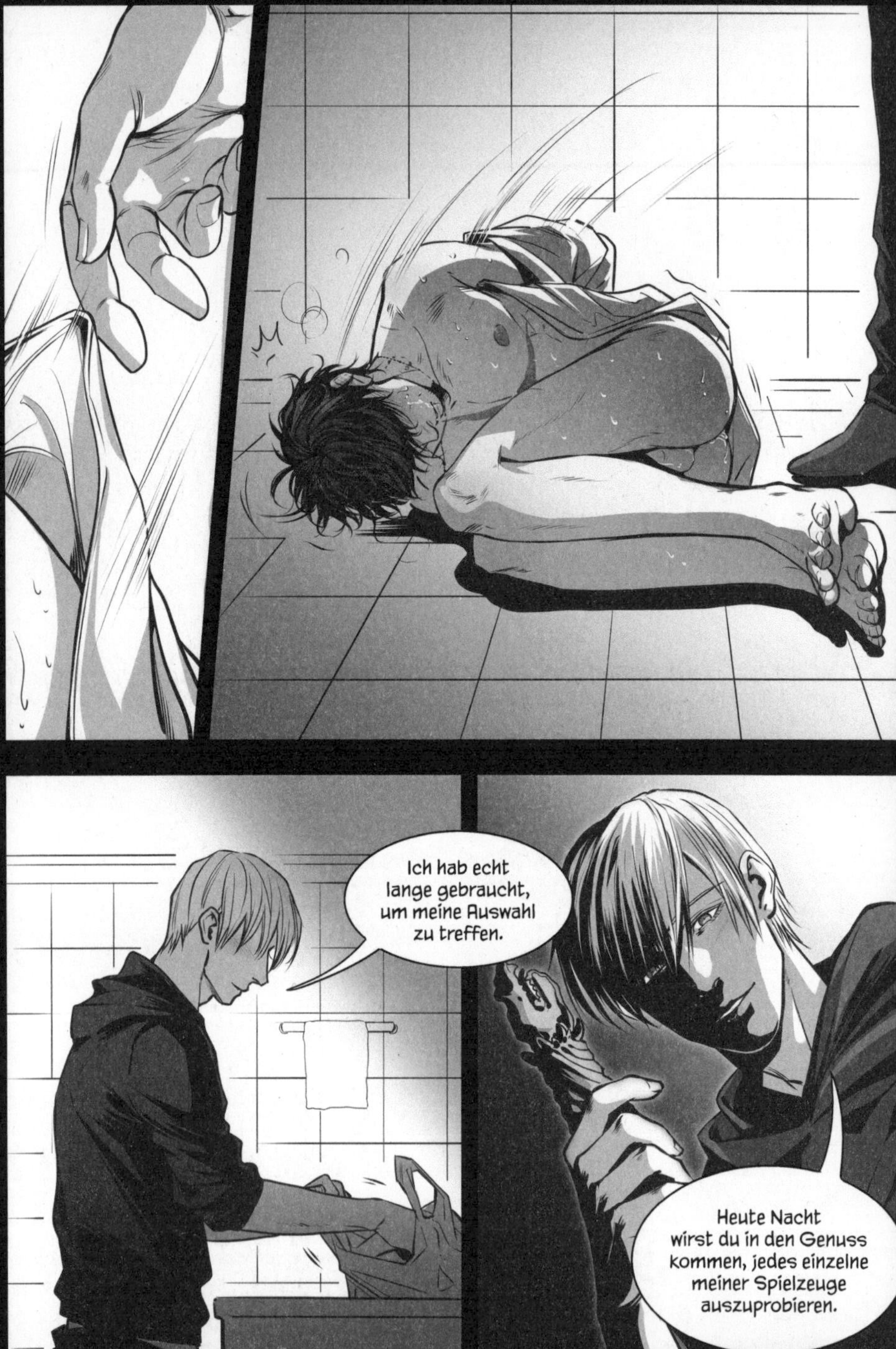
M
Ich hab echt lange gebraucht, um meine Auswahl zu treffen.
Heute Nacht wirst du in den Genuss kommen, jedes einzelne meiner Spielzeuge auszuprobieren.

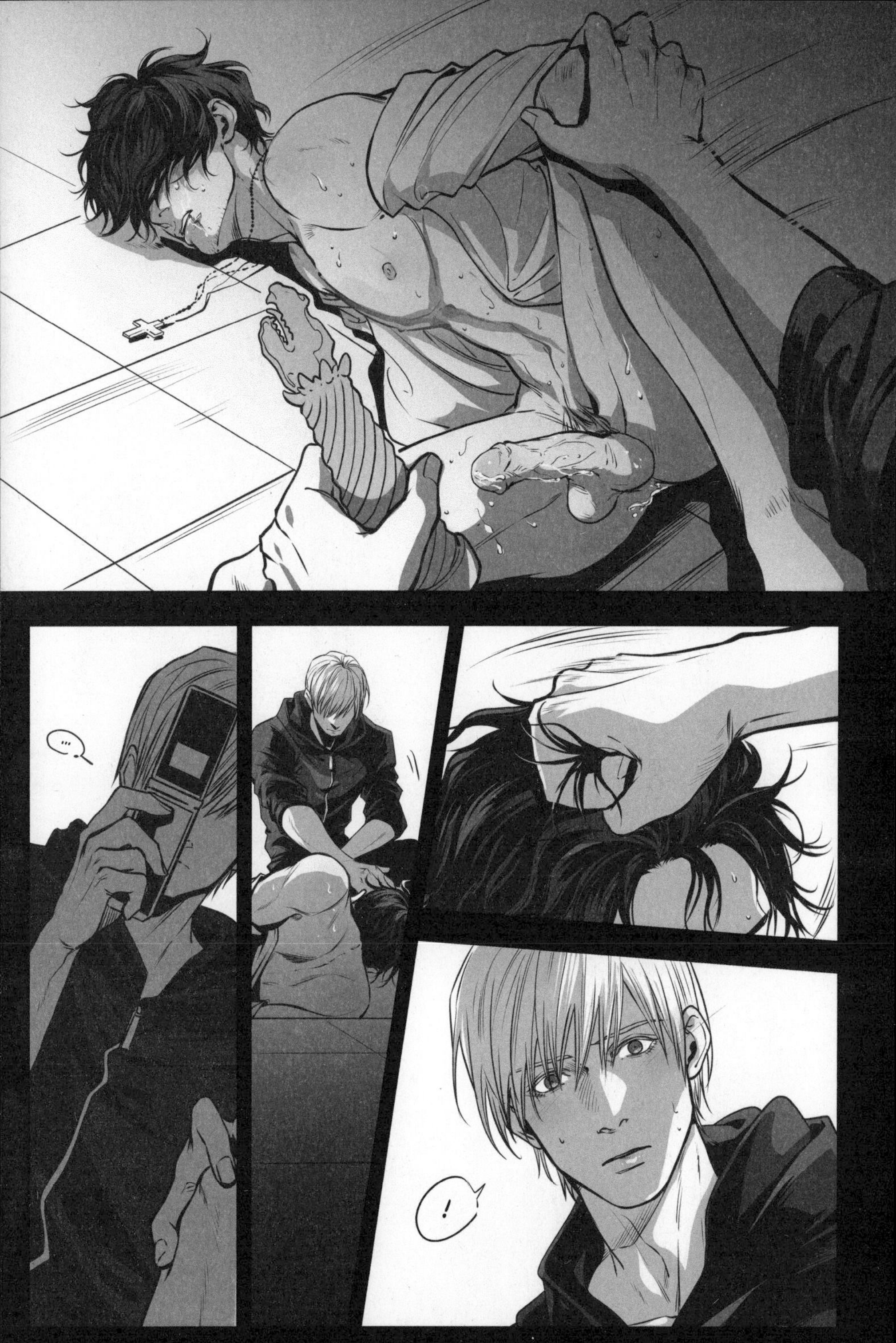

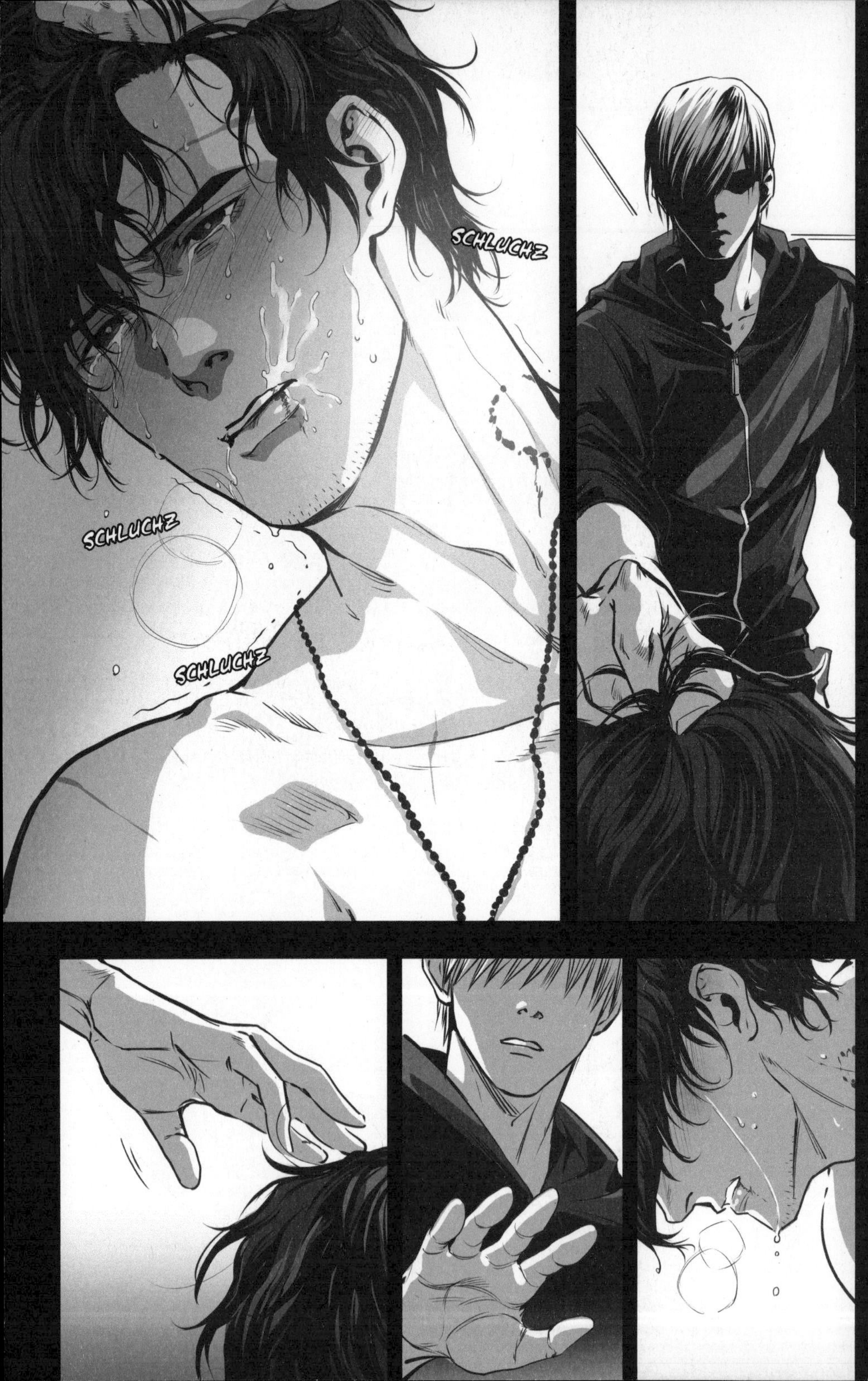
SCHLUCHZ
SCHLUCHZ
SCHLUCHZ

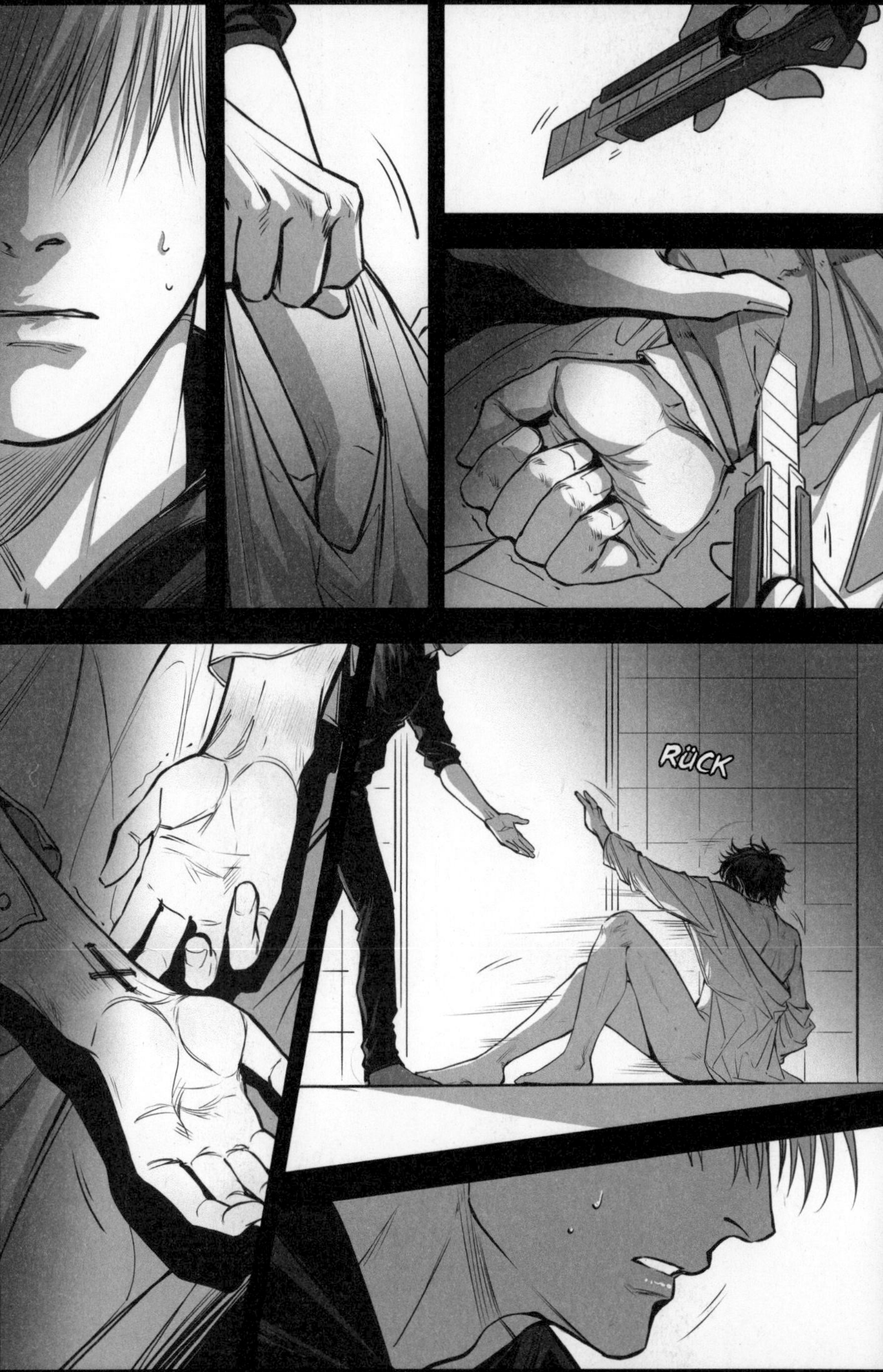
RÜCK

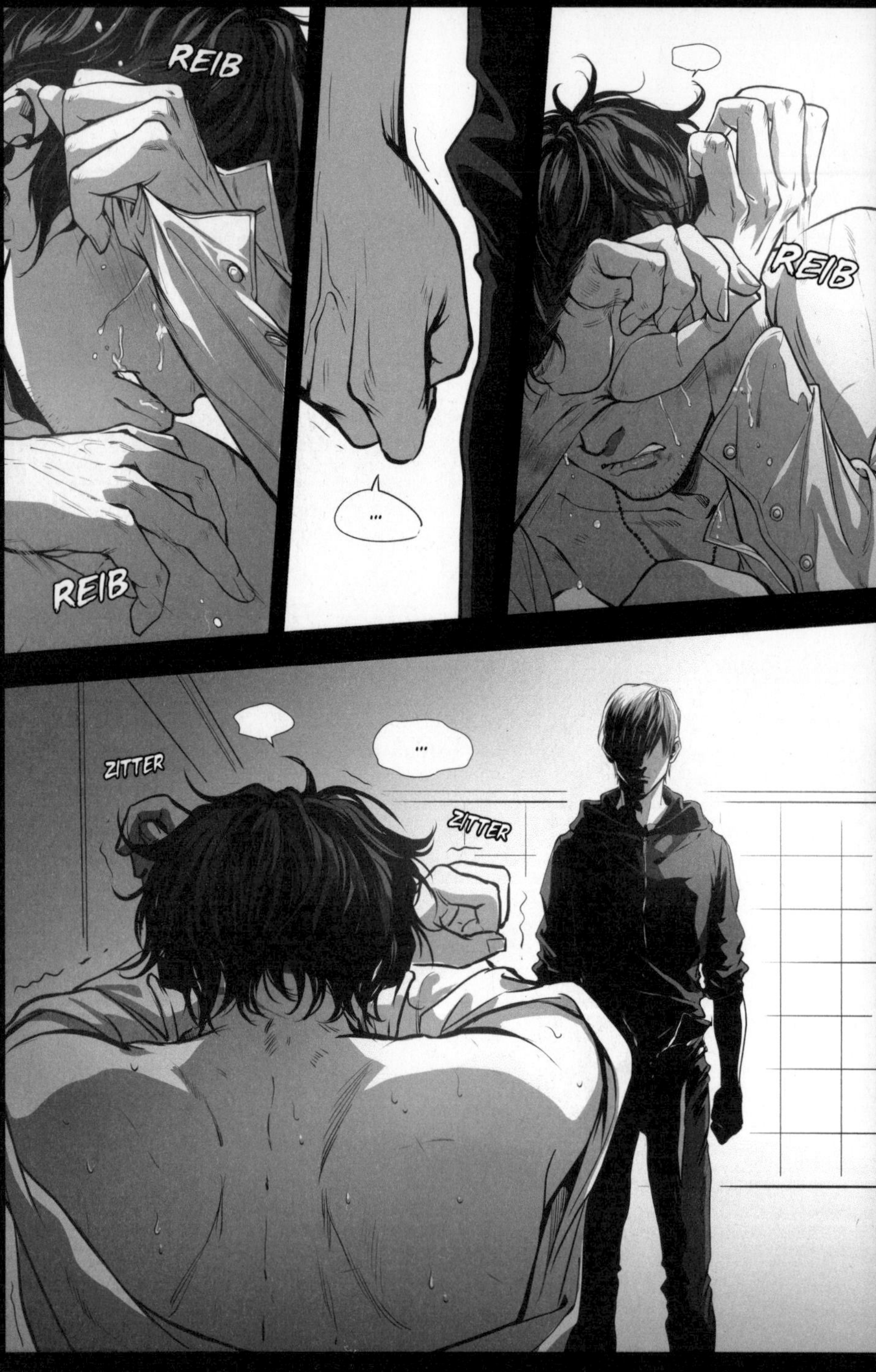
REIB
REIB
...
REIB
ZITTER
...
ZITTER

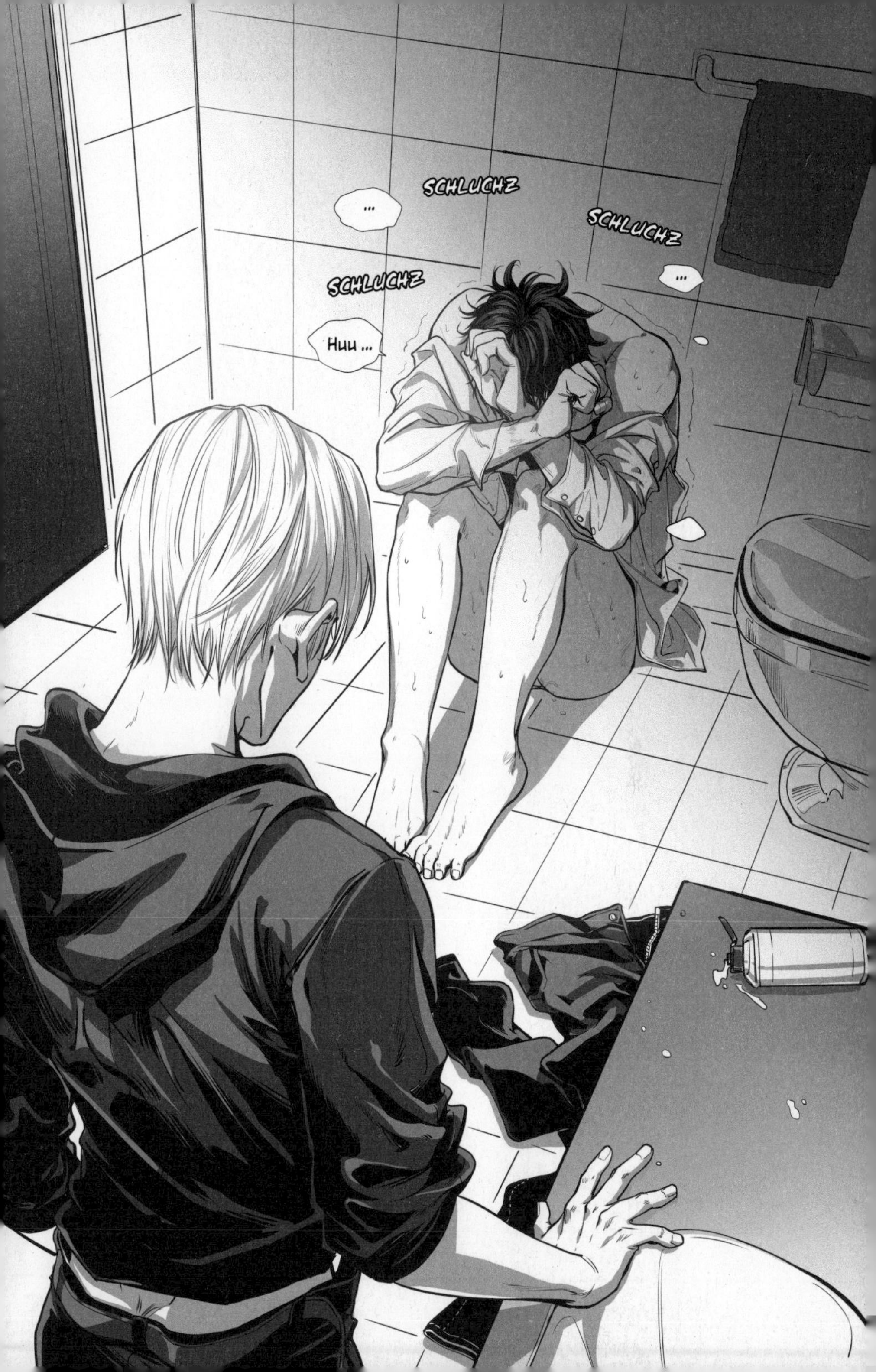
SCHLUCHZ
...
SCHLUCHZ
...
SCHLUCHZ
Huu ...

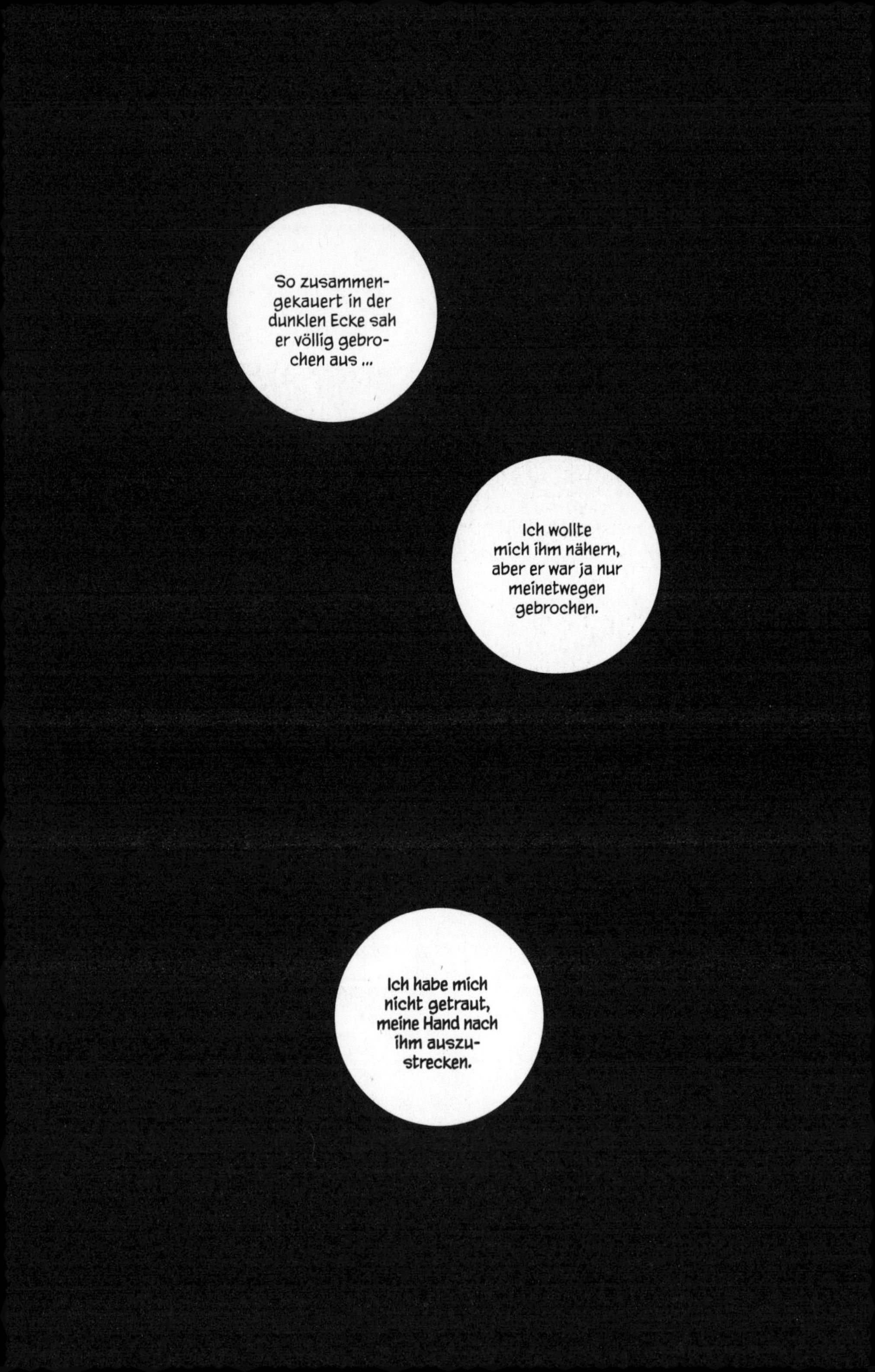
So zusammengekauert in der dunklen Ecke sah er völlig gebrochen aus ...
Ich wollte mich ihm nähern, aber er war ja nur meinetwegen gebrochen.
Ich habe mich nicht getraut, meine Hand nach ihm auszustrecken.

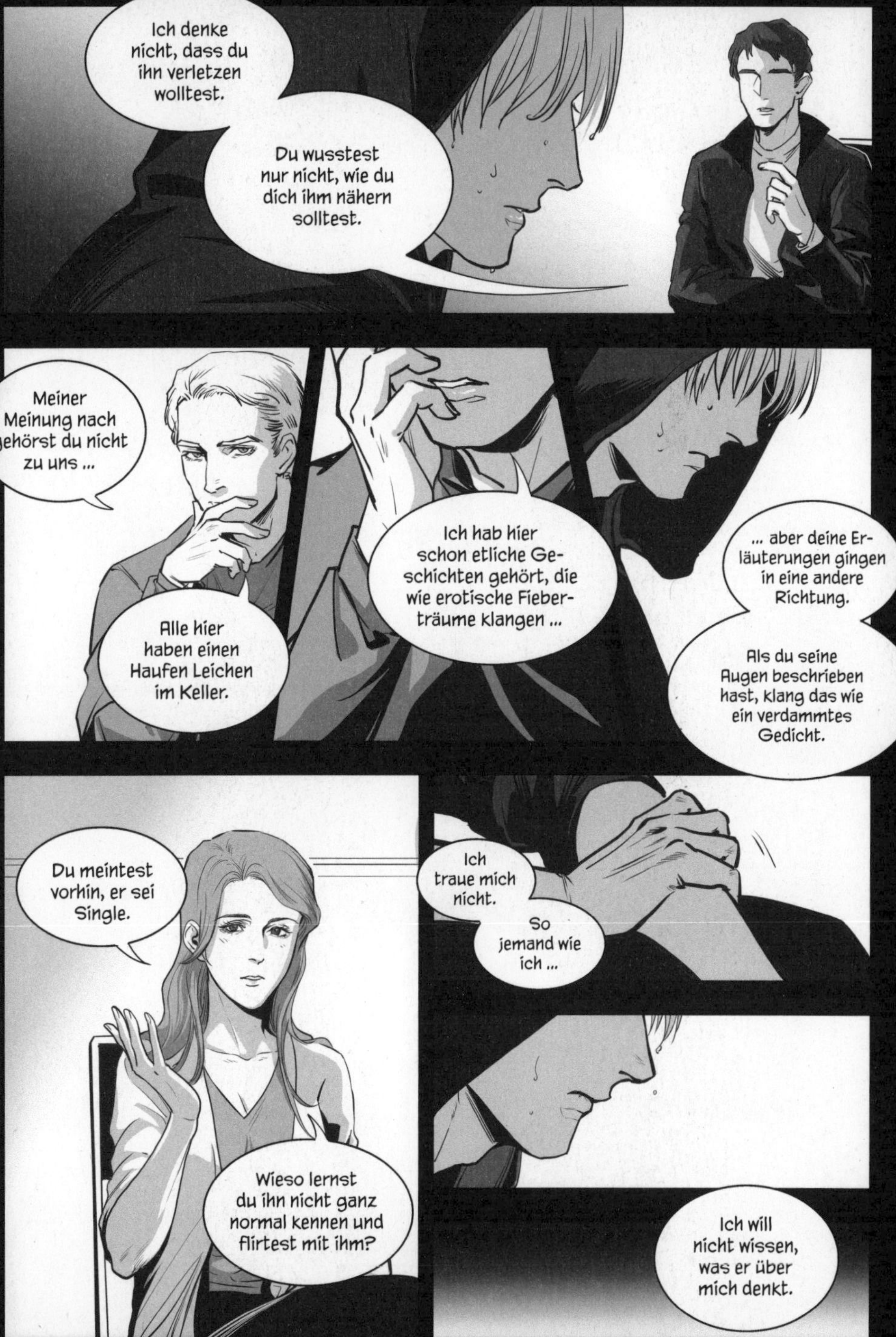
Ich denke nicht, dass du ihn verletzen wolltest.
Du wusstest nur nicht, wie du dich ihm nähern solltest.
Meiner Meinung nach gehörst du nicht zu uns ...
Alle hier haben einen Haufen Leichen im Keller.
Ich hab hier schon etliche Geschichten gehört, die wie erotische Fieberträume klangen ...
... aber deine Erläuterungen gingen in eine andere Richtung.
Als du seine Augen beschrieben hast, klang das wie ein verdammtes Gedicht.
Du meintest vorhin, er sei Single.
Wieso lernst du ihn nicht ganz normal kennen und flirtest mit ihm?
Ich traue mich nicht.
So jemand wie ich ...
Ich will nicht wissen, was er über mich denkt.

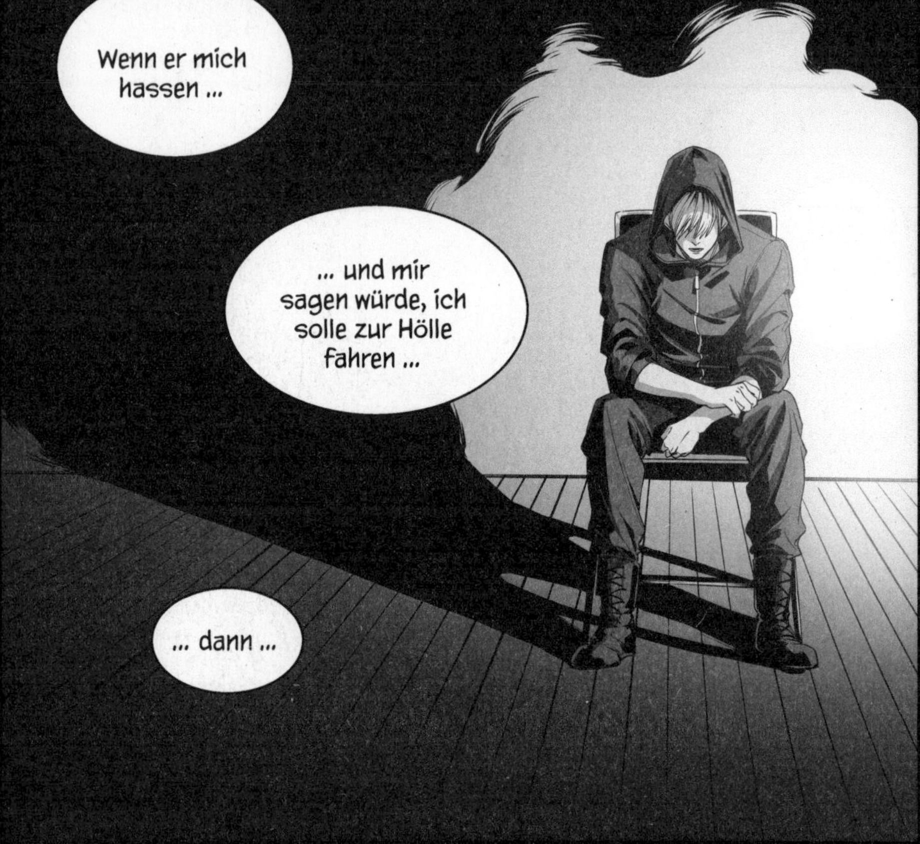
Wenn er mich hassen ...
... und mir sagen würde, ich solle zur Hölle fahren ...
... dann ...

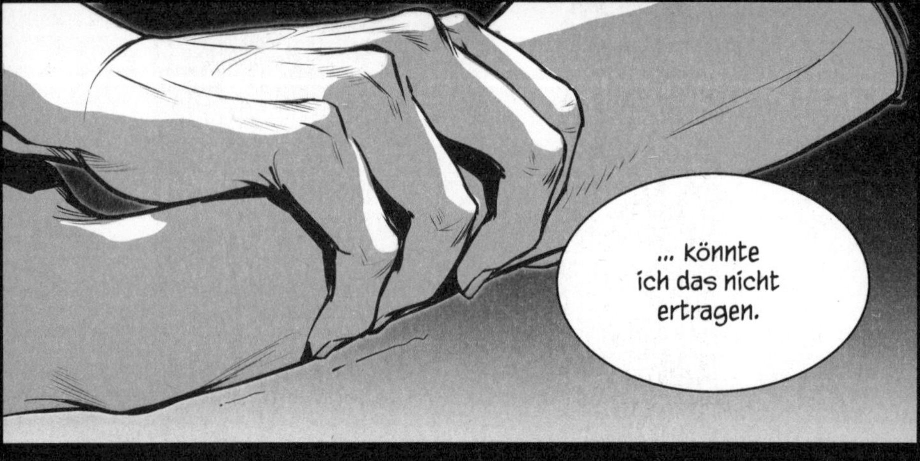
... könnte ich das nicht ertragen.

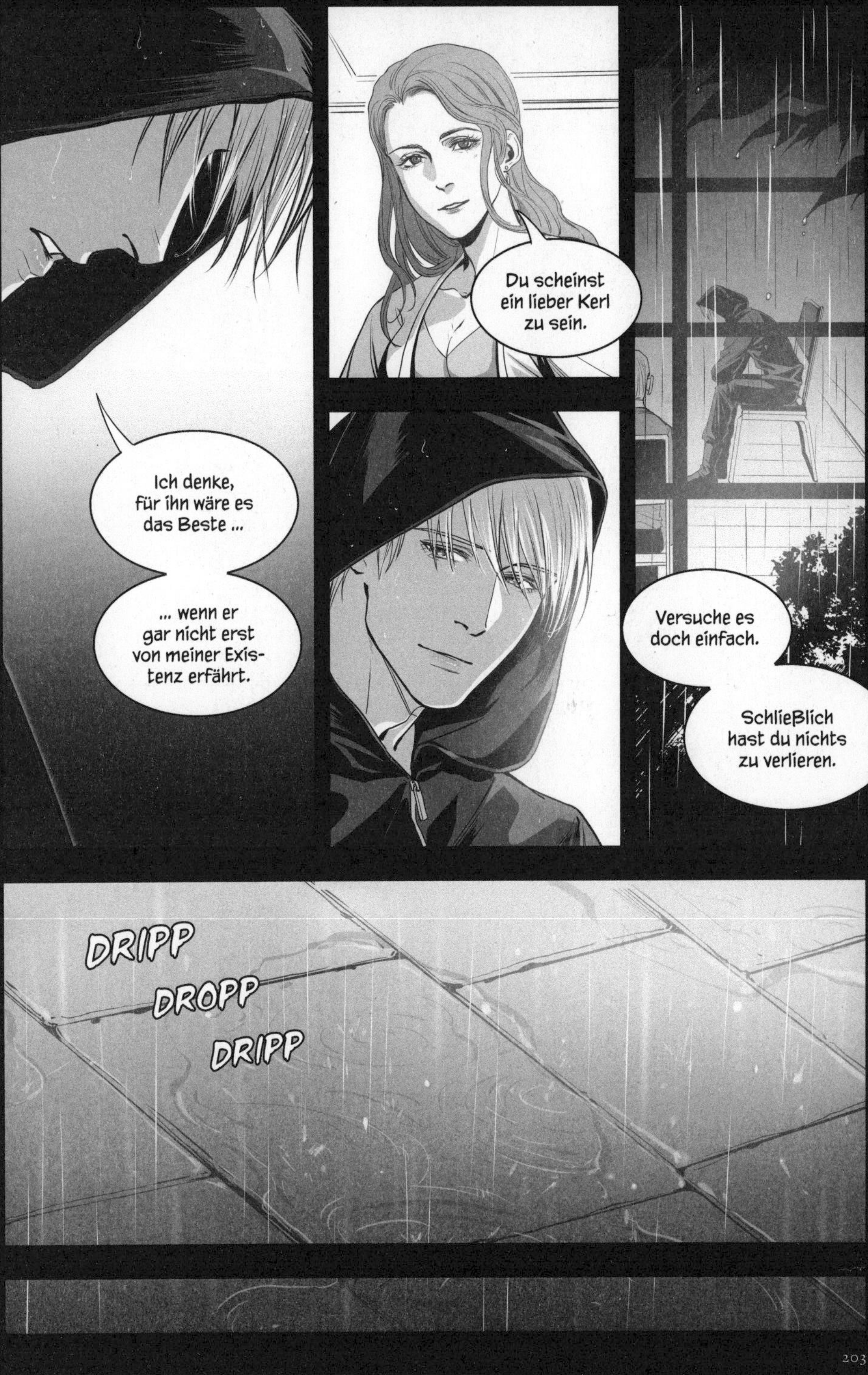
Du scheinst ein lieber Kerl zu sein.
Ich denke, für ihn wäre es das Beste ...
... wenn er gar nicht erst von meiner Existenz erfährt.
Versuche es doch einfach.
Schließlich hast du nichts zu verlieren.
DRIPP
DROPP
DRIPP

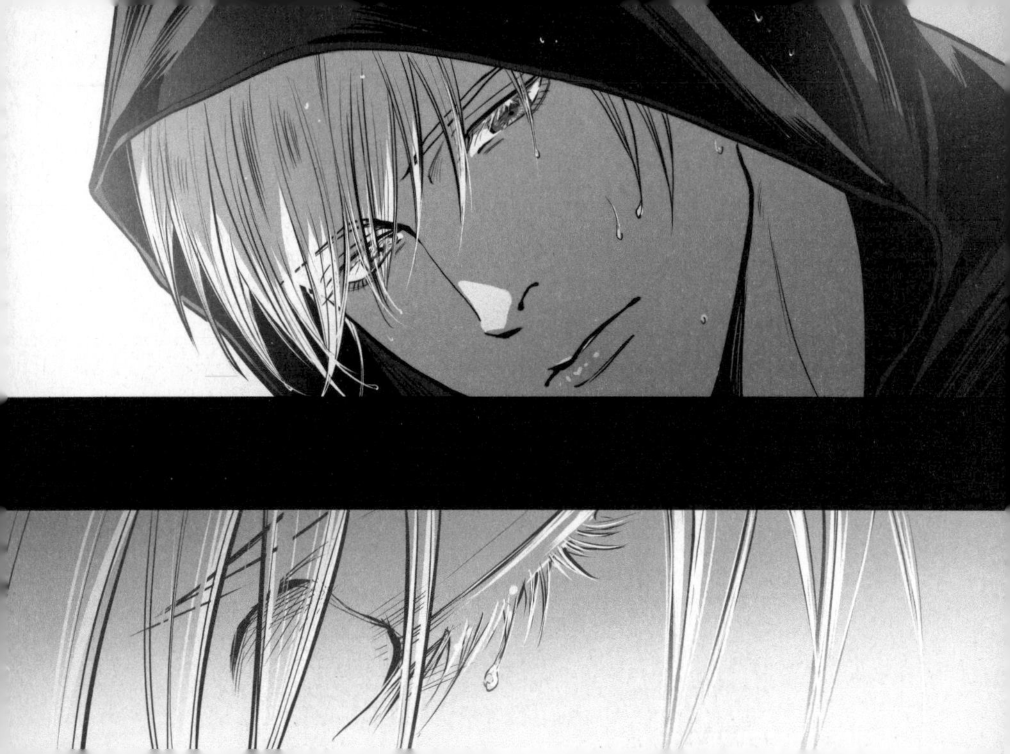

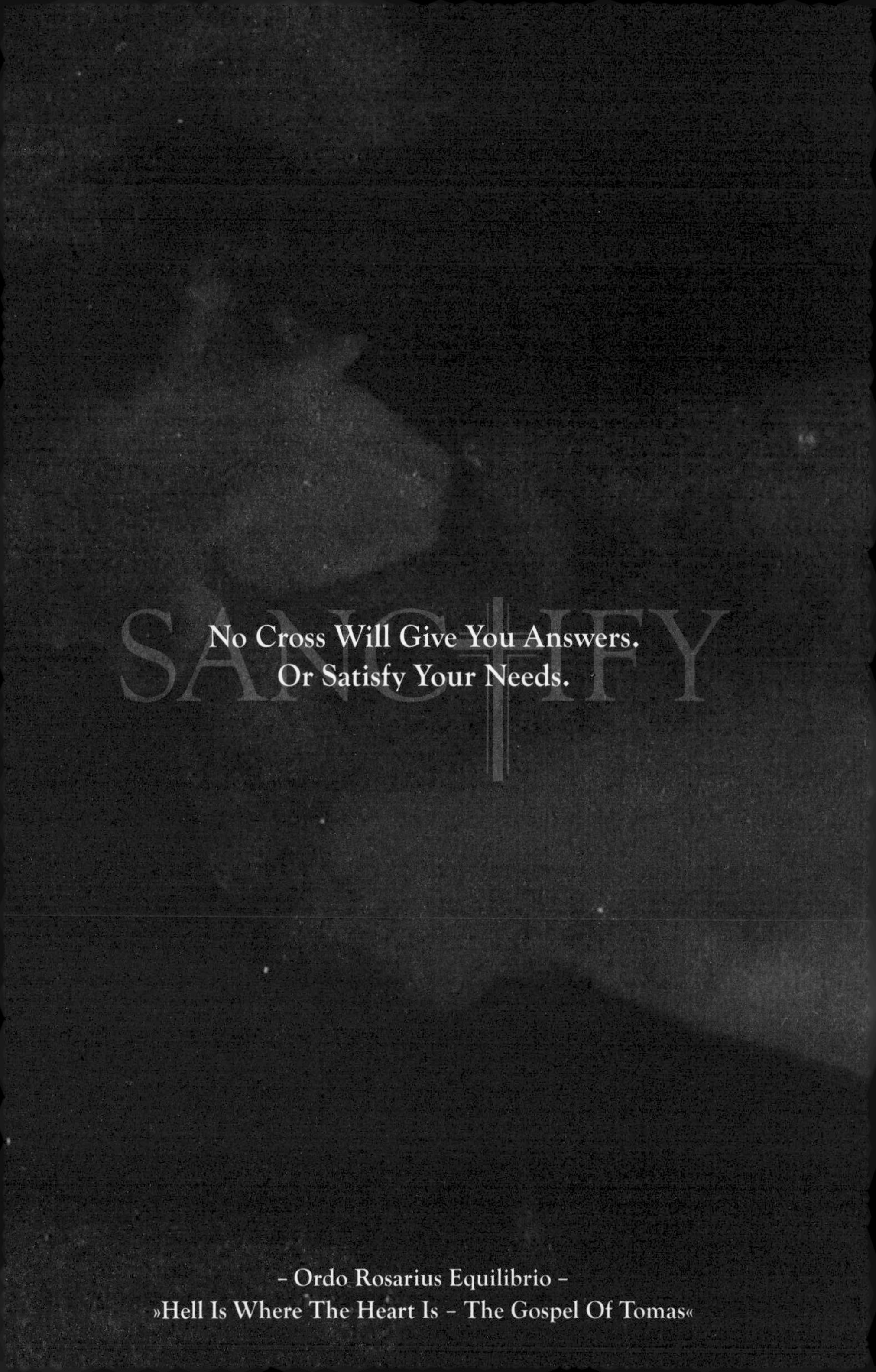
SANCTIFY
No Cross Will Give You Answers.
Or Satisfy Your Needs.
- Ordo Rosarius Equilibrio -
»Hell Is Where The Heart Is – The Gospel Of Tomas«

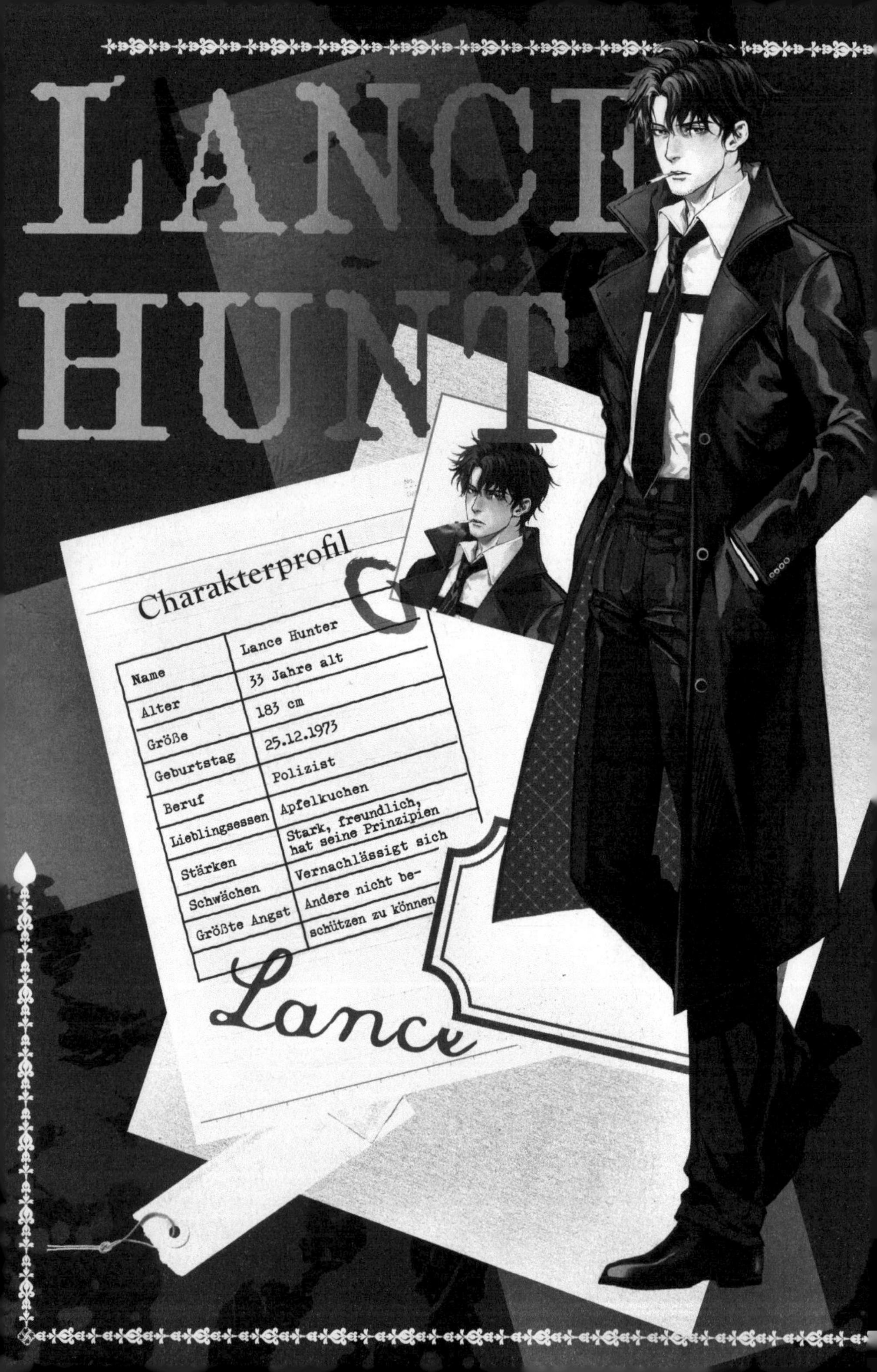
LANC
HUNT
Charakterprofil
Name: Lance Hunter
Alter: 33 Jahre alt
Größe: 183 cm
Geburtstag: 25.12.1973
Beruf: Polizist
Lieblingsessen: Apfelkuchen
Stärken: Stark, freundlich, hat seine Prinzipien
Schwächen: Vernachlässigt sich
Größte Angst: Andere nicht beschützen zu können
Lance

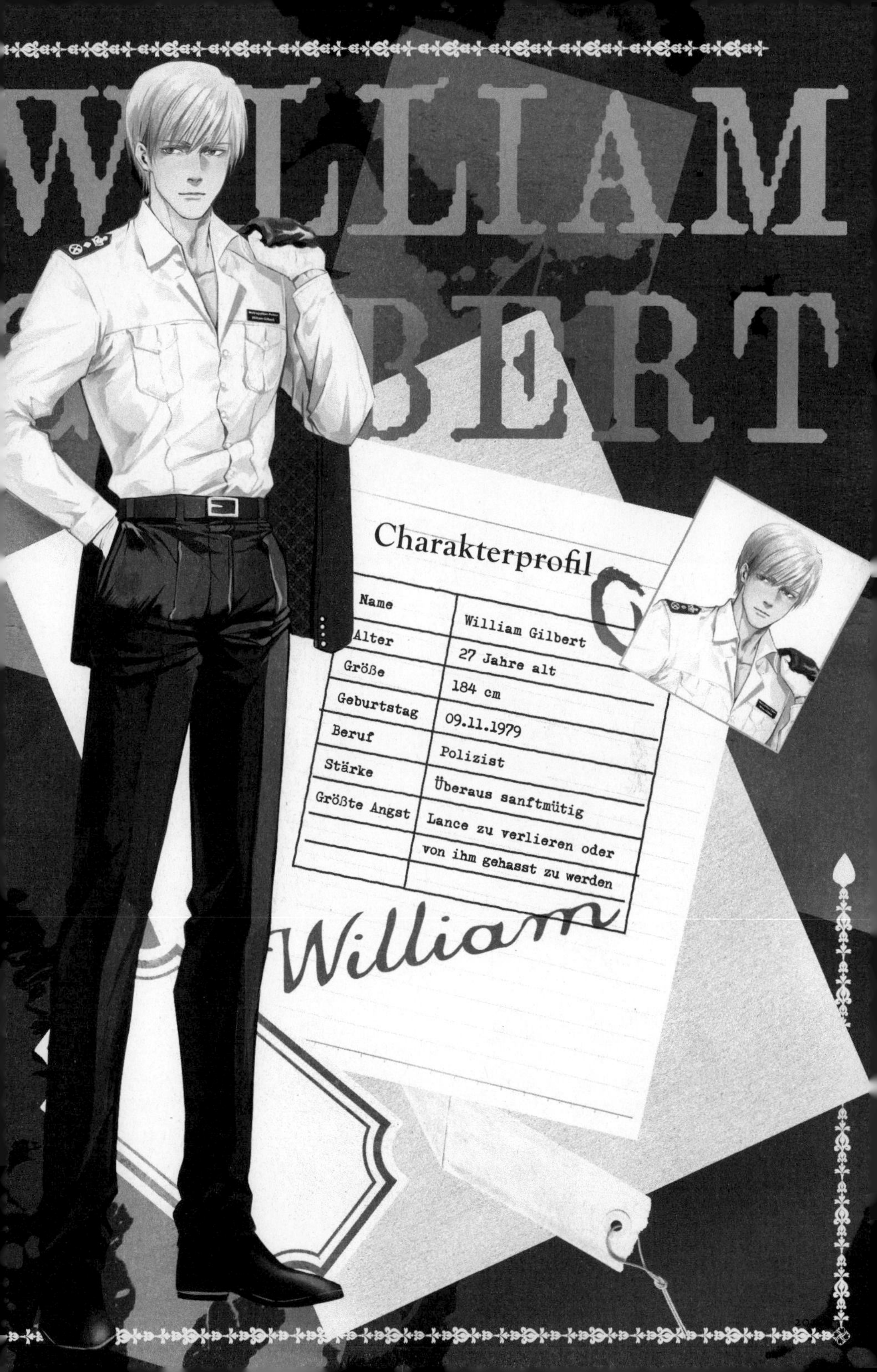

WILLIAM GILBERT
Charakterprofil
Name
William Gilbert
Alter
27 Jahre alt
Größe
184 cm
Geburtstag
09.11.1979
Beruf
Polizist
Stärke
Überaus sanftmütig
Größte Angst
Lance zu verlieren oder von ihm gehasst zu werden
William

# + Nachwort +

Hallo zusammen! Es freut uns, euch kennenzulernen. Wir sind GODSSTATION und unser Team besteht aus Fox^^, die die Geschichte schreibt, und Zhixin Peng, die für die Zeichnungen zuständig ist.

Zhixin Peng: Die Fertigstellung des ersten Bandes macht mich seltsamerweise ziemlich nervös (lach). Dies ist das erste Mal, dass ich mit Fox^^ an einem Originalwerk zusammenarbeite, und auch mein erstes Originalwerk überhaupt. Die Arbeit unterscheidet sich sehr stark von damals, als ich Tongren* gezeichnet habe. Man muss an viel mehr Sachen denken und auch mehr Details besprechen. Die Zusammenarbeit mit Fox^^ hat viel Spaß gemacht. Es war lustig, gemeinsam darüber zu diskutieren, wie man manche Emotionen und Inhalte noch besser zum Ausdruck bringen kann. Romane und Manhua sind nun mal zwei völlig unterschiedliche Medien. Die Zusammenarbeit hatte etwas von einem Experiment, und im Verlauf kamen uns auch immer mehr Ideen, wie wir etwas verbessern können.

Fox^^: Für mich ist es auch das erste Mal, dass ich ein Manhua-Manuskript schreibe. Das macht mich ganz schön nervös. Ich liebe diese verzwickte Geschichte. Wenn es darum geht, ein Manhua-Manuskript zu schreiben, habe ich aber gemerkt, dass ich mich in vielen Dingen noch gar nicht auskenne. Bilder und Wörter sind verschiedene Angelegenheiten. Es hat echt Spaß gemacht, mit Zhixin Peng zu diskutieren. Ich habe viel hinzugelernt und hoffe, mich in Zukunft noch weiter zu verbessern.

Zhixin Peng: Deine Story ist fantastisch! Genau deshalb war es für mich eine große Herausforderung, den Leser*innen die komplizierten Emotionen der Charaktere im Manhua zu übermitteln (lacht erneut). Fox^^, dein Manuskript ist sehr detailliert, und ebendiese Einzelheiten helfen mir dabei, besser zu verstehen, was du zum Ausdruck bringen möchtest. Eine weitere Schwierigkeit bestand darin, die wichtigsten Details auszuwählen und essenziellen Stellen herauszufiltern. Bei der Manhua-Adaption deines Manuskripts hast du mir aber viele Freiheiten gelassen. Ich finde, das Endprodukt kann als meine Interpretation deiner Vorlage verstanden werden.

*Fangeschichten (Doujinshi)

Fox^^: Mein Manuskript war ziemlich ausschweifend und mit Details überladen – eine Gewohnheit, die ich mir als Autorin angeeignet habe … Manhua sind ein anderes Medium, daher ist es nur natürlich, dass die Verantwortung hierfür bei dir liegt. Ich bin mir sicher, das schaffst du!

Zhixin Peng: Bei den noch folgenden drei Bänden werde ich ungebrochen mein Bestes geben ><! Das Bonuskapitel in diesem Band spielt übrigens zeitlich vor der Haupthandlung. Ich hoffe doch, sie gefällt euch? Ab dem nächsten Band steigen wir dann allmählich tiefer in die Handlung hinein und ihr werdet Gilbert und Lance noch besser kennenlernen.

Fox^^: Genauso ist es! »Krasse Erotikstory! Frauen, die Erotikgeschichten schreiben, haben's drauf«, sagt meine innere Stimme.

Zhixin Peng und Fox^^: Wenn ihr den Band gelesen habt, freuen wir uns natürlich auf Feedback. Das würde uns sehr motivieren!

Also dann, bis zum nächsten Band!

06.05.2019
GODSSTATION

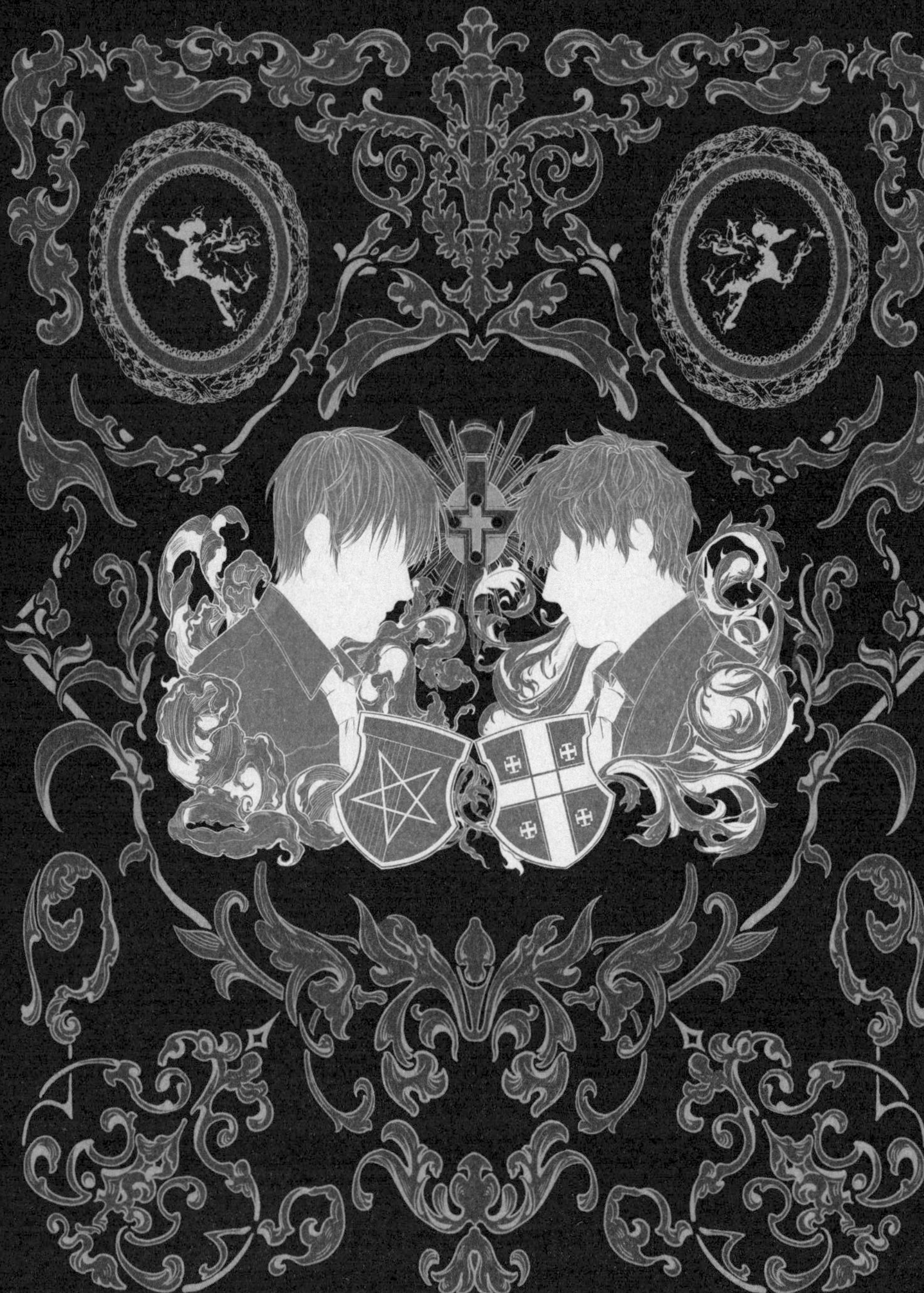

Es heißt, der Kontakt mit Dämonen
bringt den Menschen manische Freude.

Der mit Gott wiederum bringt nichts als Schmerz.

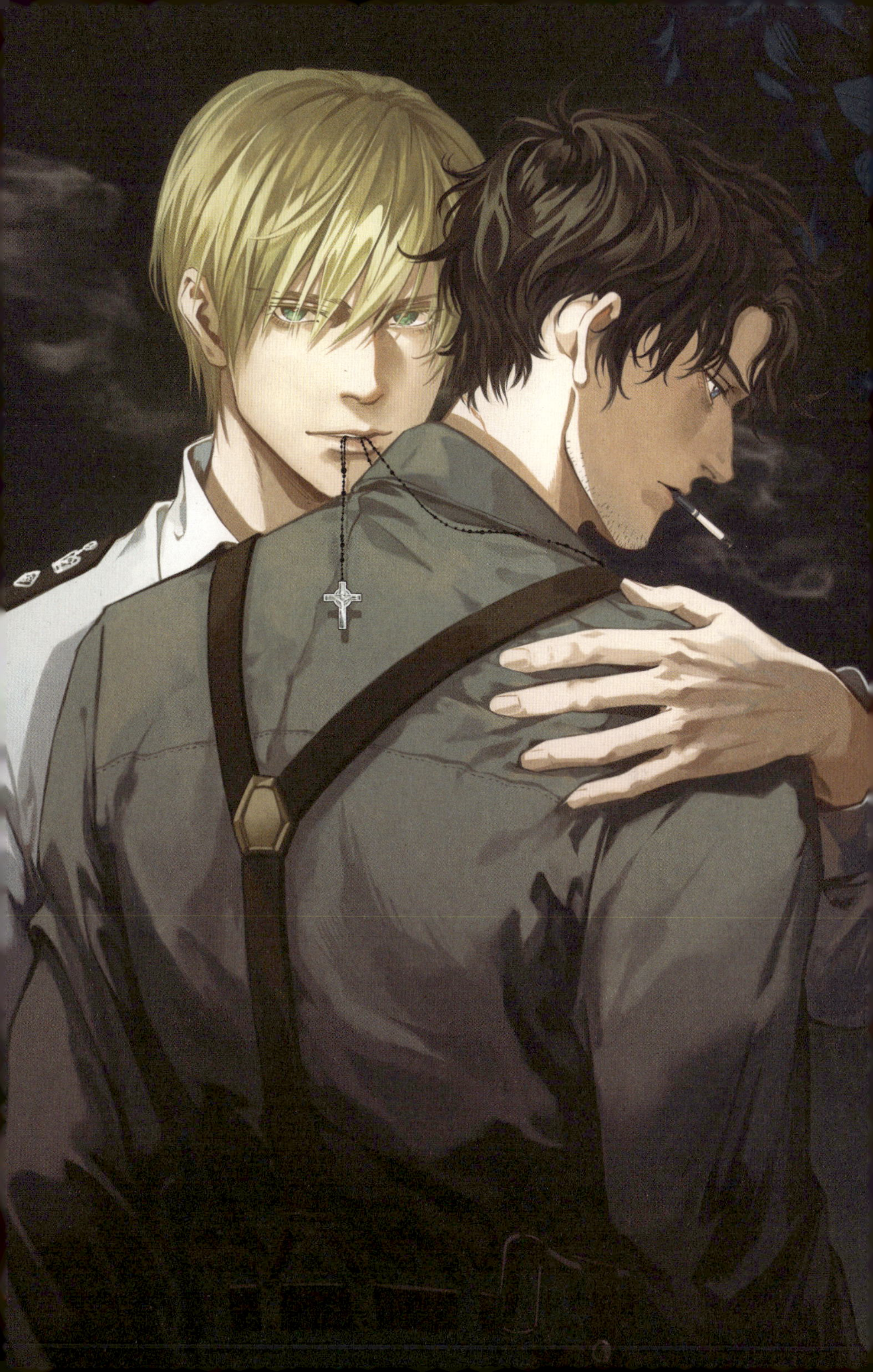

TOKYOPOP GmbH
Hamburg

TOKYOPOP
1. Auflage, 2024
Deutsche Ausgabe/German Edition

Aus dem Chinesischen von Nina Zhao



Redaktion: Benjamin Spinrath
Herstellung: Annika Meyer-Wülfing
Lettering: Vibrant Publishing Studio
Druck und buchbinderische Verarbeitung:
CPI–Clausen & Bosse GmbH, Leck
Printed in Germany

MIX Papier FSC® C083411

Wir achten auf die Umwelt.
Dieses Produkt besteht aus FSC®-zertifizierten und anderen kontrollierten Materialien.



ISBN 978-3-7593-0242-7

**www.tokyopop.de**